毛泽东之魂

陈晋 著

人民出版社

目 录

contents

第一章

毛泽东眼里的"毛泽东"

谈论领袖人物的性格，挖掘他的内心世界，当然要依据他的所言所行，借助他做事做人的外在表现及其客观效果。有距离，可以客观些，但也常常难免隔雾看花。有时候，如果从他们自我解剖的话里话外来分析，可能会弥补隔雾看花的不足。而成就了大业，特别是那些被认为伟大非凡的人物，一生的历程从来都曲折起伏。在他们艰难跋涉或顺达开怀的时候，常常伴随有灵魂的独白漫语，伴随着真诚的自我解剖。此类反思心迹，多少是他们得以成功并且伟大的一个不可或缺的助力。

一个人在自己坎坎坷坷的经历中，怎么会没有灵魂的独白、情感的波涛和真实的反思呢？没有这些而让人尊重的伟人，还真没见过。

毛泽东很推崇鲁迅，说过这样的话：我喜欢他的坦率，他说解剖自己往往严于解剖别人，在跌了几跤之后，我也往往如此，可是同志们往往不信。

匆匆几十年过去了。带着人们不相信他的自我解剖的遗憾，毛泽东也谢世近 50 年了。

现在无疑是该信的时候了。

可话又说回来，伟人的自我解剖，未必能反映他自身的全貌。有时未免谦逊，有时未免责己过严，有时则是出于微妙的政治需要……

于是，毛泽东眼里的那个毛泽东，自然就是打引号的了。

一、青年时代："性不好束缚"，表面"意强"、实际"意弱"

在毛泽东留下的文字里，最早谈论自己、分析自己性格的，是 1915 年 8 月写的一篇日记。他为这篇日记起了个一目了然、近似严酷的题目，叫《自讼》，好像是自我控告一般。这篇日记是用文言写的，翻译成白话，毛泽东说的意思是：

有一天，来了位客人，告诉我：知不知道一种野生的匏瓜，它的枝叶粗蔓，像杂草一样，人们都不注意它，可到秋天的时候却能长出累累硕果；相反，那些花园里的牡丹，在春天里争艳斗妍，雍容华贵，很惹人喜爱，可一旦秋至凉归，便花谢叶枯，随风飘散，一无所留。你在做人方面，对这两种东西，愿意效法哪一种呢？

我回答说：我愿意效法能留下果实的匏瓜。

不料来客却说：你是这样说的，你实际上并不这样做。我看你刚刚有了点本事，就急于在众人面前表现，而且还喜欢招朋引类，号召别人。在作风上，有张扬浮嚣之气，没有沉静淡泊之心，外强中干，爱沾沾自喜。这样下去，难道不是在学牡丹的样子吗？那是不会有成果作为的呀！可你却说愿意学匏瓜，岂不是诡辩？岂不是在糟蹋你看重的匏瓜吗？

我听了这位客人的责问，真是无言回答，羞愧得汗都出来了，出气都难受，非常沮丧，只得狼狈而退。

这篇日记里把自己"骂"得够痛快淋漓的了。不知道是真有人这样当面同他深谈进而责问过他，还是为了自省，在沉思中想象着并以文学的笔法来解剖自己。但有一点是可以肯定的：毛泽东所说的自己的这些缺点，如"浮嚣之气"，多少是存在的，他不会无端地这样妄自菲薄，这样严酷地审视自我，哪怕是在文学的想象里面。

最有力的证据，是他把这篇日记毫无保留地抄在一封信里，寄给了堪称"师兄"并交往甚深的好友萧子升。一个浅显的道理，足可说明青年毛泽东的这个"自讼"是真诚的：愿意在朋友面前表露自己当时的性格弱点，无疑比只在日记里解剖需要更大的勇气和诚实。

这事发生在1915年，毛泽东进湖南省立第一师范学校（以下简称一师）读书的第二年。那时，他22岁。这期间他好像是在集中地反省自己。

7月，他在一封信里，曾流露出对学校的不满，认为自己"近年来所有寸进，于书本得者少，于质疑问难得者多"。由此，产生了退学的念头。11

月，他又向大不了自己几岁的老师黎锦熙倾吐心声，说自己入学以来，由于"性不好束缚"，始终觉得学校"非读书之地，意志不自由，程度太低，俦侣太恶，有用之身，宝贵之时日，逐渐催落，以衰以逝，心中实大悲伤"。

看来，初入长沙这所有名的学校，毛泽东还不大"合群"。可能他内心的某些想法曾对他信任并尊敬的良师益友、湘潭同乡黎锦熙倾吐过，9月，黎锦熙去北京谋职前，曾反复叮嘱他注意循规而学，谨慎从事。可仅两个月时间，尽管毛泽东"孳孳不敢叛"，但这种自我压抑无疑更使他难以忍受，实在受不了学校的这种气氛，在这里感到简直是浪费时间，才坦率地写了这封信。

他不满意这所学校的原因，大致是：

（一）自己的性格不愿意受到什么规矩的束缚，在学校各种规章制度面前，觉得意志不自由；

（二）教学程度不如自己期望的高；

（三）相互往来的"俦侣"也不好，甚至"太恶"。

很明显，毛泽东当时看人评人相当苛刻，也就显得卓尔不群，乃至"孤芳自赏"。

于是，他做了两件事。一件是写了一个征友的启事，张贴各校，有五六个人来应征。在这封信中，他告诉黎锦熙，这是近日唯一一件让他稍觉快慰的事情。再一件事，也是在这封信中透露的"必欲弃去，就良图，立远志"，也就是要退学另谋他处学习。

可能是由于其他人的劝阻，毛泽东终究没有退学。不久，他当了学生会干部，干得兢兢业业，煞是认真，做了许多让师生们都说好的事情，慢慢也不再想退学的事了。

再后来，他一心扎入救世济民的大道理的探寻之中。他觉得世上有一些人，四处说大话，滔滔不绝，一般人都把他们当"贤者"看，把他们说的话当真理来奉行。读了一些书，对照纷纭世事，毛泽东认为这些人给社会开出的各种药方，都是枝微末节，没说到根本处。他觉得根本的药方是找到一种叫"大本大源"的东西。由此，反观自己，他于1917年8月给黎锦熙写信，再次坦露心迹，说自己近年言行，"亦颇有蹈此弊倾向"，下决心"今后宜戒，只将全幅工夫，向大本大源处探讨"。

想想，自己快要毕业了，可还没有得到真理，还没有确立未来的志向，对人生，对国家，对教育，采取什么主张，都"茫乎未定"。毕业以后干什么呢？他告诉黎锦熙，去教书、去办事都是下策，"自思读书为上"。

其实，他毕业后并没有时间去读书，而是组织新民学会的各种活动以集合群体，创办《湘江评论》投入五四运动，领导驱张运动干预湖南政局，开设文化书社以传播新文化……这时候，上海"中国共产党"正式成立，函约各地社会主义分子组织支部。

真是忙得够呛。毛泽东似乎天生不图清静和"独善其身"。搞这些社会活动，人事间免不了有一些争论，常有不痛快的时候。就在思想发生根本变化的门槛内外，不大愿意迁就于他人的毛泽东，再一次注意到自己性格中的一些弱点。

正好，新民学会一个叫罗学瓒的从法国给毛泽东写来一封信，说到人们待人处事，常常出现四种错误：一是感情用事；一是看问题以偏概全；一是不考虑事物间的因果联系，把现象当作结局；一是以主观代替客观事实。

毛泽东于1920年11月26日写了封回信，作了一番自我解剖：

近来常和朋友发生激然〈烈〉的争辩，均不出四者范围。我自信我于后三者的错误尚少，惟感情一项，颇不能免……我常觉得有站在言论界上的人我不佩服他，或发见他人格上有缺点，他发出来的议论，我便有些不大信用。以人废言，我自知这是我一个短处，日后务要矫正。我于后三者，于说话高兴时或激烈时也常时错误，不过自己却知道是错误，所谓明知故犯罢了（作文时也有）。

感情用事、因人废言这些性格缺点，都难免影响人与人之间的关系。在一个向上进步的团体中，应当倡导一种什么样的人格呢？

几天后他就提出了自己的希望。在给法国的蔡和森等人的信里，他提出，新民学会的成员所应该有的人格特点是：第一要有"互助互勉"之心；第二是诚恳，不圆滑；第三是光明开朗；第四是能变化气质，有向上心。

这个时候，在长沙的两个重要的新民学会成员彭璜和易礼容之间闹起了矛盾，彭璜找毛泽东谈了一次，说到不愿意与恶人共事，这大概是对易礼容的怨愤之辞，也说到要"征服"易礼容，等等。此外，还说自己和毛泽东相交，常常觉得毛泽东意志太强，不免引起要"反抗"的想法，云云。

1921年1月28日深夜，在外奔波一天的毛泽东为调解彭璜和易礼容之间的矛盾，写了封长信。指出了彭璜身上的性格缺点，也说到自己。他说自己这两年多来，几乎把过去的修养都破坏了，"论理执极端，论人喜苛评"。

然后，一一指出了彭璜的十个缺点："一、言语欠爽快，态度欠明决，谦恭过多而真面过少。二、感情及意气用事而理智无权。三、时起猜疑，又不愿明释。四、观察批判，一以主观的而少客观的。五、略有不服善之处。六、略有虚荣心。七、略有骄气。八、少自省，明于责人而暗于责己。九、少条理而多大言。十、自视过高，看事过易。"

"论人喜苛评"的毛泽东也承认，以上性格缺点，除一、三两条及第五条自信所犯不多外，其余他自己"一概都有"。

也就是说，毛泽东认为自己说话办事，态度还算明朗爽快，能够择善而从。但感情用事，自视很高，责人严，虚荣骄气等，则概莫能免。

最后，毛泽东向朋友坦陈了自己过去"不好意思向人公开"的一个"最大缺点"——"意弱"。

这大概是对彭璜说毛泽东平日做事意志太强，有时强得难免刚愎自用、强加于人的一个解释。毛泽东的解释是："我平日态度不对，向人总是断断，讨人嫌恶，兄或谓为意强，实则正是我意弱的表现。"

这种反其道而行之的做法，用今天的话来说，大概就是用强悍执拗乃至咄咄逼人的待人处事方式，来掩饰自己意志脆弱和不太自信的一面。

毛泽东当然也不是无端地糟践自己，一味以贬损自己来安慰彭璜，让他听得进自己的意见和劝说。虽然不免有讲究劝说方式这个成分在内，但太看不起自己，决非毛泽东所为或所愿为。所以，他在信里也肯定了自己做人处事的优点："立志真实（有此志而已），自己说的话自己负责，自己做的事自己负责，不愿牺牲真我，不愿自己以自己为傀儡。待朋友：做事以事论，私交以私交论，做事论理论法，私交论情。"这又显出他的自信，并使自我解剖更全面得体，进而真实了。

正是明明白白地带着这些性格上的优点和弱点，总想做点事情干出经国大业的毛泽东，走进了刚刚呱呱坠地的中国共产党的队伍，在这新生的一群人身上，当然都同毛泽东一样，还连挂着那个催产的时代母体的脐带……

二、红军时期：谈陈独秀和自己。为什么向斯诺敞开心扉？

从 1921 年建党到 1936 年长征到达陕北以前，毛泽东谈论自己、分析自己的言论不多。

这大概是因为：东奔西跑，事务繁杂，且千变万化，没有沉下来反思自己的环境；无论是革命的道路还是自己的经历都曲折起伏，处于实干应急之中，在党内还没有形成特殊的地位，无须多谈自己；也可能是有不少解剖自己的言论，但战事频仍，没有保留下来。

不过，在大革命失败和土地革命战争即将开始的时候，毛泽东有一处说到自己的材料，尽管并非专为解剖自己。而在土地革命战争就要结束、全民族抗日战争即将开始的时候，却第一次也是唯一的一次系统地谈了自己的历史。其间的跨度，正好 10 年。为表述方便，我们把这 10 年称为"红军时期"。

先说第一个材料。

那是 1927 年在八七会议上的发言。谈到农民问题，毛泽东说：

当我未到长沙之先，对党完全站在地主方面的决议无由反对，及到长沙后仍无法答复此问题，直到在湖南住了三十多天，才完全改变了我的态度。我曾将我的意见在湖南作了一个报告，同时向中央也作了一个报告，但此报告在湖南生了影响，对中央则毫无影响。广大的党内党外的群众要革命，党的指导却不革命，实在有点反革命的嫌疑。这个意见是农民指挥着我成立的。我素以为领袖同志的意见是对的，所以结果我未十分坚持我的意见。我的意见因他们说是不通于是也就没有成立，于是党的意见跟着许克祥走了。

这段话表明：（一）在 1927 年 1 月以前，他对中央的决策虽不同意，但对中国革命应走的道路（主要是农民问题）还没有明确坚定的意见；（二）在湖南从事的农民运动的调查，对他形成自己的观点，起了关键作用；（三）在当时，他对中央的"领袖同志"还是很信任的，在意见分歧的情况下，他没有坚持己见。

这里说的"领袖同志"，自然就是引导毛泽东走进共产党队伍的陈独秀。

若干年后，陈独秀的秘书黄文容谈起陈独秀，说他那时的日子则"非常难过，睡不着觉，一方面是广大农民群众和包括毛泽东在内的一些农民领袖，要求陈支持农民运动；另一方面国民党和北伐军官坚决反对农民运动，他毫无办法，找不到出路。所以他听听党内同志的意见觉得有道理，又听听国民党方面的意见，又感到这样乱来不行，非常痛苦，非常矛盾"。

矛盾中的陈独秀，其矛盾的主要方面，无疑是他主张二次革命。在大革命后期国共分手在即且势所必然的情况下，陈独秀往右拐了，毛泽东则向左拐了。一度是毛泽东信仰共产主义的导师的陈独秀落伍了，"学生"毛泽东前进了。毛泽东的上级、整个中国共产党的第一号人物陈独秀被历史抛弃了，毛泽东被历史选择了。

可是，后来被历史选择为中国共产党第一号人物的毛泽东，并没有完全鄙薄和否定陈独秀，他一生都对陈独秀怀着感情，并把陈独秀放在自己的成长历史过程中不可或缺的人物来肯定和叙述。

那是10年后毛泽东在陕北同美国记者斯诺谈话，第一次向世界坦诚敞开自己的心扉的时候。

他说："陈独秀谈他自己的信仰的那些话，在我一生中可能是关键性的这个时期，对我产生了深刻的印象。"这里说的是1920年的事情。

此后，1942年整风时期，1945年党的七大，以至到1962年和70年代，他都说过，陈独秀是有功劳的，将来写党史，还要说到他的。尽管新中国成立后到"文化大革命"期间的党史里，陈独秀几乎完全是一个反面角色，可毛泽东不管这些。

且回到他第一次叙述自己历史的情况上来。

在山沟里，向一个外国记者如此详细回溯自己的历史，并不是很容易作出的决定。据斯诺后来说，刚开始的几天，他们的对话好像是在捉迷藏，闪闪烁烁的，总是深入不下去。聪明的斯诺无疑会感觉到，毛泽东是在通过绕圈子来作出自己的判断：能不能把自己的真实历史告诉这个外国人？这个外国人会不会滥用自己的信任来歪曲或误传自己的话？

斯诺急了。终于，有一天径直问毛泽东："如果你想结束内战，首先得让全国知道你们是什么样的人。多年来的宣传把你们描绘成堕落、愚昧、无知识的土匪，光知道烧、杀、掠夺，还有共妻，你们必须让人了解你们是活生生的人——不能光靠政治口号。"

毛泽东又一次回避了这个问题。可他心里并不是没有在盘算。

从原则上讲，共产党人本来是回避谈论个人的事情的。斯诺的浓厚兴趣和使毛泽东也感兴趣的提问，还有那一脸真诚，不会不使他动心。更重要的是，这位来自西方的年轻记者，无疑是一个相当重要的媒介，通过他，可以向世界，更是向中国发表谈话。这个机会是难得的，也是头一次碰上。因为一个明显的道理是：过去实际上被剥夺了向全中国公开发表意见的可能，斯诺一旦用英文发表出来，尽管国民党新闻机构万般阻挡，也会传到中国大多数知识分子耳朵里。被称为"土匪"的共产党人，何尝不急于想让外界了解他们的经历和追求呢？再说，斯诺还告诉他，外间传说毛泽东已经得肺结核病死了。

结果，又一天晚上，斯诺拿出了关于毛泽东个人历史的一个"清单"，在毛泽东还拿不定主意是否为澄清关于他个人问题的一些流言蜚语而花费时间的时候，斯诺用起了激将法：

"你不是说过你曾受到乔治·华盛顿的为人和卡莱尔的《法国革命史》一书的鼓舞吗？"

毛泽东又拿起清单细看了一遍，终于提议："让我概括地把我的经历讲给你听好吗？我想那样更好理解些，而且最后你提出的所有的问题，都可以得到回答，只不过不按这个顺序罢了。"

此后连续几个晚上，毛泽东搁下大堆报告和电报，取消一些会议，根据自己准备的提纲开讲了。斯诺觉得，毛泽东给他说的，"是一份大致完整的自我分析以及对一代革命者的叙述"。

毛泽东对自己的成长过程，不作虚饰。小时候的情况不用说了。说到他青年时代的思想探索以及世界观转变前后，给人印象很深的，是他对改良主义和无政府主义的信仰，以及胡适、陈独秀一度成为他的偶像；还有，说到在中央苏区时的沉浮等，都让人觉得真实可信，让人觉得是一个活生生的带着露水珠的毛泽东。

让斯诺感到美中不足的是，开始还都是个人的历史，讲到参加革命以后，便是党的历史、红军的历史了。

毛泽东不能不这样。本来，向外国记者谈个人历史，在党内就已是破天荒的事了。他首开此举，不光是对国内外有一种宣传上的需要，对在党内刚刚起决策作用的毛泽东来说，恐怕也是件很有益处的事情。那时，他还不是名正言顺的"第一把手"，党内负总责的是张闻天。问题还在于，无论是对毛泽东，还是对张闻天，中共的上级——共产国际到底持什么态度，是否认可，都是未定之数。因此，说早期历史，个性化点倒也无妨，一旦自己的经历融入整个革命事业以后，过多地宣传自己显然不大合适。

▲ 1936 年埃德加·斯诺拍摄的毛泽东在陕北的照片

毛泽东谈自己的时候，没有要把自己树立为权威的意思：斯诺 1939 年重返陕北采访毛泽东后，在《为亚洲而战》一书里，曾把毛泽东和蒋介石做过比较。他说："毛和蒋之间有着突出的相似之点和相异之点。两人都有坚强的意志。毛为了自己的事业，大概可以同蒋一样地无情……蒋是一个内向的人，他似乎时常有意强调自己超脱于群众之上，以保持中国关于权贵的传统。毛则一点也不神秘。他并不声称自己是永远不犯错误的。我听到过他承认犯了错误，而且他并不因为改变自己的主意而感到羞耻。"

毛泽东或许没有明确说过他自己用

什么方式来领导他的人民和军队，但有一点应该是不言自明的，即他在处理自己和"下面的人"的关系时，绝不愿通过有意表露威严来树立自己的权威。他时刻提醒自己，要靠自己的政策正确与否，当然还有难以掩饰的那种人格魄力，来确立在人们心中的印象。在这种时候，他和普通老百姓及一般干部之间的亲密交往，不仅丝毫不损碍他的权威，相反，是大大地相得益彰。

他和人民的交往，使 1944 年到延安的美军观察组成员包瑞德惊叹："如果有人打算暗杀毛泽东，在我看来似乎是非常简单的事，但事后逃脱就是另外一码事了。"

如果包瑞德先生知道这样一件事——

当毛泽东听到延安的老百姓说了一句"雷公为什么不打死毛泽东"，不仅没有去审查严办，反而从中反省出自己的征粮政策给老百姓压的负担可能太重了，从而发动一场大生产运动来解决粮食问题。——他或许会为自己的感慨找到答案。

再说，那时还只偏居一隅之地，人员、政情都还不十分复杂，毛泽东的目标是夺取全国政权。喜欢"下层"，也是他天然般的性格。对自己的这种优势，毛泽东不会不清楚，也就自觉地这样做了。

三、整风运动前后：面对夸赞。"你以什么权力在这里指导政府和军队？"

毛泽东真正成为中国共产党的第一领袖，并为中共的上级共产国际最终认可，是 1938 年 9 月至 11 月，在延安以东 12 里的桥儿沟一座天主教堂里召开的党的扩大的六届六中全会期间。

全民族抗战爆发后，比毛泽东小 11 岁的王明从莫斯科飞了回来。他当时的头衔是共产国际执行委员、主席团委员、政治书记处候补书记。

迎着凛冽的寒风，毛泽东穿着灰布棉袄、围着陕北老百姓常用的毛巾，率延安的中央领导人欢迎王明、康生等人走下飞机。在机场上，毛泽东发表了热情洋溢的欢迎词，说"喜从天降"，称他们是"从昆仑山下来的'神仙'"。回来之初，毛泽东对王明礼遇有加，在一段时间里，中央领导层的合影中，居中者往往是王明，一脸气宇轩昂，而毛泽东则偏立一旁。可王明的思维方式和志大才疏的毛病仍然没有改变。

胡乔木曾说："王明刚回国时，在1937年12月的中央政治局会议上表现得不可一世。对王明这种表现，毛主席一时有点摸不着头脑，没有多说话，但还是坚持了他原来的正确主张。"为了统一思想，开了扩大的六届六中全会，刚从苏联回来的王稼祥带回了共产国际总书记季米特洛夫关于中国问题的指示："中共中央领导机构要在毛泽东为首的领导下解决。"意思是王明等人不要再争吵了。

这对毛泽东来说，无疑是一次很重要的会议。而这时，他几乎是党内最高领导层中唯一没有到过苏联的人。

半年后，毛泽东的老同学萧三也从莫斯科回来了。1939年4月29日晚上，他请萧三、邓发、邓小平到杨家岭住处吃饭。饭后，邓发和邓小平走了，他却特意留下老同学叙旧。谈起20年前他们一起到天津大沽口看海的情形，毛泽东说：那个时候，我还相信旧小说里所写的蓬莱仙岛是可能的……我八岁时最信神，我父亲不信神，我还认为他不对哩……

一周后，毛泽东又专程到鲁迅艺术学院去看望萧三。萧三说他在苏联用俄文写过毛泽东的传记，想再增补修改。假如毛泽东不反对"翻古"，请再详细谈谈。毛泽东说："无事时'翻翻古'也有趣味。我可以在政治上帮助你。不过你要研究调查一些历史事实才能写东西……把一些历史事实写出一部小说来，拿一个人作引线，那是有味的。不过斯诺缠了我4个夜晚，以后我再也不愿意谈自己的什么了……"最后毛泽东又说："等我休息的时候同你谈。"

看来，毛泽东当时并不反对萧三写他的传记，不过，他要求自己只是这部书里的"引线"，重要的是反映主人公生活的时代。但毛泽东后来并没有专门花时间同萧三谈自己的经历。

1941年4月，当过孙中山的卫士长，时任山西新军总指挥、晋西北行署主任、晋西北军区副司令员的续范亭到延安治病疗养。他本有肺病，经中山陵剖腹明志后，身体更坏。在延安，他多次同毛泽东交谈，视毛泽东为良师益友。1942年3月间，他写了一篇漫谈毛泽东的文章，可惜这篇文章找不到了。同时还写了一首诗歌颂毛泽东："领袖群伦不自高，静如处子动英豪。先生品质难为喻，万古云霄一羽毛。"

续范亭曾解释说：这首诗的前面三句我早就想好了，可最后一句想了几天，拿毛主席比喻历史上的哪一个人好呢？有一名记者问斯大林：列宁同彼得大帝相比，谁更伟大，斯大林回答：如果说列宁是大海的话，那么，彼得大帝就是沧海一粟。所以我说"先生品质难为喻"。我曾想把毛主席比作刘邦的"三杰"（张良、韩信、萧何），但觉得不够全面，最后才想起了杜甫的一句诗："万古云霄一羽毛。"这是杜甫赞颂诸葛亮的。"万古"是空前，"云霄"是甚高，"一羽毛"是品清质虚而体极小，惟其清虚而不自大，所以空前而又甚高。

续范亭先是把文章和诗寄给毛泽东，接着又写了封信，请毛泽东同意他公开发表。

毛泽东于 1942 年 5 月 14 日回信表示："你三月间的漫谈，到今日才复你，可见我的不对。我把你的漫谈当作修省录，但不同意你的夸赞，因为夸得过高过实了。因此我也不把这漫谈退还你，目的是使你不能发表，我觉得发表不好，如你尚有副本，也务请不要发表，就你的地位说，发表也有妨碍的。不自高，努力以赴，时病未能，你的诗做了座右铭。"

被毛泽东当作"修省录"的"漫谈文章"，不知写的是什么，想来对毛泽东是褒赞有加的，最终是没有发表。被毛泽东当作"座右铭"的诗，却留了下来，从中可以看出，"不自高"，是续范亭对毛泽东最深的印象，这也大体反映毛泽东当时以谨慎态度对待自己的实际情况。

就在拒绝续范亭发表文章和诗歌的时候，毛泽东在延安文艺座谈会上的讲话中还做了一番自我解剖。他以自己对劳动人民的态度也有一个转化过程为例，现身说法："我是个学生出身的人，在学校养成了一种学生习惯，在一大群肩不能挑手不能提的学生面前做一点劳动的事，比如自己挑行李吧，也觉得不像样子。那时，我觉得世界上干净的人只有知识分子，工人农民总是比较脏的。知识分子的衣服，别人的我可以穿，以为是干净的；工人农民的衣服，我就不愿意穿，以为是脏的。"这就让那些正在被要求改造思想的文艺家意识到：哦，原来毛泽东也曾经如此……距离一下就近了。

　　1943 年 12 月 26 日是毛泽东的 50 岁生日。此前，中共党内一些同志便酝酿给他祝寿。为党内一些德高望重和功勋卓著的人祝寿，在延安是常事。譬如，朱德、刘伯承、徐特立等人生日时，延安都举行了一些活动，发表一些文章，毛泽东或题词，或写信，以示庆祝。搞这些，无疑是想发挥政治宣传效应，扩大远在山区和敌后抗战的中国共产党的影响。

　　毛泽东 50 寿辰，是个整数，出于政治上的考虑，祝祝寿未尝不可。可毛泽东拒绝了。他在给中宣部副部长何凯丰的信里说的理由是："生日决定不做。做生的太多了，会生出不良影响。目前是内外困难的时候，时机也不好。"

　　不过，经过整风运动，延安对毛泽东的宣传，以及毛泽东对待这些宣传的态度，多多少少发生了一些变化。

　　1944 年 6 月至 7 月，延安迎来了一个人数众多的中外记者访问团。其中有个叫赵超构的，是《新民报》的主笔。新中国成立后毛泽东和他有过不浅的来往。同年 10 月，赵氏在其采写的《延安一月》长篇通讯中记载：

　　"共产党的朋友虽然不屑提倡英雄主义，他们对于毛氏却尽了英雄主义的方式来宣传拥护。凡有三人以上的公众场所，总有'毛主席'的像，所有的工厂学校，都有毛氏的题字。今年春节，延安书店所发售的要人图像中，毛氏的图像不仅超过其他要人的图像，而且是两三倍地超过。

　　"'毛主席怎样说'，虽然不是经典。但是'响应毛主席的号召'依然是边区干部动员民众的有力口号……毛先生所提的口号，其魄力有如神符，在工农分子眼中，'毛主席'的话是绝对的，保险的。"

　　这些感觉，对信仰毛泽东并久居如此氛围的人来说，可能不会像赵氏那样强烈，可对"走马观花"只一月的"客人"来说，却是异常的新鲜，故记得很深。唯其如此，描绘言辞可能有意无意之间有"扩大""强化"成分，但相信赵氏决无任何恶意，所说也大体合于实际。毛泽东是读了这本书的，新中国成立后，他还同人谈起它，称赞赵超构作为记者看问题很敏感、很准。

　　和赵超构一道来延安的，还有一个叫冈瑟·斯坦因的英国记者。他在《毛泽东朱德会见记》里的记述，则告诉我们另外一个信息，那是毛泽东对自己成为当然领袖的自信源泉。

一见面，斯坦因便苛刻乃至不免粗率地问："你以什么权力在这里指导政府和军队？"

毛泽东回答得很简洁："靠人民的信任，靠当前在我们新民主主义的各政府之下的八千六百万人民的信任。"

的确，在陕甘宁边区管辖范围内，毛泽东对自己的领导是得心应手了，他也觉得是得心应手了。

也就是赵超构在延安的时候，7月1日和2日，《解放日报》发表萧三写的《毛泽东同志的初期革命活动》。文章发表前，不会不给毛泽东审看。这是用中文发表的属于毛泽东传记的第一部正儿八经的作品。如果把它和斯诺记录的毛泽东在1936年的自述相比较，我们不难发现二者的区别：一个是毛泽东的"自述"和外国记者的"平视"，一个是第三人称的"描述"和在毛泽东旗帜下的人们对他的"仰视"。

四、20 世纪 40 年代至 50 年代："我的思想体系没有成熟，这不是谦虚，事实如此"

中国共产党对毛泽东个人的最高评价，大概要算是以他的名字来命名全党的指导思想，并写进党章里面。

这是1945年党的七大的事。

在此之前，主要是1942年整风运动以后，关于"毛泽东思想"的提法就出现了。开始，宣传者还是沿用马克思主义、列宁主义的提法，说的是"毛泽东主义"。如1942年7月1日，当时担任晋察冀日报社社长兼总编辑的邓拓，便在该报以醒目的标题刊登他写的社论《纪念七一，全党学习掌握毛泽东主义》。如果是延安的报刊，发表这样的文章，尤其是以"社论"形式推出，不会不送给毛泽东审阅，可远在另一个边区，大概事前是没有给毛泽东看过，发了也就发了。

中央有关部门，如中央宣传部，在1943年初比较郑重地提出要宣传毛泽东思想。毛泽东不得不重视起来。1943年4月他在给何凯丰的信里特别申明："我的思想（马列）自觉没有成熟，还是学习时候，不是鼓吹时候；要鼓吹只宜以某些片断去鼓吹（例如整风文件中的几件），不宜当作体系去鼓吹，因我的体系还没有成熟。"

可在当时，毛泽东的个人表态是一回事，党内的期望和政治上的需要又是一回事。因为中国共产党确实希望并到了有必要打出自己的思想理论旗帜的时候了。这年 7 月 8 日，延安《解放日报》发表王稼祥的长文《中国共产党与中国民族解放的道路》，明确提出"毛泽东思想"的概念，说："毛泽东思想就是中国的马克思列宁主义，中国的布尔什维主义，中国的共产主义。""是马克思列宁主义与中国革命运动实际经验相结合的结果。"

发表前，王稼祥把文章送给毛泽东审阅。一天傍晚，毛泽东专门来找王稼祥，谈他读后的意见。开始，他不同意提"毛泽东思想"，由于王稼祥反复陈说理由坚持，他同意了。

但是，他还是坚持，不能提"毛泽东主义"。他说：我是马克思、列宁的学生，怎么可以跟他们并列？马克思有马克思主义，列宁有列宁主义，我不能提"毛泽东主义"。我没有"主义"。我的"主义"，就是马克思主义、列宁主义。你们一定要提，还是你提的"毛泽东思想"。每一个人都有自己的思想嘛，不能随便地提"主义"。不过，我仍然认为，作为一种思想体系，我还没有成熟。这不是谦虚，事实如此。

"毛泽东思想"作为一个在此后中国共产党的历史上产生巨大影响的政治和理论概念，就这样被确定下来了。毛泽东不同意叫"主义"，而接受"思想"的说法，按他的意思，他是马克思、列宁的学生，不敢和他们并列，再说那时他认为自己的思想作为一种"体系"还没有成熟。但把自己当作马列的学生这种心理，他后来一直没有改变，即使在"文化大革命"时林彪之流把他的思想吹捧为"顶峰"，他也从来不在思想理论上同马克思和列宁并列。

新中国成立前，一些人还是习惯用"主义"的说法。凡是经历过"五四"的人，多会觉得，提"主义"并不是很了不起的事，五四时期动不动就说某种"主义"的事太寻常了。或许是觉得"毛泽东思想"不如"毛泽东主义"气派和响亮，或许是觉得"毛泽东思想"还不足以显示毛泽东在中国革命史上的理论贡献，1948 年 8 月 13 日，华北大学校长、革命老人吴玉章给周恩来发了一封电报，说自己想在华北大学成立典礼上提出"主要的要学毛泽东主义"，"把毛泽东思想改成毛泽东主义"；并说"这样说是否妥当，请同主席和少奇同志商量后，赐以指示"。

第三天，毛泽东径直写信给吴玉章，再次明确地表示：

"那样说是很不适当的。现在没有什么毛泽东主义，因此不能说毛泽东主义。不是什么'主要的要学毛泽东主义'，而是必须号召学生们学习马恩列斯的理论和中国革命的经验。这里所说的'中国革命经验'是包括中国共产党人（毛泽东也在内）根据马恩列斯理论所写的某些小册子及党中央各项规定路线和政策的文件在内。另外，有些同志在刊物上将我的名字和马恩列斯并列，说成什么'马恩列斯毛'，也是错误的。你的说法和这后一种说法都是不合实际的，是无益有害的，必须坚决反对这样说。"

在十分谨慎的自我审视中，毛泽东迎来了一个新生的国家。从 40 年代到 1956 年，是他一生中最辉煌的时期。诸项事业，蒸蒸日上，党心、民心，奋发顺畅。毛泽东的威望，也如日中天，是最高的时候。这个"最"，当然不同于后来的盲目崇拜，而是有着科学的态度在里面的。这个科学的态度，首先是来自毛泽东本人对待"毛泽东思想"的宣传的科学态度。

新中国成立初期，各个领域都在制定一些指导性的文件法规，在其大原则处，免不了要提到整个中国共产党的指导思想——"毛泽东思想"。对此，毛泽东曾反复表态，有人统计，说有十多次。我们且举几个例子。

1952 年 9 月 24 日，人民日报社社长邓拓把该报准备发表的国庆社论的提纲草稿送给毛泽东审阅。毛泽东把草稿里"这证明马克思列宁主义、毛泽东思想的无敌力量"一句中的"毛泽东思想"几个字删去；又把草稿中"毛泽东思想使中国人民充满着无限胜利的信心"一句，改为"中国共产党及其领袖毛泽东同志使中国人民充满着无限胜利的信心"。随后，还在草稿上给邓拓写了一个批示："此件已阅，可照这样写。不要将'毛泽东思想'这一名词与马列主义并提，并在宣传上尽可能不用这个名词。"

1953 年 4 月初，政务院副总理兼法律委员会主任董必武，就成立中国政治法律学会的有关情况写了封信给彭真。毛泽东看到了这封信，特别对彭真批示："凡有'毛泽东思想'字样的地方，均应将这些字删去。"

这年 5 月，中央军委军训部部长萧克，把报送中央军委例会通过的有关军队的几个条令草案送给毛泽东，同时还附了一个报告。毛泽东看后，批示说："凡有'毛泽东思想'字样的地方均改为'毛泽东同志的著作'字样。"

1954 年 3 月，中央军委总政治部主任罗荣桓给毛泽东送上军队政治工作条例草案，毛泽东特意把《中国人民解放军政治工作条例总则草案》第二条开头一句，"中国人民解放军在党和毛泽东同志的领导下"，改为"中国人民解放军在中国共产党的领导下"。

同月，当时担任中国人民解放军军事学院院长兼政委的刘伯承，写了个关于呈请批准毕业证件的报告，报告后面还附了一个对毕业证章制度的说明，其中提到："毛主席题字：'努力学习，保卫国防'是表示在毛泽东军事思想的基础上努力学习苏联先进军事科学，建设现代化的国防。"毛泽东看后批示："'在毛泽东军事思想的基础上努力学习……'，应改为'在毛泽东同志的号召下努力学习……'。"

如此这般，一再审改，还真是不胜其烦。干脆，发一个标准的文件。

于是，1954 年 12 月，中央宣传部专门发出一个怎样解释"毛泽东思想"的通知稿。其中有这样一段文字：

"关于'毛泽东思想'应如何解释的问题，今后可用口头答复如下：党章已明确指出：'毛泽东思想'即是'马克思列宁主义的理论与中国革命的实践之统一的思想'，它的内容和马克思列宁主义是同一的。毛泽东同志曾指示今后不要再用'毛泽东思想'这个提法，以免引起重大误解。我们认为今后党内同志写文章做报告，应照毛泽东同志的指示办理……"

这个通知稿报送毛泽东审定的时候，他又特别加写了一句话，说："在写文章做讲演遇到需要提到毛泽东同志的时候，可用'毛泽东同志的著作'等字样。"

这个通知下发以后，有的省委对毛泽东加写的这句话有些不明白，向中宣部发来电报询问，说"毛泽东同志"几个字是不是"毛泽东思想"之误。中宣部又专门复电解释，说并没有印错，"意思即是说，在需要提到毛泽东同志的一般观点或意见的时候，可用'毛泽东著作'的字样去代替'毛泽东思想'的字样。"

循着这个思路，一直到 1956 年召开党的八大，毛泽东都是不同意过分提"毛泽东思想"的，甚至包括刘少奇代表中央在党的八大上作的政治报告。有人捕风捉影，把它同刘少奇在党的七大上的报告进行对照，以为在这个问题上，反映出中共党内领导层的微妙关系，甚至断言毛泽东和刘少奇的分歧从党的八大就开始了。如果明了毛泽东此前的一贯思路，就不足为怪了。

这样，从整风运动到 20 世纪 50 年代中期，毛泽东对待党内宣传他的思想，便经历了这样三个转变："毛泽东主义"——"毛泽东思想"——"毛泽东同志的著作"。

一目了然，这是越来越谦虚。

一目了然，这个时期，中国革命和建设事业，从一个成功，走向另一个成功……

一目了然，这是毛泽东最了不起的时期。

那么，毛泽东为什么在 50 年代前期，反复真心实意地申明不要过分宣传毛泽东思想，甚至建议用"毛泽东同志的著作"来代替已经用了 10 年的"毛泽东思想"呢？

50 年代初期，在毛泽东看来，过去说的"毛泽东思想"，主要是新民主主义革命时期的实践和理论的总结。而毛泽东绝不是满足于过去的人，包括他的理论思想。举一个例子，1956 年 3 月 14 日，在会见外国兄弟党领导人的一个宴会上，长征（越南）、艾地（印尼）等外宾谈到《毛泽东选集》第四卷什么时候可以出版，毛泽东则回答说：对已发表过的东西，完全满意的很少。

即使是对自己特别满意的著作，毛泽东也不会去自吹自播的，尤其是在外国兄弟党面前。这一点，很可能是接受了斯大林在这方面失误的教训。

1953 年 8 月，中联部部长王稼祥把以中共中央名义给驻越南顾问团罗贵波等人的电报稿送给毛泽东看。其中有这样一句："劳动党的党章规定'以马克思、恩格斯、列宁、斯大林主义及毛泽东思想与越南革命实践的结合作为党的一切行动的思想基础和指南针'。"针对这句话，毛泽东当天批示："应改为'以马克思列宁主义与越南革命实际相结合'。"

1956年初，在中山大学讲学的一位苏联学者，在访问孙中山故居的途中和陪同的中国人员聊天时，说不同意毛泽东《新民主主义论》中关于孙中山的世界观的论述，还讲了自己的看法。中山大学知道后，很快写了个报告给中宣部反映这个情况，认为苏联学者的说法"有损我党负责同志威信"。中宣部随后向中央写报告请示，是否有必要向苏联方面反映。毛泽东看后，在这个报告上写了封信，是给刘少奇（国家主席）、周恩来（政府总理）、陈云（政府副总理）、彭真（政治局委员、北京市委第一书记）、邓小平（政治局委员、中央秘书长）、陈伯达（中央政治研究室主任）、陆定一（中宣部部长）的，他说：

"我认为这种自由谈论，不应当去禁止。这是对学术思想的不同意见，什么人都可以谈论，无所谓损害威信。因此，不要向尤金（苏联驻华大使——引注）谈此事。如果国内对此类学术问题和任何领导人有不同意见，也不应加以禁止。如果企图禁止，那是完全错误的。"

50年代，建立新中国，建立新制度，建设社会主义，对全党、对毛泽东本人来说，都是新课题。因此在各方面，都显得特别谨慎。在新的历史课题面前，毛泽东还在探索，越发觉得自己的思想还"没有成熟"。包括《论十大关系》这样的代表作，毛泽东也说："不是我的创造。"

再说，党的七大把"毛泽东思想"写在党的旗帜上，还有明确的针对性（苏联、国统区人民……），而如今，整个大陆都在中国共产党的领导下，且一派政通人和的景象，针对性不像以前那样明确和强烈了。

50年代，毛泽东还经常把一些报告和文件中提到的"毛主席"字样，改为"毛泽东同志"。

清醒而科学地对待自己的权威，也就能清醒而科学地从事中国的建设。反过来，清醒而科学地从事中国的建设，也就会清醒而科学地审视自己的思想。

五、50 年代前期：搞个人迷信不好

夺取了天下，毛泽东成了全国的领袖。按中外开国的惯例，常常要用一

些功臣特别是领袖的名字命名一些地名，或搞一些纪念性的建筑。

对此，在进城以前，毛泽东和中央就作出了决定，不许用人名作地名，还说不让祝寿，等等。

可下边的人却不管这些。而毛泽东正像谨慎地对待"毛泽东思想"的宣传一样，坚决地拒绝了好些提议。

开国不久，沈阳市各界人民代表会议为纪念中华人民共和国的成立，决定在市中心修建开国纪念塔，打算在塔上铸一座毛泽东铜像。为此，沈阳市政府给中央新闻摄影局写信，请他们代为拍摄四幅毛泽东全身八寸站像，供他们塑像时用。

为便于拍摄工作，中央新闻局自然把这封信转呈给了毛泽东。不料，1950 年 5 月 20 日，毛泽东却在上面批示："铸铜像影响不好，故不应铸。"

无独有偶，北京市人民政府于这年的第二届第三次各界人民代表会议也通过了一个提案：建议中央考虑在天安门前建立毛泽东大铜像。大概是周恩来把这个提案送给了毛泽东，毛泽东于 10 月 27 日在上面批示："周总理：不要这样做。"

这年 12 月 26 日前后，毛泽东收到国内外祝贺他 57 岁生日的电报，其中包括斯大林发来的。1951 年 1 月 4 日，他特别在斯大林的电报上给外交部写了一个批示，说："此类来电均应复电致谢，但来往电均不要发表。"1952 年生日前后，毛泽东就此问题再次重申，有关祝贺他生日的"来往函电，一律不得发表"。

50 年代，有关描写毛泽东生平历史的作品，也多了起来。

1952 年 10 月，毛泽东早年在一师读书期间的历史教员罗元鲲托毛泽东的私塾老师李漱清送来两件文稿，一件是罗本人的自传，另一件是罗写的《第一师范时代的毛主席》。罗元鲲还给毛泽东写了封信，大概是询问他是否读了这两篇东西，想听听意见。毛泽东回信表示：读了罗的《自传》，觉得"兴会飙举，评论深刻，可为后生楷模"。至于"另件"，即写毛泽东的那篇传记文章，"所述'特色'诸点，得之传闻，诸多不实，请勿公表为荷"。

当时，对描写党的领袖的文章和作品还没有严格的规定，毛泽东能表示意见的，说不让发表，也就发表不了，可中国之大，哪里管得过来？于是，他也经常看到一些关于他的纪实之作，很是在意，特别是一些不实描写。所谓"不实"，倒还不见得是贬损之作，而常常是夸大的传闻和赞扬。上面说的罗元鲲所作即是一例，尽管当时没有发表。而对发表了的，毛泽东读后则意识到是对他的"个人迷信"了。

譬如，50年代初，有的文章说毛泽东8岁就不相信神，成为无神论者。香港报刊也曾发表文章说，40年代，毛泽东在一个深夜到离延安40里的一个地方去看一个伤兵，因为他说他在死之前一定要见见毛主席。毛泽东知道这些宣传后，在一次谈话中说，这些故事并不符合实际，是不可信的，少年时还是信神，后来又曾是一个唯心主义、无政府主义者；至于伤兵，是看过的，但就在延安，而且是白天，并不曾因一个快断气的伤兵的要求去看他。毛泽东认为这些故事是一种迷信，是不好的。

1958年，在毛泽东身边做警卫工作的张木奇，署名"红奇"在《解放军战士》杂志上发表了一篇《毛主席的工作、学习和生活点滴》，毛泽东看到后说：我活着的时候，你们不要写，我死了以后，你们可以写。

50年代中期，苏联公开批评斯大林，在各国引起很大反响，特别是社会主义国家。这件事提出一个社会主义国家的敏感问题：如何看待自己的领袖。毛泽东和中国共产党很感意外，不同意对斯大林的全盘否定，但认为适当批评也有好的一面。

1956年9月接见南斯拉夫共产主义联盟代表团时，毛泽东谈到这个问题，说，"对斯大林的批评，我们人民中有些人还不满意。但是这种批评是好的，它打破了神化主义，揭开了盖子，这是一种解放……大家都敢讲话了"。毛泽东这里说好，是解放，大概指的是共产国际各兄弟党之间的关系获得了一种"解放"，摆脱了一度存在的"父子关系"、"猫鼠关系"。但反观国内，也有启发，毛泽东意识到，政治决策过于集中，"也有缺点，就在于使人不敢讲话"。还说："我们政治局的同志都在考虑这些问题。"

接着，毛泽东说到了自己在中国、在党内的问题：

我国很少有人公开批评我，我的缺点和错误人们都原谅。因为我们总是为人民服务的，为人民做了一些好事。我们虽然也有命令主义、官僚主义，但是人民觉得我们做的好事总比坏事多，因此人民就多予歌颂，少予批评。这样就造成偶像，有人批评我，大家就反对他，说是不尊重领袖。我和中央其他同志平均每天都能收到三百封信，其中总有几封信是批评我们的，但这都不署名，或署假名。他们并不怕我整他，而是怕周围的人整他。

这显然是在向兄弟党表示：我们中国的情况和苏联不同。同时，反映出毛泽东1956年前后对自己和全党、和人民的关系相当自信，并认为十分融洽。

毛泽东似乎喜欢在外宾面前谈论自己。1957年7月，在和尤金的谈话中说：我自己也犯过错误，由于我的错误在战争中也打过败仗。毛泽东举的败仗的例子，就是他在遵义会议复出后指挥打的第一仗——赤水河边的土城战役。又说：如果说我基本上是正确的，我就很高兴了。

这样的话，毛泽东后来说过好多次。

六、50年代：请斯大林派人"来看我的文章？是不是我那样没有信心？"

1956年9月同南斯拉夫共产主义者联盟代表团的谈话中，毛泽东还比较集中地说了对斯大林的看法，以及自己和斯大林的关系：

"他有些做法走极端，个人神化、使人难堪等等，都不是唯物主义的。

"我在见到斯大林之前，从感情上说对他就不怎么样。我不太喜欢看他的著作，只看过《论列宁主义基础》、批判托洛茨基的一篇长文章、《胜利冲昏头脑》等。他写的关于中国革命的文章我更不爱看。他和列宁不同，列宁是把心给别人，平等待人，而斯大林则站在别人的头上发号施令。他的著作中都有这种气氛。我见到他以后就更不高兴了，在莫斯科的时候和他吵得很厉害。斯大林有脾气，有时冲动起来，讲一些不大适当的话。"

对中国革命来说，斯大林及其领导的苏联为中国革命和建设做了许多好事，提供了很大的帮助，这是应该肯定并感谢的。同时，也在有意无意之间做了一些伤害中国的事情。因此，对斯大林，中国共产党始终抱着一种复杂的心态。如果说在第三国际还存在的时候，中共更多的是服从的话，那么，在第三国际解散以后，特别是新中国成立后，不满的想法便更明确、更外露起来了。

从个人的角度看，毛泽东不大喜欢斯大林是明确无疑的。他的解释有三个方面：（一）斯大林不平等待人，常常居高临下发号施令；（二）看问题走极端，即毛泽东在其他场合说的，搞形而上学；（三）搞个人崇拜，把自己神秘化，结果搞得缺少民主。看得出，对这三点，毛泽东在 50 年代前期都有意识在避免。

还有一点，毛泽东喜欢有声有色充满激情的人生风格，而斯大林严肃刻板有余，生动活泼不足，反映在他的文章风格上也是这样。所以毛泽东不喜欢读他的书。像马克思、列宁，都是有诗人气质的人，文章也相当漂亮，热情动人，除了他们的特殊建树外，在这些方面，也颇能引起毛泽东在情感上的共鸣。

▲ 1949 年 12 月 16 日至 1950 年 2 月 17 日，毛泽东访问苏联。图为 12 月 21 日，毛泽东与斯大林在庆祝斯大林 70 寿辰宴会上

政治家当然是不会被情感支配的。从中国革命和建设的大局着想，毛泽东处理同斯大林的关系，依然是十分节制和理性的。因此，他曾写过三篇文章称颂斯大林。一篇是在延安庆祝斯大林 60 寿辰时写的，第二篇是 1949 年访苏时在莫斯科的祝词，第三篇是在斯大林去世后苏联《真理报》约他写的。对这三篇歌颂斯大林的文章，在 1956 年 9 月同南斯拉夫外宾的谈话中，毛泽东也作了表白和解释，他说：

"我向来不愿祝贺人家，也不愿人家祝贺我。但到莫斯科去祝寿，不歌颂他，还能骂他不成？他死后，苏联需要我们的支持，而我们也要支持苏联，就写了那篇歌功颂德的文章。这不是对斯大林个人的，而是对苏联党的。延安的那篇文章，我抛掉了个人感情，把他当做社会主义国家的领袖。那篇文章还比较有生气，其他两篇不是出于内心意愿，而是出于需要。人的生活就是这样矛盾的，感情上不愿写，但理智上不这样不行。"

1958 年 7 月为联合舰队的事，毛泽东向苏联驻华大使尤金大发脾气的时候，甚至说："一定要彻底打破对他的迷信。斯大林对中国所做的这些事，我在死以前，一定写篇文章，准备一万年以后发表。"

后来由于形势的需要，即同苏联的论战，毛泽东不可能写这篇翻旧账的文章了，因为一写出来，就意味着我们同意甚至配合了苏联赫鲁晓夫等对斯大林的全盘否定。

的确，斯大林去世不久，毛泽东又面临和赫鲁晓夫打交道的麻烦。

开始，毛泽东对赫鲁晓夫还是很尊重的。曾说他有胆量，1957 年在莫斯科访问时，还在 60 多个兄弟党代表面前说："赫鲁晓夫这朵花比我毛泽东好看。"当然也是不无深意地说了："中国有句古话，叫作荷花虽好，还得绿叶扶持，我看赫鲁晓夫这朵花是需要绿叶扶持的。"

遗憾的是，赫鲁晓夫仍然没有完全改掉斯大林生前苏联那种以老大自居的习惯，结果仍然是：美国是毛泽东最看得起的对手，苏联则是他最具戒心的朋友。

1958 年 7 月 21 日深夜，苏联驻华大使尤金向毛泽东转达了赫鲁晓夫和苏共中央主席团提出的一个让毛泽东愤懑难忍的建议：苏联同中国建立一支共同舰队。尤金走了以后，毛泽东睡不着觉了，也吃不下饭。想了一夜，觉得和苏联的一些扯不断、理还乱的关系该有个通体明亮的说法了。讨这个说法，还应该是当面的。

第二天，他让人把尤金叫了来。开门见山，说是要请尤金给自己"当个医生"，谈完后，自己"下午就可以吃饭、睡觉了"。

尤金自是满脸疑色。毛泽东则充满火气地说：

"你们一直不相信中国人，斯大林很不相信。中国人被看作是第二个铁托，是个落后的民族。你们说欧洲人看不起俄国人，我看俄国人有的看不起中国人……我们对米高扬不满意。他摆老资格，把我们看做儿子。他摆架子，可神气了。一九四九年他第一次来西柏坡的时候，架子就很大，后来又来了几次，都是这样。每次来都劝我去莫斯科，我说去干什么？他说，总会有事情做的。后来，还是赫鲁晓夫同志出了题目，去开会，搞个文件。

"去庆祝十月革命四十周年，这是我们共同的事业。当时我说过，什么兄弟党，只不过是口头上说说，实际上是父子党，是猫鼠党。"

说到这里，毛泽东指着尤金讲："这一点，我在小范围内同赫鲁晓夫等同志谈过……当时在场的有布尔加宁、米高扬、库西宁、苏斯洛夫等人，还有你吗？中国方面，有我和邓小平。"

话题扯到米高扬率苏共代表团来参加中共八大的事，毛泽东又提起当时谁也没有注意到的一个细节："我对米高扬在我们八大上的祝词不满意，那天我故意未出席，表示抗议。"

毛泽东对苏联的意见实在太大了，一件又一件的事情在他的脑海里涌现出来。显然在头天晚上他想了一夜，做了些准备，意在让尤金把好些"旧账"都传回去，同时，也让苏方明白，在对待苏联以及斯大林的问题上，中国是做得十分周到和细致的，包括以前一些不起眼的事情。

譬如，1949年毛泽东访问苏联时，斯大林希望出版俄文版的《毛泽东选集》，毛泽东同意了，并当面请斯大林派一个学者来协助编选，还点了哲学家尤金的将，希望斯大林派他来。斯大林尊重毛泽东的意思，于是尤金来到了中国，后来又当了驻华大使，如今就坐在毛泽东面前听毛泽东"翻旧账"呢。

毛泽东这样解释他当时请斯大林派学者来的真实用心：

"为什么当时我请斯大林派一个学者来看我的文章？是不是我那样没有信心，连文章都要请你们来看？没有事情干吗？不是的，是请你们来中国看看，中国是真的马克思主义，还是半真半假的马克思主义。

"你回去以后说了我们的好话。你对斯大林说的第一句话，就是'中国人是真正的马克思主义者'。但斯大林还是怀疑。只是到朝鲜战争时才改变了他的看法，也改变了东欧和其他各国兄弟党对我们的怀疑。"

朝鲜战争以前，苏联及斯大林为什么对毛泽东和中国党有怀疑呢？

直接的原因是：毛泽东是当时中共党内唯一一个没有到苏联学习过的核心圈人物，而且是在山沟里摸爬滚打出来的，土生土长的，又掌握着中国的根本权力，对他不了解，不摸底，也就不放心。更何况，毛泽东反对他们信任有加的王明，王明是他们自己培养出来并认为是最懂马克思主义的人。

最让斯大林领略到毛泽东接手中国政权以后的厉害之处，或者说"民族主义倾向"的地方，恐怕是毛泽东 1949 年的莫斯科之行。因为一到莫斯科，毛泽东就要求斯大林重订中苏条约，还要收回东北的一条铁路，真是太神气了。哪怕是不得不按中国的意思办，或者说按道理，毛泽东的要求并不过分，但对做惯国际共运"太上皇"的斯大林来说，心里总是不大舒服的。

于是，他有意冷淡桀骜不驯的毛泽东。

据当时苏共中央核心圈人物莫洛托夫回忆：

他（指毛泽东——引注）请我喝过茶。谈到应该会见斯大林，不知何时方便些……斯大林好几天都没有接见他。斯大林对我说："你到他那里去一趟，看看他是个什么人。"当时他住在布利日纳亚斯大林的别墅里。

我同他谈完后对斯大林说，值得接见他。他是个聪明人，农民领袖，中国的普加乔夫。当然，离马克思主义者还很远，他向我承认，没有读过马克思的《资本论》。（费·丘耶夫：《同莫洛托夫的 140 次谈话》，新华出版社 1992 年版，第 138 页）

尽管斯大林对毛泽东有过"胜利者不受责怪"的缓和的甚至类似于套近乎的表示，但主要还是把他看作成功了的农民领袖而已。以老大自居的苏联领导人，对毛泽东的马克思主义水平仍然是疑窦丛生。巧的是，新中国成立前夕毛泽东和斯大林之间来往的秘密电报，也称斯大林是"大老板"。

而此时的毛泽东，正在向陪同他访苏的苏联人科瓦廖夫发脾气呢，甚至拍了桌子："我在这儿有三个任务：一、吃饭；二、睡觉；三、拉屎。"

说了这一大通，毛泽东明白告诉尤金："你们昨天把我气得一宿没有睡觉。"又指着在场的其他中央领导人说："他们没有气，我一个人有气。如果犯错误，是我一个人。"

周恩来立即补充："这是我们政治局的一致意见。"

整个过程，好几个小时，弄得尤金无所适从，只插了一次话，而且很短。

七、50 年代后期：不当国家主席，"个人威信不会……有所减损"

在新中国国家元首这个位置上，毛泽东只待了 10 年。1949 年，新政协选他为中央人民政府主席。1954 年第一届全国人民代表大会第一次会议选他为国家主席。1959 年第二届全国人民代表大会第一次会议选刘少奇为国家主席。

是毛泽东自己提出不当国家主席的。

毛泽东公开讲在下届人大会议提名选举时，不再做国家主席的候选人，是 1956 年夏天在北戴河召开的一个有几十个人参加的会议上。这是个党内会议，与会者认为他的这个想法是可行的。在这个会议上，毛泽东还说到将来在适当时机不再担任党的主席，与会者认为这个想法目前暂时还不可行。

这是党的八大之前的事。这期间，党内高级领导人对毛泽东不愿连任国家主席一事想通了的渐渐多起来了。在党的八大通过的新党章里，专门写了一条：必要时，中央委员会设名誉主席一名。这里就是为毛泽东不光从国家主席退下来，甚至从党的主席退下来后的安排埋下的一个伏笔。所以，在 1961 年 9 月接见英国元帅蒙哥马利的前一天，听外交部办公厅的熊向晖谈到蒙哥马利可能问及毛泽东的接班人时，他说：以前两个主席都姓毛，现在，一个姓毛，一个姓刘。要是马克思不请我，我就当那个名誉主席。

可由于和民主党派就这个问题交换意见太少，情况就是两样了。

1957 年 4 月 30 日，为庆祝五一劳动节，毛泽东和其他党和国家领导人登上了天安门。许多民主党派的负责人也来了。当时，开门整风进入了高潮，利用这个机会，毛泽东把各民主党派的负责人召集起来，在天安门城楼的休息厅开了一个会，商量帮助共产党整风的问题。

就在这个会上，毛泽东把他不愿连任国家主席的想法，第一次向党外公布了。末了，还嘱咐在场的身份较高的陈叔通和黄炎培两人（都是全国人大常委会副委员长、全国政协副主席），把他的这个意思有意识地透露出去。

这个消息，无疑让陈叔通和黄炎培深感意外，他们没有足够的思想准备，一时也想不通。二人商量了一下，觉得此事关系重大，决定暂不透露，还"相约勿遽外传"。

第二天，他们联名给全国人大常委会委员长刘少奇、全国政协主席周恩来"特意密陈"了一封信。

信的中心意思是不同意毛泽东不再连任国家主席的意见——"我们期期以为不可"。理由是：（一）形势还不算很稳定，"不可以说国家已经巩固了，而况台湾尚未解决，国际两大阵营尚在剧烈斗争"；（二）固然要强调集体领导，但短期内全国人民还认识不清楚这一点，因此，"集体领导中突出的个人威信，仍是维系全国人民的重要一环"。如果此时贸然宣布，"可能因国内人心的震动，而给以国际间推波助澜的造谣机会"。

最后干脆"披沥直陈"：请刘少奇、周恩来考虑"应否及时邀集昨在场人大、政协同志，就这一问题，交换意见，如大家都有上面所陈感想，即请转呈毛主席"。

刘少奇、周恩来自然把这封关系甚大的信转送给了毛泽东。毛泽东是 5 月 5 日看到的。

在这封信上，毛泽东写了几处批语。

他说：我们国家现在已经有了根本的巩固，"我仍存在，维系人心的个人威信不会因不连任而有所减损"。如果国际"造一阵谣言，真相自明，谣言便息"。

在陈、黄来信的末页，毛泽东还写了一段长的批语，说可以修改宪法，国家主席可以连选一届。但自己"不连选，留下四年，待将来如有卫国战争一类重大事件需要我出任时，再选一次"。这大概是照顾各方面想法，为以后的变化留下余地。

这个批语所集中表达的，还是毛泽东自己为什么不愿连任国家主席的原因：

"从一九五八年起让我暂时摆脱此任务，以便集中精力研究一些重要问题（例如在最高国务会议上，以中共主席或政治局委员资格，在必要时，我仍可以做主题报告）。这样，比较做主席对国家利益更大。现在杂事太多，极端妨碍研究问题。"

此事既然连民主党派的高层人士都想不通，那么，干脆就在大范围展开讨论吧。

于是，毛泽东给在党的八大上当选的其他几个中央常委——刘少奇、周恩来、朱德、陈云、邓小平，以及协助邓小平主持中央书记处工作的彭真，写了个批示。要刘少奇召集有100人左右参加的政治局扩大会议，展开一次讨论，希望取得大家的同意，然后把陈、黄的信和自己的批语，印发给所有中央委员、候补委员、八大代表、全国人大所有代表及政协委员。总之，"此事应展开讨论，才能打通思想，取得同意"。

5月8日，政治局专门开会讨论了陈、黄的信和毛泽东的批语，一致同意毛泽东的意见。

11月，毛泽东访问苏联，又专门把自己不再连任国家主席的情况通知了赫鲁晓夫。赫鲁晓夫问他有没有人接替，毛泽东回答："有，我们党内有几位同志，他们都不比我差，完全有条件。在我之后，刘少奇、邓小平、周恩来这些同志来，希望你们对待他们和对待我一样，当作朋友。"

经过充分酝酿，到1958年12月在武昌召开的党的八届六中全会上，终于正式作出了决定。1959年4月召开的第二届全国人民代表大会第一次会议，便改选刘少奇为国家主席。

这些举措，这些过程，看出毛泽东不连任国家主席在当时的阻力，也看出他的决心。他要辞去国家主席，或者还有其他考虑，不好去过多猜测。但不管怎样，有一点非常明确，并吻合他一贯的想法，甚至吻合他一贯的性格本色：想多研究点问题。这期间，他甚至在一个同文学家座谈的会议上，说到自己以后退下来，要像鲁迅那样写点杂文之类。有一次批评《人民日报》的工作，大概是对上面的文章不满意，有书生气，他又说：辞去国家主席后，就有空闲给你们写文章了。从历史的经验看，在整个革命年代，他非常注意抓路线，抓大事，而且正是在延安集中攻读马列著作，写出像《论持久战》《新民主主义论》这样大量的理论指导书籍，奠定了他在中国共产党内无可替代的"精神导师"地位。同时他又有大量的革命实践并担负具体领导工作，正像他年轻时主张的那样，既有"圣贤传教"的一面，又有"豪杰办事"的一面。他那时的精力，在党内几乎也是无可比拟的。

在 50 年代，社会主义改造完成以后，特别是党的八大的召开，真是一代英才齐聚一堂，且大多正值盛年，在他的领导下，新的领导班子摆出大干一场的架势，集中精力搞建设。搞建设，他和许多人一样，也有一个具体摸索过程，许多具体问题，不再像战争年代那样都得心应手。他要研究问题，是可体谅的。况且又是在和平时期。

还有一点，到 50 年代后期，毛泽东已是 60 多岁的人了，自然没有像先前那样的精力兼顾各方面。1956 年新年伊始，宋庆龄给他寄来一张贺年卡，在回信中，他曾如此陈述自己的身体：一方面是"十分能吃，七分能睡。最近几年大概还不至于要见上帝"的自信，同时又有一个"然而"说："甚矣吾衰矣。"在同年 9 月会见前来参加中共八大的南斯拉夫共产主义联盟代表团时，他说得更明确："我老了，不能唱主角了，只能跑龙套。你们看，这次党代表大会上我就是跑龙套，而唱戏的是刘少奇、周恩来、邓小平等同志。"

在这种心境中，党的主席和国家主席一肩挑，对他确实是个"妨碍"。

这里有一个看来是巧合的情况出现了：正是他下决心摆脱杂务、不再连任国家主席的时候，他对中国社会主义建设的指导开始出现偏差。

就在批判 1956 年的"反冒进"，对开展"大跃进"有至关重要作用的 1958 年南宁会议上，他还专门对参加会议的人讲："我辞去共和国主席的问题，在今年九月以前用征求各级干部意见的方式举行一次鸣放辩论……求得多数人同意。"

稍后，他又把这个问题写进《工作方法六十条（草案）》，作为最后一条，说："去掉共和国主席这个职务，专做党中央主席，可以节省许多时间做一些党所要求我做的事情。这样，对于我的身体状况也较为适宜。"

在翻阅档案文献时，我们也不难发现，从1958年开始，毛泽东在会议上的讲话，是越来越多地引用书本，特别是中国传统的历史文化方面的书籍典故。

这恐怕也不是偶然的巧合。

另一个不是偶然的巧合，是在1958年为了推动并不是所有干部都赞成的"大跃进"，他提出了个人崇拜问题。他说个人崇拜有两种，有正确的，有不正确的，不能一概否定。为了现实需要，他不得不利用他个人的威望，对自己的权威看得更重一些了。

八、"大跃进"及其以后：经济工作"不懂"，"这一辈子搞不了了"

怎样搞经济工作，对毛泽东来说是个新课题。这方面，他一开始就不像在军事上那样特别自信。

新中国成立后，他就注意经济方面的学习，力求掌握经济规律，但也有些失误，作过自我批评。1953年8月在全国财经会议上，毛泽东说过一番话，大概是他在经济工作上最早的一次自我批评。当时对财经工作批评得很厉害，毛泽东讲："我说我也要负责任，各有各的账。"接着讲了自己应负的几方面责任，诸如抓得少，抓得迟，关于统收统支，关于预算，等等，自己都有责任。其中还说："我对财经工作生疏，是吃老资格的饭，过去一凭老资格，二凭过去的革命工作较丰富的经验，现在是建设时期，缺乏知识，未钻进去，要亡羊补牢。"

此后，尽管还是花主要精力搞社会主义革命，但为了指导经济建设，特别是在社会主义改造完成以后，他仍然从事大量调查，写出《论十大关系》那样的著作。这部著作主要是关于社会主义经济建设的大政方针的论述，和一线的具体经济运作还不完全是一回事。

后来他冲到一线，搞"大跃进"，直接指挥，并一心要干成一件大规模的经济运作。

由于急躁冒进，搞得国民经济很不协调，得不偿失。捅了乱子，就有一个怎样认识的问题。这样，毛泽东又一次面临对自己搞经济工作的反思。

在中央核心领导层，对"大跃进"，毛泽东是推动最力的人，也是较早意识到"大跃进"有问题的人。时间大致在1958年10月底。他于11月初亲赴郑州主持召开了中央工作会议，提出纠正经济工作中的"左"倾错误。

他的反思，也常常结合对自己的检讨。

1958年11月21日，在武昌召开的中共中央政治局扩大会议的头一天晚上，毛泽东把田家英和吴冷西找到自己的房间深谈了一次。基本意思是要"压缩空气"和"泼点冷水"。

当时，毛泽东心里不大痛快，感触很深。事情是由这天下午他同各大协作区组长（相当于新中国成立初期各中央局书记，也称大区书记）的谈话引起的。他本来想同他们商量压缩1959年的生产指标，比如把钢产量从3000万吨降到1800万吨，结果是各路"诸侯"反过来说服他保持此前在8月北戴河会议上定的高指标。毛泽东对田家英和吴冷西说：他们都想打通我的思想，我硬是想不通，因为他们缺乏依据。毛泽东还说，中央12个部长写了报告，指标高得吓人，似乎要立军令状……怎么完成得了呢？如果真的完成了，我甘愿当机会主义者。

还有一件事也让毛泽东担心。此前，《人民日报》有一篇社论，讲到人民公社从集体所有制过渡到全民所有制，说用三四年或五六年就行了。这个社论本来是根据中共中央政治局北戴河会议的精神写的。在北戴河会议的决议里，谈到过渡时间，在三四年或五六年后面还有半句话："或者更长一些时间。"谈话中，毛泽东告诉田家英和吴冷西：那半句话是我特意加上的，当时想法是谨慎一点好。现在看来还是太急了。你们删去那半句话就更急了，不知是听了哪一位政治局委员的意见。这半年大家头脑都发热，包括我在内，所以要泼点冷水，但要注意保护干部和群众的积极性。

说到向共产主义过渡的问题，毛泽东显得很激动：反正我不准备急急忙忙过渡。我今年 65 岁，即使将来快要死的时候，也不急急忙忙过渡。

此后，经过 1959 年 4 月的上海会议，又决定 7 月召开庐山会议。

可以说，在这期间，毛泽东的内心世界有这样三条路交叉前行着：一是下决心纠正"大跃进"中高指标的偏差，但在一些领导干部中，要立刻转过弯来一时也不容易，这使他有为难的地方。一是虽然想纠偏，但他不愿意从根本上否定"大跃进"、"人民公社"和"总路线"这"三面红旗"，一个重要原因是他认为这场运动毕竟体现了人民群众的创造热情，这是他一生特别看重的"民气"，因此他反复提醒，既要"泼冷水"，又要保护干部和群众的积极性。事实上这是一个两难之境。再一条路就是"大跃进"毕竟是毛泽东本人积极促成的，因此，他在一定程度上已经准备承担责任，并在反思中意识到自己搞经济工作还不像搞其他工作那样顺手。

胡乔木生前为了写《回忆毛泽东》一书，曾向参加撰写的人员披露毛泽东在 1959 年庐山会议前这样一个心态：

在庐山会议开会前，毛主席曾开过一次政治局会议。毛主席在会上表示他不能搞经济工作，他不懂。他认为他这一辈子搞不了了，年纪这样大了，还是陈云搞得好。这话在庐山会议前期也讲过：国难思良将，家贫思贤妻，经济工作还是要陈云出来。后来庐山会议的气氛完全反过来了。

1959 年 7 月初上山后，毛泽东的心情还是很舒畅的。前半截的会议，被说成是"神仙会"，在总结"大跃进"的经验教训时，毛泽东也不忌讳在别人面前谈他的失误。

譬如，11 日晚上，他找周小舟、周惠、李锐谈话时，说：提倡敢想敢干，确实会引起唯心主义，我这个人也有胡思乱想。有些事不能全怪下面……我这个人 40 岁以前肝火大，总觉得正义、真理都在自己手里；现在还有肝火……自己就是个对立面，自己常跟自己打架，有时上半夜想不通，下半夜就想通了。

彭德怀的信出来后，毛泽东在 7 月 23 日大会上的讲话中还说："去年 8 月以前，我同大多数常委同志主要精力放在革命上头去了，对建设这一条没有认真摸，也完全不懂，根本外行。"

毛泽东对彭德怀的信是不满的，曾针对它讲了许多话，其中说到自己，解剖自己的话也不少，但，那不是经济方面的了，属于另一个主题。放在后面说。

胡乔木还曾回忆："庐山会议后就有人提出继续出《毛选》。毛主席说现在不是出《毛选》的问题，而是出《刘选》。"

看来，"大跃进"的失误，对他原先良好的自我感觉影响不小。如果说，在庐山会议后期，他的许多自责的话，由于是针对所谓"右倾机会主义"的，不免有些赌气的意思在内，那么，在处理了这种被他认为是错误的思潮以后，他的一些反思，还是很深刻和真诚的。

庐山会议后一个月，毛泽东回到北京，在军委扩大会议上，再次说道：我也是个甚为不足的人，很有些时候我自己不喜欢自己，马克思主义各门学科没有学好，外国文没学通，经济工作刚开始学，但我决心学，不死不休，对于这些我也要赶超，要进取，那时见马克思时我的心情会舒畅些。

这里虽然说了经济以外的其他方面，但毛泽东真正要说的，或者说引起他发这一大通感慨之语的，无疑是"大跃进"的经济失误问题，是自己在经济工作方面的把握能力问题。说完这番话后3个月，他便带着一个班子到杭州去了，去读苏联的《政治经济学（教科书）》。用他在杭州写给女儿李讷的一封信中的话来说，是要"下决心要搞通这门学问"。

但是，由于反对所谓"彭德怀右倾机会主义"，经济工作方面的"左"的倾向，仍未得以消除。毛泽东继续作自我批评。

1960年6月18日，毛泽东在上海会议上作《十年总结》的报告时，便说道：我本人也有过许多错误。有些是和当事人一同犯了的。例如我在北戴河同意1959年完成3000万吨钢，12月又在武昌同意了可以完成2000万吨钢，又在上海同了可以完成1650万吨钢……如此等类。

纠"左"的高潮，当然要算是1962年1月的七千人大会了。

在此之前半年，1961年6月在北京召开的中央工作会议上，毛泽东曾对几年来经济工作中的问题作了自我批评，讲了自己的缺点和错误，讲完还提出让与会者把他的自我批评传达到下面。然而，由于他的特殊地位，许多地方并没有传达。

▲ 1960 年 6 月，毛泽东在上海举行的中共中央政治局扩大会议上讲话。会议期间，毛泽东写成《十年总结》一文。图为当时会议现场

七千人大会上，毛泽东在 30 日这天讲了一大通话，还说到一些地方没有传达他的自我批评的事情："事后知道，许多地方没有传达。似乎我的错误就可以隐瞒，而且应当隐瞒。同志们，不能隐瞒。凡是中央犯的错误，直接的归我负责，间接的我也有份，因为我是中央主席。我不是要别人推卸责任，其他一些同志也有责任，但是第一个负责的应当是我。"

关于社会主义的经济建设，不只是中国在探索，也是所有社会主义国家都在探索的事情，更是西方资本主义国家特别关注的事情。这样，接见外宾时就免不了要谈到中国的经济建设情况，在"大跃进"失误以后，毛泽东同外宾谈话，也是常常说我们在这方面缺乏经验。在 30 日的讲话中，他便介绍：

"对于社会主义建设，我们还缺乏经验，我向好几个国家的兄弟党的代表团谈过这个问题。我说，对于建设社会主义经济，我们没有经验。

"这个问题，我也向一些资本主义国家的新闻记者谈过，其中有一个美国人叫斯诺。他要来中国，一九六○年让他来了。我同他谈过一次话。我说：'你知道，对于政治、军事，对于阶级斗争，我们有一套经验，有一套方针、政策和办法；至于社会主义建设，过去没有干过，还没有经验。你会说，不是已经干了十一年了吗？是干了十一年了，可是还缺乏知识，还缺乏经验，就算开始有了一点，也还不多。'斯诺要我讲讲中国建设的长期计划。我说：'不晓得。'他说：'你讲话太谨慎。'我说：'不是什么谨慎不谨慎，我就是不晓得呀，就是没有经验呀。'……一九六○年，那正是我们碰了许多钉子的时候。一九六一年，我同蒙哥马利谈话，也说到上面那些意见。"

中国缺乏经验，在一定程度上，也就是把握方向、起决策作用的毛泽东缺乏经验，并懂得很少：

"在社会主义建设上，我们还有很大的盲目性。社会主义经济，对于我们来说，还有许多未被认识的必然王国。拿我来说，经济建设工作中间的许多问题，还不懂得。工业、商业，我就不大懂。对于农业，我懂得一点。但是也只是比较地懂得，还是懂得不多……所有这些农业生产方面的问题，我劝同志们，在工作之暇，认真研究一下，我也还想研究一点。但是到现时止，在这些方面，我的知识很少。我注意得较多的是制度方面的问题，生产关系方面的问题。至于生产力方面，我的知识很少。"

事实上，在"大跃进"以后，毛泽东再也没有过多地插手经济工作了。正像他说的那样，"这一辈子搞不了了，年纪这样大了"。

九、庐山会议及其以后（一）："偏听偏信，就是要偏"，"领袖是绝大多数人的代言人"

庐山会议有许多故事可说。我们要说的是毛泽东在会议后期谈论自己的事。

庐山会议前期，各小组的讨论，对工作提出了不少意见，有一些很尖锐的议论，毛泽东特意在 7 月 10 日晚上召集各外组的负责人谈了一次话。据李锐《庐山会议实录》一书记载，他第二天听传达的内容中，毛泽东有这样一段话："张奚若讲的四句话：好大喜功，急功近利，否定过去，迷信将来。陈铭枢讲的四句话：好大喜功，偏听偏信，轻视古典，喜怒无常。我是好大喜功的，好大喜功有什么不好呢？去年1900个项目，搞得多了些，现在改为788个，不是很好吗。我还是要好大喜功，比较接近实际的好大喜功，还是要的。偏听偏信，就是要偏……同右派作斗争，总得偏在一边。"

看来，这时候，毛泽东对党外人士因为"大跃进"的失误进而对他本人的评论和批评，是很不满意的。张奚若和陈铭枢的话，说得也直截了当。这就埋下了在评价"大跃进"问题上情绪对立的种子。

关键自然不在于党外的批评。作为党内高层会议，庐山上反映出来的，更多的是党内同志的意见。最有代表性的，是彭德怀写给毛泽东的信，以及其他同志的议论。

这样，在7月23日的大会上，毛泽东作了自责，但自责中也难免夹带有一些情绪：

不赞成，你们就驳。你们不驳，是你们的责任，我交代了，要你们驳，你们又不驳。说我是主席不能驳，我看不对。事实上纷纷在驳，不过不指名就是……始作俑者，其无后乎。我有两条罪状：一个，是1070万吨钢，是我下的决心，建议是我提的。结果9000万人上阵，补贴40亿，"得不偿失"。第二个，人民公社，我无发明之权，有推广之权。北戴河决议也是我建议写的……"小资产阶级狂热性"，也是有一点……你们赞成了，也分点成。

这里甚至说到了"始作俑者，其无后乎"这样严重而且颇为伤感的话。他还重说了一遍，扯到了自己的家庭、孩子，说自己两个儿子，一个死了，一个疯了，等等。

8月15日，在庐山会议就要结束的时候，毛泽东写了一篇《关于如何对待革命的群众运动》，其中又专门列举了一些人关于他的议论，说，"你们是不愿意听我的话的，我已'到了斯大林晚年'，又是'专横独断'……又是'好大喜功'，'偏听偏信'，又是'上有好者，下必有甚焉'，又是'错误一定要错到底才知道转弯'，'一转弯就是一百八十度'，'骗'了你们，把你们'当作大鱼钓出来'，而且'有些像铁托'，所有的人在我面前都不能讲话了"。

这里列举的对他的议论，有民主党派人士说的，有当时同毛泽东有较多接触的党内"秀才"的私下议论，有彭德怀、张闻天说的。

这里就引出一个问题，毛泽东是怎样看待"大跃进"的错误的？

首先，应该说，他是真心实意要纠正错误并承担责任的。但在方式上，按毛泽东的性格，纠正错误更多的是要由他来领导和指导，也就是说，他要在纠正错误的过程中也占据主动位置。正像他私下里和人讲过的那样，他希望出现海瑞这样的人，在他面前讲真话，甚至敢于批评他的错误，可当海瑞真正出现的时候，又担心自己未必受得了。这话果然应验了。

其次，对"大跃进"的错误估计到什么程度，批评到什么程度，他是有所保留的。用量化的概念来说，他认为是一个指头和九个指头的关系。而他认为彭德怀等人的批评，是从根本上来了个否定（事实上并不是这样，在那时，谁也不会从根本上否定"大跃进"的，包括彭德怀），这是他不愿接受的。

最重要的，恐怕还是反映了毛泽东在 50 年代后期思想的变化，其中包括对待自己的认识的变化。发动"大跃进"的第一个重要会议，是 1958 年 1 月在南宁召开的。正是在这个会议上，毛泽东很严厉地批评了周恩来，批评他在 1956 年搞的"反冒进"，周恩来还写了自我检查。这个时候，他还讲过对个人崇拜不能完全否定的话呢。从此，党的一些领导人不敢在他的面前讲真话的情况是存在的。譬如，1959 年的几大生产指标都定得过高，胡乔木回忆说："陈云同志主张不要在公报上公布。他要我向毛主席报告，我不敢去向毛主席报告陈云同志的意见。"由此，才有了"偏听偏信"、"斯大林晚年"这样一些议论。这些议论，特别是"斯大林晚年"这样的话，对他的刺激是可想而知的。因为人们对斯大林搞个人崇拜和中国不满意斯大林的个人崇拜记忆犹新。毛泽东绝不会认为自己竟然和此前一再批评过的斯大林的这个缺点有相同之处。

在毛泽东看来，即使工作有失误，也绝非出于私心，他的宗旨，他的目标，都是为了人民，为了国家。为此，他就不管别人说什么了——你说我"偏听偏信"，我"就是要偏"，我偏的是人民，是绝大多数人的要求和利益。

下面这个例子，多少可以成为他这种心理的注脚。

1960年5月27日这天，毛泽东和来访的英国元帅蒙哥马利作了一番长谈，其中说到什么样的领袖是最好的，他们评价了西方历史上和现实中的一些政治领袖——

毛泽东：我们看到麦克米伦（当时的英国首相——引者注）到法国访问、戴高乐到伦敦访问时受到隆重接待，我们感到很高兴。我们希望你们两个国家能够合作。

蒙哥马利：麦克米伦可能是西方世界最好的政治领袖。

毛泽东：可能，至少他比艾森豪威尔好。

蒙哥马利：谁会比他更好呢？我是指在西方世界里。

毛泽东：我们希望英国能够更加强大。

蒙哥马利：他在西方集团是最聪明、最老实的人了。

毛泽东：人们可以看出，他比较有章法。

蒙哥马利：我衡量一个政治领袖的标准是看他是否会为了地位而牺牲他的原则。你同意不同意这样一种标准？如果一个领袖为了取得很高的地位而牺牲他的原则，他就不是一个好人。

毛泽东：我的意见是这样的，一个领袖应该是绝大多数人的代言人。

蒙哥马利：但是他也不能牺牲他的原则啊！

毛泽东：这就是原则，他应该代表人民的愿望。

蒙哥马利：他必须带领人民去做最有利的事。

毛泽东：他必须是为了人民的利益。

蒙哥马利：但是人民并不经常知道什么对他们最有利，领袖必须带领他们去做对他们有利的事情。

毛泽东：人民是懂事情的。终究还是人民决定问题。正因为克伦威尔代表人民，国王才被迫让步。

蒙哥马利：克伦威尔只代表少数人。

毛泽东：他是代表资产阶级反对封建主。

蒙哥马利：但是他失败了。克伦威尔去世并且埋葬以后，过了几年，人家又把他的尸体挖出来，砍掉他的脑袋，并且把他的头在议会大厦屋顶上挂了好几年。

　　毛泽东：但是在历史上克伦威尔是有威信的。

　　蒙哥马利：如果不是克伦威尔的话，英国就不是今天的英国了。

　　毛泽东：耶稣是在十字架上被钉死的，但是耶稣有威信。

　　蒙哥马利：那是在他死以后，在他活着的时候，他没有很多的跟随者。

　　毛泽东：华盛顿是代表美国人民的。

　　蒙哥马利：可是他被暗杀了[①]。

　　毛泽东：印度的甘地也是被暗杀的，但是他是代表印度人民的。

　　对话不短，无疑涉及毛泽东自己的选择。

十、庐山会议及其以后（二）：回顾历史，"人没有压力是不会进步的"

　　1959 年以后的毛泽东，在经济工作上意识到自己懂得太少，可在其他方面他还是相当自信的。对自己过去的成功，特别是战争年代的成功经验，看得更重了。也是从庐山会议开始，他时常谈起革命年代的一些往事。其中也有一些自我解剖的内容。

　　在 8 月 1 日中央常委会上，批评彭德怀，不知为什么，扯到了 30 年前在闽西苏区的一些事情，他说："闽西时我有责任，那时个别谈得少，公事公办，好像一切真理都在我手中。别人讲得不多，违反原则事即斗，必须立即当众回答。横直公事公办，那时方式太生硬。后来慢慢学会一条：谈话。现在方法又少了。谈话，小型会议，像这次庐山会议，少了，要么大型会议。"

　　这是从历史的回顾角度，多少觉得自己在 50 年代后期工作方法，特别是在联系群众做细致的意见交流方面，有些不足。

　　还说："中央苏区整我，也睡不着觉。整我狭隘经验主义，山上无马克思主义，这是第一次反'围剿'以后，我们这些人早几天也在城市的……而土

---

　　① 注：乔治·华盛顿（George Washington），1732 年 2 月 22 日生，美国独立战争军事领袖，美国第一任总统，被尊称为"美国国父"。1799 年 12 月 14 日在弗吉尼亚温恩山家中病逝，此处说华盛顿"被暗杀"有出入。

包子，是毛派。但整狭隘经验主义，给我很大刺激，因而读了几本书，到后来说我一贯右倾，机会主义，这是政治结论。"

这多少是借过去的经验来意味深长地指今日之事了。

这以后，到60年代，毛泽东接见外宾或在中央会议上，以及同身边的工作人员的谈话中，谈论自己的历史，特别是在中央苏区挨整的事，明显多了起来。

1960年12月25日，毛泽东在自己67岁生日的前一天，把在北京的亲属和身边的工作人员共13个人叫到自己的家里，搞了一个聚餐会。其实，是借为自己祝寿之名，对这些亲近的身边人来一次小小的"整风"教育。身边的人多了，相互之间就难免存在这样或那样的问题、意见。毛泽东日理万机，仍不忘记对身边人的思想教育。再说，作为政治家，大党领袖，这也是倾吐很细微的心里话的难得机会。

人到齐了，说什么好呢？

那就谈历史吧。

毛泽东先讲了一大段战国时张仪和苏秦两个纵横家交谊的故事。说张、苏二人本为同学，苏秦先在赵国做了相国，张仪却在楚国混不下去，跑到赵国来投奔苏秦。苏秦怕他在赵国依靠自己，安居下来，不求上进，做不出大事，便有意冷淡他，使张仪决心要赌气到别的地方去，苏秦又暗中出钱并派人把他送到了秦国，还为他打通了升官的各种门路。后来，张仪果然在秦国当了相国，一提起苏秦还是咬牙切齿。这时，苏秦派来帮助张仪的人对他讲了实情。

讲完后，毛泽东把自己从这个故事中得出的体会告诉聚餐的人们："你们看，苏秦对张仪是好意还是恶意……人就是要压的，像榨油一样，你不压，是出不了油的。"

这是古人的历史。毛泽东接着这个话题，说开自己的历史：

"人没有压力是不会进步的。我就受过压，得过三次大的处分，被开除过党籍，撤掉过军职，不让我指挥军队，不让我参加党的领导工作。我就在一个房子里，两三年一个鬼也不上门。我也不找任何人，因为说我搞宗派主义，什么邓、毛、谢、古。其实我连邓小平同志的面也没有见过。后来说在武汉见过，但是我一点印象也没有，可能见过没有谈过话吧！那时，给我戴的帽子就多了。说什么山上不出马列主义，他们城里才出马列主义，可是他们也不调查研究，我也不是生来在山上的，我也是先在城市里，后来才到山上来的。说实在的，我在山上搞了几年，比他们多了点在山上的经验。他们说我一贯右倾机会主义、狭隘经验主义、枪杆子主义等。那时我没有事情做，走路坐在担架上，做什么？我看书！他抬他的担架，我看我的书。他们又批评我，说我凭着《三国演义》和《孙子兵法》指挥打仗。其实，《孙子兵法》当时我并没有看过；《三国演义》我看过几遍，但指挥作战时，谁还记得什么《三国演义》，统统忘了。我就反问他们：你们既然说我是按照《孙子兵法》指挥作战的，想必你们一定是熟读的了，那么请问:《孙子兵法》一共有几章？第一章开头讲的是什么？他们哑口无言。原来他们也根本没有看过！后来到陕北，我看了八本书，看了《孙子兵法》，克劳塞维茨的书（指《战争论》——引注）看了，日本人写的军事操典也看了，还看了苏联人写的论战略、几种兵种配合作战的书等。那时看这些，是为写论革命战争的战略问题，是为了总结革命战争的经验。

"写《实践论》、《矛盾论》，是为了给抗大讲课。他们请我讲课，我也愿意去当教员。去讲课，可以总结革命的经验。讲一次课，整整要花一个星期的时间作准备，而且其中还要有两个通宵不睡觉。准备一个星期，讲上两个钟头的课，就卖完了。课不能照书本子去讲，那样讲，听的人要打瞌睡。自己作准备，结合实际讲，总结革命经验，听的人就有劲头了。"

在 1962 年 1 月的七千人大会上，毛泽东也讲了一大段自己在中央苏区挨整的经历。得出的结论是，"可以锻炼革命意志"。

在各种场合下讲自己过去的遭遇，自然有不同的用意。但他用自己的经历要表达的道理，无论是"人没有压力是不会进步的"，还是"锻炼革命意志"，意思实际上是一样的，就是在挫折面前，要进取，把坏事变成好事。

这个意思，或许毛泽东在李讷大学毕业时送给她的 4 句话里表达得更详细："1. 天将降大任于斯人也，必先苦其心志，劳其筋骨，饿其体肤，空乏其身，行拂乱其所为，所以动心忍性，增益其所不能。2. 彻底的唯物主义者是无所畏惧的。3. 道路是曲折的，前途是光明的。4. 在命运的迎头痛击下头破血流但仍不回头。"毛泽东送女儿的，无疑是自己的经验，是对自己的经历的反思，以及自己的现实心态。

十一、60 年代：肯尼迪"也看我写的军事文章，这可能是真的"

过去的成功经验，在军事上居多。毛泽东对自己的军事生涯，一向自信而满意，说是胜多负少。在这方面，他似乎用不着谦虚的。哪怕是在外国元帅和军事家面前。

1960 年 5 月 27 日，毛泽东会见他很欣赏的英国元帅蒙哥马利时，谈到自己的军事生涯，有这样一段对话：

蒙哥马利：同时做一切事情是没有好处的。我是个军人，我了解这一点。你也是个军人，你也应该了解这一点。

毛泽东：你有三十五年军龄，你比我长，我只有二十五年。（大概是指1927 年到 1949 年的 22 年，再加上 3 年抗美援朝战争。——引注）

蒙哥马利：我有五十二年了。

毛泽东：可是我还是共产党军事委员会主席。

蒙哥马利：那很好。我读过你关于军事的著作，写得很好。

毛泽东：我不觉得有什么好。我是从你们那儿学来的。你学过克劳塞维茨，我也学过。他说战争是政治的另一种形式的继续。

蒙哥马利：我也学过成吉思汗，他强调机动性。

毛泽东：你没有看过两千年以前我国的《孙子兵法》吧？里面很有些好东西。

蒙哥马利：是不是提到了更多的军事原则？

毛泽东：一些很好的原则，一共有十三篇。

蒙哥马利：我们应当从两千年以前回到现在了。

两位指挥过千军万马的军事家，来自东方和西方，由不同的军事文化所培育，使用着不同的装备，都是一等一的高手，谈起战争，都是那样的自信和洒脱。对毛泽东来说，在军事上，他始终是很自信的。在中央苏区挨整时，周恩来就向中央说过，"泽东的长处在打仗"。而毛泽东在新中国成立后的自我评价中，在别的方面，多有谦虚之辞，而在军事方面，则颇有些当仁不让的气概。

50年代接见外宾谈到自己的经历，说：我们是打了22年的仗，如果包括朝鲜战争，就是25年，我们这些人大半辈子都耗费在打仗上了。批彭德怀时，他说，我就不相信军队会跟你走，还说大不了，再上山；不行，就上山打游击，再搞红军。晚年批判林彪时，他也是经常说到这样的话。

的确，一直到晚年，毛泽东都保持着军事上的绝对权威。1971年那次有重大意义的南巡，一路讲话，首先是政治家的成算，可他竟能于细微之处长驱回京，粉碎林立果的谋害，确也见出军事家的机敏和果断。后来的八大军区司令员的调动，显然也是为了消除林彪在军队里的影响的一个举措。他一声令下，10天之内司令员们就报到了，由此可见他在军队里的绝对影响力了。

1961年9月，蒙哥马利元帅再次来访，两人又谈起战争。不过，这次不是说的遥远的古代，不是孙子、成吉思汗，不是克劳塞维茨，说的是现代核战争。蒙哥马利讲起核战争的威力，毛泽东却说："我对核武器不感兴趣……要打还是用常规武器打。打常规武器还可以讲点军事艺术，什么战略、战术，指挥官可以临时按照情况有所变化。用核武器的战争就是按电钮，几下子就打完了。"

看来，对战争艺术，对战争中人的军事智慧的发挥，毛泽东总是情有独钟，仿佛有一种审美上的愉悦。60年代，他多次讲，打仗并没有什么神秘，打得赢就打，打不赢就走，你打你的，我打我的；什么战略战术，说来说去，无非就是这四句话。如此简单明了轻松无比地谈论战争的真谛，正是传达着他对自己军事生涯的欣赏和自信。

其实，在实际操作中，在理论著述中，毛泽东却绝不是这样轻松，总是在"战术上重视敌人"，绝不放过任何一个细节。

在战争年代，毛泽东留下一系列军事著作。由于中国革命战争的胜利，特别是这种胜利是在长时期的敌强我弱的条件下取得的，也就格外引起国外的注意。所谓"国外"，不光是处于战争状态的第三世界的一些国家，也包括西方发达国家的一些政治家。这对毛泽东来说，当然也是件值得开心的事。

1965年1月斯诺来中国时告诉他，说此前曾读了主席的军事著作，联系越南的情况，觉得有些像中国的解放战争。毛泽东未置可否，只说两场战争规模不一样。说到对国际上的主要矛盾的判断，斯诺又讲："我相信主席可以回答，我无法回答，或者只好等主席的下一本书了。从主席的著作中可以看到，主席特别重视的那些事件，从这里是否可以认为帝国主义和亚非拉的新兴力量的矛盾是主要矛盾？"

毛泽东回答："我看美国总统也是这么说的……有消息说，他（指前总统肯尼迪——引注）也看我写的军事文章，这可能是真的。当阿尔及利亚问题不得解决的时候，阿尔及利亚人问我，我的著作他们利用，法国人也利用，怎么办？说这话的是当时的总理阿巴斯，他访问过中国。我说，怎么利用？我根据中国的经验写的书，只能适用于人民的战争，不适用于反人民的战争。蒋介石也研究我们的材料，我们的许多材料在战争中被蒋介石得到，但是无法挽救其失败。法国人也没有因为看我的书而挽救其失败。"

毛泽东相信他的书是为人民而写，这是他一直的观点。随着世势的变迁，他不否认甚至还有点希望，自己的军事著作不仅在国内，而且在国外，在亚非拉反帝斗争中，发挥特殊的作用。

十二、60年代中期以后："总要有点个人崇拜""做了共产党的钟馗了"

到60年代中期，毛泽东对自己的看法，发生了不小的变化。

这个变化同他对国内外政治形势的看法是一致的。1962年秋的党的八届十中全会，他重提阶级斗争，把主要精力放在政治和意识形态领域，觉得问题很严重，而且越来越严重。再加上同苏联之间"口诛笔伐"的论争，于是，他考虑中国的前途和未来就更多了。

而中国的未来，和他的现在和未来是搅在一起的。有时候，他觉得自己的权威有些不如从前，有重树的必要。

这些内心的想法，不可能直通通地表露出来，但在特殊情况下，在特殊对象面前，他多少会有所透露。

一个例子是 1965 年 1 月 9 日同老朋友斯诺的会谈。

斯诺告诉毛泽东，国外关于他和马克思主义之间的关系进行了一些讨论。

斯诺说："你在中国进行革命，同时也使外国的'汉学'起了革命变化，现在出现了各种的毛派和北京学派。不久前我出席了一个会议，一些教授在争论你对马克思主义究竟有没有作出什么独创的贡献。会后我问一位教授，如果能够说明毛从未自称有过任何创造性的贡献，这对他们的争论会不会产生影响？那位教授不耐烦地回答说，'不会有影响。那完全是不相干的。'"

听到这里，毛泽东笑了起来。他说，2000 多年前，庄周写了关于老子（道家）的不朽的著作（《庄子》）。后来出现了诸子百家，争论《庄子》的意义。

讨论毛泽东是否对马克思主义作出了独创性贡献，或许出于满足自身的智慧愉悦，或许是 60 年代西方"毛泽东热"中赶时髦的动作。那时毛泽东在西方青年人当中的影响几乎与国内相近。西方的青年学生不满现状，于是也采取各种方式来"造反"，他们认为是毛泽东请他们这样做的，对毛泽东评价很高，视之为"精神导师"。这种情绪自然要引起西方学者们的反应，仿佛这当中有许多深奥的大道理值得去耗费他们的精力。对毛泽东来说，在现代社会条件下发展马克思主义，无疑是他一生从事的事业的一个根本内容。且不说他在新民主主义革命时期的作为，就是 1958 年那样的大动作，也多少是要干马克思主义经典作家们没有干过的事情——尽管他常常说自己是马克思、恩格斯、列宁的学生。

没有独创性，就没有中国革命的胜利。这似乎是一个不争的事实。所以，毛泽东给予了中国式的回答：自己和马克思主义经典作家之间的关系，犹如庄子和老子的关系。都是道家学派，"庄"源于"老"，而且多有发挥。

接下来，斯诺和毛泽东谈到有关毛泽东的两个敏感话题。在当时，都多少引起了一些不小的反应。

一个是关于死亡的约会，一个是关于个人崇拜。

斯诺对毛泽东讲："在俄国有人说中国有个人迷信。"

毛泽东是这样回答的："恐怕有一点。据说斯大林是有的。赫鲁晓夫一点也没有，中国人是有的。这也有点道理。赫鲁晓夫倒台了，大概就是因为他没有个人迷信。"

这段话让人很费琢磨。可从正反两方面来理解。从反处讲，是否认苏联的说法，语气间颇有回击对手攻击的惯常方式：你们的领导人倒台了，我没有倒台，你就说是靠个人迷信支撑的。从正面讲，是承认苏联的说法"也有点道理"，其中也暗含着毛泽东自己微妙的心理体会：没有丝毫个人迷信，是容易倒台的。

斯诺当时是从正面来理解的。回去后，他根据自己的理解，写了一篇报道，其中说毛泽东承认中国有个人崇拜，并且有理由要求有点个人崇拜。文章发表后，国内有关部门对斯诺很不满意，托人传话对他进行过批评。还把文章翻译过来报给毛泽东看了。毛泽东当时怎样说，不得而知。

1970年斯诺再次来中国的时候，毛泽东的话说得有过之而无不及。

他是这样解释1965年同斯诺谈个人崇拜问题的：文章我看了，你的那些错误有什么要紧？总要有点个人崇拜，你斯诺没有人崇拜你，你就高兴啦？你的书没有人看，你就高兴啦？还说，1965年同斯诺谈话时，许多地方的权力，如北京市委，自己就管不了，所以那时无所谓个人崇拜，倒是需要一点个人崇拜。

斯诺按自己的理解，说人们对毛泽东的个人崇拜，意思是：必须由一位个人把国家的力量人格化。在"文化大革命"时期，必须由毛泽东和他的指示来作为一切的标志，直到斗争的结束。

毛泽东似乎没有否认这种关于个人崇拜的解释。若干年后的解释，难免有后来的心理印迹，但大体可以反映出毛泽东在"文化大革命"前一段时间，出于政治考虑，对群众崇拜自己是需要的并愿意接受的。

这种心曲，其实，就在他同斯诺1965年那次谈话不久，发动"文化大革命"的时候，就私下里吐露出来了。他是结合自己的性格，在自我解剖中说出来的。

这就是1966年7月在"白云黄鹤"的武汉给江青的那封著名的信。

这封信虽然还谈到其他内容，但不少篇幅是分析自己。而直接引起他作自我解剖的，就是"我的朋友的讲话"，即林彪 5 月 18 日在中共中央政治局扩大会议上的讲话。这个讲话说了许多复辟政变的事，说"毛主席还健在，他们就背叛……他们现在就想杀人，用种种手法杀人"。还说毛主席可以活到 100 多岁，"毛主席的话，句句是真理，一句超过我们一万句"，"是我们的行动准则"，"谁反对他，全党共诛之，全国共讨之"。

看到这些触目惊心的词句，毛泽东说自己"总感觉不安"。

不安何在？

"我历来不相信，我那几本小书，有那样大的神通。现在经他一吹，全党全国都吹起来了，真是王婆卖瓜，自卖自夸。我是被他们迫上梁山的，看来不同意他们不行了。""我猜他们的本意，为了打鬼，借助钟馗。我就在二十世纪六十年代当了共产党的钟馗了。""我是自信而又有些不自信。我少年时曾经说过：自信人生二百年，会当水击三千里。可见神气十足了。但又不很自信，总觉得山中无老虎，猴子称大王，我就变成这样的大王了。""阳春白雪，和者盖寡。盛名之下，其实难副。这后两句，正是指我。"……

无须再摘引下去了。

有两点值得注意：（一）自己目前有"不自信"的因素。为了什么不自信呢？显然是有所指的，大概是对正在"熊熊燃烧"的"文化大革命"烈火，将烧向哪里，烧到什么程度，自己能不能最终控制好，还没有绝对的把握吧。（二）自己是不是像林彪这些人讲的那样神乎其神？不是。毛泽东觉得自己在"名"与"实"之间是有差距的。尽管有些不自信，尽管知道自己的"几本小书"没有那样的神通，但是，"不同意他们不行了"，这个"他们"，自然是指那些积极支持毛泽东发动"文化大革命"并推波助澜的人，而毛泽东当时无疑是需要这些人的，尽管这些人说的话在毛泽东看来有过头的地方，但为了对党和国家来说举足轻重，甚至是"生死攸关"的"文化大革命"，为了打倒那些不愿"继续革命"的"走资派"，他还是愿意当"打鬼"的"钟馗"。

所以，毛泽东基本上还是自信的。正像他在信里还说到的那样："中国如果发生反共的右派政变，我断定他们也是不得安宁的，很可能是短命的……

左派则一定会利用我的另一些话组织起来，将右派打倒。"

于是，这封罕见的解剖自我和流露真情的信，写好后，除了给周恩来和王任重看过外，没有给其他在一线工作的中央领导人看过，又因为里面提到林彪且有所批评，后来周恩来曾转告林彪，搞得他很不安，而那时毛泽东从根本上还是信任并倚重林彪的。

说到那时毛泽东对林彪的信任，有一个明显的例子。也是这一年，他同外宾谈话时，回忆起红四军党的七大的问题，说：遭到内部的不理解，被赶出红军，当老百姓去了，那时林彪同我一道，他赞成我。他是在朱德领导下的队伍里，他的队伍拥护我。我自己的秋收暴动的队伍却撤换了我。同我有长久关系的撤换了我。

为了使"我的朋友"放心，毛泽东吩咐把原信烧掉了。还多亏据说是江青保留了一个抄件。这封信多少也成了毛泽东自我反思的一个私人笔记。

关于这封信，有不少文章都在研究它的真实意图和透露的微妙心态。我在这里不再多说。只是要强调，这封信不同于和其他人的谈话，或什么公开场合的讲话，而是毛泽东主动要写，并且是有感而写，又是私人信件，想来必是最真实的心灵记录。

随后，林彪搞个人迷信，依然如故，而且是"更上一层楼"。就在毛泽东写这封信后不久，林彪在接见高等军事院校、政治学院和总政宣传部负责人时，发表谈话，称"毛主席比马克思、恩格斯、列宁、斯大林高得多"，"洋人、古人哪里有毛主席高？哪里有这样成熟的思想？毛主席这样的天才，全世界几百年、中国几千年才出现一个。毛主席是世界上最伟大的天才"。这就是著名的"9·18谈话"。12月，林彪又发表《〈毛主席语录〉再版前言》，鼓吹"顶峰论"。这些，未见毛泽东有什么表示，看来也是在不得不当"钟馗"的心境下接受了。

几年后，当毛泽东给江青的那封信以文件的形式在全党公布的时候，林彪已折戟沉沙，毛泽东对林彪之流大搞个人迷信的真实用心和社会弊端，有了进一步的体会，多少也是应了他在信中说的那句话："吹得越高，摔得越重。"

有人认为，这句话既指大搞个人迷信的林彪，也是在说被搞成迷信人物的自己。至少在林彪那一面，是应验了的。而于自己，他不免担心起来。

有时候，他的说法显得幽默。许多回忆录和传记都写到他批评林彪的话：我讲的话一句顶一万句，不设国家主席我讲了6次，一次就算一句，也有6万句，可他们就是不听，连一句也不顶……搞那么多塑像，大理石的、花岗岩的、不锈钢的，你们在家睡觉，让我在外面站岗，风吹日晒雨淋，好不残忍呀！

想到自己恰恰被搞个人迷信的人蒙蔽了，犯了一些错误，有时候他的话又说得十分沉重。譬如，在林彪事件后，他几次讲到贺龙的问题，公开承认，"我看贺龙同志搞错了，我要负责任呢"，"我有缺点，听一面之词"，"都是林彪搞的，我听了林彪的一面之词，所以我犯了错误"……

的确，在"文化大革命"中，许多老同志对毛泽东是敬畏有加的。例如，一开中央军委扩大会，徐向前总是检讨执行张国焘路线的错误，陈毅则检讨红四军党的七大问题，连一向厚道的朱德也是检讨。林彪出事后，毛泽东让叶剑英出来主持中央军委日常工作，叶剑英希望毛泽东有时间能见他一下，以便得到指示，写了封信，用的词也是"赐见"，真有点战战兢兢的味道。

对这些现象，毛泽东不会没有察觉。这样，在"文化大革命"进行几年后，毛泽东对个人崇拜的看法又是一变。

在林彪摔死前，同样是在1970年那次和斯诺的谈话中即已披露出来了。

这是斯诺最后一次到中国。国庆节的时候，毛泽东还请他上了天安门和自己站在一起。

毛泽东告诉他，"文化大革命"发动前后的几年，有必要搞点个人崇拜，现在没有必要了，要降温，因为崇拜得过分了，搞了许多形式主义。

毛泽东认为的"形式主义"，著名的就是给他定位的"四个伟大"。谈话中，他用英语把"四个伟大"说了出来：Great Teacher, Great Leader, Great Supreme Commander, Great Helmsman（伟大的导师，伟大的领袖，伟大的统帅，伟大的舵手）。接着表态：讨嫌！总有一天要统统去掉，只剩下一个"Teacher"，就是教员。因为自己是当教员的，现在还当教员，其他的一概辞去。

斯诺说自己不知道那些过分搞个人崇拜的人是不是真心诚意。毛泽东认为有三种：真的；随大流；假的。

看来，毛泽东始终清醒地注视和利用着人们对他的个人崇拜，并不时地琢磨。否则，他不会那么自如地随口用英语对斯诺讲起"四个伟大"。说得玄一点，就是毛泽东并没有被"个人崇拜"之火"熔化"，他并不是真正按人们崇拜的那个框框来自我塑造，来认同自己的形象，他的自觉意识中，是和人们塑造的那个"神"保持着距离的，至少力求这样做。

"文化大革命"进入后期，过分的个人崇拜使他警觉起来，分析出三种人来不是无所指的。在这个谈话前 3 个月，便有庐山会议上陈伯达讲天才的事件，而讲"四个伟大"最起劲的正是林彪。他这个时候反对个人崇拜，是不是又暗含着一种政治需要呢？还真说不准。

在"四个伟大"中，他承认"导师"一角，这大概是他对自己在中国革命进程中发挥的作用的一个能够接受的定位。这倒不是因为他青年时代确实当过教师，以及"教师"在英语中同"导师"可以用一个词语来表达。

是啊，被光环围裹起来，远远看去，的确令人羡慕，觉得神秘。一旦拨开一道缝，换一个方向看，被光环围裹的人肯定是不会觉得舒服的。里面的人如果真以为自己就像被人们装扮的那样倒也好了，大体不会有主观的烦恼。问题是里面的人越是清醒，越是觉得不得不让人们这样装扮自己的时候，那内心的感慨乃至挥之不去的忧虑、痛苦，恐怕不是局外人所能体会和揣摩的。

一年后，1971 年在武汉同党政军领导人谈到自己，毛泽东说：中国的第一等圣人不是孔夫子，也不是我，我算一个贤人，是圣人的学生。

他心目中的"圣人"是谁呢？

是一位逝去经年，却冷峻地立在现代中国文化思想峰巅上的文人——

他的名字叫鲁迅！

在他生命的最后一年，他重复先前说过的名言：群众是真正的英雄，而我们往往是幼稚可笑的。同时，他加了三个字——"包括我"。

第二章

在逆境中

毛泽东是曾经沧海的人。正是在沉浮中渐渐被人们接受和拥戴；中国革命也是在曲折中才逐步走向坦途。

历数毛泽东在党内早期的地位，历史老人对他并不是情有独钟。

1924 年，党内有同志讥讽毛泽东是"胡汉民的秘书"；他不管，仍努力推进国共合作走向高潮。

1925 年召开四大前夕，在党内身负要职的毛泽东不知为什么却回韶山养病去了，结果连中央候补委员都没选上。他则埋头搞农民运动，待他再回到广州，已然是农民运动的权威。

1927 年 4 月底 5 月初，在武汉召开的党的五大上，毛泽东只是候补代表，只有发言权，没有选举权。他关于土地分配的提案，被陈独秀锁进抽屉，拒绝拿到会上讨论。毛泽东勉强被选为中央候补委员。

八七会议事先拟定的政治局委员、候补委员名单中没有他，是蔡和森、李维汉等坚持，毛泽东才被选为政治局候补委员。

八七会议作出四省暴动的决议，毛泽东以中央特派员身份回湖南组织秋收起义。8 月 20 日给中央写信说："中国客观上早已到了一九一七年……我们此刻应有决心立即在粤、湘、鄂、赣四省建立工农兵政权。此政权既建设，必且迅速的取得全国的胜利。"

毛泽东不是神，最初也受到瞿秋白发热的头脑影响。

秋收起义，中国共产党第一次名正言顺地打出了自己的旗帜：工农革命军第一军第一师。毛泽东任起义军前敌委员会书记。22 岁的原武汉国民政府警卫团团长卢德铭任总指挥。

霹雳一声秋收暴动，暴动也似一声霹雳轰隆而过。不过 10 天光景，围攻长沙的三路人马接连受挫。没想到败得这么快。激动、亢奋的毛泽东，变得冷静了。他是勇往直前的战士，但更重实际。中国革命绝非高潮又至，夺取长沙和各省都市，无异于以卵击石。

1927 年 9 月 19 日，毛泽东在文家市里仁学校召集各路首脑讨论"向何处去"，师长余洒度等依然嚷嚷："进攻长沙！进攻长沙！"否则便是违背中央方针。毛泽东坚持："向萍乡南撤。"在军队举足轻重的卢德铭，投了关键一票。可惜，4 天后他便在萍乡附近饮弹身亡。千军易得，一将难求。毛泽东身边第一次倒下了得力战友。

打了败仗的队伍不好带。人不满一千，枪不满五百。毛泽东则坚信自己的选择。他告诉这些昨天还在地里拿锄头的战士：我们现在力量不大，像块小石头，总有一天要打烂蒋介石那口大水缸。

可队伍的军事骨干们却不愿等到将来。师长余洒度，参谋长徐恕，团长苏先骏、陈浩等，他们是清一色的黄埔军官，参加过北伐战争。

毛泽东面临队伍内部的挑战。

余洒度在文家市第一次见到毛泽东时，发现他远非自己想象中的像叶挺那样叱咤风云的将帅。一路上，他觉得这位白面书生缺少打大仗的胆略，连打小仗的勇气也没有。南撤时本来要打一下萍乡，听说有三营敌兵，毛泽东便绕道芦溪。

1927 年 9 月 26 日打下莲花县城，余洒度私自放掉了被俘虏的该县保安大队长，他是余洒度的黄埔同学。毛泽东朝他发了火。离开莲花县城，他们又吵了一架。太阳还早，余洒度下令宿营，毛泽东建议再走一程，余洒度大怒：妈的，我当个师长，连少走点路的权力都没有吗？

一路争吵，到了江西永新三湾镇。毛泽东下决心整编军队。他把队伍缩编成一个团。让陈浩当团长，明确决定由以毛泽东为书记的前敌委员会统一领导。党的支部建在连队上。余洒度仍是师长，却被虚起来了。毛泽东这才完全掌握了军权。

余洒度、苏先骏这些一心要拉起一军人马去横行天下的正牌军官坐不住了。毛泽东引兵井冈，他们找到了更充分的理由：放弃攻打大城市的中央路线在先，投靠绿林、落草为寇在后。于是不辞而别。

队伍在井冈山落下了脚，但不少人的心落不下来。最高军事长官陈浩领兵茶陵，拆掉了回井冈山的浮桥，试图带队伍南下桂东，投靠他的老师方鼎英。毛泽东火速赶往前线，果断处决了这个曾是他爱将的黄埔生。

秋收起义4个重要将领，一个牺牲，两个开小差，一个被处决。大浪淘沙，险恶的处境迫使毛泽东成长为军人。他成了名副其实的工农革命军第一师师长。

远在上海的中央并不了解这一切。就在文家市转兵这天，由共产国际代表罗明纳兹主持的政治局会议作出决议：湖南失败是临阵脱逃，此事留待将来查办。

立足井冈，并未给毛泽东带来好运。1927年11月9日至10日中央临时政治局扩大会议作出的《政治纪律决议案》赫然写明："开除中央临时政治局候补委员。"这个处分由一个叫周鲁的人传达到井冈山时，已是1928年3月。糟糕的是，误传为开除了"毛同志"的党籍。

这位党的创始人成了"民主人士"。唯一的职务是工农革命军第一师师长。

毛泽东背着处分，背着"工作太右"、"烧杀太少"的指责，走在下山的路上。党命令他率队伍远征湖南。敌人乘虚而入，刚刚红火起来的井冈山陷入白色恐怖之中，直到一个多月后重新打回来。

这时他身边多了一位战友，那是朱德。

在酃县（今炎陵县）初次会面，双方"久闻大名"。朱德握着毛泽东的手寒暄："毛委员，你好！"这个称呼使毛泽东意识到自己的身份，说自己已不是委员，连党员都不是。朱德一愣，大声说："乱弹琴，我看了文件，只开除你的政治局候补委员，你还是中央委员嘛！"

朱毛会师，毛泽东出任湘赣边界特委书记，红四军党代表、军委书记。成为几个县、几支军队的最高领导者。

中共六大不久在万里之遥的莫斯科举行。布哈林在会上发表了一个演说，

▲ 1928 年 4 月，朱德、陈毅率领南昌起义军余部和湘南起义农军与毛泽东领导的部队会师。图为会师地砻市　海峰 / 供图

认为中国正规红军在农村无法生存，只能分散游击。1929 年 2 月中共中央政治局开会认为，朱毛红军很难搞成大局面，决定红四军分散行动。

纠正盲动情绪，又染上了悲观色彩。革命的步伐如此大摇大摆，把山沟里的毛泽东推向进退维谷的境地。好在中央鞭长莫及，"将在外，君命有所不受"。毛泽东写信据理申辩。

井冈山内部究竟搞成什么局面，也在探索争论。就连朱毛之间也有不同意见。恰在这时，一位刚从苏联回国叫刘安恭的人，受中央委派跋涉上山。初来乍到，便指手画脚，轻率大发议论，引起混乱。反对毛泽东的呼声开始高涨。有人说他搞党管一切的家长制，只重根据地建设，不重军事游击，没有贯彻中央分散行动的方针。

很多天了，毛泽东辗转反侧，焦急思虑。他激动地对人说：你们为什么只相信"远方"，不相信自己面前同志的话呢？这些是非曲直对大多数人来说很难分清。再加上毛泽东对部下要求严格，一些人对他有意见。

结果，红四军第七次党代表大会选举前委书记时，中央指定的毛泽东落选，代替他的是陈毅。

毛泽东失去了兵权。这是他平生唯一一次被下级"造了反"。

他同贺子珍等一起到闽西上杭县蛟洋做地方工作。从龙岩出发时，马也被扣留了。一次到苏家坡闽西特委途中，还被赤卫队员们当作坏人拦住去路，弄得毛泽东只好说："往回走吧，兴许在路上能遇上熟人。"事隔60多年，当时和毛泽东一起到蛟洋的江华回忆说："那时我们一行人真有些灰溜溜的样子。"

祸不单行，福建山区的疟蚊也猛烈地袭击了毛泽东，他患了恶性疟疾。然而落选和患病的双重打击没有使毛泽东消沉，地方工作搞得有声有色，在10月11日重阳节这天，他还写了首词，说"战地黄花分外香"。

失去毛泽东的红四军打了败仗。在广东梅县损兵近三分之一。11月，赴中央汇报工作的陈毅，根据中央指示三次写信把毛泽东请回部队，继续主持前委工作。在红四军第九次党代表大会上他拿出了著名的《古田会议决议》，解决了争论，统一了思想。

毛泽东结束了危机，红四军结束了危机，朱毛紧密合作，又成了"朱毛红军"。此后一年多，毛泽东、朱德、陈毅、彭德怀等率军驰骋赣南，接连打破蒋介石的三次"围剿"，开创了以瑞金为中心的中央苏区，直到"钦差大臣们"的到来。

1931年11月7日，暮霭笼罩着赣东南重镇瑞金。人们盼望着夜幕早点降临。入夜，各式各样的灯笼火把涌上街头，汇成一条光的河流，扑向城外小村叶坪的谢家祠堂。那里早已布置好一个庄严的会场。主席台上站满了人，正中是新任中共苏区中央局代理书记项英，刚刚失去这个职务的毛泽东站得稍远一些。

这天是苏联"十月革命"节，被选定为中华苏维埃共和国成立的日子。史无前例的"提灯游行"，就是为欢庆她的诞生。毛泽东被选为中央执行委员会主席兼人民委员会主席，用今天的话说，就是"国家主席"兼"总理"。

▲ 1931 年 11 月，中共苏区中央局成员合影，左起：顾作霖、任弼时、朱德、邓发、项英、毛泽东、王稼祥

"毛主席"这一后来神圣而亲切的称谓，从这时开始。

谁能理解，他当时心里装的并不是喜悦而是苦涩。

10 天前也是在这里召开的中国共产党中央苏区第一次代表大会上，他头上突然被戴了三顶帽子："狭隘经验论"、"富农路线"、"一贯右倾机会主义"。在失去苏区中央局代理书记的同时，还失去了红一方面军总政委之职。在军事斗争压倒一切的形势下，"国家主席"只是后方的一个闲差。

这一切，都是王明、博古在上海遥控指挥的。

半年前，毛泽东欣喜地缴获那台大功率收发报机，第一次架起"瑞金—上海"无线电之桥，他没有想到，受惠最大的不是他自己。毛泽东发现自己又一次步入一个三角阵势之中。大革命时期他在国民党内任职，三角阵势是共产国际—中国共产党—中国国民党，今天的三角是莫斯科—上海—瑞金。

共产国际派到中国的顾问们，一开始并不喜欢毛泽东。印度人罗易后来回忆，1927 年在汉口的一次会议上，当一个身着长衫、长发向后梳卷的中年人步伐沉着地走进屋里时，鲍罗廷悄声对他说：这是毛泽东，很难对付，是个典型的中国人。

万里之遥的共产国际未必有意要压制毛泽东，相反，他们很尊重毛泽东在中国本土的创造性贡献。但莫斯科毕竟是当时中国革命的大本营，在那里接受耳提面命的中国人，身价很不一般。他们一批一批地回到上海，又一批一批地来到苏区，毛泽东则一次又一次跌入低谷。王明、博古在共产国际代表米夫的扶持下进入政治局的时候，不过 20 多岁。毛泽东在他们这个年龄还没有出过湖南。他们在莫斯科啃洋面包的时候，毛泽东正在这里钻山沟。

当选苏维埃共和国主席的那天，毛泽东只好带着贺子珍来到瑞金东面 20 多里的东华山赋闲。他看中了山顶的古庙，住进里面的左边耳房。

他耳边不能没有枪声。人在山上，心在山下。他记挂着那新生的共和国的命运，更关注着红军的一次重大行动。上山前，他和中央代表团吵了一架。因为他们提出要打赣州，毛泽东情绪激动，坚决反对。赣州城内兵多将广，三面环水，易守难攻，红军既无重炮，又无攻城经验，加之国民党视为重镇，必然死守和增派援兵。盲目去打，等于自取灭亡。

让力量弱小的红军去攻打大城市，是一次又一次"左"倾路线绕不开的死结。毛泽东已非第一次吃这个苦头。1930 年那次打长沙，无法越过城外的电网，连古老的火牛阵战法也用上了，谁知把牛赶去，离电网很远就被打死。战士们只好加劲吃牛肉。

无奈人虽不微，言却轻了，决策者根本听不进去。

红军浩浩荡荡开去围赣州，33 天无战果，一部分反被敌军包围。周恩来想到了毛泽东，派项英请他前去解围。他二话没说，拖着病躯冒雨下山，给贺子珍留下一句话：这是人命关天的大事，不能坐视不管。事情一到他手里，似乎就变得简单了。他致电前方，果断起用刚由宁都起义改编过来的红五军团，攻城部队很快脱离险境。一鼓作气，又说服一军团打下了漳州。

一败一胜，前线离不开毛泽东。周恩来提议毛泽东再任总政委。毛泽东又回到了红军。好景不长，后方中央局要前方红军去打南城，威逼南昌。前方则提出撤兵休整，寻找战机。无线电台成为无休止的吵架工具，战略意图又如此南辕北辙，在红军战史上实属罕见。前方忍无可忍，朱毛这对老搭档签署了休整10天的训令。

一场面对面的斗争爆发了，这就是有名的"宁都会议"。老账新账一起算，首当其冲的是毛泽东。结果就是这样一份文件，"会议中批评了泽东同志过去向赣东发展路线与不尊重党领导机关与组织观念的错误……特别指出泽东同志等待观念的错误"。赣州之败，被认为是对的；漳州之胜，被认为是错的。这是怎样的窝囊气呵！

会议决定，毛泽东回后方，前方由周恩来负战争领导责任。周恩来坚持："毛同志在前方助理或由毛同志负主持战争责任。"但是，"大多数同志认为毛同志承认与了解错误不够，如他主持战争，在政治与行动方针上容易发生错误"。毛泽东有他的"脾气"，要他干，就要信任他、尊重他的意见，让他违心地否定自己，违心地服从别人，是很困难的。既然中央局如此不信任他，他也很难在前方"助理"。

他又一次失掉兵权，痛苦地回到了小源村一个叫曾栋材的老乡的黄泥草屋。周恩来深知"毛同志"是位难得的帅才，来草屋看望，有意要为他的复出留好伏笔，给上海临时中央发报称："泽东同志"没有什么不积极的表示，他"答应何时电召便何时来"，目前确实需要治病。

复出的机会不仅没有到来，毛泽东的处境更加不妙。1933年1月，以博古为首的临时中央在上海待不下去，搬到了瑞金。还带来了一个叫李德的洋顾问。一个不懂得中国革命战争规律的中国年轻人，加上一个不懂得中国革命战争规律的奥地利人，搭台唱戏，彭德怀用湖南话骂他们"崽卖爷田不心疼"。这出戏帮了蒋介石的大忙。

他们不太喜欢已经失去党权、军权的毛泽东。因为他没有留过洋，没读过几本马列原著，尽是些"子曰"、"诗曰"的"封建古董"，打仗的参考竟是《三国演义》。甚至连毛泽东说的"革命者爱吃辣椒"一句玩笑话，也是一条罪名。重要的是他这个人太有自己的见解，不大听话，在苏区各界仍有威望。

洛甫当了中央人民委员会主席，毛泽东只剩下礼仪性的政府主席一职。

博古高兴地说："毛泽东成了加里宁。"加里宁虽多年任苏联国家元首，实权却全然在斯大林手里。

毛泽东的工作是清查田地，号召植树，检查春耕，签署《中华苏维埃共和国婚姻条例》。后来，他被任命为苏维埃大学校长，又操起了老行当，在那里给学生讲《乡苏怎样工作》。每件事他都做得很认真又很有成效。遗憾的是，激动人心的军号声、马蹄声、枪炮声，离他越来越远。他等待着同志们的理解。

红一军团司令员林彪和政委聂荣臻曾从前线回来看望他。问毛泽东对党内斗争的看法，他却带他们去看瞿秋白创办的"红色书店"。

平静，不属于毛泽东。他不是默认这一切，而是思考着这一切，准备着将来。一个非常简单的事实摆在他面前：你们说我是"狭隘经验论"，没有马克思主义，山沟里没有马克思主义，城市里头才有马克思主义。可你们忘记了，你们是在城市里待不下去了才到山沟里来的。

近 20 年后，他曾告诉人们他当时的这个心理活动。

在瑞金赋闲那几年，他连献三计，以打破第五次"围剿"，均被置之不理。只能眼巴巴地看着一批批伤员从前方被抬回来。当毛泽东重新听到枪声的时候，敌人已打到家门口。朱毛红军打出的共和国土地丧失殆尽。

最高决策机构"三人团"秘密安排着战略转移计划。带走的要员名单中起初没有毛泽东。这意味着他将像包袱一样留给白色恐怖。后来不知是什么触动了他们哪根神经，意识到他毕竟是一个政府的象征，在军队里享有崇高威望，这一谁也无法预料的历史性差错才终于没有发生。

1934 年 10 月 25 日，病重的毛泽东被人抬在担架上渡过了于都河。他回头深情地望着被夜幕掩盖的山影，感慨地说了一句：从现在起，我们走出苏区啦！

他离开了一个存在 3 年的红色国家。多少往事，涌上心头。为这片土地，他奋斗了整整 7 年。

此番山重水复的历史，波谲云诡的历程，该抵得上太平日子里普通人的全部生命内容。此后的毛泽东是如何来咀嚼这段沉浮命运的呢？还是听听他在 50 年代的一次中央会议上的回忆吧：

有些话我过去也没有讲过，想在今天跟你们谈一谈。我在第五次代表大会上只有发言权，没有选举权。我这个人也是犯错误不少，但是当时他们又不讲我的错误在哪个地方，只让当个候补代表。第一次代表大会我到了。第二次代表大会没有到。第三次代表大会是在广州开的，又到了，被选为中央委员。第四次代表大会又没有到，丢了中央委员。大概我这个人逢双不吉利。第五次代表大会到了，当候补代表，也很好，被选为候补中央委员。这对于我有坏处没有呢？我说是有好处，没有什么坏处。至于其他，主要是三次"左"倾路线时期，给我的各种处分、打击，包括"开除党籍"、开除政治局候补委员，赶出红军等，有多少次呢？记得起来的有二十次。比如，不选作中央委员，只给发言权不给表决权；撤销一些职务，如中央农民委员会书记、党代表（井冈山时候）、前委书记等。"开除党籍"了又不能不安个职务，就让我当师长。我这个人当师长，就不那么能干，没有学过军事，因为你是个党外民主人士了，没有办法，我就当了一阵师长。你说开除党籍对于一个人是高兴呀，我就不相信，我就不高兴。井冈山时期一个误传消息来了，说中央开除了我的党籍，这就不能过党的生活了，只能当师长，开支部会我也不能去。后头又说这是谣传，是开除出政治局，不是开除党籍。啊呀，我这才松了一口气！那个时候，给我安了一个名字叫"枪杆子主义"，因为我说了一句"枪杆子里头出政权"。他们说政权哪里是枪杆子里头出来的呢？马克思没有讲过，书上没有那么一句现成的话，因此就说我犯了错误，就封我一个"枪杆子主义"……后头又被封为"一贯机会主义"。对我最有益处的，就是封我为"狭隘经验论"……填表的时候不是要填过去受过什么处罚吗？这些事情，现在填表我都不填，因为这样多，要填一大堆，而且这些没有一条是我承认的。我是犯过错误的，比如打仗，高兴圩打了败仗，那是我指挥的；南雄打了败仗，是我指挥的；长征时候的土城战役是我指挥的，茅台那次打仗也是我指挥的。在井冈山时我提的那个土地法很蹩脚，不是一个彻底的土地纲领。肃反时我犯了错误，第一次肃反肃错了人。如此等等。这些真错误他们不处罚，而那大约二十次左右的处罚和打击，都是没有确实根据的。特别是那个"狭隘经验论"刺激了我。似乎马克思主义只有一家，别无分店。是不是分店也可以搞一点马克思主义呢？我又不懂外国文，外国也没有去过，只是看了一些翻译的书。我总是跟一些同志讲，马克思列宁主义是可以学到的，即使学不到那么多，多少总可以学到一点。

说完以上过程，毛泽东接着总结道：我想同志们中间可能也有多多少少受过冤枉受过委屈的。对于那些冤枉和委屈，对于那些不适当的处罚和错误的处置，比如把自己打成什么"机会主义"，撤销自己的职务，调离自己的职务等等，可以有两种态度：一种态度是从此消极，很气愤，不满意；另一种态度是把它看作一种有益的教育，当作一种锻炼。

事情隔了20多年，毛泽东的身份也今非昔比，讲起来也平和多了。

但那股心劲是明朗的：受打击，他不是"从此消极"，相反，而是"刺激"，是"当作一种锻炼"——这是不是对人生态度的一种自我解剖呢？

他不是偶然说及此点，而是反复申明。

1959年4月5日，在一次中央全会上，毛泽东先说，一个人不痛苦，每天哈哈笑，你怎么得到经验呢？接着又详细述说了在中央苏区挨整的事情。结论是：无论你们整我到什么程度，整错了，对于我有极大的益处，激发我研究一下，激发我想一下，激发我来对抗这种意见。

我们知道，毛泽东"激发"出来的，就是《反对本本主义》，就是大量的调查研究等。这些成为整他的"左"倾路线最终垮台的思想引线。

1962年1月七千人大会上，他向更多的干部宣称：

降到下级机关去做工作，或者调到别的地方去做工作，那又有什么不可以呢？一个人为什么只能上升不能下降呢？为什么只能做这个地方的工作而不能调到别个地方去呢？我认为这种下降和调动，不论正确与否，都是有益处的，可以锻炼革命意志，可以调查和研究许多新鲜情况，增加有益的知识。我自己就有这一方面的经验，得到很大的益处。不信，你们不妨试试看。司马迁说过："文王拘而演周易，仲尼厄而作春秋。屈原放逐，乃赋离骚。左丘失明，厥有国语。孙子膑脚，兵法修列。不韦迁蜀，世传吕览。韩非囚秦，说难孤愤。诗三百篇，大抵贤圣发愤之所为作也。"这几句话当中，所谓文王演周易，孔子作春秋，究竟有无其事，近人已有怀疑，我们可以不去理它，让专门家去解决吧，但是司马迁是相信有其事的。文王拘，仲尼厄，则确有其事。司马迁讲的这些事情，除左丘失明一例以外，都是指当时上级领导者对他们作了错误处理的。我们过去也错误地处理过一些干部，对这些人不论是全部处理错了的，或者是部分处理错了的，都应当按照具体情况，加以甄别和平反。但是，一般地说，这种错误处理，让他们下降，或者调动工作，对他们的革命意志总是一种锻炼，而且可以从人民群众中吸取许多新知识。

仍然是"锻炼"。

可是，在有的时候，让人接受这种锻炼，对个人和集体来说，其代价都是沉重的。

苏区时毛泽东受"锻炼"的那几年就是这样。

不几年，便把无数烈士用生命换来的"苏区"倒腾殆尽，人们背着行囊往北走了，名义上是"战略转移"，实际上是被迫远征。湘江之战8万远行的红军将士又损失过半。漂流在水面上的勇士尸体，发出最悲壮的控诉；一江鲜血，给幸运者带来空前的震动！

革命面临又一次危机，毛泽东又面临一次选择；革命者又面临一次意志考验，毛泽东又面临一次驰骋意志才华的机会。结果，就像人们熟知的那样一目了然。

一场被西方人称为担架上的"阴谋"开始了。

毛泽东躺在担架上被人抬离苏区时，天赐良机，一位同样被冷落的重要人物王稼祥也躺在担架上与他同行。他们开始了推心置腹的交谈。毛泽东的见识折服了王稼祥，随后是张闻天，自然还有周恩来……

终于，在众所周知的遵义会议上，毛泽东回到了领导岗位。

但是，他还不是最核心的成员。因为一下子彻底否定"左"倾路线，时机还未成熟。

毛泽东有他的策略。

他要让大家逐步觉悟。开始只是纠正军事路线，组织路线也没有完全解决。政治、思想路线更须留待来日。

下一步怎么走？周恩来在70年代一次会议上，曾有一个非常有意思的回忆，从中可看出毛泽东在居于少数时，是怎样坚持自己的主张，做大家工作的。他说：

遵义会议开了以后，要继续前进。这个时候争论又起来了，打仗如何打法也引起了争论。那个时候困难啰，八万人剩下三万多人。每一个部队里都减员，伤员病号都不少，的确有困难。在那种关头，只有坚定不移地跟毛主席走。这时问题就出来了，一个比较小的问题，但是一个关键性的问题，就是从遵义一出发，遇到敌人一个师守在打鼓新场那个地方，大家开会都说要打，硬要去攻那个堡垒。只毛主席一个人说不能打，打又是啃硬的，损失了更不应该，我们应该在运动战中去消灭敌人嘛。但别人一致通过要打，毛主席那样高的威信还是不听，他也只好服从。但毛主席回去一想，还是不放心，觉得这样不对，半夜里提马灯又到我那里来，叫我把命令暂晚一点发，还是想一想。我接受了毛主席的意见，一早再开会议，把大家说服了。这样，毛主席才说，既然如此，不能像过去那么多人集体指挥，还是成立一个几人的小组，由毛主席、稼祥和我，三人小组指挥作战。从那个时候一直到渡金沙江，从一月、二月出发，到了五月，这是相当艰难困苦的一个时期。走"之"字路，四渡赤水河。从土城战斗渡了赤水河。我们赶快转到三省交界即四川、贵州、云南交界地方，有个庄子名字很特别，叫"鸡鸣三省"，鸡一叫三省都听到。就在那个地方，洛甫才做了书记，换下了博古。

1959 年 7 月 31 日，在庐山中央常委会上，毛泽东曾说过，军队的经验，头天开会，无结果，睡一觉，办法就出来了。人的认识是逐步发展的，不可能如同孔明那样，事先安排定锦囊妙计。这里说的，大概就是指遵义会议后是否进攻打鼓新场的这次会议。这次会议后，才真正使毛泽东成为军事上的核心领导之一。毛泽东，又可以骑在马上调兵遣将了。

第三章

不摸枪的统帅

历史的发展中，总是会出现站在潮头振臂一呼的代表人物。他们常常在挥手之间从夜幕中撕出一道亮光，为历史抹上一层颜色。

1945 年 8 月 28 日清晨，毛泽东走向停在延安机场上的一架美式飞机。他的装束看上去有几分陌生。等候已久的人群像疾风卷过水面一样涌过来，拼命地朝他挥手。踏上舷梯的毛泽东也举起手来，举得很慢、很沉，举到头顶忽然用力一挥，停在空中，不动了。

这是特定的历史性动作。它像是表达了一种思维的过程，作出断然的决定；像是集中了所有在场人群的感情、意志和信心；像是预告一个伟大的历史转折就要来临。

摄影师拍下了这震撼心灵的刹那。这是举手投足系天下安危的刹那。

毛泽东就要赴重庆谈判了。人们普遍担心，那将是惊心动魄的鸿门宴。接连三次电请毛泽东赴重庆的蒋介石，也料不到他真的来了，而且怀揣着和谈方略。蒋介石措手不及，连一份像样的方案都没有准备。担忧中国命运的人们却从毛泽东身上感受到一股清新的风，它来自凸起的黄土高原；看到一种希望，它来自弥天大勇的广阔胸怀。

毛泽东和蒋介石在一起合影了。这是历史性时刻，但稍纵即逝。

毛泽东离开重庆时，抬头看看战云弥漫的天空，是那样自信。

"双十协定"并没有带来和平。没有诚意的蒋介石接着宣称：三个月内剿灭"共匪"。他觉得自己有枪，而他天生又喜欢摸枪。

蒋介石错了。毛泽东，早已不是他 21 年前在广州初次见到的那个穿灰布长衫的青年。

1924年1月20日，广东高等师范学院（今中山大学）洋溢着节日的气氛。中国国民党第一次全国代表大会正在那座跟高高的塔楼连在一起的大礼堂内召开。代表们对号入座，第39号席上坐着湖南代表毛泽东。蒋介石也坐在会场里，不过他不是代表，只是列席会议。国民党元老林森以福建口音宣布国民党章程审查委员会十九位委员时，念到了"毛君泽东"。

"毛君泽东"是位活跃人物，他就大会第七项议程"组织国民党政府之必要"作了发言。蒋介石坐在一侧静静地听着，他似乎并未意识到，这个一口湖南话的青年，后来竟成了他一生的对手。这年毛泽东刚到而立之年，蒋介石35岁。

不久，以立论精密、气势宏大的文章见长的毛泽东，出任国民党中央宣传部代部长，并主编《政治周报》。作风干练、喜欢披挂戎装的蒋介石出任黄埔军校校长。仿佛是上天的安排，一开始让他们一个抓笔杆子，一个抓枪杆子。

那毕竟是靠枪杆子打天下的时代。没有枪杆子的中国共产党迎来了痛苦的1927年。这是中国近代史上最捉摸不定的一年，许多人在风云变幻中无所适从。

春天，上海四一二反革命政变。它带来的不是暖人的明媚，而是腥风血雨的危机。

夏天，武汉七一五"分共"。它带来的不是骄阳的热情，而是大革命彻底失败的悲剧苦果。

秋天，南昌八一起义、湖南秋收起义。本该收获的季节，共产党人却不得不满怀悲愤地从头耕耘。

在被逼上绝境的时候，毛泽东敏锐地抓住了这一历史性转变。他的远见卓识，使他成为党内拔尖的战略家。

大革命失败，中共党内对要不要枪杆子的问题已基本解决，就连最保守的陈独秀也一再说，我们要使农民武装化。争论的焦点是如何拿枪，拿起枪以后到哪里去。陈独秀力主到国民党部队去"当兵"，寻找时机举行哗变。张国焘主张脱离共产党，上山劫富济贫。共产国际代表和瞿秋白主张攻打城市。

毛泽东则提出党领导武装上山。在八七会议上，他阐述得更为精辟：过去我们骂孙中山只搞军事运动，而我们只搞民众运动，结果两者都失败了。答案在哪里，在民众与武装的结合。暴动即使失败了，也还可以上山。一句"政权是由枪杆子中取得的"，语惊四座。

这是中国共产党当时的最高决策水平。革命的风帆，走的正是这样一条航道。

在土地革命的崇山峻岭里，毛泽东成长为军事奇才的速度超出人们的预料。连军事老手蒋介石也无比惊讶。作为战场的直接指挥官，他们有过两次面对面的战术较量。

1931年7月，蒋介石亲率30万大军对红军进行第三次"围剿"。前两次"围剿"失败他责怪将领无能。这次他要寻找红军主力决战。3万红军四面受敌，可以回旋的余地仅方圆几十里。毛泽东率红军主力秘密从敌军接合部实行穿插，竟在蒋介石眼皮底下突破重围，然后从后面打了蒋介石一个措手不及。毛泽东为这一战法取了个兵书上无法找到的名字，叫"钻牛角尖"。

蒋介石随身带的德国顾问对这次"围剿"的失败百思不得其解。为什么威震欧洲的条顿剑会在一支山沟里的农民军面前折断？他不知道，这是在中国，对手是毛泽东。

4年后，在流经云贵川三省汇入长江的赤水河畔。刚刚开过遵义会议的3万红军渡赤水北上，被蒋介石调集大军阻挡。毛泽东避实击虚，先南下后东进，二渡赤水，再占遵义，一下子打乱蒋介石的部署。随后，为调开挡路的滇军孙渡，毛泽东利用蒋介石最怕中央红军北上与四方面军会合的心理，攻其必救之地，三渡赤水做出北渡长江态势。蒋介石慌忙调主力追击，毛泽东虚晃一枪，四渡赤水从川南折回贵州，军锋直逼他坐镇指挥的贵阳，蒋介石慌忙又调滇军前来解围。红军北上道路就此打通，几十万敌军被甩在了川南，彻底摆脱了长征以来敌人的围追堵截。

蒋介石痛苦地在日记中记了一笔，说几十万大军剿不灭"逃窜"中的3万红军，是自己学识、智慧不足的表现。他毕竟是军事老手，发觉这次红军的打法让他摸不清战略意图，同第五次"围剿"大不一样。他或许还不知道，沉默 3 年多的毛泽东复出了。

毛泽东后来说，他指挥过大小数百次战役，胜多负少，而四渡赤水是平生得意之笔。

国共合作打了 8 年日本。现在，日本跑了，和谈破裂了。随之而起的是，在中国这块土地上不同寻常的画面交替出现。蒋介石穿梭于机场之间，毛泽东漫步在乡间小道上。

中国两种命运的总决战开始了！两个最高统帅的较量，已无须亲临前线过招。美国人看着忙忙碌碌却屡战屡败的蒋介石，悠悠地说：蒋介石同毛泽东的最大区别，也许在他有"美龄号"总统专机，而毛泽东，却在世界上最小的司令部里指挥着一场最大的战争！

其实，最大的区别是有没有全局在胸、运筹帷幄的战略胸怀。有，你就是这出伟大的波澜壮阔的历史话剧的导演；没有，只能成为被导演调动的演员。

毛泽东的手指在地图上谨慎移动，顿然停在了锦州。它好像一根扁担，一头挑着东北，一头挑着华北。

在酝酿辽沈战役时，毛泽东致电林彪：要预见敌人撤出东北的可能性。首先要控制锦州、山海关一带，造成"关门打狗"的局势。

在东北野战军置长春之敌而不顾决心拿下锦州的时刻，"美龄号"总统座机飞降到沈阳。蒋介石向他的高级将领下达了破釜沉舟的命令："锦州是东北我军的咽喉，势在必保。"甚至以情动人："今日惟有死中求生。如此战失败，则与各位再无相见之期矣！以往的失败，就在不听我的话哟！"

结果，仅仅 31 个小时，挑起国民党两大军事集团的扁担从中间折断了。锦州城头的旗帜改换了颜色。

战略统帅制定决策的天敌，是目光短浅，优柔寡断。蒋先生太看重一城一地的得失。为了锦州一座孤城，他赔了几十万部队，输掉了整个东北战局。

并不是偶然的巧合，解放战争初期，在胡宗南大军进逼之下，毛泽东断然放弃了延安这座空城，却换得了整个中国。

10 年后，毛泽东有过评说：如果当时蒋介石放弃锦州，西撤连兵华北，我们的仗就不好打了。

打平津之敌，更是"上兵伐谋"的杰作。为了使华北敌军不感孤立而稳在原地，毛泽东先是致电太原前线徐向前，提出暂缓攻克太原，又命令淮海前线总前委，在歼灭黄维兵团之后，留下杜聿明指挥的诸兵团不作最后歼灭。在完成战略包围和战役分割后，华北之敌已成惊弓之鸟。蒋介石试图让其南下或增援华东，傅作义本人则想西撤，毛泽东又及时提出对张家口、新保安一带"围而不打"，对北平、天津一带"隔而不围"的方针，使华北敌军陷入收不拢、逃无路的绝境。最后"不战而屈人之兵"。

在西柏坡，毛泽东潇洒地坐在椅子上。谁能想到，这些走一步看三步、环环相扣的杰出构想，产生在牛羊嘶叫的农家小院；决胜于千里之外的枪炮

▲ 1948 年 9 月至 1949 年 1 月，毛泽东在周恩来等协助下，组织指挥具有战略决定意义的辽沈、淮海、平津三大战役，基本上消灭了国民党军队的主力，加速了国民党统治的崩溃。图为毛泽东和周恩来在西柏坡研究作战方针

奏鸣曲，伴随一双握毛笔的手抑扬起伏。

毛泽东不单是靠枪杆子来打碎一个旧世界的。有意思的是他那双手似乎天生地不喜欢摸枪。

1928年5月4日，在砻市举行的庆祝朱毛会师并宣布工农革命军第四军成立大会上，毛泽东平生第一次挎上了匣子枪，显得非常兴奋，他原本兼代第十一师师长，就诙谐地对第四军军长朱德说："背上驳壳枪，师长见军长。"会师仪式一结束，他就把枪交给了警卫员。从此，再也没有见到他身上带过枪。

中国人谈兵，羽扇纶巾的诸葛亮要比赤膊上阵的许褚更胜一筹。毛泽东对笔杆子情有独钟。长征途中，贺子珍为他特制了一个备有多层口袋可以装笔墨纸砚的挎包，他有时开玩笑说："我要用'文房四宝'打败国民党的大家族。"一身戎装的赳赳武夫后来果然被一身便装的潇洒文人打败了。

奥妙在于笔杆子可以创造思想，没有思想的枪杆子只能创造死亡。

奥妙在于创造思想的军事家，才能成为第一流的战略家。

终其一生，毛泽东既是强有力的政治领袖、纵横捭阖的军事大家，又是思想博大的精神导师。如果只让他选择一种角色的话，他大概是不会放弃后者的。

在天津总后勤部3522厂的陈列室里，至今珍藏着工人们花半年时间缝制的全国唯一一副大元帅肩章。它在陈列室里默默地躺了40多年。1955年授军衔时，毛泽东没有接受全国人大常委会给他的这个称号。

他不仅不想要大元帅，一年后，他还不想当国家主席了。1956年，看到党的八大刚刚选出的阵容整齐的领导班子，毛泽东深感安慰，开始考虑自己的进退。这年在北戴河会议上，他提出不再兼任国家主席。不少人想不通，有的民主人士联名上书，希望他不要从一线退下来。

他说：这是为了"集中精力研究一些重要问题"，"比做主席对国家利益更大。现在杂事太多，极端妨碍研究问题"。

"文化大革命"中，听着"四个伟大"的阵阵欢呼，他只承认自己是个教师。

在北京中南海一个叫"游泳池"的地方，毛泽东让一个乒乓球去敲击地球。以晚年的智慧和魄力筹划了一场让许多中国人和外国人都惊诧不已举世瞩目的"外交地震"，创造了一个新的世界格局。

可是，当大洋彼岸那个 22 年甘为中国之敌的国家的元首，躬身走进他的书房时，他轻轻地说：我们不谈政治，只谈哲学。

教师的天职，是给人思想，传播真理。

青年时代，毛泽东这样塑造自己。他把历代的圣贤豪杰分成传教之人和办事之人。前者掌握真理，影响深远，能动天下人之心。后者即使叱咤风云，威权重重，也不过一时之雄。于是他看不起大总统袁世凯，说他胸中茫然无有，如何能久。他钦佩康有为，说他广招学生，还有一本《大同书》。

他呼唤着有大气量的人横空出世，云集万夫，如法国的卢梭、俄国的托尔斯泰，这些人用笔塑造着国民的灵魂。

他决心做目光远大的人。

1916 年，日本侵入山东，23 岁的师范生毛泽东预言：日本进入中原大规模侵略中国的时日不远了，中国要获救，20 年后非与日本决一死战不可。

1919 年，法国首相克里孟梭以战胜国的踌躇满志起草了《凡尔赛和约》，当他从电话里得知战败国德国愿意签约时，高兴得跳了起来。中国长沙的小学教师毛泽东，却在文章里提出了警告："可怜得很呀！包管十年二十年后，你们法国人，又有一番大大的头痛。"

当初的人们，自然不会注意到这两次来自学堂的声音，可 20 年后，这一切竟都成了事实。

《毛主席去安源》这幅 20 世纪 60 年代油画的复制品，1969 年在梵蒂冈展出时，标题被改作《年轻的中国传教士》。罗马教廷用他们的观念解释这位身着青袍长衫、仪态庄严的知识分子，觉得他像是要给人们带去上帝的福音。

毛泽东带去的不是上帝的福音，而是穷人的真理。1922 年，他教会安源煤矿井下被黑暗染得只露一双眼睛的人认识一个字：工人的"工"，就是顶天立地。

井冈山的农民草莽袁文才，也接受了这位"中国的传教士"。毛泽东赠送的见面礼是 100 支上好的步枪。许多人反对："土匪"反过来用这些枪打我们怎么办？毛泽东坚信，他送去的是一腔诚意，一种气度，一个真理。只要路线对头，没有人可以有人，没有枪可以有枪。

毛泽东让山沟里的农民拿起武器，去夺取自己的土地。他却注目着山外的大事。1929 年 1 月，他让红军去打一座城市，目的却是抢夺邮局里的报纸。

他在书报里阅读和寻找着被历史风尘掩盖着的革命轨迹。

1936 年夏，在保安的窑洞里，毛泽东对斯诺描绘着中国的前途。他说：蒋介石总有一天要作出选择，要么抗日，要么被部下打倒。来自他的将领和抗日群众运动的越来越大的压力，可能迫使蒋介石承认自己的错误。他作出决定的时期不远了。

几个月后，张学良、杨虎城两将军领导的西安兵谏，震惊中外。毛泽东在斯诺的心目中成了神奇的预言家。

毛泽东敏锐地抓住这个扭转国共对立、建立抗日民族统一战线的机会，提出和平解决西安事变的方针，及时把党的战略口号从"反蒋抗日"、"逼蒋抗日"，改变为"拥蒋抗日"。从而实现了他的设想，让刚刚从长征中歇下脚来的红军火种，获得了取之不尽的重新燃烧的原料。

毛泽东独特的领导艺术，是抓大事，抓中心，抓关键，抓主要矛盾。把这些抓住了，其他枝节似乎就迎刃而解了。在野战千里同运筹帷幄之间，他更乐于选择后者，更乐于掌握全局、预见矛盾的转化。所谓战略胸怀，盖源于此。

全民族抗战爆发以后，毛泽东把新编的八路军、新四军像棋子一样撒了出去。然后安坐窑洞，拿起了笔，去画战争的"大图样"了。《论持久战》一书稳天下，回答了"亡国论"和"速胜论"。这是本了不起的书，对抗日战争的预测，对战略演变的设计，折服了各色人等，也摆在了蒋介石的案头。

办学是传播思想的最好方式。看着那耸立山顶的宝塔，毛泽东想到了姜子牙学道成仙的昆仑山。他对学员们说：元始天尊送姜子牙下山时给了他三样法宝：杏黄旗、四不像、打神鞭，要他去安世治乱，统一天下。你们今天也是元始天尊的弟子啊！不过，你们修炼的是马列主义真经。我也送你们三样法宝：党的领导、武装斗争、统一战线。

毛泽东成了引人注目的世界性战略家。一批批西方人来到偏据西北的红色中国——尼姆·威尔斯、史沫特莱、贝特兰、谢伟思……他们来这片神奇荒凉的土地上探寻秘密。毛泽东向他们敞开胸怀，去拥抱世界。

美国总统罗斯福的私人朋友卡尔森上尉从窑洞里走了出来，说自己看到了"一位走在时代前面五十年的天才"。

走在时代前面，绝不意味着天马行空的随意洒脱。作为政治领袖和战略统帅，毛泽东的步履并不轻松。因为他担负着把对历史的预言推向现实轨道的巨大责任。

在延安的时候，有人向毛泽东提出这样一个问题：反对"左"倾路线的斗争能否早一些时候进行，那样，根据地和红军就会少受些损失。毛泽东回答：不能。我在第五次反"围剿"初期虽已看出教条主义的宗派错误，但他们迷惑了不少人，大敌当前，一斗争，党就会分裂。就是在遵义会议上，毛泽东也只是先解决军事指挥权，那时打仗是第一位的。解决政治方针、思想方法和宗派主义的时机仍未成熟。这些问题，一直到1942年整风运动才作出历史的结论。

毛泽东深深懂得：政治不是几何，两点之间的最短距离往往不是直线。

人们不会忘记，长征途中，人多枪多的张国焘试图要挟中央按他的意志南下，甚至不惜开展彻底斗争。得到叶剑英的报告，毛泽东果断决定率红一、三军和军委纵队连夜先行北上。

人们更不会忘记，1971年他南下途中那惊心动魄的6天。迟暮之年的目光，仍是那么敏锐，于蛛丝马迹中洞悉一个残酷的阴谋。终以非凡的机警改变行程，使这场阴谋化为泡影。

这就是毛泽东。集沉稳忍耐和果敢决断于一身。行于不得不行，止于不得不止。

1964年10月，高瞻远瞩的毛泽东这样告诫党的干部：凡办事，首先要看得到，其次要抓得起。这就叫能力。有些人，事情已经出现了苗头，他看不见；有些人看见了苗头，甚至著书立说，长篇大论，可他抓不起。

于是，毛泽东多次向党内高级干部推荐《三国志·郭嘉传》。郭嘉以其多谋善断的战略见识协助曹操成就大业。

这是统帅的深切期望。制定正确的政策路线之后，干部就是决定性的因素。只要知人善任、雍容大度，干部就会站在你的面前。毛泽东的这种魅力，使他麾下的队伍总是英才辈出。

毛泽东让宽厚而又讲原则的罗荣桓去当红四军政委，同个性古怪的军长林彪搭档。前几任政工干部都和林彪合不来，而这位武昌中山大学的学生后来成了人民解放军唯一的政治元帅。

西路军血染黄沙西域。李先念带领几百人从新疆回到延安，一下子从军政委被降到了营级干部。毛泽东忘不了他在西征失败时临危受命，坚持斗争的勇气，派他回大别山独当一面。这位乡村木匠硬是率部打出了一个中原军区。

党的七大上，毛泽东多次做代表的工作，希望把历史上曾犯过错误的中央领导人包括王明选进中央委员会。投票那天，大会宣布唱票时可以自由活动，他没有走开，静坐台上听唱票，一直等到选票快唱完了，王明等得票过了半数，才放心离去。

解放战争，苏中七战七捷使30多岁的粟裕名声大震。毛泽东计划让他率部队打过长江，吸引中原敌军回防江南。粟裕建议乘势在江北打几个大仗，把国民党精锐消灭于长江以北。毛泽东欣喜地发现这是位有大将风度的军事家，当即不拘一格，让这位后起之秀代理华东野战军司令员兼政委，统率40万大军，为淮海决战作出杰出贡献。

胸怀宽阔的领袖，才能容纳百川，凝聚队伍，掀动波涛，调度风云。

就在蒋先生不得不退隐奉化溪口小镇的日子里，毛泽东进了阔别30年的北平。

开国大典。一场改天换地的人民革命，就这样在挥手之间走向了高潮。

为了看到这个场面，毛泽东和他的党构想了28年。

为了听到这个声音，历史等了一个世纪。

第四章

心灵的旗帜

毛泽东靠什么走出千难万险的逆境，而且愈挫愈奋？
　　毛泽东靠什么凝聚人心，使各路精英汇集在他的旗下？
他有一面心灵的旗帜！

一、"我不信邪，偏要出两个太阳给他看看"

1974 年，81 岁的毛泽东最后一次离京巡视，深秋季节来到长沙。这位看见风浪就忍不住激动的革命老人，已无法到橘子洲头去浪遏飞舟了。他来到了长沙市游泳馆。

他先是坐在藤椅上，鼓励警卫人员从 10 米高的跳台上往下跳，他的眼睛事实上已看不见什么，给他带来满足的是人和水撞击的声音。渐渐地，他站了起来，摸索着走向下水扶梯。一游就是 40 分钟。卫士长王祖培上前扶托他上岸，他操着浓重的湖南口音吐出 5 个字："自—力—更—生嘛！"

这是毛泽东最后一次下水游泳。

这里是他扬帆起锚开始搏击生涯的港湾。

革命家大都有一个共同的心理起点——反抗！

从乡村的浅池绿水到革命的洪涛巨浪，毛泽东的起点，就是他出生的上场屋坪下的那个莲塘。

13 岁那年，父亲当着客人的面骂他懒而无用，这大大伤害了他的自尊，他顶撞父亲后跑到莲塘跟前，声称如果再逼近他就跳下去。父亲无奈，只好同他谈判。"战争就这样结束了"。这位少年获得一个直观的真理："如果温顺驯服，他反而打骂我更厉害。"

儿子同父亲的冲突，是一个永恒的社会主题。家庭革命是社会革命的胚胎。群山环抱的韶山冲浓缩着几千年中国社会的矛盾死结，重复孕育着一个永恒的真理。

毛泽东从小与父亲的矛盾和斗争，培养锻炼了他，对毛泽东在以后的革命生涯中不懈的"造反"精神和"叛逆"行为的形成有着直接的影响。具有这种性格的人在社会的浪潮中将发挥巨大的作用。毛泽东与父亲的关系并非不正常，恰恰相反，这是那个时代的共同特征，凡 19 世纪末 20 世纪初的青少年，特别是那些后来成为革命者的一批人，他们的生活和家庭关系何尝不掀起这类风浪呢？这种特征不是个人的，这几乎是一种普遍的社会现象。与毛泽东同时代的很多人都是把家庭革命当作社会革命和反对孔教传统的第一步，它一定程度上可以称为探索新准则、形成新秩序的初步组成部分。需要说明的是，毛泽东的父亲毛贻昌并不是坏人，他是属于他自己那个时代的人。

从这个角度看，毛泽东几乎具有天生的斗争性格，但这种"天性"中也有他的社会潜因——中国的历史发生剧变的一刻，需要并培育出了拥有叛逆性格的一批精英！

在少年毛泽东和《水浒传》里的造反英雄心心相印的那段日子里，一位姓彭的铁匠率领输了官司的哥老会弟兄，揭竿而起，被逼进了浏山。官军说他们是暴徒，围剿捕杀。彭铁匠那高高挂起的带血头颅，给毛泽东强烈的刺激。他敏感地意识到自己神往的梁山故事正在家乡重演。这位少年作出了判断：谁说暴民不是英雄侠士。后来，毛泽东对斯诺说：这是他最早的"政治意识"。

这是个了不起的伏笔。遥远的梁山，眼前的浏山，在一个少年的心脉里绵延起伏，竟通向了未来的井冈山。

在五四运动那个暴风骤雨的夏天，毛泽东感受到"浩浩荡荡的新思潮业已奔腾澎湃于湘江两岸"。他站在了历史潮头，创办《湘江评论》，去打开冰冻千年的洞庭闸门。他告诉世人一个秘密："什么不要怕？天不要怕，鬼不要怕，死人不要怕，官僚不要怕，军阀不要怕，资本家不要怕。"

造反者宽阔而特殊的胸怀品格，被毛泽东浓缩成一个警句："舍得一身剐，敢把皇帝拉下马。"《红楼梦》里凤辣子一句赌气的"如果张扬出去，肯定会引来杀身之祸"的话，经毛泽东反复宣传，几乎每个中国人都不陌生。

毛泽东从来不讳言他的这个性格特点，甚至是越到晚年，他越是向人们有意地展示他的这个性格特点，并把它同自己要做的"政治文章"，把它同自己毕生追求的事业理想，紧紧地拧在一起。

1959年12月至1960年2月，毛泽东在南方阅读一本苏联编的《政治经济学（教科书）》，意在总结"大跃进"的经验教训。可他忘不了政治，他说："看到'革命'两个字就高兴。"

1964年2月9日，毛泽东同外宾谈到中苏论争，谈到反对修正主义的问题时，特别说了这样一句话："一斗争就高兴了，他们一骂，特别是公开骂了以后，就高兴了……到处都有斗争，充满矛盾。"

半年以后，他到南方巡视，在湖南，对省委的三位主要负责人说："你们为什么对中央不批评？"接着叮嘱："不管对先生、对家庭也好，要斗争。"

迟暮之年，70年代著名的"最新指示"中，人们自然还记得这样一句话："八亿人民，不斗行吗？"

1964年，一位叫坂田昌一的日本科学家肯定想不到，当他为一篇讲基本粒子也是可分的高深论文画上句号的时候，会引起大海这边的政治领袖的强烈共鸣。毛泽东找来这篇科学论文，细细阅读，还推荐给人看，并专门接见了这位日本科学家，讲述自己对物质构成的看法。于是，他在政治和物理之间架起了一座桥梁：再小的物质元素都可以一分为二，何况靠阴阳上下构成的大千世界！

支撑他的历史观、世界观的，就是这样一个把世界劈成两半的思维习惯：

20年代，他说：谁是我们的敌人，谁是我们的朋友，这是革命的首要问题。

50年代，他说：不是东风压倒西风，就是西风压倒东风，没有调和的余地。

60年代，他说：资产阶级与无产阶级谁胜谁负的斗争，还没有真正解决。

从早年到晚年，他都坚信，被劈成两半的世界，很难和平相处。于是，人们只能在斗争的风浪中实现自我的价值，接近群体的理想。

1919 年在《民众的大联合》里，他让读者注意："我们且看俄罗斯的貔貅十万，忽然将鹫旗易了红旗，就可以晓得这中间有很深的道理了。"什么道理呢？——马克思主义的道理千条万绪，归根结底就是一句话，造反有理。根据这个道理，于是就反抗，就斗争，就革命。

受尊敬的传统文人，他们细长的手指习惯翻别人写的史书，时间长了，他们的脊背开始富于幻想地弯曲，还教出一代又一代同他们一样的学生。

毛泽东改变了教师的形象。他从史书里翻出了宝剑。这是一个残酷的真理：历史不同于传说，那里没有禅让，弯曲的不是脊背，而是武器。毛泽东说："人世难逢开口笑，上疆场彼此弯弓月。"

于是，他提倡一种"不怕"、"不信邪"的人格。这是挑战者的心理前提，是一个革命者最起码的素质。这种素质同中国人的传统是背道而驰的。于是，他立志要改造这种传统。

1959 年 4 月 5 日，在中央的一次全会上，他告诫党的干部，列宁提出反潮流，有许多时候是这样的，要反潮流。要把自己心里的话讲出来，马克思讲的，共产党员不要隐瞒自己的政治态度，而我们的中国人是讲中庸之道，学孔夫子太多，生怕穿小鞋、撤职、开除党籍、留党察看、老婆离婚，甚至于砍头等。那么怕，受这些痛苦有什么要紧。

在毛泽东前进的道路上，他所寻求的挑战对象，一个接一个地呈现在他的面前。在革命年代，他号召人们、鼓舞人们满怀信心地向帝国主义、封建主义、官僚资本主义挑战，众志成城地掀翻这三座大山。在建设时代，他号召人们向自然开战，向地球开战，向不尽如人意的哪怕是在革命成功以后建立起来的社会体制挑战，甚至向党中央"进攻"——因为有了资产阶级的当权派，因为有变修的危险。最后，他还自始至终强调自我精神的革新，向自我的灵魂深处挑战。早年是"今日之我向昨日之我、明日之我向今日之我挑战"；在成为一个马克思主义者以后，他始终强调要用全心全意为人民服务的精神来驱逐自我身上残留的非无产阶级思想，通过"斗私批修"把自己塑造成"一个纯粹的人"，"一个高尚的人"，"一个有益于人民的人"。

当毛泽东作出挑战和接受挑战时，当他选择目标和实现战略时，他不谈怀疑，只谈坚信。他的挑战方式与他的目标理想一样豪迈、壮丽，他的顽强与他的任性一样执着惊人。这种坚韧的挑战精神成为他在任何逆境中都不气馁并能图谋再进的巨大动力。

1930年新年伊始，刚刚分兵部署完抗击蒋介石"三省会剿"的毛泽东，读到一封从前线写给他的"新年贺信"，提出大敌当前之际，红四军应分散去打游击，等待革命高潮的到来。这使毛泽东很犯踌躇。因为它反映了一些将士的悲观情绪，写信人正是自己的爱将林彪。一股激情在他胸中升腾。他决心借此解决长期以来萦绕人们心头的疑问："红旗到底能打多久？"

古田镇赖家坊一间小屋的油灯，彻夜通亮。通过敌强我弱的迷雾，他看到一种必然，在寒冷的冬夜，他看见了并非海市蜃楼的中国革命的未来："它是站在海岸遥望海中已经看得见桅杆尖头了的一只航船，它是立于高山之巅远看东方已见光芒四射喷薄欲出的一轮朝日，它是躁动于母腹中的快要成熟了的一个婴儿。"

毛泽东是天才的宣传家。他把希望化为泉水流进红军战士的心田。革命者就是靠这样的信念完成二万五千里旷古未有的长征壮举。西方人惊叹这一杰作，说毛泽东是带领希伯来人走出埃及寻求圣地的中国摩西。

荒凉贫穷的黄土高坡，果然成了革命的圣地。在这里，毛泽东和他的人民在敌后抗击着日寇的一次次"三光"政策的清剿，打退了国民党顽固派一次次反共高潮，在重重经济封锁中还要靠双手从黄土疙瘩里刨出粮食来维持生存，终于迎来了一个民族的胜利。

和平建国成为时代主旋律。可重庆那边却传来不和谐音调，说"天无二日，民无二主"，据说还是孟夫子的真理。根据这个"真理"，就要统一军令、统一政令。明眼人一看便知，那是一党一人独裁的"真理"。听听毛泽东在延安怎么说："蒋先生总以为'天无二日，民无二主'，我不信邪，偏要出两个太阳给他看看。"

他似乎坚信，托起天空的山川大地，托起领袖的亿万民众，最终会对争艳的太阳作出自己的选择！

　　仍然是疆场弯弓才能作出历史的决断。内战爆发，国内外许多朋友为小米加步枪的中国共产党捏一把汗，因为对方有美国支持，武装到了牙齿。在两周前才落下过炸弹的窑洞里，斯特朗向毛泽东提出了这个问题，她得到这样的回答：一切反动派都是纸老虎，样子吓人，可一遇潮就软了。

　　毕竟是敌强我弱。胡宗南攻占延安。毛泽东毅然留在陕北，牵制一心要捉拿他的几十万敌兵。举世瞩目着他的安危。

　　任弼时是位勇士。1927年在党的五大上，这位年轻的团中央书记激烈地批评党的总书记，恼怒的陈独秀竟跑到讲台上撕碎了他的讲稿。如今，他又同党的主席发生了争论。刘戡率大军从西北方向扑来，离中央机关只隔几里路，而中央纵队司令任弼时手下只有200多位战士。为了毛泽东的安全，他理所当然要求向北行军，避开敌人，万一摆脱不了追击，还可以东渡黄河。

▲ 1947年3月18日，中共中央机关主动撤离延安。毛泽东和周恩来、任弼时等继续留在陕北，指挥全国人民解放战争。图为转战陕北的毛泽东

毛泽东却决定：迎敌而进，向西穿插，绝不过黄河！甚至不让一心为他的安全着想的任弼时再当"司令"，随后又在身后留下一块牌子：毛泽东由此上山。

挑战者所带来的，是危险的乃至冒险的人生，这恰恰是毛泽东习惯的并乐于奉行的人生信条。更重要的是，只要毛泽东在陕北，其他战场就好打；只要毛泽东在陕北，对扭转陕北战局就是巨大的感召，就是希望。

1948年3月23日，当他从吴堡县悠闲地坐在筏子里渡过黄河的时候，冰雪消融，春天来啦！

大革命时期，一代文豪郭沫若在广州初次见到毛泽东，投笔从戎，做起了北伐军总政治部副主任。他在南昌见到路过的毛泽东，一起吃了一顿饭，觉得毛泽东"静如处子"，很文弱，目光谦逊而潜沉，长得像司马迁笔下的张良。他把这个印象写进了书里。

毛泽东长得温文尔雅。他有罕见的同情心。他见不得小人物受压，他一生钟情于青年人，他一生为身处逆境遭际维艰的人鸣不平。那双搅动历史风云的手，会停下来替身边工作人员写情书。他为之奋斗的，正是这种人与人的和谐平等。

在中央苏区时期，他同小弟弟红军师长毛泽覃讨论一个问题，争吵起来。哥哥说服不了弟弟，就要动手打他。弟弟甩出一句：共产党不是毛家祠堂。挥在半空中的手戛然停住。毛泽东一直为这件事后悔，后来多次讲起，以告诫党内同志要讲民主，切不要以势压人。

目标毕竟不能代替手段。毛泽东对伟大目标的无限忠诚和绝对坚定的立场，使他常常体现出无所顾忌、铁面无私的逼人气势。当温和妨碍他的原则时，他毫不迟疑把它放到一边去，对人的关心隐藏在目标价值背后。在挑战和进击的一生中，他经历了太多的明枪、暗箭、鲜血和死亡。他的对手们从来没向他发过慈悲，他也绝不宽恕那些拒不放下武器甘为敌手的人。先秦空讲仁爱的宋襄公，被他视为坐以待毙的滑稽角色。

石头城摇摇欲坠。国民党政府打出和平牌，毛泽东没有拒绝。对方提出"划江而治"，但主动权已经转移。毛泽东给人们讲起西方童话里《农夫与蛇》的故事，还想到那位因妇人之仁、功败垂成的楚霸王。"宜将剩勇追穷寇"，

"打过长江去，解放全中国"！为了不让历史的悲剧重演，他的言辞像勇往直前的解放军刺刀一样锋利。

西方的列强低估了人民解放军的自信和勇气。就在 1949 年 4 月 20 日渡江那天，4 艘挂着米字旗的护航舰像往常那样进入我军防区挑衅。陶勇将军下令开炮，"紫石英号"像死鱼一样躺在了江面。毛泽东为这样的勇士自豪。后来他高兴地握着陶勇的手说：好家伙，你敢打外国军舰，就去干海军吧！

1949 年 10 月 1 日，当一个民族等了整整一个世纪的声音，在那座皇宫城楼响起的时候，九州大地的上空，果然只剩下了一个太阳。

在延安的窑洞里，斯特朗以女性记者特有的眼光发现一个差别：周恩来的华尔兹舞是第一流的，刘少奇的舞步像数学一样准确，朱德的步伐像是长征，而毛泽东则常常按自己的节奏跳舞，还能和鼓点合拍，不过，击鼓手有时也抗议他干涉了自己的工作。

毛泽东的舞步旋转到历史的新舞台。

1965 年，他重上井冈山。没有惊涛骇浪的搏击，革命似乎就失去了壮丽，社会似乎就失去了生机。遥想当年隐约的炮声，他感到黄洋界的鲜花，可以转瞬枯萎，只有不老的战士心灵，才永葆共和国的青春。

这是一种永恒的激情。他对自己的事业，有一种近于艺术家追求完美的苛求。

太阳有喷薄升起的壮丽，也有中天放射的炎热。当我们以为加速奔向革命的终点的时候，却不幸发现又站在了革命的起点。常常处于冲刺状态的斗争激情，把毛泽东也把中国引向了迷误……

二、要干到底："以身殉志，不亦伟乎！"

叛逆、挑战和造反，本身不是目的，目的是胜利，是把主体的理想化为现实，把颠倒的世界重新颠倒过来。但历史上达到这种目的的挑战者，毕竟是绝无仅有，人们更多地看到的是失败以及失败时的不同选择。

怎样处理、怎样对待斗争生活中的逆境，在毛泽东看来，是验证他到底是真革命还是假革命的试金石。

他欣赏一种人：有骨头的人。

他最看不起一种人：中途变节的人。

1939年4月8日，在延安中国抗日军政大学（抗大）工作总结大会上做演讲时，毛泽东说：参加共产党，我们就要为抗日干到底，不管多大的困难都要干下去，为共产主义奋斗要一直达到共产主义的胜利，每个人在政治上不要开小差，将来在其他地方见面的时候，可以见得面，就是可以见得江东父老……楚霸王项羽在中国是一个有名的英雄，他在没有办法的时候自杀，这比汪精卫、张国焘好得多。但项羽尚有一个缺点，从前有一个人在他自杀的地方做了一首诗，问他你为什么要自杀，可以到江东去再召八千兵来打天下。我们不学汪精卫、张国焘，要学项羽的英雄气节，但不自杀，要干到底。

接着又说：多少共产党员被捕杀头，还是威武不能屈。但尚有一部分叛徒起先信仰马克思主义，而且做工作，但一旦威武来了，就屈服，带路杀人，什么都做。一种人被捉了，要杀就杀，这种英雄的人，中国历史上很多，有文天祥、项羽、岳飞，决不投降，他们就有这种骨气。那些叛徒就没有这种骨头，所以平素讲得天花乱坠，是没有用的。

西路军血染祁连，是红军战史上极其悲壮的一幕，也是极其悲惨的一幕。革命者的不屈意志，获得辉煌的展现。毛泽东晚年在一次中央会议上，特别称赞当时任西路军红三十军政委的李先念，说他在西征失败后不换军装，即使要饭也坚定地带了几百人回到延安——他就喜欢这样的人！

这，是不是也透露出毛泽东的人格选择呢？

经历过20世纪60年代的中国人，不会忘记赫鲁晓夫雪上加霜，撕毁合同，撤走专家的往事；不会忘记1961年苏共二十二大期间向中国讨债，周恩来伸出一个指头"一年还清"的往事；更不会忘记周恩来率代表团退出苏共二十二大提前回国时，毛泽东驱车到机场亲自迎接的往事。这在毛泽东是绝无仅有的，那是怎样的一种自信和骨气啊！

同过去一样，中国的事只能靠中国人来办，依赖别人，迷信异国，腰杆总是弯的；而弯下的腰杆，则永远走不出笔直的路！中国人必须根除奴隶性，毛泽东再次发出切肤之痛的号召。

倒霉的贾桂成了毛泽东眼中的奴才典型。这个在京剧《法门寺》里随侍大太监刘瑾左右、极不起眼的小角色，别人给他让座，他说："您倒甭让，我站惯啦。"就是这么一句台词，激起毛泽东的义愤。他在大会上呼吁："要割这个奴隶尾巴，要打倒贾桂作风！"甚至在文件批示中也要来上一笔："一定要破除迷信，打倒贾桂！贾桂是谁也看不起的。"

中苏论争拉开序幕。1964 年，他告诉带来苏共中央批评中国信件的特使："别着急，笔墨之战是死不了人的。起码有四件事我可以保证，不管你们怎么批评我们，天照样下雨，女人照样生孩子，草木照样生长，鱼照样在河里游。"这正是他自己说的，不管风吹浪打，胜似闲庭信步的气度。

在没有办法的时候，怎么办？人们所面临的，无非是生与死这两个选择。而毛泽东推崇和倡导的是以身殉志，并总是那样溢于言表。

《新唐书》卷一百一十三《徐有功传》记载，徐有功刚直重法，"民服其恩"。就是这样一个人，却由于酷吏周兴的诬陷，被罢了官。后来女皇武则天重新起用他为左肃政台侍御史。诏书下来，鉴于宦海凶险，徐有功辞让说："臣闻鹿走林，而命系庖厨者，势固自然。陛下以法官用臣，臣守正行法，必坐此死矣。"意思是，自由欢快的野鹿虽然在山林里奔走，但终究难免成为厨子们案板上的肉，我太耿直，皇上却让我去执法，这等于是让我坐着等死呀！

对这消极的人生观和宿命论观点，毛泽东是不同意的。他批注道："'命系庖厨'，何足惜哉，此言不当。岳飞、文天祥、曾静、戴名世、瞿秋白、方志敏、邓演达、杨虎城、闻一多诸辈，以身殉志，不亦伟乎！"这个批注，对历史上各个时期的仁人志士们为正义事业和伟大志向奋斗终生的事迹，表示了由衷的敬佩，高度评价他们"以身殉志"的崇高精神。哪怕"命系庖厨"，如果为了自己的理想，也"何足惜哉"？毛泽东为自己，也为民族画出一面心灵的旗帜！

于是，一个"革命者的寓言"开始流传。

人们熟知，在 1945 年党的七大闭幕词上，毛泽东专门讲了愚公移山的故事，后来，他干脆就把自己的闭幕词取题为《愚公移山》。毛泽东一生似乎都把他的事业视为挖山，而他就是那个带领家人挖山不止的愚公。因此，这则寓言时常成为他教育人们树立必胜信念的素材。仅据有文字记录可查的材料看，1938年、1939年，在延安抗大、陕北公学等学校的讲演中，他就不下5次讲述了愚公移山的故事，明确说："我们打日本，也是这条道理。"

到晚年，他也津津乐道这则寓言。20世纪五六十年代，接见外宾时，他经常讲述这个故事。1964年3月24日，在同薄一波的谈话中，他又提起：愚公移山是有道理的，在一百万年或几百万年以内，山是可以平的。愚公说得对，他死后有他的儿子，子子孙孙一直发展下去，而山不增高，总有被刨平的一天。

"干到底"的心理气势，挥发出一种自信、顽强和高傲的人格力量，透露出近乎执拗和任性的血性品质。

由此，我们不难发现，在毛泽东的政治思维中，存在着一个奇妙的逻辑：被他认为是反动的人和事，他越有兴趣；越是敌人反对的，他越坚持；越是顽固和强大的对手，越能激起他挑战的欲望。

1958年3月，在接见美国来访者时，他出其不意地开着玩笑说，希望到美国的密西西比河游泳。如果艾森豪威尔总统允许，他也许会去医院拜访杜勒斯先生。为什么呢？因为杜勒斯作为国务卿，坚持自己的原则。他反对共产主义，反对苏联，反对中国。为了这一目的，他压迫人民，在世界各地派驻军队，建立军事基地。所有这一切，对整个世界都是有用的，"对我们很有用处"。因此，毛泽东说自己"很希望杜勒斯先生健康"。还有杜勒斯及其同伙"正做着他所能做的灭亡自己的一切。这也是我如此欣赏他的原因"。

发生在1958年8月的金门炮战，被称为台湾海峡危机，是一场智慧的较量。国外的反应异常强烈，特别是美国。

10月2日，毛泽东同苏联东欧六国代表团谈话时，谈到金门炮击，说："我们只是跟我们的蒋委员长、蒋总统打。我们这个国家有一个'总统'叫蒋介石，也是我们的老朋友，我们跟他这个仗可打得久了……没有蒋介石中国人民就不能进步，就不能团结起来，也不能武装起来。单是马克思主义是不能把中国人民教育过来的。所以我们除了马克思主义者的教员以外，请了另外一个教员，这就是蒋介石。噢！这个人在中国可做了很有益的事情，一直到现在还在尽他的历史责任。他的历史任务现在还没有完结，他还在当教员，他很有益处呀！不拿薪水，美国人发薪水给他，我们一个钱都不花，可是他给我们当教员。

"希特勒曾经尽过这样的历史责任，还有墨索里尼……可惜现在没有希特勒了，墨索里尼也不见了……但是教员还是有的，有杜勒斯，这不是一个好教员吗？世界上没有杜勒斯事情不好办，有他事情就好办。所以我们经常感觉杜勒斯跟我们是同志。我们要感谢他。这个人真正懂得马克思主义，在资产阶级里，他是比较最懂得马克思主义的。因为他坚决执行阶级斗争的路线，相当不妥协……"

毛泽东对这场炮战，看得似乎比较轻松。对蒋介石，是不在话下。对西方的反应，毛泽东把他们的攻击看成一种"教员"行为，甚至还"感谢"他们。

1960 年 6 月，在会见日本文学代表团时，为了说明帝国主义压迫各族人民，不见得是坏事还是好事，他谈到了中国的抗日战争，说："我同很多日本朋友讲过这段事情，其中一部分人说日本侵略中国不好。我说侵略当然不好，但不能单看这坏的一面，另一面日本帮了我们中国的大忙。假如日本不占领大半个中国，中国人民不会觉醒起来。在这一点上，我们要'感谢'日本'皇军'。"

1964 年 3 月 17 日，毛泽东会见外宾时宣称：对于那些反对者，我经常感谢他们帮助我。他们给了我许多封号，这些封号我一听就高兴，原来我还值得人家骂。

1965 年 1 月，在接见斯诺时，他对赫鲁晓夫的下台还表现出遗憾来，他说：这个世界需要赫鲁晓夫。喜欢他的人肯定还有。他作为反面教员，中国是惦记他的。

1972 年 2 月，尼克松访华时，毛泽东又爽朗地笑着对尼克松说，在你们竞选时，"我投了你一票"，因为"我喜欢右派"。然后，又开心地说，人家说你们共和党是右派，英国的首相希思是右派，西德的基督教民主党是右派，恰恰相反，"这些右派当权，我比较高兴"。

总之，越硬的骨头，越是要啃；越是反动的事物，越有刺激；越是强硬顽固的敌手，越能激发战斗意志；越是窘迫的逆境，越发进取抗争；越是黑暗，光明的前景到来得越快……毛泽东的这种思维方式，显然是以他的对立统一的辩证观念和非凡的自信为基调的，即：两极相通，物极必反，在一极向另一极的转化中，毛泽东始终相信自己代表的一方和从事的事业，终会胜利。

三、用四个字支撑一条路

历史付出了沉重的代价选择了毛泽东，换一句话说，历史付出了沉重的代价选择了一种思想。

其实，那只是只有 4 个字的思想。

开始，五四运动的精英们也是选择一个只有四个字的思想聚集在一起的。

在 1921 年一个盛夏的夜晚，当毛泽东和其他 12 个人握手互称"同志"的时候，或西装革履，或长衫过膝，清一色的白面书生。手无寸铁，只握着从书本里读来的 4 个字——"阶级斗争"，即使是这样，还得由蓝眼睛的革命家来教他们使用。

这 4 个字掀起了革命的洪涛巨浪。可除了从城市散向农村，谁也不知道还有别的流向。教条主义地照搬俄国革命道路，使它转瞬失落在中国的崇山峻岭、沟沟洼洼之中。

彭湃和毛泽东较早把目光投向贫瘠广袤的农村和衣衫褴褛的农民。

1926 年 6 月在广州主办农民讲习所时，毛泽东曾主持拟定地主来源、农村组织状况、农民观念、民歌等 36 个项目，有的列出提纲，引导学员调查，要求他们把家乡的情况，按调查项目填写。另外，他又在农讲所讲授地理课，强调地理环境与革命工作的关系，要求学员除对全国地理概况有所了解外，尤其要了解和熟悉本省的山川形貌、人情风俗习惯，以及地理环境所给予政治的影响等。

1927 年 1 月，在大革命的高潮中，毛泽东一头扎回湖南，做了一系列关于农民运动的调查。他的行程大致是：1 月 4 日至 8 日，深入湘潭县的县城、银田寺、清溪寺、韶山；1月9日至13日，到湘乡县的唐家坨、县城、萧家冲；1月15日至23日，至衡山县的白果、福田铺、采桥、县城；1月27日至2月3日，至醴陵县的县城、东富寺；2月4日到长沙县郊区。原计划还要到湖南的宁乡、新化、宝庆、攸县、武冈、新宁等县，但因时间关系未能成行。正是这样走了32天，行程1400余里的考察，形成了他的名作《湖南农民运动考察报告》。在2月16日给中央写的报告中，他说："在各县乡下所见所闻与在汉口在长沙所见所闻几乎全不同，始发见从前我们对农运政策上处置上几个颇大的错误点。"

十几年后，毛泽东还记忆犹新地回忆这次农村调查的情况。1941年9月13日，毛泽东在延安对中央妇委、西北局联合组成的妇女生活调查团说："中央要我管理农民运动。我下了一个决心，走了一个月零两天，调查了长沙、湘潭、湘乡、衡山、醴陵五县。这五县正是当时农民运动很高涨的地方，许多农民都加入了农民协会。国民党骂我们'过火'，骂我们是'游民行动'，骂农民把大地主小姐的床滚脏了是'过火'。其实，以我调查后看来，也并不都是像他们所说的'过火'，而是必然的，必需的。因为农民太痛苦了。我看受几千年压迫的农民，翻过身来，有点'过火'是不可免的，在小姐的床上多滚几下子也不妨哩！"

从此，毛泽东获得了"农民运动大王"的称号，西方人则形容：卡尔·马克思降临亚洲的稻田。

但是，离开"稻田"的国共合作大革命凋谢了，被断送在1927年的夏天。

到何处去寻找耕耘的土地？

当然还是大城市——南昌、长沙、武汉。

毛泽东第一次领兵要去攻打长沙了。

可不到半月，他改变了主意。把目光投向了他一直钟情的偏僻乡村，还有那里的农民。走一路，他调查一路。

1930年5月，红四军到达闽粤赣三省交界的寻乌县（旧称寻邬县）。毛泽东利用红四军一、二、四纵队分兵寻乌、安远和广东平远做发动群众工作的时机，在寻乌开展了大规模的调查工作，以制定在农村对待富农的政策和在城镇中对待小商业者的政策。因为党内此前的"左"倾经济政策又有了新的发展。

毛泽东一来到寻乌，就住在县城的一所天主教堂，深入实际，进行了20天的调查，弄清了当地的基本情况。但他经过反复思考，认为还有不少似是而非的问题，需要进一步研究。于是他和县委书记古柏商量，召开了50多人参加的总结调查会共同探讨问题。在会上，毛泽东说：我来寻乌调查了近20天，承蒙诸位先生的指点，使我获得了很多闻所未闻的知识。今天请大家来核对材料，叫作集思广益。接着，他把没有把握或者不够清楚的问题，一一提了出来，让大家议论，广泛地征询大家的意见。这次调查会开了两天，集中大家的好意见，这样，寻乌调查基本结束。

稍后，毛泽东在马蹄河畔召开过一次宣传会。在会上，他开头第一句就问大家："同志们，你们来寻乌作调查没有？"大家回答说："调查了！"他又问："那你们讲一讲，寻乌做生意的中间，哪一类最多？"有人根据寻乌县城人最爱吃豆腐、喝水酒（糯米甜酒）的习惯，回答说："大概是做豆腐、水酒的多。"毛泽东笑笑说："就算说对了，那么再说说，寻乌哪几家豆腐做得最好、最容易卖掉？又有哪几家水酒做得最好？"这下子可把那位同志难住了。于是，毛泽东把自己调查的结果告诉了大家，并说：大家到一个地方作调查研究是好的，但调查要深入细致，走马观花，到处只问一下，是了解不到问题的深处的。

1931年2月，他利用第一次反"围剿"胜利的间隙，在宁都小市整理了近10万字的《寻乌调查》，并一直珍藏着，经过长征，带到延安。

这篇文章第一章便是"寻乌的政治区划"，分述其7区4厢12堡的地理位置。第二章则为"寻乌的交通"，分述寻乌的水路、陆路特征及其周边所达要衢，又叙及电报、邮政及交通器具。此后再深入论及寻乌的商业、土地关系、土地斗争等经济政治内容。在这篇文章的前言里，毛泽东还写道："我做的调查以这次为最大规模。我过去做过湘潭、湘乡、衡山、醴陵、长沙、永新、宁冈七个有系统的调查，湖南那五个是大革命时代（一九二七年一月）做的，永新、宁冈两个是井冈山时代（一九二七年十一月）做的。湖南五个放在我的爱人杨开慧手里，她被杀了，这五个调查大概是损失了。永新、宁冈两个，一九二九年一月红军离开井冈山时放在山上的一个朋友手里，蒋桂会攻井冈山时也损失了。失掉别的任何东西，我不着急，失掉这些调查（特别是衡山、永新两个），使我时常念及，永久也不会忘记。"

蒋介石曾说，谁控制了北京、广东、上海和武汉，谁就控制了全中国。而毛泽东则说：谁解决农民的土地问题，谁得到农民的拥护，谁赢得了农民，谁就赢得了中国。

正是在毛泽东倾力调查的农村，大革命失败后散落各处的力量开始重新聚集。毛泽东、朱德等在赣南、闽西的山区里，闹起了红火的革命。

可是，好景不长，王明和一群啃惯洋面包的年轻人，从世界革命的大本营纷纷走来。他们了解中国吗？

王明从 1925 年入党，到 1935 年 1 月结束"左"倾教条主义路线的 10 年间，在国内只待了 3 年；如果从他 1931 年 3 月担任中央领导职务算起，还不足 10 个月。据说，这位隔雾看山的理论家宣称：半部《论语》就能治天下，读了这么多马克思列宁主义著作，还不能统治中国？

但遗憾的是，他们不仅没有统治中国，还丢失了一个当时已存在 3 个年头的中华苏维埃共和国！

有马克思主义这样的理论，却使中国共产党几乎走上绝境。毛病出在哪里呢？

本来，说到中国人的思维习惯，思想家最喜欢用的是"务实"两个字。大史学家班固称道汉景帝的儿子刘德学问做得好，不经意写出了一句"实事求是"。

谁能想到，就是这 4 个字，2000 年后竟救了一个民族！

谁能想到，就是这 4 个字，支撑起一条历史的路！

谁能想到，20 世纪中国在这条路上的两次飞跃，都依靠这 4 个字作了支点！

捡起这 4 个字的，就是毛泽东这位酷爱读书、学问做得好的农民儿子。不过，他有自己特殊的见解：不光要读"有字之书"，更需要读中国社会国情这部气象万千的"无字之书"。早在青年时代，他便宣称："踏着人生社会的实际说话……引入实际去研究实事和真理。"

务实的精神，使毛泽东坚信一点：改造中国，首先要了解中国，这是一条和啃洋面包的理论家根本不同的思路。

了解中国的法子，就是调查研究。

从此以后，"调查研究"成为毛泽东最喜欢用的政治术语之一。

实事求是来自调查研究。毛泽东对调查研究情有独钟。遇到困难，需要作出决策来解决的时候，他总是想到这4个字。1961年初，为纠正"大跃进"导致的严重失误，他号召把1961年搞成"调查研究年"、"实事求是年"。事有凑巧，在党的八届九中全会闭幕的前一天，一篇题为《关于调查工作》的文章，在福建龙岩被发现了，送到了毛泽东的手中。那是他30年前写的文章，后来丢失了。毛泽东说：我一直"像想念自己的孩子一样"，想念和寻找着它。

这是在枪炮声中诞生的"孩子"。1930年11月，蒋介石军队逼近江西吉安的罗坊，毛泽东率红军后撤途中，在木口村，利用中午时间仍召集农民搞调查。正是在这篇文章里，毛泽东第一次明确提出："马克思主义的'本本'是要学习的，但是必须同我国的实际情况相结合。我们需要'本本'，但一定要纠正脱离实际情况的本本主义。"30年后，毛泽东重读旧文时，索性把文章的题目改成了《反对本本主义》！

反对本本主义，中国共产党经过10年的痛苦孕育，一条实事求是的思想路线终于分娩。

到了延安，随之而来的全党整风，也是由"实事求是"这4个字引发了一场罕见的哲学革命，使中国共产党思想路线的根本基础，牢牢地构筑在人们的心田里——

要使马克思列宁主义的理论和中国革命的实践运动结合起来，为着解决中国革命的理论问题和策略问题去找立场、找观点、找方法。这种态度，就是有的放矢的态度。"的"就是中国革命，"矢"就是马克思列宁主义。这种态度就是实事求是的态度。"实事"就是客观存在着的一切事物，"是"就是客观事物的内部联系，即规律性；"求"就是去研究它。我们要从实际情况出发，从中引出我们行动的向导。

在整风运动期间，毛泽东曾向身边的同志讲过这样一件事情：红军长征到达陕北之后，一位干部从外地来到陕北洛川，他对当地的情况根本不熟悉，对红军在陕甘边区的经济政策也不了解，第二天就下命令要取消一切苛捐杂税。毛泽东问他：一切苛捐杂税你都取消了，究竟有哪几种苛捐，哪几种杂税？问得这个同志答不上话来。不了解实际情况，当然也没有发言权。这就需要调查研究。

1941 年冬天，延安中央党校请毛泽东题写校训。他毫不犹豫地写下"实事求是"这 4 个字，无疑为他的著述，为中国共产党的指导思想落下了画龙点睛的一笔。

连普通的老百姓也读懂了它的分量。

1947 年胡宗南进犯延安，老乡们冒着生命危险把用汉白玉刻的这 4 个字埋藏起来，直到收复延安才重新嵌回原处。

这时的毛泽东已到了西柏坡，住在了新中国门槛前的驿站。1949 年 3 月，党的七届二中全会在这里召开。毛泽东挥起手臂划出一道箭头：中国历史进程的下一站，将由农业国转向工业国，由新民主主义社会转向社会主义社会。

过渡的途径，毛泽东采用中国的思路，和平地、温和地、逐步地过渡，实现"阶级消灭，个人愉快"。在社会主义的历史上，中国第一次有效地实行了对资本主义的和平赎买。

一个强大而进步的政权，一个先进的社会制度，是中国经济发展的条件。这个新生的政权，在 1949 年终于出现了！

毛泽东深深懂得，一场人民革命的目的，不仅仅是为了变幻城头的大旗，而是要解决好各种矛盾，最大限度地调动人民群众的积极性，最终达到解放生产力、发展生产力的目的。

为达此目的，毛泽东曾同来华访问的两位巴西客人风趣地说："中国人口这么多，要发展起来后我才好去报告上帝。上帝问我，你们的人民怎么样，如果我说还很穷，上帝就会骂我，要给我严重处罚，派我再回到中国。"毛泽东的这一特有讲话方式，使人感到很轻松、幽默，但它却沉甸甸地撞击着人们的心灵！

尽管作为社会主义理论创始人之一的恩格斯预言过：社会主义是一个经常变化和改革的社会，但是，社会主义社会一经建立，人们还是未曾想到，这个社会的体制需要改革，更不曾想到，需要对其为时尚短的计划经济体制这一被认为是社会主义经济体制最显著的形态进行改革。

在中国，毛泽东开始注意到这样一个问题。1956 年，在完成社会主义三大改造的欢呼声中，他没有陶醉；在"一五"经济计划捷报频传的喜庆气氛里，他开始冷静地思考，立志探索一条新的工业化道路，以改变因过分集中而制约了经济活力，因片面发展重工业而牺牲了轻工业和农业的经济运行体制。

▲ 1956 年 1 月，北京市各界人士举行联欢大会，庆祝北京在全国第一个实现工商业全行业公私合营。图为毛泽东接受工商界代表乐松生（左一）呈献报喜信

无论是苏联，还是中国，在革命过程中，都曾有过在封建经济基础上直接进入社会主义的构想。这就是列宁批判过的民粹派社会主义。对此，毛泽东早在1945年就有了警觉，他曾对一些民主人士明确表示过：中国要发展资本主义，因为它能帮助将来的社会主义前进。10年后，他再次重申，且语出惊人：允许雇工，开办私营大厂，可以消灭了资本主义又搞资本主义。苏联怀疑他是不是马克思主义者，就是在中国，很多人也接受不了。

毛泽东的回答还是那4个字：实事求是；还是那个原则：中国国情；还是那个方法：调查研究。

启动的专列，似乎唱着毛泽东心中新的进行曲。

1955年12月21日至1956年1月12日，毛泽东沿京汉、粤汉线南下杭州，又经沪杭、沪宁、津浦线返回北京。一路找地方干部谈话，调查研究。

回到北京，他连续听取了中央34个部门的汇报，安排极其紧张。几乎每天起床开始听汇报，一直到上床休息，十分疲惫。他戏称，这是"床上地下，地下床上"。

他在寻找中国建设社会主义的新思路。

1956年和1957年，他写下了《论十大关系》和《关于正确处理人民内部矛盾的问题》两部新中国成立后的代表作。调动国内外一切积极因素，为社会主义服务的基本方针；"工农业并举"的工业化道路；正确处理两类不同性质的矛盾作为国家政治生活的主题，勾勒出社会主义前进的导航图。

一生探索的毛泽东，靠实事求是，了解国情，领导人民创造了两个中国，一个新民主主义的中国，一个社会主义的中国，他还要再造一个共产主义的中国。

但越往前走，是前无古人的荒原大漠。

而毛泽东，却没有了几十年前那种深入调查的方便了。有一道无形的墙，把他和社会，也和实事求是隔开了。

1953年，毛泽东春游黄鹤楼。就在他与一位个体商贩交谈的时候，被旁边一个孩子认出。瞬间人涌如潮，围得水泄不通。保安人员心中不安，毛泽东却幽默了一句："真是下不了的黄鹤楼！"

1956 年到杭州龙井村去的时候，有关部门出于安全需要，事先把老百姓们集中到乡里开会，毛泽东进村的时候，只有几只闲散的大公鸡在村道上徘徊。他只好说：看来大公鸡还是欢迎我的。

1958 年，类似的事在天津正阳春饭馆重演。事后打扫现场，挤丢的鞋帽钢笔竟收了 7 筐半。

尽管毛泽东外出愿意轻车简从，但越来越细的保卫措施，使毛泽东的活动半径也越来越小了……

此时此刻，毛泽东一定想起了他在江西苏区的那些个不眠之夜。当他点一盏马灯独自走进村寨低矮的草棚，他看到的是许多人无法看到的真实世界。

在失却实事求是支撑的"大跃进"遭受严重挫折之后，毛泽东决定再兴调查研究之风。调查的重点是中国农村"大跃进"之后的现状及未来走向。

就在 1961 年 3 月的广州会议上，毛泽东讲了一段他在作战中间作调查的故事。他说：凡是忧愁、没有办法的时候，就去调查研究；一经调查研究，问题就出来了，问题就解决了。打仗也是这样，凡是没有办法的时候就去调查研究。第二次反"围剿"敌我力量悬殊的时候，很不好办。那个时候，我跟彭德怀两个人跑到白云山上，跑了一天，在山上一看，看到了左平，看到了很多地方。我说，彭德怀，把你的三军团全部打包抄，一军团打正面，敌人一定会垮下去。如果不去看呢？就每天忧愁，就不知道如何打法。

也是在这次广州会议上，毛泽东把他刚从福建龙岩找到的《关于调查工作》这篇文章印发给大家。

"调查就是'十月怀胎'，解决问题就像'一朝分娩'。调查就是解决问题。"

"必须努力作实际调查，才能洗刷唯心精神。"

毛泽东无法忘怀 30 年代所作的一系列农村调查对他个人命运以及中国革命胜利前途所产生的巨大影响。

旧文重读，心有灵犀。毛泽东真诚地检讨说：我这个人就是官做大了，从前在江西那样的调查研究，现在就做得少了。我自己的毛病当然要坚决改正，也希望同志们从此改正。他期望着通过这个调查研究年、实事求是年，使他重新获得把握现实与未来的信心。

然而，他终于没能做到。

一年后，他捡起 1921 年夏天的那 4 个字——"阶级斗争"，还说要年年讲，月月讲。

离开实事求是的阶级斗争，历史的路就偏了。

实事求是的分量，也就有了另一种计算方式。

阿基米德说过，给我一个支点我就能撬动地球。可在似乎用自己的热情就能熔炼钢铁，单凭意志就能移山填海，依靠豪言壮语就能震撼世界，单靠阶级斗争就能实现理想的思路中，走在历史之路上的时候，脚下，恰恰少了实事求是这个支点！

于是，历史的车轮开始倾斜了。

四、什么能使他变得年轻？

毛泽东为人，很重一个"气"字：志气、热气、生气、豪气、朝气。

"热气高，干劲大"，是他始终向往和赞誉的精神状态。"鼓气"成为他对新闻宣传和政治思想工作的一个重要要求。在新中国成立之初给一师老同学周世钊的信中，他说："兄为一师校长，深庆得人，可见骏骨未凋，尚有生气。"1959 年庐山会议期间，他称道李逵的豪气和列宁的热情磅礴，反复强调："人而无气，不知其可也。"

对自己，他也是这样要求的。哪怕是写文章。

毛泽东是文章家。他经常爱说的两句话，是"高屋建瓴"和"势如破竹"。他喜欢这样的神气和文气。

政治和军事的成功，常常激活、深化他的文气才华。有人曾问过邓小平，你最高兴的是什么时候，邓小平毫不犹豫地回答：解放战争。毛泽东没有说过这样的话，甚至说过打败国民党他并不高兴，1955 年看到农民开始走集体化的道路时才高兴。但这或许是事过境迁的一种说法。其实，完全可以想象出他当时愉悦的心境。毛泽东对自己这个时期痛快无比的文章，后来也是特别的喜欢。后来编《毛泽东选集》第四卷的时候，他亲自审定，读到《丢掉幻想，准备斗争》和《别了，司徒雷登》几篇驳美国白皮书的文章，越读越高兴，以至敞怀哈哈大笑。

相反，他觉得自己的《矛盾论》太像教科书，50 年代初编《毛泽东选集》第一卷的时候，目录都列上了，在审定时，他还是把它删去了，原因是"词意不畅"，以后经过修改，才收入第二卷，1952 年重印收回到第一卷。

俗话说：人活一口气。毛泽东对这股气看得格外重，把它视为人生进取的心灵动力。他也是这样要求自己的亲友的。

该说到毛泽东的亲情了。

那是个很小范围的事，却可以见出他的大风格。

为理想，为党和国家的大业，他在对待自己的亲友问题上，显得比一般人洒脱得多。他一贯反对假公济私，从来没有因为照顾自己的亲属而破坏原则。有时候却也流露出自己的真实情感。

全民族抗战开始以后，毛泽东在党内的地位基本上就是说话算数了。1937 年，表兄文运昌（八舅的儿子）来信，说想来延安工作。或许信中说到是想挣点钱养家，毛泽东在回信中告诉他，延安上自总司令下自伙夫，待遇都是相同的，而且没有薪水，"故不宜来此。道路甚远，我亦不能寄旅费"。还特别解释，此前公家曾给烈士毛泽覃的妻子周润芳寄去了 20 元旅费，也不是因为我私人的面子。

新中国成立后，他成了一国之主，家乡来找他的人或来信的人很多，不少是要求帮助的。1954 年 3 月，他在一封信里表示："我不大愿意为乡里亲友形诸荐牍，间或也有，但极少。李漱清先生、文运昌兄，以此见托，我婉辞了，他们的问题是他们自己托人解决的。"

这些，说的都是事实。他把自己唯一的健康的儿子送到前线，结果牺牲了。这是至今让人感念不已的动人事迹。

出于对大事业的追求，他很少考虑私事或特别地接济亲友。

他有一个信念：一切都是要靠自己来奋斗。

东汉有个叫梁鸿的文学家、经学家，写过有名的小赋《五噫歌》，因讽刺权贵的奢靡生活，让汉章帝读了后很不舒服。梁鸿只得改名换姓，跑到南方的无锡，靠给人做工舂米过日子，在穷困的环境中竟在经学上颇有建树。

关于他的故事，有两个广为流传。一个是和夫人孟光一生相敬如宾，"举案齐眉"这个成语说的就是这件事。还有一个就是"不因人热"。据说他父母死得早，小时候穷得只有借用邻居的灶做饭。一次，邻居做完饭后，招呼他：趁锅和灶都还是热的，你快来做饭吧。言下之意，是让他省点柴火。他却回答：我虽然还小，但绝不靠别人的余热过日子。于是把灶灭了，重新点火做饭。

毛泽东大概是从《东观汉记》里读到这个故事的，印象很深。在一次中央会议上给干部们讲过这个故事，称梁鸿是条"硬汉子"，有"穷棒子精神"。在毛泽东身边工作的林克更清楚地记得，1959 年 6 月 3 日一大早，毛泽东刚起床又给他讲了这个故事，还说："过去我跟孩子们讲过这个故事，但他们年幼，没有懂得我的意思。"

什么意思呢？很明显，要自己的孩子自强、有志气，不要沾他的光。这是他的希望，也是他对待亲属的基本态度。

毛泽东的子女曾说过，父亲并没有给他们留下物质上的财产，但留下的精神遗产却很多。这当中，无疑包括要自强、有志气这样的做人信念。

毛泽东并不是不渴望亲情，不看重亲情。

1960 年 12 月 25 日，毛泽东 67 岁生日前夕搞了一个在北京的亲属和身边工作人员的聚餐会。在亲近的身边人面前，自然容易说出一些很细微的心里话。

毛泽东讲起了他对自己的孩子的看法和感情。当时，正在读书的女儿李敏、李讷和侄儿毛远新也都在场。他说：

我这几个孩子，发烧回来，我见了就心软了，叫他们在我的灶上吃饭。李讷，你在学校发了烧，我们的医生、护士去看你，你还发脾气，用被子把头蒙起来，不愿意见他们。实际上你心里高兴，家里有人来看你，你还不高兴？！你们系里有七八百人，如果有一百来人生病，都有家里人来看吗？你们学校里的同学，有多少人有家在北京？百分之十、二十，百分之三十吧！那么，至少还有百分之七十同学的家在外地。他们这些人病了怎么办？一有病统统都回家？不可能，还不是在学校的医院里住，在学校里看病，还不是都要医好的？这次学校里总支书记还去看了李讷，她就高兴得很嘛。你们病了回家来，还不是想吃两天好的？吃两天就吃两天吧。我听到发烧到三十八度，心就软了。

谈到孩子们的学业，毛泽东表示了他的期望：

"在我们毛家，我这一代以前还没有大学毕业的。我就没有上过大学。毛岸英、毛岸青他们在苏联上的是军事学校、东方大学，还不是正规大学。"说着，用手指着李敏、李讷和毛远新（毛泽民之子），"现在你们三个"，又转向江青的外甥王博文，"你和我也有关系，算四个，都要读成功，一下子就是四个大学毕业生了"。

最终，他还是希望儿女们靠自己的"志气"成才。

有"志气"，就有朝气。

从青年时代起，毛泽东就追求和实践着一种有声有色的人生风格。1925年，职业革命家毛泽东回长沙，独立橘子洲头，极目"万类霜天竞自由"的生机勃勃的景象，触景生情，回想青年时代"峥嵘岁月"、"携来百侣曾游"的新生活气象和那"指点江山"的新人格境界。

如此充满朝气的人格，使毛泽东的心永远年轻，永远偏向暂时受压却预示着未来的社会群体。

后来尽管他早已过了"风华正茂"的年龄，他的地位已远不是遭受压抑的处境，他的职责也不允许他无所顾忌地驰骋想象了，但是，他对需要努力奋斗进取才能维系生存、发展自我的底层人，受压抑的人，仍是那样感同身受的共鸣，对充满朝气的年轻人，仍是那样的一往情深。

有人说，毛泽东就是这样一个人，在干部与群众之间，他向着群众；在党员与非党员之间，他向着非党员；在男人与妇女之间，他向着妇女；在大人物与小人物之间，他向着小人物；在长辈与晚辈之间，他向着晚辈。毛泽东对于周围的工作人员绝少假以辞色，而对待党内高级干部，有时却不惜大发雷霆。延安的农民曾口出怨言，要雷公劈死毛泽东，红四方面军的战士说毛泽东没有张国焘学问大，他不但没有追究，而是反躬自省。上流社会廉价的捧场，他从来不屑一顾，但农民发自内心的"救星"、"万岁"的呼声却使他激动不已。

这种心态，甚至反映到他对人种的看法中。1959 年 3 月 3 日，接见拉美 15 国兄弟党领导人时，话题转向黑人和白人的高下。毛泽东说：黑人和我们完全不同，黑得很厉害。我从前一个也不认识，但是见了面觉得很亲热。

因为他坚信这些人代表着未来，充满着想象，有着无穷的创造力，有活脱脱的生命力。人生一世，最可怕的，就是失去这些，而人老了，就容易失去这些。用他 1964 年 1 月 12 日对外宾的话来说：老了不革命的人多着呢，好多人越老越糊涂，马克思不在内。老了，摆架子，老气横秋，就不好办了。顺理成章，只有青年，才配称得上早晨八九点钟的太阳。

毛泽东是怎样表达对青年人的称赞和信任的呢？

他要表达自己这种心情时，总要想到赤壁之战中的"群英会"，想到乱世之中青年俊杰脱颖而出的喜人景象。

1953 年 6 月 30 日接见青年团第二次全国代表大会主席团成员时，他强调："要选青年干部当团中央委员。三国时代，曹操带领大军下江南，攻打东吴。那时，周瑜是个'青年团员'，当东吴的统帅，程普等老将不服，后来说服了，还是由他当，结果打了胜仗。现在要周瑜当团中央委员，大家就不赞成！团中央委员尽选年龄大的，年轻的太少，这行吗？"接着宣布："团中央委员候选人的名单，三十岁以下的原来只有九个，现在经过党中央讨论，增加到六十几个，也只占四分之一多一点。三十岁以上的还占差不多四分之三，有的同志还说少了。我说不少。六十几个青年人是否都十分称职，有的同志说没有把握。要充分相信青年人，绝大多数是会胜任的……青年人不比我们弱。老年人有经验，当然强，但生理机能在逐渐退化，眼睛耳朵不那么灵了，手脚也不如青年敏捷。这是自然规律。要说服那些不赞成的同志。"

1957 年 4 月上旬，在上海召开的四省一市省市委书记思想工作座谈会上，谈到党委要提拔年轻干部时，他又说：赤壁之战，程普 40 多岁，周瑜 20 多岁，程普虽是老将，但不如周瑜能干。大敌当前，谁人挂帅？还是后起之秀周瑜挂了大都督的帅印。孔明 27 岁成名，也未当过支部书记、区委书记嘛！

也是个新干部嘛！赤壁之战以前无名义，以后才当军师、中郎将。古时候可以破格用人，我们为什么不可以大胆提拔？

在 1964 年 3 月 20 日的一次谈话中，毛泽东再次以紧迫的口吻提出：现在必须提拔青年干部。赤壁之战，群英会，诸葛亮才 27 岁，孙权也是 27 岁，孙策起事时，只有十七八岁，周瑜死时不过 36 岁，那时也不过 30 岁左右。曹操 53 岁。可见青年人打败了老年人。长江后浪推前浪，世上新人赶旧人。

在 1965 年 1 月 23 日的一次谈话中，他又说："看来还是青年人行。《群英会》上的英雄，大多是二三十岁的人。"

赤壁之战里孙权、周瑜、诸葛亮这些"二三十岁"的青年人，都是政治家和军事家。成为毛泽东宣传和奖掖青年人的语言素材的，还有一批作为非凡的文化人。

50 年代末读《王子安（王勃）集》，在《秋日楚州郝司户宅饯崔使君序》一文旁写的一大段批语中，毛泽东把他面向青年的热切期待之情，一览无余地流泻了出来。

这个 1000 多字的批语中，有这样一段：

（王勃）以一个二十八岁的人，写了十六卷诗文作品，与王弼的哲学（主观唯心主义），贾谊的历史学和政治学，可以媲美。都是少年英发，贾谊死时三十几，王弼死时二十四。还有李贺死时二十七，夏完淳死时十七。都是英俊天才，惜乎死得太早了。

青年人比老年人强，贫人、贱人、被人们看不起的人、地位低的人，大部分发明创造，占百分之七十以上，都是他们干的……为什么如此，值得大家深深地想一想。结论就是因为他们贫贱低微，生力旺盛，迷信较少，顾虑少，天不怕，地不怕，敢想敢说敢干……由王勃在南昌时年龄的争论，想及一大堆，实在是想把这一大堆吐出来。一九五八年党大会上我曾吐了一次，现在又想吐，将来还要吐。

这段批语，无疑是由此及彼的借题发挥了。

毛泽东由唐代青年文学家王勃的创作成就而联想到的其他"英俊天才"中，贾谊、李贺，是我们熟知的文学家、诗人。

批语中提到的王弼（226—249 年），字辅嗣，山阳（今河南焦作市）人。王弼幼年聪慧，十几岁就爱好《老子》，通辩能言，对答如流。官至尚书郎，但事功非他所长。得病而亡，年仅 24 岁。他的著作现在流传下来的较多，除《老子注》、《周易注》、《周易略例》以及《老子指略》的佚文外，还有《论语释疑》一书的片段，保存在梁人皇侃《论语义疏》和邢昺《论语正义注疏》中。王弼是魏晋玄学开风气的哲学家。

批语中提到的夏完淳（1631—1647 年），明末诗人，抗清将领。原名复，字存古，号小隐，又号灵首（或灵胥）。松江华亭（今上海市松江区）人。出身于书香门第，父夏允彝是江南名士，老师陈子龙在当时文坛上声望很高，他们二人创立"几社"。夏完淳从小受到他们的学识、文章和气节的熏陶，加之天资过人，聪明早熟，5 岁知书史，7 岁能诗文，受到前辈赏识，顺治二年（1645 年），清兵南下，江南抗清义师蜂起，他仅 14 岁，便随父亲及老师在太湖起兵抗清复明。上书南明鲁王，鲁王授他为中书舍人。不久兵败，只身流离。顺治四年（1647 年）在家乡被捕，押解南京。当面痛骂洪承畴，被杀时年仅 17 岁。他一生虽然十分短暂，但却生得可歌，死得可泣，著作也很有成就。著有赋 12 篇、诗 337 首、词 41 首、曲 4 首、文 12 篇。作品风格高亢激越，慷慨悲歌。特别是被捕后写的诗《南冠草》、文《狱中上母书》等，皆为血泪浇成的正气篇。后人编刻有《夏节愍集》。

早在青年时代，毛泽东就感叹过一些早夭的英俊天才。1916 年 12 月 4 日致黎锦熙信中，为说明强身健体的重要性，毛泽东说："颜子则早夭矣；贾生，王佐之才，死之年才三十三耳；王勃、卢照邻或早死，或坐废。此皆有甚高之德与智，一旦身不存，德智则随之而隳矣！"

在 50 年代末，毛泽东读王勃《秋日楚州郝司户宅饯崔使君序》，再次抒发一大堆感慨，反映了他一生的一个重要主张：青年人、贫贱的人，最有朝气，最有创造力，他们是事业的希望所在。基于这个认识，他一生都反感压制青年人，反感瞧不起低贱者的人。

毛泽东在这个批语中说的，他在 1958 年党的代表大会上"曾吐了一次"，是指他 1958 年 5 月 8 日在党的八大二次会议上所做的《破除迷信》的讲话。

在这个讲话中，他举了古今中外 29 个年轻有为的人发明创造的例子。其中也谈道：唐朝的诗人李贺，死的时候只有 27 岁，作《滕王阁序》的王勃，唐初四杰之一，也是一个年轻人，晋朝的王弼，做《庄子》和《易经》的注解，他 18 岁就是哲学家，他的祖父是王凯。他死的时候才 24 岁。又说：举这么多例子，目的就是说明青年人是要胜过老年人的，学问少的人可以打倒学问多的人，不要为大学问家所吓倒！要敢想、敢说、敢做，不要不敢想、不敢说、不敢做。这种束手束脚的现象不好，要从这种现象里解放出来。

同年 5 月 18 日，毛泽东又在一个文件上指示："请中央各工业交通部门各自收集材料，编印一本近三百年世界各国（包括中国）科学、技术发明家的通俗简明小传（小册子）。看一看是否能够证明：科学、技术发明大都出于被压迫阶级，即是说，出于那些社会地位较低、学问较少、条件较差、在开始时总是被人看不起，甚至受打击、受折磨、受刑戮的那些人……如果能够有系统地证明这一点，那就将鼓舞很多小知识分子、很多工人和农民，很多新老干部打掉自卑感，砍去妄自菲薄，破除迷信，振奋敢想、敢说、敢做的大无畏创造精神。"

1958 年的讲话和指示，自然具有"大跃进"的热情想象成分。但在"大跃进"之后，毛泽东仍然坚持他的主张，仍然不遗余力地鼓励青年人、贫贱的人，他似乎坚信，这不仅是政策问题，也是认识问题，并且也是被实践证明了的问题。这样，在读王勃《秋日楚州郝司户宅饯崔使君序》的批语中，他又说："如果党再对他们加以鼓励，不怕失败，不泼冷水，承认世界主要是他们的，那就会有很多的发明创造。我们近来全民性的四化运动（机械化、半机械、自动化、半自动化），充分地证明我的这个论断……予岂好辩哉，予不得已也。"

青年人、贫贱的人为什么有充沛的创造力？毛泽东的批语里包含了明显的政治伦理哲学。他十分突出地强调"贫贱低微"与"生力旺盛"之间的内在联系，自觉地把二者视为因果转化的必然过程。在毛泽东看来，凡是被压抑的主体，必然内聚着天然的实现欲望，而压抑别人的主体，又必然本能地产生惰性因素。二者之中，前者是活泼的，赋有生命的动力，后者则是呆滞的，形成历史的阻力；前者是弱小的，但却孕育着生机，后者虽然实力雄厚，但却意味着衰亡。这样，辩证法所揭示的命题沉淀在毛泽东的观念中，就形成了那个众所周知的名言："卑贱者最聪明，高贵者最愚蠢。"他还多次说过，司马迁不受辱刑写不出《史记》，屈原不被流放体验不到生活，曹雪芹家境不衰败也就没有《红楼梦》了，等等。

毛泽东为什么这样深情地瞩目于年轻人？因为他们总是畅想着未来，追求着未来。甚至说，他们就是未来。

而毛泽东是个不满意现状、不陶醉于过去的人。他一生都是未来世界的情人。

他坚信，"凡事预则立，不预则废"。他是为中国画图的人，他的箭头始终描向未来。

在畅想未来的时候，他总有些忧患。

1954 年 6 月，中华人民共和国第一届全国人民代表大会就要举行了。开这样的会，当然要讨论宪法。11 日这天，宪法起草委员会召开第七次会议。毛泽东也来了。

黄炎培发言说：有人觉得现在的国歌是一首抗日战争的歌曲，已经过时了。有一个人还作了一首国歌，寄给我，要我送到中央来。我个人觉得还是现在的国歌好。在讨论中，没有人提出要改国歌。毛泽东接着黄炎培的发言发挥道：国歌不必规定在宪法上。不喜欢现在的国歌的人，主要是不喜欢"中华民族到了最危险的时候"一句，但如果说"我们的国家现在是太平无事的时候"，那也不好了。苏联采用《国际歌》作为国歌，也有那么一句，"起来，饥寒交迫的奴隶"，苏联人民从十月革命起一直唱到 1941 年，唱了 24 年的"饥寒交迫的奴隶"。我们的国歌有一句"最危险的时候"，大家就觉得不舒服，不过现在帝国主义包围得还很厉害呢，唱一句"最危险的时候"也没有什么了不起吧。

新中国成立后，毛泽东多次说过：1949 年那样的大胜利，并没有使我高兴。到 1955 年，看到有那么多的农民参加了合作社，接着私营工商业的改造，我开始高兴了。

这大概可以知道毛泽东所极力追求的目标了：不光是夺取政权，更重要的是建立理想的社会制度，它是未来的。

这个未来，是什么样子，怎样去建设它？谁也没做过，谁也没看过。唯其如此，对毛泽东这个"未来世界的情人"来说，也就越加充满诱惑。

在追求中，自然就不能循规蹈矩。

要做一个不仅献身于解释历史，而且献身于改造历史——这关系到人类四分之一的民族的命运——这一重任的领袖，不是件容易的事。没有超越自己的思想"祖宗"的气魄，是达不到目标的。

在毛泽东看来，许多问题只要换一个角度来认识，便会冲破常理，打破常规。变革现实的实践，尤其需要这种热情和想象。因为他坚信，新的比旧的好，年轻的比年老的强，未来总比现在美好。

1955 年，农业合作化运动开始以后，毛泽东就认为这是"破除迷信的一年"。在上半年，许多人认为"三年合作化"的提法"不过是幻想"，而一到下半年，他们只好相信新鲜事物了，因为中国农村的社会主义高潮犹如"大海的怒涛，一切妖魔鬼怪都被冲走了"，"几千年以来，谁人看见过鸡毛能够上天呢？这似乎是一个真理"，但现在，"新制度要出世了。鸡毛确实要上天了"。

这是毛泽东 1955 年夏天的描述。

鸡毛上天了。人民群众的创造热情仍在继续高涨。毛泽东充满感情地关注着这个令人高兴的势头：正在向前奋进的政治革命、思想革命、技术革命、文化革命。1958 年 4 月在广州读到一篇题为《一个苦战二年改变了面貌的合作社》的文章，毛泽东欣然提笔赞扬，说从来也没有看见人民群众像现在这样"精神振奋，斗争昂扬，意气风发"。他坚信一穷二白看起来是坏事，其实是好事，一张白纸，正好驰骋想象不守陈规俗套的束缚，去画最新最美的图画，去写最新最美的文字，去实现最新最美的理想。这种景象的落实和展开，在毛泽东看来，是同解放思想分不开的，是同"一切腐朽的意识形态和上层建筑的其他不适用的部分，一天一天地土崩瓦解"分不开的。为此，他欣赏大字报这种向陈旧思想进击的"新式武器"。对现实中愿意带着花岗岩头脑去见上帝的人的不满，对扫除这些障碍的渴望和礼赞，使他想起清人龚自珍的一首诗："九州生气恃风雷，万马齐喑究可哀。我劝天公重抖擞，不拘一格降人材。"晚清着意改造中国社会面貌的志士们所呼唤的景象，只有在新的社会才真正实现了。毛泽东说："大字报把'万马齐喑'的沉闷空气冲破了。"解放思想，破除迷信，敢想、敢说、敢干，成为普遍的社会心理和时代精神。

毛泽东是怎样看待他自己的一生奋斗，包括他超越一切的想象感知，在这无穷变化发展的历史长河中究竟居于什么位置呢？

1965年1月，他的老朋友斯诺向他提出了这个问题，说"年轻一代将做出些什么来"的时候，毛泽东回答：他也不可能知道。他不相信有谁能够确有把握知道。将来的事情要由将来的后代去决定，而且按照我们不能预见的条件去决定。从长远来看，将来的后代比我们更有知识。是他们的判断，而不是我们的判断将起决定性作用。今天的青年和未来的青年将按照他们自己的价值标准来评价革命的工作。

问题又回到了青年。

朝气——青年——未来，是毛泽东力求保持不老心灵、试图永远年轻的三个支点。

第五章

为什么喜欢游泳？

一、为自己的健壮身体而自豪

在延安的时候，中共中央五大书记之一的任弼时，十分感慨地说过这样的话：毛泽东同志有这样强健的身体，真是我们党的一大幸运。

1936 年 12 月，刚刚经过万里长征的毛泽东在陕北的一个窑洞里会见斯诺时说："我后来在华南多次往返行军中，从江西到西北的长征中，特别需要这样的体格。"

毛泽东有强健的体格，对历经千难万险才夺取政权的中国共产党来说显然是一种幸运。他能经受长途跋涉的疲劳，更重要的是，他长期通宵达旦地工作，把这种作息规律称为"按月亮办事"，忙起来可以几天几夜不睡觉，有着异乎常人的工作精力。

这种精力，使他仿佛能用几个大脑交替工作，更精密地筹划军政大要。别人想一件事，他可以想十件事，别人做一件事，他或许对这件事"做"了十遍。

这种精力，使他"日理万机"之后，仍"游刃有余"，去做他想做的，却未必是一个大国领袖必须要做的事。诸如读读《诗经》之类。

这是一个大政治家得以成功的基本条件之一。

这是毛泽东具有罕见的意志和自信的内在动力之一。

身健则体强，体强则气壮，气壮则心勇，心勇则志坚，志坚则事成。

他青年时代响亮地提出，"欲文明其精神，先自野蛮其体魄"，甚至认为，"人固以发展一身之勇力为其最终之目的"，力主"智、仁、勇并重"，"身心并完"。意志、勇力、体魄的坚固锤炼，只有具备了这些人格因素，才能经受住勤苦实践的考验，在向理想目标奋进的征途中才不至于生出心有余而力不足的空叹。这样，青年毛泽东十分自然地把体魄勇力上升为人格重塑的首要前提。他既是全校最积极的体育活动的倡导者，也是全校最顽强的锻炼者。

青年时代，毛泽东参加的锻炼项目很多，主要有冷水浴、游泳、爬山、远足、露宿及六段操运动。

冷水浴是杨昌济先生天天坚持的锻炼项目，毛泽东就是最坚决的仿行者。

这一习惯他保持了多年。新中国成立后，年纪大了，不能做刺激的冷水浴，但每天洗澡时仍坚持不用热水，只用微温一点的水。他还对人说："我觉得这样洗澡比一般洗澡的办法好得多。一般洗澡的办法只有清凉作用，我这样洗澡的办法，除有清凉作用外，还有锻炼身体的作用。一个经常注意锻炼身体的人，更不会被风雪的寒威所吓倒。我过去练习过冷水浴，现在年纪虽然大了，冬天也还可以不用热水洗澡。小小的寒冻也还经得住。"

1953 年初，陈云因病休养。如何疗养，毛泽东多次批示，特别关心。当时，林彪也在疗养，或许是出于某些心态上的原因，对医生的治疗方案常有抵触。卫生部经常把中央领导人治病的情况写成报告送给毛泽东。3 月 18 日，毛泽东读到傅连暲关于林彪病情治疗的报告，其中说：林彪"现在能同医生合作，并提出希望医生为他解决出汗及容易感冒的问题。苏联内科专家建议每天用水和酒擦身，锻炼皮肤抵抗力，他已同意，过几天即可试行"。

用冷热水交替擦身，恰好是毛泽东一贯乐用的健身方法。这个报告调动了他的记忆，提示了他在这方面的知识积累，觉得大可推行。想到正在疗养的陈云，就决定把这个报告转给陈云看看，意在给陈云启发。于是提笔在上面给陈云写了封信，说："此件请阅。每天用毛巾蘸热水擦身，先热后冷，又冷又热，锻炼皮肤毛血管又收缩又扩张，每擦一次，可经半小时，多至一小时，擦完全身发热。每天一次至两次，擦一二年可收大效，似可试试。"

写罢这番颇为内行的话，似乎言犹未尽，又加写一句，说："林彪同志长期不听医生的话，现在听了，情况有好转。"写完，还觉得有话要说，对苏联内科专家说的用"酒"擦身的方法没有多大把握，又写了一句："用酒似不甚好。"如此细细琢磨，固然体现了对同事的关切之情，恐怕也是因为正好投合了他本人在这方面的特殊兴趣和又深又细的体会。

体育锻炼，首先是作为养生娱乐之道被人们提出来的，人们也多从健康益寿的角度看待体魄的价值。毛泽东也是先从这个角度出发来强调体育锻炼之效。但他的重心不在于此。强壮勇武的体魄，"蛮拙"的运动，在他看来是一种令人向往的人生境界，锻炼身体归根到底是为了适应激越紧张的战斗生活。请看他青年时代的描绘："骑突枪鸣，十荡十决，喑呜颓山岳，叱咤变风云，力拔项王之山，勇贯由基之札，其道盖存乎蛮拙，而无与于纤巧之事。"

再进一步，青年毛泽东把体育、体魄的功能价值，同人格生命的本质、建功立业的前提、国家民族的命运直接勾连起来。为此，他还写了一篇长文章叫《体育之研究》。

说来也不是偶然，生平发过无数文章的毛泽东，公开发表的第一篇就是这篇谈体育锻炼的。在文章里，他反复阐述体育的效应，说它不仅能强健筋骨、增加知识、调节感情，还可以坚强意志，"而意志也者，固人生事业之先驱"。

体育——体力——武勇——意志，在这里形成了一个以身体到精神的升华过程。人格的张扬，理想的实现，动、变、斗的展开，都依赖从体力开始的猛烈、不畏、敢为、耐久的实践品格。这是一幅何等壮丽的人生图像呵，一股激烈奋迅、勇往直前的阳刚气概扑面而来。

毛泽东那充满惊涛骇浪的搏击生涯，在这里埋下了一个不小的伏笔。

到晚年，毛泽东仍然是乐此不疲地钟情于身体锻炼。关于他如何游泳及如何看待游泳，我们在下面谈。这里且说说他如何看重曹操的《龟虽寿》。

曹操在这首诗里说："神龟虽寿，犹有竟时；腾蛇乘雾，终为土灰。老骥伏枥，志在千里；烈士暮年，壮心不已。盈缩之期，不但在天；养怡之福，可得永年。"

《龟虽寿》是曹操在平定乌桓后的班师途中写的。起因大概是他的重要谋士郭嘉在这次班师途中病死了，年仅 38 岁，从而引发他时不我待的感慨。该诗 12 句恰分三层意思：一是人终究是要死的，这是对生命的达观态度；一是要在有生之年积极进取；一是不信天命，要自己掌握自己的命运，这就是清代沈德潜编选的《古诗源》中该诗的末尾所注评的："盈缩之期，不独在天，言己可造命也。"

对这首具有朴素唯物论色彩而又积极进取的人生观的作品，毛泽东是很欣赏的。他不仅自己书写这首诗，还经常把它写下来寄赠给别的同志。

譬如，1961 年 8 月 25 日，他给因病休养的胡乔木写信说："曹操诗云：盈缩之期，不独在天。养怡之福，可以永年。此诗宜读。"

又如，1963 年 12 月 14 日，他又给因病休养的林彪写信说："曹操有一首题名《神龟寿》的诗，讲养生之道的，很好。希你找来一读，可以增强信心。"

《南史》卷二十二《僧虔传》叙述南朝刘宋时光禄大夫刘镇之 30 岁时曾得过一场大病，家人皆以为定死无疑，已置棺材，不料不久病情转好，最后活到 90 多岁。史家由此感叹："因此而言天道未易知也。"毛泽东读《南史》至此，随即以曹操的《龟虽寿》批注道："盈缩之期，不但在天。养怡之福，可得永年。"意即并非是"天道"不可知，全在人们自己的"养怡"而已。实乃"己可造命也"。

"己可造命"，全靠养生、锻炼，对政治家来说，"造命"似乎显得特别重要。所以古代帝王总是希望长生不老，有些糊涂的皇帝老儿甚至要去寻不死之药。

据在毛泽东身边工作过的医生徐涛回忆，毛泽东还真跟他谈过这个话题。毛泽东认为：不但没有长生不死，连长生不老也不可能，有生必有死。而且，只长寿不健康又有什么好处呢？要长寿又健康才好，要老有所为。

怎样才能尽量长寿而又健康呢？

毛泽东的话题又回到了曹操。他对徐涛说："曹操多年军旅生涯不会很安逸，可在 1700 多年前，医疗条件也不会怎么好，他懂得自己掌握命运，活了 65 岁，该算是会养生的长寿老人罗。你们搞医学的应该学学，不要使人养尊处优，只想吃好、穿好不想工作还行？更不能小病大养。保健不是保命，不要搞什么补养药品，我是从来不信这些的。主要是革命乐观、心胸开朗、锻炼身体。""曹操讲'盈缩之期，不但在天，养怡之福，可得永年'，陆游讲'死去元知万事空'，这都是唯物的。"

二、"七级台风，在海里游泳很舒服"——是指政治、哲学，还是人生？

当一个红彤彤的世界从毛泽东手里诞生的时候，他已年过半百。如果是一个普通老百姓，他或许会说："我已是半截入土的人了。"听听毛泽东在72岁时说些什么——"久有凌云志，重上井冈山"。他的事业、他的经历，同钻山沟当"山大王"时或许已有天壤之别，但他的心灵、他的自我感觉，却似乎始终处于一个革命家起步时的状态。

所以，在新中国诞生后，无论是接见外宾谈到国际紧张局势，还是约部下分析国内矛盾，他常常提到的事情就是：无非是再回到山里，打游击，长征，没有什么了不起，我们终究会胜利，搞成正果。

他永远是那样的自信，充满一种渴望、一种冲动。里面有精神信念，也有物质性体魄精力的支撑。二者相得益彰。

这位革命老人，像青年人那样，有使不完的劲。他从青年时代起最喜欢的游泳活动，频频地显示着他的体力，也显示着他的意志。

1954年他在北戴河游了"白浪滔天"的大海后，写了一首著名的诗。

1955年夏天，正值全国农业合作化高潮到来之际，中央安排首长们去北戴河，卫士长李银桥向毛泽东报告这一安排，毛泽东说："好吧，我们到海边去。中国社会主义建设的高潮就要到了，我们到有潮水的地方去。"他在讲这些话时，两眼闪闪发光，带着一种孩子般天真烂漫又扑朔迷离的神情。在北戴河期间毛泽东有一个规律，就是心潮澎湃之际，便挥笔如飞，昼夜不停。

当然，也要到海涛里搏击。一次，台风驱散了暑气，也卷来了狂风暴雨，堆起了癫狂的海潮。毛泽东又向威猛耸立的浪潮走去，卫士们照例冲上去前挺后挡，照例被大浪埋没，被大浪抛起，被大浪远远扔在沙滩上，就是在毛泽东身边，也不想站起来了。

毛泽东脸色阴沉，皱起眉头叫道："起不来了？这点水比刘戡的七个旅还凶吗？"毛泽东面对所有的人讲话，声色异常严肃："你们可以回去。我可以另组人马，另组队伍跟它斗。"

1957 年 3 月，毛泽东一路南下，宣传"双百"方针。18 日到达济南时，召开了一个党的干部会议。在这个会议上，他向干部们说了他在北戴河这次游泳的体会：

我到过北戴河，七级台风，在海里游泳很舒服，平素没有一点风浪倒是很吃力，那要一步一步爬。

何等的潇洒！

1956 年 6 月，毛泽东由武昌下水，横渡长江，到达汉口，他的感觉是"胜似闲庭信步"，似乎觉得不过瘾。他的目光眺望着长江的上游，那"更立西江石壁"的三峡急流，想到那里嬉嬉水。

不过，古往今来，尽管有历代诗人骚客不绝如缕地咏叹过那如骥骐奔涌，如狮虎咆哮，如龙蛇回旋的江流，倒没有听说谁在那里下水玩耍。李白坐在船上高唱"两岸猿声啼不住，轻舟已过万重山"，已是件值得夸耀的事了。

但是，毛泽东毕竟不是有绝对自由的人。他要到三峡游泳，需中央批准。

1957 年 7 月初，他从成都到重庆。为了实现自己的意愿，他于途中给中央写了封信，提出要游三峡，说："如果峡间确能下水，则下水过三峡，或只游三峡间有把握之一个峡。如不可能，则于船出峡口时下水到宜昌，或径到沙市。然后乘船

▲ 毛泽东横渡长江

到武汉。此事，已与瑞卿（负责保卫工作的公安部部长罗瑞卿——引注）谈过。请中央考虑批准。"

中共中央政治局常委会会议郑重地讨论了毛泽东这封信，于 1957 年 7 月 7 日给毛泽东复电说，关于在三峡游泳一事，常委提出先派人调查和试水，然后再作决定。

后来，根据试水情况，中央政治局没有同意毛泽东的要求。他只好服从组织决定。

1958 年 1 月，他在南宁主持召开中央工作会议。这是热火朝天的"大跃进"的一个前奏。毛泽东似乎要以他内心热腾的火焰感召人们，65 岁的他到南宁邕江中冬泳了 30 分钟。

1959 年 9 月 21 日，毛泽东在济南视察工作。看到浩阔的黄河，对陪同的山东省委第一书记舒同念叨："全国的大江大河我都游过了，就是还没有游过黄河。我明年夏天到济南来横渡黄河。"

舒同自然不敢随便答应，说："黄河水泥沙太多。"

毛泽东自然不以为意："有一点泥沙怕什么？上来一冲就没有了。"

一旁的人有些着急，又提到一个实实在在的情况："黄河漩流很大，很多。"

毛泽东仍不甘心："漩涡也不可怕，你们可以先勘查一下。"说着拍了板："这样定了，我明年 7 月下旬或 8 月上旬来。"

征服了中国的大江大河的毛泽东仍不满足，他的胸中装着世界，他的目光深情地注视着 960 万平方公里以外的大江大河。

1960 年，他两次同外宾富有情趣地谈起他的愿望。

这年初，尼泊尔首相柯腊拉伊率代表团访华。毛泽东在中南海接见了他们。

这时，已经 67 岁的毛泽东问：你们都是年轻人，顶多不过五十几岁，没有 60 岁的。

首相和其他外宾：没有。

毛泽东指着一个年轻的议员说：你更年轻了。首相呢？

首相：45 岁。

毛泽东：你 45 岁，我吃亏了，我已 67 岁。上帝快要找我了。

内政大臣：您不像您的年纪。

毛泽东：我喜欢运动。我最喜欢游泳。我们有个长江，你们看到了罢？那个江我横渡过，游过十几次。

接着，玄思大发，谈起水的哲学：水是好东西，它有力量把人浮起来，这叫作抵抗力。人也在通过它，但人就是压得下去，结果就是把人浮在上面。你们的国家有水吗？

首相：有。

毛泽东：你们会游泳吗？

几个外宾：大部分都会。

毛泽东：好，都是我的同志。如你们有兴趣，哪年夏天你们来，我同你们去长江游一回。如果请我的话，我也高兴去你们那里游一回。但不要登报，我是老百姓，是一个群众团体的负责人，这个团体就是中国共产党。我不是国家主席，不是内阁总理，也不是部长，所以我是老百姓。

首相：如果我邀请的话，您能去吗？

毛泽东：要看形势，那要过印度，我也很想在恒河游游泳。只要让我游，我一定去。

首相：我们国家是欢迎您去的。

毛泽东：很好，我作为老百姓去。

首相：不管以什么身份，我们都非常欢迎。

毛泽东：给我个小房子就行了，不要大的，一个小茅屋就行了。

会见结束的时候，毛泽东对外宾说：我们已成为朋友了，下次见面就更熟了。除了对国际形势有共同的看法外，所谓朋友，或许还包含他们是游泳"同志"的意思。

在大洋彼岸，毛泽东有一位相知甚深的朋友，这就是 1936 年采访过他的记者埃德加·斯诺。

1960 年 6 月 28 日，事隔二十多年后，斯诺重新踏上了中国的土地。

一个金秋的清晨，穿过云舒覆卷的菊花丛，斯诺来到了中南海毛泽东的寓所。

"很久不见了。"当两双不同肤色的手又一次紧紧地握在一起的时候，毛泽东若有所思地问道："究竟多久了呢？"

"二十三年了"，斯诺边说边环视了一下毛泽东的住所，"自那时候起，您的窑洞的面积已稍微扩大了。"

"事情确实好转了一点。"毛泽东微微笑了笑说，"不过，你没有变，我也没有变。"

"但是，中国却是大变样了。"

"是变样了。这也有您的功劳嘛，二十一年前您不就已经预言红星要普照中国吗？"

老朋友相见，无话不谈。话题转到了游泳。

毛泽东在长江中游泳的事，斯诺已经得知。他对毛泽东说：

"记得那时掀起了一场群众性的游泳运动，在上海，由于参加渡江游泳的人数极为踊跃，以至于外界又传起了中国准备攻打台湾。"

"那个报道也太夸大了嘛，我们也没落后到用游泳的力量去解放台湾。外国的舆论也真是不可信。"毛泽东回答说。

斯诺见机补充了一句："1936 年在保安的时候，你曾告诉我说渴望到美国一游，看看大峡谷和黄石公园。现在还有这个兴趣吗？"

"我仍希望在不太老之前，到密西西比河和波达麦河中畅游一番。但这是一厢情愿。我想你不反对，华盛顿就可能会反对。"毛泽东边说边做了个表示拒绝的手势。

"如果他们同意呢？"

"如果那样的话，我可以在几天之后就去，完全像一个游泳者。我们不谈任何政治，只在密西西比河游泳，并且在河口游游而已。"毛泽东显得较兴奋。

游泳里面有哲学、有政治。

1957 年 7 月 9 日，在那个反右派斗争的炎热夏天，毛泽东在上海向广大干部发出号召，"打退资产阶级右派的进攻"。在讲话中，他提醒人们不要怕群众，要跟群众在一起。在他看来，群众就像"水"一样，接着以一个内行的口吻说：

　　你们游水不游水呀？我就到处提倡游水。水是个好东西。你只要每天学一小时，不间断，今天也去，明天也去，有一百天，我保管你学会游水。第一不要请先生，第二不要拿橡皮圈，你搞那个橡皮圈就学不会。"但是我这条命要紧呀，我不会呀！"你先在那个浅水的地方游嘛。如果说学一百天，你在那个浅水的地方搞三十天，你就学会了。只要学会了，那末你到长江也好，到太平洋也好，一样的，就是一种水，就是那么一个东西。有人说在游泳池淹下去还可以马上把你提起来，死不了，在长江里头游水可不得了，水流得那么急，沉下去了到那里去找呀？拿这一条理由来吓人。我说这是外行人讲的话。我们的游泳英雄，游泳池里头的教员、教授，原先不敢下长江，现在都敢了。你们黄浦江现在不是也有人游吗？黄浦江、长江是一个钱不花的游泳池。打个比喻，人民就象水一样，各级领导者，就象游水的一样，你不要离开水，你要顺那个水，不要逆那个水……刘备得了孔明，说是"如鱼得水"，确有其事，不仅小说上那么写，历史上也那么写，也象鱼跟水的关系一样。群众就是孔明，领导者就是刘备。一个领导，一个被领导。

　　1966年7月16日，73岁高龄的毛泽东又一次横渡长江，历时75分钟，游程30华里。这在全世界的政治首脑中是前所未有之举，再一次证明了迟暮之年的革命老人那过人的体力、那志在千里的雄心。

　　这不光是他个人的问题。他向全国人民发出号召："游泳是同大自然斗争的运动，你们应该到大江大河中去锻炼。"还幽默地说："长江，别人都说很大，其实，大，并不可怕。美帝国主义不是很大吗？我们顶了他一下，也没啥。所以世界上有些大的东西，其实并不可怕。"

　　游泳里，果然出了哲学，出了政治，而且是那样直截了当。

　　一个月后，73岁的毛泽东登上天安门城楼，向几百万热血青年深情地挥动起一顶军帽。那军帽里装的，是不是游泳的哲学、游泳的政治呢？！

　　毛泽东的好泳、善泳，令西方政要目瞪口呆，也令苏联的赫鲁晓夫惊讶！尽管他唇枪舌剑地攻击过中国，批评过毛泽东，但他不得不承认，自己在游泳方面不是毛泽东的对手，而且，他深知，毛泽东乐于游泳的内涵，当然不只是人们说的锻炼身体。他自然记得，1959 年他来华访问时，毛泽东就是在中南海西侧的一个专门的游泳池边，穿着浴衣同他运筹国际风云，商谈中苏两党两国大事的。会谈中，毛泽东果然下了水，还兴致勃勃地邀他同游，他摆摆手，没有下水。

三、在历史里寻求"同志"

在现实中，毛泽东以领袖之尊，以事务之繁，并不是什么时候都能到江海里畅游一番的。

对游泳的爱好，还常常反映在毛泽东和历史的对话当中。那个时刻，他最能富有个性地表达他的兴趣了。

历史的经验，似乎反反复复地证明着：游泳的好处实在太大了。所以，每当读到有关游泳的记述，他都会提笔写下自己的体会。

《旧五代史》卷十七《雷满传》，说武陵人雷满，是少数民族将领。为人彪悍矫勇，文身断发。他在自己家中开辟深潭，称之为水府。常在潭边设宴待客（难免使人想起毛泽东常在"中南海游泳池"接待外宾之举），还对客人说蛟龙水怪皆藏于潭中，自己能入其中同它们一道游泳。为证其言，他将筵中宝器乱掷于潭中，脱掉衣服，裸露出文身，遂跃入水底，寻取所掷宝器，并戏弄于水中，良久方出。然后整衣就座，意气自若。毛泽东读至此，欣然批道："此人习水是好事。"在《新五代史》卷四十一《雷满传》叙此事的一段文字旁，毛泽东又批注说："此人能泳。"

《新五代史》卷四十七《华温琪传》，说农家出身的华温琪年轻时跟随黄巢起义，一直打到长安。黄巢失败后，他逃走滑州，自觉状貌魁伟，怕被官军认出，于是投入白马河，随流漂下数十里而未死，被岸上人救起。毛泽东读此，又批道："此人必略知水性。"

就像人们在生活中以文会友、以武会友，乃至有烟友、酒友一样，作为普通人，毛泽东看到好泳的"同志"、"同道"，自是件欣欣然快意之事。

毛泽东有个湘潭同乡，叫王闿运。早年幕游各地，太平天国时期，曾入曾国藩湘军幕府，出谋划策，但他一生放荡不羁，推崇帝王之学，好大言，甚至暗示曾国藩应该拥兵自重，南面称孤，一下子把曾国藩吓得半死。后来，云游四方，以讲学为生了。晚年，就在毛泽东出生不久，他开始写一本很有名的《湘军志》。

王闿运在书里说到咸丰五年（1855 年）石达开率太平军和曾国藩的湘军在九江、湖口一带发生一次激战，结果是湘军被打得大败，退守南昌。湖口是长江南岸的一个重要码头，它外连长江，内接鄱阳湖，是五百里鄱阳湖的进出口。对面江心的梅家洲，是一个长约四十里、宽四五里的大沙洲。梅家洲北面江面狭窄，大船不能通过，主航道在南面。石达开命罗大纲过江驻梅家洲，在洲上筑垒架炮，并以战船环围之。结果，湘军彭玉麟的水师在这火力网下几近覆灭。有的湘军将领因船沉"溺于江"，白白淹死在水里。读至此，毛泽东批注说："水军应学游泳。"彭玉麟率湘军水军攻打湖口太平军的筏楼，当太平军的筏楼倾倒江中时，那些太平军将士在危急时"泅而走，其坚悍若此"。毛泽东又一次批注"要学游泳"，特别是水军，不会游泳自然是天然的缺陷。

毛泽东读史，似乎很注意军队将士游泳的问题。《旧五代史》卷六十《唐书·李袭吉传》，记述后唐开国之君李克用，一次班师回太原的途中，在过夏阳渡浮桥时，"笮断航破，武皇（李克用——引注）仅免，（李）袭吉坠河，得大冰承足，沿流七八里，还岸而止，救之获免。"毛泽东随即批道："不学游水，此人几死。"在他看来，李袭吉如果不是会游泳，单靠趴在冰块上，也不会生还的。

要军队学游泳，不光是毛泽东读史的感慨。作为军事家，他也要求他麾下的将士掌握这项本领。越到晚年他似乎越是这样要求得强烈。

1964 年，中央军委安排北京和南京两个军区搞了一次大规模的比武汇报表演，请毛泽东去检阅。表演中，大概没有游泳项目，毛泽东当场发表的讲话中便说道："部队是不是可以大规模的游泳训练？游泳训练夏天完全可以搞。部队要学游泳。单靠游泳池不行。要学会在江海里游。不经过大风大浪不行。"

▲ 1966 年，毛泽东在武汉畅游长江。图为毛泽东在游艇上

半个月后，他听取周恩来等人汇报工作时，又提到这件事，说得更坚决：

"部队要学游泳，所有部队都要学会。学游泳有个规律，摸着了规律就容易学会。整营、整团要学会全副武装泅渡。"

毛泽东晚年，同他的侄儿毛远新有多次谈话，对他是寄予厚望的。1964 年，他建议毛远新到大风大浪中游泳，并让他天天坚持去。在一次谈话中，听说这位军事院校的学生不会骑马，没打过枪，很是惊讶，建议他一定要学会骑马，还说："哪有当兵的不会打枪。"让毛远新把这个意见转告给罗瑞卿总参谋长。

又有一次，毛泽东让毛远新随他下水游泳，天气较冷，水里较暖和。上岸后，秋风刺骨，毛远新说："还是水里舒服些。"

毛泽东瞪了他一眼："你就是喜欢舒服，怕艰苦。"

可惜，这个"喜欢舒服"的青年人，10 年后竟成了毛泽东和政治局之间的基本"通道"——联络员。

对党的高级干部，毛泽东也严格要求，希望他们用更简朴、更自然的生活方式来增强体力，通过各种运动来克服疾病。

2000 年前，汉文帝手下有一个叫枚乘的文学侍从，写了篇题为《七发》的洋洋大赋。文中说楚国太子有病，吴国有一个方术之客去见他，指出他的病因是"且夫出舆入辇，命曰蹩躄之机；洞房清宫，命曰寒热之媒；皓齿蛾眉，命曰伐性之斧；甘脆肥脓，命曰腐肠之药"。

1959 年 8 月 16 日，庐山会议快结束的时候，毛泽东指示印发了这篇佶屈聱牙的辞赋，让文化水平参差不齐的党的高级干部们学习。并不是每个人都读得懂，他又专门写了一篇辅导文章，说：那位吴客说的楚太子患病的根源，这些话一万年还将是真理。现在我国在共产党领导之下，无论是知识分子，党、政、军工作人员，一定要做些劳动，走路、游水、爬山、广播操，都是在劳动之列，如巴甫洛夫那样，不必说下放参加做工、种地那种更踏实的劳动了。

为了说明自己期望之诚，毛泽东在文章中表白：我少时读过此文，四十多年不理它了。近日忽有所感，翻起来一看，如见故人。聊效野人献曝之诚，赠之于同志。

新中国成立后，他多次批评高干保健工作，认为：一个人如果不动动，只是吃得好，住得好，出门乘车不走路，就会多生病。甚至说：衣、食、住、行受太好的照顾，是高级干部生病的四个原因。这就像吴客说楚太子之病一样。

卫生部根据毛泽东的意见，于 1964 年 7 月 29 日给他写了一个报告，提出了几条改进办法：（一）取消专职保健医生和保健护理制度，中央领导有病需要医生出诊，由医院临时派医生；（二）对没有严重疾病的人，提倡经常到户外活动锻炼；（三）取消高干保健工作中的一些特殊化的方法，如除患重病者外，长期吃补药者一律自费，高干家属也按制度到指定医院看病。

应该说，这几条实行起来，也是比较困难的。毛泽东仍嫌不足。8 月 10 日，他在这份报告上批示：保健局（属卫生部）应当撤销。又说：北京医院应当开放。还批转其他中央领导，建议书记处讨论这些建议，看是否可行。

第六章

为什么喜欢孙悟空和《水浒传》?

一、"猴气"和革命家

1966 年 7 月，毛泽东离开故乡韶山群山环抱的滴水洞，来到林荫密布的武昌东湖，这里很静。此时的北京，一场空前的"文化大革命"如火如荼地发动起来。毛泽东冷静地观察着，思考着。他冷静地观察着那位后来折戟沉沙的"朋友"，也冷静地解剖着自己。于是禁不住给江青写了封信，正是在这封信中，他说出自己的性格"以虎气为主，也有猴气"。

"虎气"和"猴气"指的是什么呢？他自己没有明说。

我们当然可以从这两种动物的属性特征上来揣摩。譬如，老虎，使我们想到威风、凶猛、严酷，山中之王的权威、霸气；猴子，使我们想到机灵、好动、敏捷，超兽的精明和应付各种环境的能力。毛泽东当然只是在打比喻，背后主要是指其文化性格上的选择。也就是说，他的虎气似乎大半来自法家，崇尚法、术、势，类似秦始皇那样的雄壮、严厉、庄重、豪放。那"猴气"，则多少源于道家，有老庄一般的即兴随意，浪漫洒脱，不拘成规，在冲突中灵活多变，以退为进，示弱以胜强……

在中国古代神怪小说《西游记》所描写的诸多人物中，毛泽东最喜爱孙悟空这一艺术形象。他在许多重要的文章、报告以及谈话中，时常信手拈来，用孙悟空的故事来阐述政治、军事和哲学等问题。这些大概是把握毛泽东的内心世界及天赋禀性中"猴气"一面的重要线索。

在毛泽东的眼里，《西游记》的故事主脉，同他所领导的反帝反封建的革命运动几乎有着异乎寻常的同构关系。中国共产党为实现推倒帝国主义、封建主义、官僚资本主义三座大山这一目标，如同唐僧师徒 4 人为实现西天取经的目标一样，要经历许许多多的艰难曲折的过程。在这一过程中，取经者队伍中的各色人等的信仰、意志、毅力、作风、胆识、智慧及其相互关系，都必然要经受九九八十一难的考验。

1938年4月底，在对抗大第三期二大队毕业学员的讲话中，毛泽东便用《西游记》里的人物来阐述他提倡的坚定正确的政治方向、艰苦朴素的工作作风和灵活机动的战略战术。他说：唐僧一心一意去西天取经，遭受九九八十一难，百折不回，他的方向是坚定不移的。孙猴子很灵活、很机动。猪八戒有许多缺点，但有一个优点，就是吃苦。你们别小看那匹小白龙马，它不图名，不为利，埋头苦干，把唐僧一直驮到西天，把经取回来。这是一种朴素踏实的作风，是值得我们取法的。他还同一些干部谈到《西游记》里的人们去西天取经，有坚强的信仰。虽然途中闹了些不团结，但是经过互相帮助，团结起来，终于克服了艰难险阻，战胜了妖魔鬼怪，到西天取了经，成了佛。一位领导同志听后的体会是：主要讲的是不要怕有不同意见，不要怕争论，只要朝着一个目标，团结一致，坚持奋斗，总会成功。

唐僧师徒4人是靠什么东西凝聚成一个团结整体的呢？1945年5月31日，毛泽东在党的七大上，谈到翻译工作时，有过别具一格的发挥，他说：中国历史上也有翻译，如唐僧取经，经过九九八十一难才回来，唐僧就是一个大翻译家，取经回来后就设翻译馆，就翻译佛经。唐僧不是第一个留学生也是第二个留学生。讲他们的个性也是典型。唐僧、孙猴子、猪八戒、沙僧，他们的个性各个不同，他们那个集团的党性，就是信佛教。

取经的佛教师徒，成了今天共产党提倡的党性和个性相统一的比喻。

孙悟空，是中国文化的一个精灵。其个性是多侧面的，就像他那七十二变的神通一样。起初，毛泽东对孙悟空这一形象的借用是外在的、客观的，孙悟空这一形象还没有特定的社会价值取向。

1938年5月，在谈到同日本帝国主义的包围和反包围的斗争时，他说："我之包围好似如来佛的手掌，它将化成一座横亘宇宙的五行山，把这几个新式孙悟空——法西斯侵略主义者，最后压倒在山底下……形成一个使法西斯孙悟空无处逃跑的天罗地网……这丝毫也不是笑话，而是战争的必然的趋势。"这里说的是《西游记》第七回"八卦炉中逃大圣，五行山下定心猿"，玉皇大帝请来如来佛镇压大闹天宫的孙悟空的故事。

《西游记》第五十九回至六十一回中孙悟空借芭蕉扇的故事，《毛泽东选集》中曾引用过两次。1942年写的《一个极其重要的政策》一文中说："何以对付敌人的庞大机构呢？那就有孙行者对付铁扇公主为例。铁扇公主虽然是一个厉害的妖精，孙行者却化为一个小虫钻进铁扇公主的心脏里去把她战败了。""把她战败了"，是说得稍早了一点。孙悟空这一次借的是一把假扇，扇不灭火焰山的火。这以后孙行者费了许多心思力气，化作铁扇公主的丈夫牛魔王的形象去骗取扇子，也没有成功；最后是出动了托塔李天王和哪吒太子，才降伏了铁扇公主，借得了宝扇。毛泽东不是要讲这个完整的故事，只是借题发挥，比喻钻进敌人肚子里面去作斗争的方法。全国胜利前夕，在党的七届二中全会的报告中他又说："我们既然允许谈判，就要准备在谈判成功以后许多麻烦事情的到来，就要准备一副清醒的头脑去对付对方采用孙行者钻进铁扇公主肚子里兴妖作怪的政策。只要我们精神上有了充分的准备，我们就可以战胜任何兴妖作怪的孙行者。"因为主客之势已变，所以前者以铁扇公主为妖，后者以孙行者为妖，可说是运用之妙存乎一心了。

1957年7月9日，在上海干部会议上作题为《打退资产阶级右派的进攻》的讲话中，谈人要锻炼："孙悟空在太上老君的八卦炉里头一锻炼就更好了。孙悟空不是很厉害的人物吗？

▲ 毛泽东在《论持久战》中引用了《西游记》孙悟空借芭蕉扇的故事。图为1938年，毛泽东在延安窑洞内撰写《论持久战》

人家说是'齐天大圣'呀，还要在八卦炉里头烧一烧。不是讲锻炼吗？"这里引用的就是《西游记》第七回"八卦炉中逃大圣，五行山下定心猿"中的故事。孙悟空就是在这八卦炉里炼就一双"火眼金睛"的。

在同一篇讲话中，还引用了《西游记》第六回"观音赴会问原因，小圣施威降大圣"中的故事："那大圣趁着机会，滚下山崖，伏在那里又变，变一座土地庙儿：大张着口，似个庙门；牙齿变作门扇；舌头变作菩萨；眼睛变作窗棂；只有尾巴不好收拾，竖在后面，变作一根旗杆。"毛泽东借这个故事来抒发他对知识分子的某种反感："我历来讲，知识分子是最无知识的。这是讲得透底。知识分子把尾巴一翘，比孙行者的尾巴还长。孙行者七十二变，最后把尾巴变成个旗杆，那么长。知识分子翘起尾巴来可不得了呀！"

孙行者这个计策，却是被二郎神破了的。小说里二郎神说："我也曾见庙宇，更不曾见一个旗杆竖在后面的。断是这畜生弄喧。"

1953年9月，在批判梁漱溟时，毛泽东把这个故事引述得更完全一些："孙猴子七十二变，有一个困难，就是尾巴不好变。他变成一座庙，把尾巴变作旗杆，结果被杨二郎看出来了。从什么地方看出来的呢？就是从那个尾巴上看出来的。实际上有这样一类人，不管他怎样伪装，他的尾巴是藏不住的。"

上述几例，或正面设喻，或反面取譬。对孙悟空这一形象，均只取一点，不计其余，并未对其整个形象作出思想评价。这便仿佛是语言表述中的比喻修辞格的运用，只要比喻与被比喻的事理二者有某一相似点就行了。

大致从50年代中期开始，孙悟空在毛泽东的眼里，越来越有了确定的历史内涵和正面价值。

1954年2月《人民文学》上发表了著名作家张天翼的长篇论文《〈西游记〉札记》，认为孙悟空大闹天宫，究竟闹出怎样一个局面，起先连孙悟空也模糊，直到如来佛问起他，他才想到玉帝的尊位——"只教他搬出去，将天宫让与我，便罢了"。可见，即使孙悟空成功了，也不过是把玉皇大帝改姓了孙，就像刘邦、朱元璋之乘农民起义而爬上龙位一样。那是当时的作者们所见到的历史现实，只能如此。于是，在前七回孙悟空造反不成，作者们就只看见这么两条路摆在孙悟空面前：或者是像赤眉、黄巾、黄巢、方腊他们那样，被统治阶级血腥镇压；或者像《水浒传》里所写的宋江那样，接受"招安"。《西游记》写孙悟空走了后一条路。

毛泽东读了这篇文章，表示特别欣赏，并根据该文的一个重要观点，进一步提出：不读第七回以后的章节，不足以总结农民起义的规律和经验教训。于是，孙悟空的大闹天宫似乎与古代的农民起义有了某种对应联系。

既然孙悟空的大闹天宫可以引申为农民起义造反，用它来比喻现代革命斗争中的共产党，自是顺理成章的了。

最早的比喻，是1945年。那时，毛泽东在重庆谈判，同国民党的许多人物有过接触，他认为国民党是一个政治联合体，有左中右之分，不能看作铁板一块。为了促进谈判，也要找当权派。有一次，他去见陈立夫，从回忆大革命前期国共合作的情景谈起，然后以孙悟空自喻，批评国民党十年内战的反共政策："我们上山打游击，是国民党'剿共'逼出来的，是逼上梁山。就像孙悟空大闹天宫。玉皇大帝封他为弼马温，孙悟空不服气，自己鉴定是齐天大圣。可是你们却连弼马温也不给我们做，我们只好扛枪上山了。"

1956年《西南文艺》刊登了一篇题为《试论〈西游记〉的主题思想》的文章，认为小说是"借神佛妖魔讽刺揶揄当时世态，反映了封建社会的丑恶本质，借孙悟空这个英雄形象，反映了在封建统治者压迫下的中国人民，在阶级斗争中，坚持反抗，在生活斗争中，征服自然，克服困难的伟大的创造能力"。毛泽东读后在这段话下面画了着重线，有的地方还画了两道，表明他是重视这个分析的。作为中国的领袖，在日理万机之余，详读一本地方文艺刊物所载关于古代神话小说的评论文章，这本身就是一件很有趣味的事情。在这里，孙悟空的价值进一步扩展为敢于斗争、勇于进取。

1957年春，毛泽东从北京一路南下，摸情况，作动员，宣传"双百"方针，提倡整风，反对官僚主义。于是，孙悟空又有了新的含义。

4月5日，在杭州召开的四省一市省市委书记思想工作座谈会上，谈到党的领导要允许有不同意见，要开明，不要压制。毛泽东说："孙悟空到龙王处借一件兵器，兵器那么多，借一件有什么不可以，到后来又不给不行，压也压不服。总之生怕出妖怪，不要怕世界上出妖怪。"在这里，孙悟空虽仍然被称为"妖怪"，但却已是同官僚主义作斗争的象征了。

更有意思的是，一个月前，即 3 月 8 日在北京出发前同文艺界代表谈到真正的马克思主义者什么都不怕的时候，他告诉人们：孙悟空这个人自然有蛮厉害的个人英雄主义，自我评价是齐天大圣，而且傲来国的群众——猴子们都拥护他，玉皇大帝不公平，只封孙悟空作"弼马温"，所以他就大闹天宫，反官僚主义。

同年 5 月 12 日，毛泽东在北京会见阿尔巴尼亚外宾。不知怎么，话题转向了有关上帝的问题，他随即发挥：中国也有上帝，就是玉皇大帝。他的官僚主义很厉害。两千年前有个最革命的孙猴子反对过他专制。这个猴王虽发生不少困难，像列宁被抓去了一样被玉皇大帝抓了去，后来他又逃了出来，大闹一番。玉皇大帝是很专制的，像蒋介石一样……帝国主义一定会被打倒。孙行者很多的，就是人民。

对孙悟空的同情与欣赏和盘而出。自此以后，孙悟空在毛泽东的心目中，一直是处于下层而又敢于挑战、反抗的英雄形象，是"最革命"的象征！

二、"我们就像孙悟空大闹天宫一样，丢掉了天条"

在晚年，毛泽东爱读两本古典小说。一本是《水浒传》，另一本是《西游记》。《水浒传》后半部宋江的投降使他惋惜、失望乃至厌恶，革命和造反的真实逻辑，似乎就应该是宋江等各路好汉纷纷上梁山积蓄力量后，像《西游记》前七回中孙悟空那样，不顾一切地把象征反动统治秩序的天宫天条闹得人仰马翻。基于上述思想背景，在毛泽东的视野里，《西游记》中的孙悟空越来越有突出的积极革命的价值，特别是这位大圣在前七回里的洒脱表现，给他慰藉。于是，晚年，他还将各种版本的《西游记》找到一起，对照着读。1971 年 11 月 20 日在武汉的一次谈话中还说："听说胡适把《西游记》八十一回改写了，我也未看，请人找一找《胡适文存》，看有没有八十一回。"

毛泽东喜欢孙悟空，自然还与后者特有的个性相关。

孙悟空这一形象，最典型地体现了浪漫主义斗争精神。他爱憎分明，敢于造反，具有"强者为尊该让我，英雄只此敢争先"、"皇帝轮流做，明年到我家"这种好挑战与反权威的战斗风采和蔑视规范与洒脱无拘的自由个性。他偷吃玉帝御花园里的仙桃,耍弄各路大仙;为了在生死簿上抹掉自己的名,他敲开地狱的大门;他一个筋斗翻到天边的擎天柱上,还在上面撒了泡尿,以体现自己的自由精神和能耐;他有一个应付困境的手段,拔一根毛,说一声"变",就有无数个孙悟空前来助战。

1966 年 7 月,当毛泽东说自己的性格中"有些猴气"的时候,不知道他的脑海里是不是跳动着孙悟空那活脱脱的形象。如果把"猴气"理解为不满现状,崇尚创造;不拘成规,追求变动;不搬教条,注重灵活;不求刻板庄重,习惯洒脱机趣的话,我想是有些联系的。在毛泽东成为马克思主义者之前,他就坚信,"具体"、"鲜明"和"热烈"是人类社会运动具有革命性和创造性的必要条件。在 1920 年 6 月 7 日给黎锦熙的信中,他谈到自己的个性"总难厉行规则的生活"。在晚年,当他作为党和国家的最高领导来剖析自身的"猴气",显然就不是一个个人的性格问题了。当他多次向人们谈起并称赞孙悟空这一形象的时候,多少透露出他将要在政治上做大文章的基本主题。

1961 年,是极不平常的一年。国际共产主义运动内部,中苏之间的论战方酣未息;国际上又掀起一股不小的反华逆流。一时间,黑云压城,寒流翻滚,形势混乱。毛泽东《七律·和郭沫若同志》就是在这种情势下写的。他在诗中写道:"金猴奋起千钧棒,玉宇澄清万里埃。今日欢呼孙大圣,只缘妖雾又重来。"这里自然是借用孙悟空来比喻坚强的马列主义战士,希望能像"孙大圣"那样,手举革命的"千钧棒",横扫"帝、修、反"掀起的"妖雾",捍卫马克思主义的纯洁性,确保社会主义江山千秋万代,永不变色。

孙悟空不仅敢作敢为,无"法"无"天",而且敏捷机灵,既有大勇,又有大智。他在八卦炉中炼就的一双"火眼金睛",远可见千里之外的云雾变化,近可辨形形色色的妖魔鬼怪。孙悟空智斗、勇斗白骨精,就是一例。这种典型刻画,实际上反映了某种斗争的智慧和经验,它告诉人们,对于那些狡猾多变的吃人的"妖怪",必须保持警惕,善于识别,而不能粗心大意,受其蒙骗。《西游记》里孙悟空智斗妖魔的故事是很多的。

对孙悟空机智灵活的肯定,也可以从毛泽东对唐僧的批评中得到证实。

他认为唐僧的缺点是："麻痹，警惕性不高，敌人换个花样就不认识了。"他虽然不同意郭老原诗中"千刀当剐唐僧肉"的激愤之辞，但对唐僧麻痹大意、过分仁慈的糊涂做法，显然是持否定态度的，所以诗里说："僧是愚氓……"众所周知，在如何对待妖怪的问题上，唐僧师徒之间是时常闹矛盾的，这里自然是以唐僧的"愚"来衬托孙悟空的"智"。

孙大圣成为反修诗作的主要英雄人物，其内在意蕴在毛泽东1964年1月同安娜·露易斯·斯特朗的谈话中又有进一步的发挥，他说：同修正主义斗争的转折点是1963年7月14日苏共公开信对中国的攻击。"从那时起，我们就像孙悟空大闹天宫一样。我们丢掉了天条！记住，永远不要把天条看得太重了，我们必须走自己的革命道路。"又说，在同苏联的这场争论中，"我做的事很少，我只有几首诗。除此之外，我没有其他的个人武器"。

与此同时，毛泽东还关注着国内问题。1964年9月7日在湖南的一次谈话中告诉人们：要斗争。无论中央还是各省，都要提倡下面批评上面。批评的对象已不仅仅是官僚主义的问题，"美猴王"的象征意义也不是泛泛而论的革命者了。1966年3月30日在上海西郊的一次谈话中反复提出："要把十八层地狱统统打破。孙悟空闹天宫，你是站在孙悟空一边，还是站在天兵天将、玉皇大帝一边？""如果中央出修正主义，地方要造反。""要支持小将，保护孙悟空。"这里的孙悟空直通通成了坚持正确路线，坚持继续革命，敢于向党内搞修正主义、走资本主义道路的当权派造反（打"鬼"）的基层群众，特别是红卫兵小将的代名词了。

在高高抢起的金箍棒里面，事实上蕴含着促使造反者勇敢无畏地投入斗争的独特价值观念，即对目的和手段的思考，对善与恶的认识。

《西游记》第二十八回"花果山群妖聚义，黑松林三藏逢魔"，说到孙悟空三打白骨精，惹恼了唐僧，把他撵回了花果山。却说那大圣回来后，听说附近有一班人马常常来花果山作乱，屠杀众猴。于是：

大圣分付众猴，把那山上的碎石头搬将起来堆着。教小的们都往洞内藏躲，让老孙作法。那大圣上山看处，只见那南半边鼓响锣鸣，闪出有千余人马，都架着鹰犬，持着刀枪，奔上他的山来。大圣心中大怒，即捻诀念咒，往那巽地上吸了一口气，吹将去，便是一阵狂风。那碎石乘风乱飞乱舞，可怜把那些人马一个个打得血染尸横。大圣鼓掌大笑道："快活！快活！自从归顺唐僧，他每每劝我道：'千日行善，善犹不足；一日行恶，恶常有余。'此言果然不差。我跟着他，打杀几个妖精，他就怪我行凶。今日来家，却结果了这许多性命。"遂叫众猴出来，把那死人衣服剥来穿着，马皮剥来做靴，弓箭枪刀拿来操演武艺，将那杂色旗号拆洗，总斗做一面彩旗，上写着"重修花果山，复整水帘洞，齐天大圣"十四字。竖起杆，逐日招魔聚怪，积草屯粮。他的人情又大，手段又高，便去四海龙王借些甘霖仙水，把山清青了，仍栽花种树。逍遥自在，乐业安居不题。

读到这里，毛泽东欣然写下一段批语：

"千日行善，善犹不足；一日行恶，恶当有余。"乡愿思想也。孙悟空的思想与此相反，他是不信这些的，即是说作者吴承恩不信这些。他的行善，即是除恶。他的除恶，即是行善。所谓"此言果然不差"，便是这样认识的。

留有毛泽东上述批注的这个版本，是光绪辛卯年上海广百宋斋校印的《绘图增像西游记》，全十册。

就小说的具体描写来看，作者在善恶问题上是有矛盾的。师徒4人赴西天取经，目的是"劝人为善"，"消释灾愆"，获得佛门真谛。为善的宗旨是一致的。唐僧与悟空的分歧，是达到目的的手段不同。作者一方面让孙悟空以自己的行动向唐僧佛门善恶观挑战，另一方面又让唐僧用"紧箍咒"（其实就是"善"）对孙悟空的行为严加约束。但小说情节给人具体的印象是，唐僧以善求善，善既是目的，又是手段，却遇重重阻力，寸步难行，不仅不能劝人为善，反而三番五次地险些丢掉自己的性命。可见唐僧的训诫和主张在实践中是一点用处也没有的。基于此，毛泽东把他的思想行为概括为连孔子都极力反对并称之为"德之贼"的"乡愿"人格模式，即不问是非的好好先生的处世哲学，这确实是对唐僧性格的独到之见。毛泽东反对"乡愿"哲学，就是因为它不仅不能鼓舞人们去战斗，而常常使"妖为鬼蜮必成灾"，等于是鼓励那些作恶不轨之徒。与此相反，孙悟空对妖魔主动出击，以除恶求善，事实上也正是因他的勇敢战斗，才使师徒4人不断向西天行进，接近目的。这是毛泽东称道孙悟空的重要原因。要做现代革命的造反者，就必须树立牢固的斗争观念，同时反叛中庸的"乡愿"的做人道德，因为不破不立，破就是立。毛泽东反感传统观念中那些和谐、不争、守成、世故的内容，他在孙悟空身上看到了对这些观念的挑战和突破，提出了行善除恶一体论。这也反映出毛泽东对善恶问题的本质的一贯看法。"善事、善人是跟恶事、恶人相比较，并且同它作斗争发展起来的"，这样的话他说过多次。他还认为：现在我们把未来想得很美，可是未来到来时，人们会感到不满意，一万年以后社会上还有善恶，无恶即无善。有意思的是，《西游记》里正好提供了理想世界中善恶并存的一个细节。师徒 4 人好不容易来到极美极善、庄严神圣的西天佛土，却意外地遇到佛祖手下两个大弟子阿傩、迦叶"要人事"（索贿赂）而故意刁难他们的场面。善恶并存的永恒性，自然推导出斗争的永恒性、革命的永恒性。从善恶观上也可看出晚年毛泽东崇尚斗争的一个心理侧面。

毛泽东曾称赞过唐僧那个"党"的团结。晚年，国际共运的分裂和党内斗争的加剧，在他心目中，唐僧的党也发生了质变。1958 年 4 月，在武昌中央工作会议上的讲话中，毛泽东说：孙行者无法无天，大家为什么不学？猴子反教条主义，戴了紧箍咒，就剩了一半了。猪八戒一辈子都是自由的，有点修正主义，动不动就想退党，不过那个党不是一个大党，是第二国际，应该退党。唐僧是伯恩斯坦。

对这样的"党"，孙悟空当然有理由无所顾忌地甩掉紧箍咒，"无法无天"地寻那"快活"的事做去。

三、《水浒传》：革命的"教科书"

毛泽东对《水浒传》这部反映农民起义的古典小说的关注，贯串了他的一生。少年时代他爱读爱讲的故事是"水浒"；长征途中打下一座县城，《水浒传》是他急于要找到的一部书，以至警卫员给他抱来一尊"水壶"；晚年关于《水浒传》的谈话所引起的"风波"更是众所周知的事情。说他身上有一种《水浒传》情结，当不为过。

毛泽东喜欢《水浒传》和对《水浒传》意义的评价、引申，是多方面的。

1937 年在《矛盾论》里对三打祝家庄故事的分析，是从思想方法角度来看待这部作品的意义的。1942 年 10 月，延安平剧院成立不久，毛泽东就曾指示该院根据他的论述创作剧本。1944 年 7 月初，正式成立了《三打祝家庄》创作小组，并从毛泽东那里借来了一百二十回本的《水浒传》，构思中又得到齐燕铭的帮助。毛泽东在听取创作汇报时，再次指示：该剧要写好这样三条：第一，要写好梁山主力军；第二，要写好梁山地下军；第三，要写好祝家庄的群众力量。该剧公演后，毛泽东在贺信中称它"很有教育意义"。

1959 年 2 月，为总结"大跃进"的经验教训，提醒全党必须重视、发现、认识和解决现实中许多问题时，毛泽东在省、市、自治区党委第一书记会议上的讲话中，又谈到了《三打祝家庄》，他说：问题就是矛盾，要发现、认识、解决，从前讲过《水浒传》里的"三打祝家庄"，还编了戏。这个戏现在又不唱了，我倒很喜欢。原来就有《探庄》这出戏，把它发展一下，就变成了一打、二打、三打祝家庄。解决第一个矛盾，即道路问题，于是石秀探庄；解决第二个矛盾，分化三庄联盟，孤立祝家庄；解决第三个矛盾，即祝家庄的内部问题，这才有孙立的"投降"，里应外合。头两次失败了，第三次胜利了。这是很好的戏，应该演唱。在毛泽东的进一步发挥中，《三打祝家庄》之于解决社会主义建设过程中的一些问题，又有了新的方法论方面的启发作用。

《水浒传》最主要的启发作用，还是在关于中国革命和建设的政策、道路和前途，以及英雄品质的培养诸方面。

梁山英雄令人喜爱之处，是他们一个个敢于斗争，也善于斗争。毛泽东使用过下面三个著名的例子。

谈到中国革命斗争中的战略退却原则时，毛泽东又说："两个拳师放对，聪明的拳师往往退让一步，而蠢人则其势汹汹，辟头就使出全副本领，结果却往往被退让者打倒。《水浒传》上的洪教头，在柴进家中要打林冲，连唤几个'来''来''来'，结果是退让的林冲看出洪教头的破绽，一脚踢翻了洪教头。"

武松打虎是人们十分熟悉的《水浒传》里的精彩段落。毛泽东在《论人民民主专政》一文中，借这个故事来回答一些人对人民民主专政提出的"你们太刺激了"的问题。在毛泽东看来，"专政"手段确实是"刺激"人的，但它是用来"对付国内外反动派即帝国主义者及其走狗们，不是讲对付任何别的人。对于这些人，并不发生刺激与否的问题"。接着，便写道："在野兽面前，不可以表示丝毫的怯懦。我们要学景阳冈上的武松。在武松看来，景阳冈上的老虎，刺激它也是那样，不刺激它也是那样，总之是要吃人的。或者把老虎打死，或者被老虎吃掉，二者必居其一。"本来，在人们对武松打虎的一般体会中，主要是赞叹武松不畏强敌的勇气和胆力。毛泽东的引用，则更多地发挥这个故事的另一方面的意义，即人民民主专政之于敌对阶级，就像武松之于老虎的关系一样，是你死我活的，在这样的冲突关系中，老虎要吃人，这是它的本性决定的，这种本性不会因为武松的退让、怯懦或仁慈，而有所改变，这是不以人们的主观意志为转移的，因此，武松凭力打死老虎，就像人民政权对敌对阶级实行不留情的专政一样，无所谓是不是"刺激"对方。

《水浒传》写了不少胆大敢为的英雄好汉，石秀就是其中的一个。其绰号为"拼命三郎"，其实有两个方面的意思：一是"路见不平，拔刀相助"的豪杰义气，这在他出场时帮助杨雄的行为中即可知道；二是拼着性命做事的勇敢果断，这一点，在第六十二回"劫法场石秀跳楼"中描写得更为淋漓尽致。石秀只身进入北京，打探卢俊义被捕后的情况，不料正遇梁中书下令当天在十字路口斩杀卢俊义，书中接着写道："石秀在楼窗外看时，十字路口，周回围住法场，十数对刀棒刽子，前排后拥，把卢俊义绑押到楼前跪下……人丛里一声叫道：'午时三刻到了！'"说话就要开刀问斩。这时石秀心中只有一个念头，要救卢俊义的性命，"就那一声和里，掣着腰刀在手，应声大叫：'梁山泊好汉全伙在此！'……从楼上跳将下去，手举钢刀，杀人似砍瓜切菜，走不迭的，杀翻十数个；一只手拖住卢俊义，投南便走"。杀死七八十人。石秀终因寡不敌众，复同卢俊义一起被捕。

毛泽东1957年3月在济南和南京有两次讲话，都紧扣一个主题：革命胜利后，党员干部仍要保持过去战争时代的优良作风。毛泽东列举了一些革命热情和革命意志消退的现象，如争名夺利、讲吃讲穿等。于是引了石秀的例子，说："我们要保持过去革命战争时期的那么一股劲，那么一股革命热情，那么一种革命精神，把革命工作做到底。什么叫拼命？《水浒传》上有那么一位，叫拼命三郎石秀，就是那个拼命。我们从前干革命，就是有一种拼命精神。"意在用石秀把个人性命置之度外的献身精神、"革命精神"，来对照现实中革命意志消退的人，让人警策。

《水浒传》里，正是有这样一些敢打善打的英雄组成和领导的起义队伍，在统一指挥下能攻善守，采取了灵活多变的战略战术，不断打击地主武装和官兵，扩大自己的势力，连续获得了三打祝家庄、踏平曾头市、两赢童贯、三败高俅等一连串辉煌胜利。

更多的时候，毛泽东是根据工作实践的需要，不时地谈起《水浒传》描写的一些工作方式、梁山泊推行的政策，以启迪人们。

在革命战略的设计上，毛泽东始终主张在条件成熟的地方，分别建立一块一块的红色根据地，逐步连成一大块，形成对城市的包围之势。这样，他在井冈山时期读《水浒传》这样的作品，也不能说是读着玩儿的了。后来，他还专门从这个角度谈到过这部小说的重要特点。"《水浒传》要当作一部政治书看。它描写的是北宋末年的社会情况。中央政府腐败，群众就一定会起来革命。当时农民聚义，群雄割据，占据了好多山头，如清风山、桃花山、二龙山等，最后汇集到梁山泊，建立了一支武装，抵抗官军。这支队伍，来自各个山头，但是统帅得好。"革命高潮到来之前，总有一个分散的准备过程，革命力量的壮大，总是从一地一股的星星之火燎原起来的。从革命的整体力量的领导者的角度来看，就必须认识山头，承认山头，照顾山头，最后克服山头主义。《水浒传》似乎提供了一个成功的范例。毛泽东在晚年的一次谈话中，总结"革命就是割猪肉"，总一刀一刀地、一块一块地割时，又提起《水浒传》的故事。

1938年在一次关于保卫工作的讲话中，毛泽东说，《水浒传》梁山上有军队有政府，也有保卫侦察这些特务工作。一百零八位高级将领中就有做特务工作的。梁山的对面，朱贵开了一个酒店，专门打听消息，然后报告上面。如果有大土豪路过，就派李逵去搞了回来。

1942年11月，他在西北局高干会议上逐条讲解斯大林关于布尔什维克化的 12 条，第七条主要谈讲求革命性和灵活性的结合。毛泽东由此谈到统一战线，谈到要善于采取合法的和秘密的斗争策略。他说：《水浒传》上的祝家庄，两次都打不进去，第三次打进去了，因为搞了木马计。有一批人假装合作打宋江，祝家庄便欢迎得很，相信他们，这是合法的。但这批人暗中准备非法斗争，等到宋江打到了面前，内部就起来暴动。革命没有内部变化是不行的。单单采取合法斗争这一形式也不行。堡垒最容易从内部攻破，一打、二打，为什么打不进去，《水浒传》的作者写得非常好，写得完全符合事实。我们对敌人如此，敌人对我们也是如此。

1945 年 4 月 24 日，在党的七大上，谈到城市工作与根据地工作同等重要时，毛泽东又说，"梁山泊也做城市工作，神行太保戴宗就是做城市工作的。祝家庄没有秘密工作就打不开"。在谈到军队要尽可能扩大同党外人士合作时说："我们有饭大家吃，有敌人大家打，发饷是没有的，自己动手，丰衣足食，还实行三大纪律、八项注意，七搞八搞便成了正果。像梁山泊，就实行了这个政策，他们内部政治工作相当好，当然也有毛病就是了，他们里面有大地主、大土豪，没有进行整风。那个卢俊义是被逼上梁山的，是用命令主义强迫人家上去的。他不是自愿的。"

《水浒传》写到英雄"排座次"以后，曾有一段"单道梁山泊的好处"，概括了他们的行为模式。即："千里面朝夕相见，一寸心死生可同。相貌语言，南北东西虽各别；心情肝胆，忠成信义并无差"；"都一般儿哥弟称呼，不分贵贱"；"皆一样的酒筵欢乐，无问亲疏"；"论秤分金银，换套穿衣服"。至于义军所到之处，"开仓，将粮米赈济满城百姓"，"所得之物，解送山寨，纳库公用，其余些小，就便分了"这样的描写，在小说中更是随处可见。这些，无疑真实地熔铸了农民阶级在自己的革命中产生的最高要求和理想。这就是平等，政治、经济乃至人格身份上的平等。这是作为小生产者的农民所可能具有的最革命的思想。我们在考虑封建社会农民革命的时候，常常会遇到这种思想，虽然它从没有真正实现过，但又的确曾鼓舞过一代又一代的农民起义。其平等的社会理想反映在经济愿望和行为模式上，便是反反复复的"均贫富"、"劫富济贫"。《水浒传》中的描写很多，最典型的，便是晁盖、吴用

▲ 以毛泽东同志为主要代表的中国共产党人领导中国人民推翻了三座大山，建立了新中国，开启了中国历史的新纪元。图为毛泽东在开国大典上　陈正青／供图

等七星小聚义，智取生辰纲了。

在民主革命时期，"劫富济贫"的《水浒传》平等模式，无疑是号召和动员人们，特别是贫苦农民参加革命的有效口号。毛泽东带队上井冈山上立下脚跟，提出的一个基本口号就是"打土豪，分田地"。

民主革命成功以后，还能不能用这样的模式呢？

1958 年的"大跃进"和人民公社化运动，大部分地区刮"共产风"，在经济生活中，搞"一平二调"、"抽肥补瘦"。为搞重点项目，无偿调拨基层的人力、物力、财力，在农村经济核算上，盲目由公社一级统一核算，抹平了不同生产队的收入差异；更明显的是搞公共食堂，名副其实地吃"大锅饭"；等等。这些措施，严重侵犯了劳动人民的切身利益，损害了人们的生产积极性。从 1958 年底开始，毛泽东就觉察到"大跃进"和人民公社化运动中刮"共产风"的弊端，并着手纠正。他纠正的思路，除了让干部们读好有关政治经济学的书，搞通价值法则、等价交换、按劳分配等问题外，便是借《水浒传》里"智取生辰纲"等拦路打劫的故事，来说明应该纠正"共产风"的道理。

1959 年 3 月 5 日，在郑州中央工作会议（即"第二次郑州会议"）上，他说：人民公社正在发展，需要支持，要借钱给人民公社办事，不要拦路抢劫，不要用李鬼的办法。你们看《水浒传》上那个李鬼，他叫"剪径"，讲得好听，剪径者，就是拦路打劫，明朝人的说法，因为小说是明朝人写的，绿林豪杰叫剪径。现在绿林豪杰可多啦，都是戏台上不扣衣襟的那种豪杰。你们是不是在内？《打渔杀家》里头的卷毛虎倪荣、混江龙李俊，他们的衣服就是这样的。那时的豪杰打劫，是对付超经济剥削，对付封建地主阶级的。他们的口号是"不义之财，取之无碍"。七星聚义，劫取生辰纲，他们有充足理由。给蔡太师祝寿的财礼，就是不义之财，聚义劫取，完全可以，很合情理。大碗吃酒，大块吃肉，酒肉哪里来？我们也搞过，叫打土豪，那叫消费物资，我们罚款，你得拿来……过去打土豪，我们对付的是地主，那是完全正确的，跟宋江一样。现在我们是对付谁呢？我们是对待农民，能许可打劫吗？唯一的办法是等价交换，要出钱购买。

这年夏天，在庐山会议 7 月 23 日的长篇讲话中，毛泽东又提出这个问题：宋江设忠义堂，劫富济贫，理直气壮，可拿起就走。宋江、晁盖劫的是"生辰纲"，是不义之财，取之无碍，刮自农民归农民。我们长期不打土豪了。打土豪，分田地，都归公，那也可以。因为是不义之财。现在刮"共产风"，取走生产大队、小队之财，肥猪、大白菜，拿起就走，这样是错误的……主要是干部，不懂得这个财是义财，分不清界限。

在毛泽东看来，时代不同，对象不同，"财"的来源不同，因而"拿起就走"的"打劫"、"剪径"，就有"义"与"不义"的区分。在封建社会，"对付超经济剥削"得来的不义之财，如梁中书为蔡太师祝寿的财礼，拦路打劫，取之无碍。正是在这个意义上，毛泽东把红军时期"打土豪、分田地"，也称为这个意义上的行动。在新社会，情况根本不同。对人民劳动得来的财富，绝不能学梁山好汉那样"拿起就走"。应该说，这个比喻是生动的，这个观点在 50 年代末期平均主义原则支配经济生活的情况下，是难能可贵的。

毛泽东很懂得农民的心态。1959 年 2 月 2 日，在省、市、自治区党委第一书记会议上，他分析 1958 年刮"共产风"的社会心理基础时，说：我们国家的贫农总想打中农的主意，历来一有机会就搞平均主义。我们这些人对劳动人民的感情不大了解。杀了土豪，农民就剥衣服。这主要是因为穷得很。他估计：过十年、二十年会变的，他们不穷了。就眼下来看，他认为：不剥夺富裕中农，归根到底对劳动人民有利。

以宋江为首的梁山英雄的起义，最后还是失败了。人们可以从不同角度去总结他们为什么失败。从 1952 年到 1960 年，曾有人三次在报刊上提出宋江是农民革命的叛徒，接受招安是背叛革命，从而引起讨论。但最后占主导地位的观点是认为他属于起义英雄，受招安反映了农民起义的历史局限、阶级局限以及为国效力的民族意识。到 1964 年以后，这方面的文章大多对宋江形象持否定态度，评其为阶级异己分子。《文史哲》1965 年第 3 期上的《对宋江形象分析一点质疑》最有代表性。该文认为：（一）宋江是地主阶级出身的刀笔小吏；（二）宋江是一个念念不忘招安的投降主义者；（三）宋江是镇压农民起义的刽子手。不少文章还受到史学界关于太平天国将领李秀成问题讨论的影响，将评价李秀成的基调移用于宋江身上，在评论中突出了阶级分析和立场问题，认为宋江比李秀成更为可恶。

1965 年 7 月，《光明日报》总编室将上述情况以《古典文学界对〈水浒传〉及宋江形象讨论的若干情况》为题，编入"情况简编"。毛泽东阅读了这份综述材料，并在题目前连画了 4 个圈，表明他对这些评论是相当重视的，也表明他晚年对《水浒传》的评价同 60 年代以来古典文学界的讨论有一定的联系。更重要的是，对宋江的这种评价，同毛泽东 60 年代以后所忧虑的事情，是那样的吻合。在他看来：革命的真正目的在于取消压迫，改变产生压迫和官僚主义的社会结构，与传统实行最彻底的决裂。而这一切，不仅没有达到，反而在社会主义土壤上滋生了许多欺压老百姓的大大小小的官僚。毛泽东还注意到，历代革命的悲剧，就在于原来的革命者逐渐消退了革命的感情和意志，最后都在根本上背弃了真正的革命目标。因此，有必要大力提倡"继续革命"。这样，让人们注意到《水浒传》后半部的描写，便是十分必要的了。这种忧虑，到 70 年代毛泽东深感来日不多的时候，越来越急迫、深重。

在 1973 年 12 月 21 日接见部队领导的谈话中，他劝人们读古典小说，提出："《水浒传》不反皇帝，专门反对贪官。后来接受了招安。"据晚年一直在他身边工作的一位同志回忆，1974 年她在武汉读《水浒传》时，毛泽东也曾对她说过宋江是投降派，搞修正主义。意思都是一样的。

于是，1975 年 8 月 14 日发表那篇关于《水浒传》的著名谈话，便是水到渠成之事了：

《水浒》这部书，好就好在投降。做反面教材，使人们都知道投降派。

《水浒》只反贪官，不反皇帝。屏晁盖于一百零八人之外。宋江投降，搞修正主义，把晁的聚义厅改为忠义堂，让人招安了。宋江同高俅的斗争，是地主阶级内部这一派反对那一派的斗争。宋江投降了，就去打方腊。

这支农民起义队伍的领袖不好，投降。李逵、吴用、阮小二、阮小五、阮小七是好的，不愿意投降。

鲁迅评《水浒》评得好，他说："一部《水浒》，说得很分明：因为不反对天子，所以大军一到，便受招安，替国家打别的强盗——不替天行道的强盗去了。终于是奴才。"

江青、姚文元之流利用毛泽东的谈话搞阴谋活动，自然另当别论。许多人已有著述，这里就不多说了。

第七章

永远的漫游家

一、"我自欲为江海客"

1910 年秋，16 岁的毛泽东借助亲戚和同族长老，说服了一心要把他送到县城一家米店当学徒以继业发家的父亲，同意他到离家 50 里的湘乡东山小学堂继续读书。这位即将摆脱父辈因循的传统生活的青年，临行前改写了一首诗留给了父亲，留给了一个封闭的世界："孩儿立志出乡关，学不成名誓不还；埋骨何须桑梓地，人生无处不青山！"

从此，毛泽东开始了他一生的漫游生涯。

韶山冲那座"凹"字形的茅草农舍给了他生命，可不能赋予他生命的辉煌！掩映在湘潭县城西北 90 里处那长约 10 里、宽约 7 里的狭长谷地裹不住他的想象和冲动，不足以成为他生命创造所需的足够空间，甚至也不是他生命安息时回归自然的理想处所。走出乡关，事实上就是要摆脱空间和心理上的那种被局限、被压抑的感觉，也反映出他对未来充满自信和想象的情怀及其洒脱性格。这首诗与他从事并专注革命事业后，于 1923 年写给杨开慧的那首《贺新郎》初稿中，"挥手从兹去"、"我自欲为江海客，更不为昵昵儿女语"所展示的境地，颇有异曲同工之妙。

1912 年秋天，青年毛泽东来到湖南省立图书馆，度过了半年自学生活。在图书馆大厅的墙上，挂着一幅《世界坤舆大地图》，引起他极大的兴趣。这是毛泽东第一次看到世界地图。世界原来那么大！他每天经过这里，都要停步细看一阵。这个来自韶山冲的青年，原以为湘潭县就很大，湖南省更是大得不得了，中国便是地道的"天下"了。谁知，从地图上看，中国只是一小块，湘潭县更是连影子都没有。

这幅地图给青年毛泽东的启示不言而喻。这么大的世界，这么多的人生活其间，有多少事情需要去熟悉、去研究呀！熟悉和了解的途径，无非有两个，即读有字之书和读无字之书。读无字之书包括社会调查和游历。

青年时代，"不安分"的毛泽东总是爱往外跑，关于他游历的活动，可以开出一个长长的"清单"：

据罗章龙回忆，在长沙他和毛泽东到过许多地方。长沙附近有个拖船埠，那里有个禹王碑，传说禹王曾在此拖过船。大禹治水，栉风沐雨，八年于外三过家门而不入。"润之对此很有兴趣。""对于湖南历史上的先进人物的遗迹，我们常去访问。"

1917 年，毛泽东游览南岳，登上了祝融峰。下山归途中便禁不住写信给罗章龙，描述自己对景观名胜的观感。

1917 年 7 月中旬，毛泽东邀友人萧子升和准备回安化老家度暑假的同学萧蔚然一道，分文不带游学农村，历时一个月，途经长沙、宁乡、安化、益阳、沅江 5 县城乡，步行近千里，写下了许多笔记和心得。为了纪念这次游学活动，他们回长沙后，还特意穿着旅行时的衣服和草鞋，照相留念。

在一师读书期间，类似的游历还有多次。1917 年 12 月下旬，他到浏阳文家市铁炉冲一带，在学友陈绍休家住了几天，又到西乡土桥炭坡大屋陈章甫家走访，和农民一道挑水、种菜，还劝大家植树。

1918 年初夏，他与蔡和森一道到洞庭湖地区进行了一次社会调查。他们绕洞庭湖转了半圈，还将沿途的见闻、感想，用通俗生动、幽默风趣的文字，写成一篇篇通讯寄给《湖南通俗教育报》。

1918 年 6 月，25 岁的毛泽东在一师毕业，永远地结束了他在校学习的生活，踏上了一位职业社会活动家的漫漫途程。

1918 年 8 月 15 日，他同新民学会罗学瓒、罗章龙、陈绍休等 20 多名准备赴法勤工俭学的青年，离长沙坐火车去北京。途中因涨水淹了十几里的铁路，他们被阻在河南郾城。第二天，毛泽东便建议到三国时的魏都许昌去看看。于是他同罗章龙、陈绍休 3 人坐临时车子赶到许昌停留了一两天。旧城已经很荒凉，他们就向当地一些农民了解古魏都的情况，还步行到郊外的旧城遗址，在那里凭吊一番，并作诗以纪行。

1918 年冬天，为了看看大海景象，毛泽东又邀萧三、罗章龙从北京坐火车到天津。他们来到大沽口，极目所见，却是一片空廓寂寥的雪原和宁静的化石般固定在海面上高低不平的冰块，海被冰雪覆盖，向遥远的天边伸去，大地一片沉寂。毛泽东说，他要找蓬莱仙岛。

1919 年 4 月，毛泽东绕道上海回到湖南。同年 12 月为驱逐湖南督军张敬尧，他二上北京。翌年 4 月再赴上海。途中，在天津、济南、泰山、曲阜、南京等地不失时机地游览一番。1936 年，毛泽东在同斯诺的谈话中，对北上南下途中的一些游览细节记忆犹新，谈起来还是那样的一往情深。

1921 年建党以后，毛泽东更是成了浪迹天涯的"江海客"了。如果说青年时代的"漫游"多少带有好奇，多少有些"有意为之"的话，那么，作为一个职业革命家，"漫游"便是不得不为之的生活内容了。换一种说法，革命家几乎没有不是四处奔走的漫游家。更何况，中国革命的流向，本来就是散落于城市、相聚于满山遍野的乡村，然后又蔓延、汇合，朝城市滚滚而来。这中间，最令人难忘的，恐怕就是那漫漫二万五千里的长征了。

毛泽东一生的行程，就是这样一首长征的歌。长征，是毛泽东一生最为难忘的岁月。他在祖国的土地上真正地发现了自己，实现了自己。从"山沟"里走出来的革命家毛泽东，酷好游历，钟爱山川，不只是"恰同学少年，风华正茂"这一年龄阶段的特有现象，而几乎成了他一生的生活方式，是其个性气质的自然需要。他是从井冈山一步步走进紫禁城的，征战的岁月为满足他的游历嗜好提供了绝好的机会。当他缔造了一个伟大的共和国以后，他每年相当一部分时间都要外出巡视、游历，即使在晚年也是这样。他每年大约三分之一的时间在外面。许多重大决策，包括制定新中国的第一部宪法和发动"文化大革命"这样的大事，都是在外面策定的。

在平常的谈话中，他毫不掩饰自己这方面的浓厚兴趣，有时让人感觉他是有意向人们展示他这方面的意志情怀。越是无缘前往的地方，或险峻难游之处，他越是表达出非去游历一番的愿望。

最有名的一件事，就是他为巡游黄河发下的誓愿了。事情是由毛泽东读明朝徐霞客写的《徐霞客游记》引起的。1958年1月28日在最高国务会议上的讲话里，他说：明朝那个江苏人，写《徐霞客游记》的，那个人没有官气，他跑了那么多路，找出了金沙江是长江的发源。"岷山导江"，这是经书上讲的，他说这是错误的，他说是"金沙江导江"。同时，我看《水经注》作者也是一位了不起的人。他不到处跑怎么能写得那么好？这不仅是科学作品，也是文学作品。

在毛泽东看来，"到处跑"，才能写得出东西，写得出有创见的东西。

这样，1959年4月，在中共中央召开的一次全会上，毛泽东在讲话中立下了这样一个志愿：如果有可能，我就游黄河、长江。从黄河口子沿河而上，搞一班人，地质学家、生物学家、文学家，只准骑马，不准坐车。骑马对身体实在好，一起往昆仑山，然后到猪八戒的那个通天河，翻过长江上游，然后沿江而下，从金沙江到崇明岛。我有这个志向，我现在开支票，但是哪一年兑现不晓得。我搞这个事，国家的形势也可以搞，可以开会，走在途中，要开会了就开会，或郑州，或武昌等。我很想学徐霞客。徐霞客是明末崇祯时江苏江阴人，他就是走路，一辈子就是这么走遍了，中心点，主要力量在长江。有《徐霞客游记》可以看。

1961年3月，在广州召开的中央工作会议上，毛泽东再次重申了他的这个心愿。

为了这次游历，他甚至想到把中央的一些会议挪到他行程途中来开。

1959年12月26日，是毛泽东的66岁生日。这天下午，他在卧室兼书房里和自己的护士长吴旭君谈天，禁不住冒出这样一句话：每次看黄河回来心里就不好受。

他是一个说了就要做的人。为了这个志向，为了"兑现"这张支票，中央警卫局特意在北京西山一带秘密组建了一支护卫他考察的骑兵大队，挑选了一批战士，调来一些上好的马匹，训练起来。

1964年夏天，在北戴河，他让汪东兴把已准备多年的骑兵大队部分人马和他那匹坐骑小白马从北京调了来。在卫士的搀扶下，71岁的毛泽东骑了上去，还照了张相呢。这张照片至今还保存着。随后他又让准备随他考察的工作人员练习骑马，并定下了出发日期。

真是天有不测风云。恰好发生了"北部湾事件"，越南形势骤然紧张，抗美援越势在必行。毛泽东不得不取消了这次计划。

可他始终没有放弃这个心愿。他对工作人员说：以后我还是要去的。以至于到1972年他大病一场，刚好一点，还风趣地对吴旭君说：前些时候我到马克思那里去了一趟，他俩说，你那个国家的钢、粮食还太少，再说你还要去游历黄河，你先回去吧。

可是，他毕竟是已近80岁的人了。无论是身体还是形势，抑或他关注的焦点，都不再允许他有去跋涉山水的可能了。

哪怕是骑着马去。

也怪，在1964年毛泽东取消黄河之行不久，专门为他训练的坐骑便不吃不喝无疾而死了。那是一匹可爱的白马。或许它意识到自己失去了存在价值。

二、毛泽东在山川物象里找到了什么？

游历意味着什么？

游历，是毛泽东崇尚空间、含纳自然的一种直观方式。

游历无非是以人的行迹实践去接近历史文化，了解社会风情，以主体的活动确立"我"与空间的关系，确立"我"在时空中的位置。

"人在旅途"的生涯使他获得了比他期望所得还多的东西。

毛泽东喜欢游历，还反映了时时需要拓展和充实心理空间的愿望。他说过好几次：在北京待久了，脑子里就空了。一到外面，就有了东西。

众所周知，毛泽东自小学开始，所喜欢的课程中除了国文之外就是历史和地理。这也许是出自一个天性初开的少年对时间、空间本能的兴趣和追求。湖南全省高等中学校一国文教师借给他一部自上古至明代共166卷的中国历代编年史《御批通鉴辑览》，使他着迷般钻进去半年课余时间。20岁时，他着力研究了清代顾祖禹编著的地理名著《读史方舆纪要》，对历代州域形势及明末清初的府州县疆域沿革、名山大川、关隘古迹有了较为详尽的了解。历史和地理首先成为毛泽东文化知识的两大支柱，为他日后占有博大的政治和军事知识埋下了坚实的基础。对历史地理知识如饥似渴般地寻求和狼吞虎咽般地吸收，形成毛泽东时空观念的契机和萌芽。

没有任何观念能像时空那样强烈地触动一个有自觉人生观念的伟大心灵，对哲学家尤其如此。而最能展示人的个性的东西，莫过于他对时空的自觉意识。

是的，比大海广阔的，是天空；比天空广阔的，是人们的胸怀。

只有广阔的心灵，才总是寻求着广阔的空间。只要有广阔的胸怀，就必定不断地拓展博大的空间，尽情地拥抱山川物象，以求观照自我，印证自我，发现自我，实现自我。

毛泽东空间观的核心是超越高远：无限空间为我自由驱使，自由评说，空间为我所执，为我所用。"我"在空间是一个硕大无比的坚强主体，无论何样强大的阻我难我力量，均在我掌玩之中。

毛泽东把人格主体看成是宇宙空间的根本实体，因而，他有着罕见的责任意识。1919 年他在《民众的大联合》中更直接地高唱道："天下者我们的天下。国家者我们的国家。社会者我们的社会。我们不说，谁说？我们不干，谁干？"

接下来必然是在社会实践中充分运用和把握空间。也就是说，空间，不是抽象的存在；空间意识不是抽象的哲学意识，空间与"我"的关系，不是脱离实践价值杠杆的关系。它们都多多少少融进了毛泽东关于改造中国社会、推进革命战争的具体思路之中。

1920 年下半年，在毛泽东转变为一个马克思主义者的前夕，他曾全副身心，投入半年时间，去倡导湘人自治，建立"湖南共和国"。他的思路便与由近及远和以小及大的空间意识有关。他说：千里之行，始于跬步；万丈高楼从地起。中国的事情应从地方、分处下手。湖南改造好了，再改造中国；中国改造好了，再改造世界。

在大革命失败后，攻打大城市的策略屡屡受挫。对此，毛泽东探索出工农武装割据、上山开展游击战争，建立一块一块的红色根据地，最后包围城市、夺取城市的革命道路。这背后，实际上体现了他把早期关于空间问题的

▲ 1927 年 10 月，毛泽东率领起义部队在井冈山建立第一个农村革命根据地，点燃工农武装割据的星星之火。图为罗霄山脉中段的井冈山

豪言壮语转化成豁达乐观的革命精神和对空间的进一步彻悟。他说："中国是一个大国——'东方不亮西方亮，黑了南方有北方'，不愁没有回旋的余地。"

他想到了梁山英雄，多次说过：当时群雄割据，占据了好多山头，如清风山、桃花山、二龙山等，最后汇集到梁山，建立了一支武装，抵抗官军。

历史的发展正像毛泽东设想的那样，土地革命战争时期，有大大小小的红色苏区；抗日战争时期，在敌后有大大小小的抗日根据地；解放战争时期，有大大小小的解放区，星星之火，遂成燎原之势。

60 年代，毛泽东对这一革命道路，也是一往情深。

1965 年 10 月 10 日，在同各中共中央局第一书记的谈话中，他说：如果出了赫鲁晓夫，那有小三线就好造反。中国人好造反，我们这些人还不是造反，跟宋江差不多。

1964 年 3 月 19 日，在接见外宾时，他把这个道理说得更通俗：革命的办法就是这样，没有什么好多深奥的道理，就是像割猪肉、割牛肉一样，一块、一块地割，总有一天要把它割完。

割猪肉，就是农村包围城市，就是敌人的空间逐步缩小，自己的空间逐步扩大。

毛泽东特别喜欢拥抱山川物象的漫游家风采，用中国传统文化的术语来说，这就是对"天人合一"的人生境界的追求。

天人合一产生出永恒，产生出把握永恒的自信和乐观。

人在空间的行迹转换，自然要引发心理反应，特别是在古代封闭式的小农社会里，人们把出门远行看成生离死别的大事情。1926 年，毛泽东在广州农讲所讲课，谈到封建文化同近代文化的差别时，他举过这样的例子：乡间的地主，是反对新学的，现在一般接受了资本主义教育的青年，到乡间不能相容，父母是反对的，因为他的儿子不迷信的，他是"安土重迁"。从前有诗人作《别赋》云："黯然销魂者，唯别而已矣！"可见当时的离别是很难的。至于现在就不然了！不仅由北京和各省来粤的人没有吟诗的，就是出洋赴欧美的人也没有赋诗的。这是因为从前不如现在交通便利的缘故。

毛泽东生来对各种自然景观、空间物象，似乎有一种天然的亲近感。任何一种景致，似乎都能唤起他的想象，激活他的思维。

红军长征途中，走到贵州省遵义市北的娄山关时，毛泽东见一石碑，上刻"娄山关"3 个红漆大字，便问陈昌奉等身边人员："娄山关刻碑干什么？"许多同志回答不出来。他便给大家解释："关乃要塞重地也，是出入的通道，常以碑柱碑石为界，区分和标志地名。"之后，他向大家介绍了"娄山关"3 个大字的特点和价值。他赞扬"娄山关"3 个大字写得苍劲像峻峰那样挺拔屹立，运笔如飞。工匠石刻也非常精美，匠心独运，惟妙惟肖。他还反复揣摩，不断用手在笔画上临摹运笔学字，时时感叹："可惜不知出自哪位名家之手和修建于何代？"

在广东与江西交界处的梅岭关上有个石碑，碑上刻有很好的碑文书法，在这里毛泽东也向随行工作人员提问："此处为何有碑所立？"接着指出此地是分界要地，是古代战场，因而立有石碑刻有碑文。行军作战到武夷关有个庙，庙内有不少碑文，毛泽东也在那里观赏研究。他说："中国庙宇古色古香，也是书法胜地，许多字真是妙笔生花、栩栩如生，堪称书法艺术之宝库，我们应该很好研究和学习。"

——跨越了无数的"娄山关"、"梅岭关"，毛泽东走进了人为地雕梁画栋的紫禁城。但是，他更钟情于生动的自然风光。1961 年 12 月 26 日，在给友人周世钊的一封信中流露了此番心迹，他引用唐代谭用之和清代黄道让的诗句说："'秋风万里芙蓉国，暮雨千家薜荔村'，'西南云气开衡岳，日夜江声下洞庭'。同志，你处在这样的环境中，岂不妙哉？"

有意思的是，毛泽东自己便渴望在这样的自然景观中办公、思考问题。他在故乡的滴水洞别墅便是一例。

滴水洞并不是人们想象中的山洞，而是一处四周海拔三四百米高的群山环抱的小盆地，距韶山冲约 4 公里，有一条公路连接。毛泽东的祖辈曾在滴水洞居住过，他的爷爷便葬在滴水洞西侧山腰的虎歇坪。

1959 年，毛泽东重返韶山探望乡亲父老时，曾和随行人员来到滴水洞巡视祖墓。当时滴水洞一带是树木葱茏、荆棘丛生的山地。毛泽东坐在祖坟的山包上，眺望着滴水洞风光，对随行人员说："这个地方风景蛮好，盖所房子在这里办公不错嘛。"有关方面照毛泽东的心愿在滴水洞修造起一处朴素的小别墅。别墅坐落在滴水洞盆地东侧山脚下，一共有 3 幢房子。毛泽东住过的是一号平房，坐北朝南，白墙绿瓦。门前辟有半个篮球场大的水泥场地，置一篮球架。这是毛泽东在这里居住时早晚散步的场所。一股山涧泉水从西侧山脚处流经一号平房门前场头，日夜淙淙作响。一号平房居室内装饰简朴，放着一张硬板床，隔壁是工作间。

别墅东侧靠公路边建有一个小水库，毛泽东曾在水库里游泳。水库里养着牛蛙，入夜，蛙声阵阵，鸟鸣虫吟，别有一番山间情趣。

可惜，滴水洞别墅建好后，毛泽东只回去住过一次。

一个人在茫茫宇宙中划过的痕迹，毕竟太小太小。怎样去满足心理拓展的需要呢？无非是两种办法：一是通过游历去实际地"占有"；二是通过质问去"追寻"，以求心理上的"亲近"。

后一个方面，便成了人们乐于想象未知领域的心理动力。

毛泽东经常沉入在旁人看来有些不大理解的玄想之中。

在这种玄想中，他往往把生活哲学化，把人和空间的关系哲学化。

1957 年在赴苏联访问的飞机上，他特意把陪同前往的苏联驻华大使尤金叫到身旁谈起一个哲学问题。他说："刚才我们在机场，现在上了天，再过一会儿又要落地，这在哲学上该怎样解释呢？"尤金说他没有研究过，毛泽东说自己来回答试试，他的回答是："飞机停在机场是个肯定，飞上天空是个否定，再降落是个否定之否定。"这个解释，让尤金连声称"妙"。

回到现实实践，人的生命终究是短暂的，"子在川上曰：逝者如斯夫"，人与时间的联系是有限的，人在空间的位置及其能力所能达到的范围是有限的，人对时空中的事物的感知和把握也是有限的。世界上未知的东西太多太多。毛泽东渴望突破现实时空的局限，以他的智慧和想象，以他对一个民族的责任感，向未知的世界进军。

1964 年 8 月，在同几位哲学工作者谈哲学问题时，他不无感慨地说：世界在时间上、空间上都是无限的。现在我们还有许多问题认识不清楚，对太阳搞不清楚，对太阳到地球中间这一块地方搞不清楚，冰川问题还在争论，细胞产生之前究竟是什么？究竟怎样从非细胞变成细胞？

这个谈话之前，5 月 28 日接见印尼贵宾时，毛泽东就探讨过造成地球和人类演变的"冰河期"问题。他说：经过几次冰河期，人类才出现。在北部很冷，人类不容易生存。最近一次冰河时期，已经 100 万年了。冰河时期，很多大动物都不能生存。下次冰河时期什么时候再来，有人估计可能再过 200 万年。

接着，毛泽东似乎是漫不经心地提出：如果下次冰河期的到来时间取中的话，人类还有 100 万年的时间好过。

人类在宇宙面前，是多么微不足道！似乎只有洞悉了这些超人的时空规律，才会更恰当地安排人生。

也是 1964 年，毛泽东关于人和动物的玄想，又提出了一个富有个性的命题。8 月 18 日，在北戴河同几位哲学工作者进行海阔天空的漫谈时，他冷不丁说：动物发展至少经过 100 万年，才生出人的头和手，将来还要发展。我就不相信只有人有两只手，马、牛、羊就不进化了？只有猴子才进化？ 100 万年、1000 万年以后，还是今天的马、牛、羊？我看还要变。

未知的领域，是一个开放的空间。

追求新知的人，总是有一种开放的情怀。

也只有开放的情怀，才和开放的空间"有缘相会"。

因此，当毛泽东一心要建设新的社会、追求未来的时候，他的胸襟总是拓展的、开放的。特别是向往中国以外的地方，向往吸收那里的好东西。

1953 年 2 月 7 日，在全国政协一届四次会议上的讲话中，毛泽东说：我们这个民族，从来就是接受外国的先进经验和优良文化的。封建时代，在唐朝兴盛的时候，曾经与印度发生密切的关系，学了佛教。我是不信佛的。但那个时候很多人信佛教，我们的唐三藏法师，万里长征去取经，比后来人困难得多。现在有人证明，我们现在的乐器大部分是西域传来的。我们这个民族从来不拒绝别的民族的优良的传统。在帝国主义压迫我们的时候，特别是从中日战争失败到辛亥革命那一段时间里，全国有一个学习西方资本主义文化、西方资产阶级民主主义和他们的科学的高潮。那一个学习对于我们的进步是有很大帮助的。

对于那些循规蹈矩、墨守成规的人和做法，他常常不满意。

就在讲中华民族从来不拒绝外来文明的 10 天后，他到武汉视察工作，又同中南局的几位负责人谈到民族形式，说：你们在东湖盖的两所房子像乌龟壳，有什么好看？落后的东西都要逐步废除，木船是民族形式，要不要用轮船代替？为什么人们不喜欢旧茅厕，要用抽水马桶？就是说，要提倡进步，反对保守，反对落后。还是大洋房比小平房好，有些人对保护老古董的劲头可大了，连北京妨碍交通的牌楼也反对拆除。

几年后，1959 年 3 月 5 日在郑州召开的中共中央政治局扩大会议上的讲话中他又说：在建筑上，我赞成洋气，开封不像个样子，完全是老式的房子，北京的城市建筑是封建主义的。完全老式的、乌龟壳式的，我不喜欢这个乌龟壳。一定要保存民族风格，你那个铁路、枪炮、飞机、火车、电影、拷贝，中国与外国有什么区别，有什么民族风格？我看有些东西不要什么民族风格。

三、面对自然景观的愉悦和提升

中外文学史告诉我们：漫游家不一定是诗人，而诗人则必然是漫游家，或者说至少是强烈渴望漫游的"家"。

毛泽东的诗，几乎很少不是以山水为题或借自然抒怀的。

他很少说过对自己的哪一首诗特别满意的话，可"苍山如海，残阳如血"这两句例外。而这两句，恰恰是他"漫游"的结晶。

1962 年 5 月，他在修改郭沫若《喜读毛主席的〈词六首〉》时加写的一段话中，以郭老的口气，深情细致地回忆了《忆秦娥·娄山关》一词的创作过程："那天走了一百多华里……南方有好多个省，冬天无雪，或多年无雪，而只下霜，长空有雁，晓日不甚寒……'苍山如海，残阳如血'两句，据作者说，是在战争中积累了多年的景物观察，一到娄山关这种战争胜利和自然景物的突然遇合，就造成了作者自以为颇为成功的这两句话。"

一拥进自然的怀抱，他那遏止不住的诗情便奔涌而出，几乎是每到一地，他的脑海里都会映现出历代诗人在此的咏唱。

诗圣杜甫晚年乘船出川，在岳阳楼写下千古吟诵的名篇——《登岳阳楼》："昔闻洞庭水，今上岳阳楼。吴楚东南坼，乾坤日夜浮。亲朋无一字，老病有孤舟。戎马关山北，凭轩涕泗流。"题的是岳阳楼，不写岳阳而写洞庭，是从"登"字生情，后自叙伤感，寄寓漂泊天涯，怀才不遇，语极沉痛。

1964 年，毛泽东从湖南乘车回北京，路经岳阳时，在车上书录了杜甫这首《登岳阳楼》诗，后陈列在岳阳楼最高层，供四方游人欣赏。不过，毛泽东的书录，与杜少陵的原诗有一字之别。杜甫原诗中的"老病有孤舟"，毛泽东却书为"老去有孤舟"。这一字之差，是记忆疏忽，还是毛泽东另有他意？连毛泽东诗词的权威注释者也难以解说明白。

游情与诗情的统一，在毛泽东身上更突出地表现为游览与写诗的统一。

新中国成立后，毛泽东外出喜欢去南方。在南方，他最喜欢的是杭州。他对风光旖旎的杭州似乎情有独钟，去那里住过 40 多次。他说：杭州是我的

▲ 毛泽东在杭州

第二故乡。而他的第一故乡韶山，新中国成立后，他只回去过两次。

在杭州，他写了好几首诗。我们这里且说两首观览写景的"闲适"之作。严格说来，这两首诗都算不得是毛泽东的代表作，但在登临观游之中的舒心愉悦和精神上的升华，却可见一斑。

让人觉得他舒心愉快的，是《七绝·莫干山》："翻身复进七人房，回首峰峦入莽苍。四十八盘才走过，风驰又已到钱塘。"

这首诗的写作时间，在1993年第6期《党的文献》正式发表时，认定是1955年。也有一种说法，出自当时在场的工作人员的回忆，说是1959年11月。1955年和1959年的春冬两季，毛泽东都在杭州住过，且时间不短。住在西湖边一个叫刘庄的别墅。1955年在杭州主要是搞了一个胡风问题，冬季是搞《农业七十条》和《中国农村的社会主义高潮》的序言。1959年春，在杭州召开了两个中央会议，冬季，主要是读苏联《政治经济学（教科书）》。这两次在杭州，一次是花大精力推动中国社会主义农业改造运动，另一次是在"大跃进"出现问题后，总结经验教训，思考中国社会主义建设中的一些理论问题。

这都是大事。看来，写作这首诗的背景并不是那样轻松。

可对于理解这首诗来说，都不重要，不管是写于哪一年、哪一次。对一贯写政治题材的毛泽东来说，这确实是不多见的。

政治、历史背景，在他的这首诗中都远去了，剩下的是一种舒坦、开阔、明朗的心境。仿佛一道透明素丽的光，在空中划过时甩下一弯疾速的弧线，留下畅快的愉悦，却又让人回味。

毛泽东写的是他一瞬间的感受。

题目既然叫《莫干山》，那就要说说这座山了。

莫干山，是天目山的一个分支，在浙江德清县城西北，离杭州有 120 里路。说起这座山的名字来历，还真有些激动人心。

这里是古时吴越所属之地。传说春秋末年吴王阖闾曾派民间有名的铸剑师干将和他的妻子莫邪，到这座山铸一对雌雄宝剑。起初，铁石在旺火炉中不见熔化，莫邪听说必须要有女子以身殉献炉神，才能造出好剑来，便跳入火炉中去了。这对宝剑造出来了，为了纪念这对夫妇，人们称之为"莫邪"、"干将"，这座山，也就叫莫干山。后来的故事更精彩。鲁迅 1926 年还根据传说写了一篇《铸剑》的历史小说，说干将后来被楚王杀了，他的儿子眉间尺为报父仇，在一个义士的帮助下接近了楚王，结果是干将的儿子、义士和楚王的头都掉进一口大锅里打起架来，同归于尽。

据浙江党史部门的有关记载，无论是 1955 年还是 1959 年，毛泽东在杭州都拿出较充裕的时间游览附近的名胜古迹。

每到一地，毛泽东都有一个习惯，了解当地的名胜古迹的来历。游览莫干山时，他曾在传说为莫邪、干将用过的磨剑石旁停下脚步，磨剑石四周的石崖有多处石刻，毛泽东喃喃自语："十年磨一剑，霜刃未曾试。"仿佛是在吟那上面的题刻。在山行道上，毛泽东还情不自禁、边走边吟起古人描绘莫干山的诗句："参差楼阁起高岗，半为烟遮半树藏。百道泉源飞瀑布，四周山色蘸幽篁。"

可是，这一切，都没有写进他的诗里。他这首七绝，名为"莫干山"，其实却没有写莫干山。题目大概是编者根据毛泽东的游程加上的。

也许，他这个时候不愿意把血腥杀伐的历史沧桑装进自己难得闲适宁静的胸怀；也许，他这个时候不想写诗，至少不想写那些沉甸甸的诗。他陶醉在大自然里面，不愿意破坏大自然给予他的纯粹欣赏愉悦的心境。

领袖也需要超功利的休息。更何况大自然一直是他钟爱的审美对象。

的确是这样的。他游兴未尽，离开莫干山，又到观瀑亭观瀑，顺芦花荡西行至塔山远眺，东看太湖，南望钱塘江。好一派大好河山，尽收眼底；好一方碧波荡漾的心湖，映出舒坦清丽的河山。

该回去了。毛泽东似乎还沉浸在"此间乐"之中。尽管不想刻意作诗，还是随口吟咏出这首七绝《莫干山》。

作者从登车启程回住处写起。"翻身复进"，节奏明快活泼，道出身姿轻捷，动作连贯，这也是心情轻松自如的表达。接下来写坐在车里，随着由近及远的空间变化，回首一望，刚刚游过的莫干山的峰峦也渐渐由清晰变得迷蒙浑然起来，正是远看山色有无中的体验。一个"入"字，好像是作者留恋地目送着峰峦远去。这也是一种心境的表达。最后两句，写归程之速，更加轻快，我觉得是诗中最好的两句。"才走过"又"到钱塘"，很是气韵生动。

全诗明显是一气呵成，句句写过程，句句写心境；句句写归途，句句写遄飞的逸兴。这是稍纵即逝的感觉，可毛泽东抓住了，抓住了闲适中的愉悦。

"四十八盘才走过，风驰又已到钱塘。"

说到钱塘，人们自然想起钱塘江，想起钱塘江奔涌的大潮。

人，有时候需要从自然对象中发现自己，提升自己。

第一次看见大海的人，心里大概是不会静如古潭的。在无涯的水天一色的茫茫围困中，你意识到自身的局限，感到窘迫；当你尽力舒展想象，用自己的胸怀去包容对象时，你又会发觉自身的无限和广阔。在呼啸翻卷的猛涛恶浪冲你奔袭而来的时候，也会出现两种对立的感觉：或惊惑、提防，意识到自身的渺小；或抗拒、搏斗，唤起一种豪迈。当你进入后面那种境界的时候，你和对象不再对立，对象不再是外在于自身的存在了，你在它身上看到自己，和对象认同，意识到自我价值的自豪感也油然而生。

人与自然的差距和冲突，便形成了戏剧性的张力；人化自然或自然人化的统一、和谐，便出现了美。把这种张力和美写成诗，在对象那里观照以至实现自我的精神，便是崇高。毛泽东的《七绝·观潮》，就是让人觉得他在精神上提升自己的作品："千里波涛滚滚来，雪花飞向钓鱼台。人山纷赞阵容阔，铁马从容杀敌回。"

这首七绝，无疑是比较简明的咏物之作。毛泽东观潮之所，便是浙江海宁有名的钱塘江出海口。这里呈外宽内窄的喇叭形，潮起潮落，前推后聚，蔚为气势磅礴的天下奇观，不知倾倒历代多少文人墨客。早在南宋，就把农历八月十八日这一天定为"潮神生日"，形成大规模的观潮活动，有时这一天还在钱塘江检阅水师，以壮行色。由潮而生出"神"来，看来，这潮多少寄托了人们的某种寓意。

1957 年 9 月 10 日，这是个美好的日子，毛泽东来到杭州。第二天，便乘船游览钱塘江。11 日上午，即"潮神生日"的前一天（农历八月十七日），毛泽东又从杭州住地乘车到海宁七里庙，观看了钱塘秋涛。随后写《观潮》记感。

全诗四句的结构，呈一实一虚之状。

起句于平实中露陡峭，本是对所观之景直陈言之，其中"千里"二字，则在极目夸张之中一下子把人们带入特定的观潮氛围。

第二句则是夸张想象了，那波潮卷起的雪白浪花，竟从入海口逆钱塘江向西南凌空飞越，落到一二百里以外的浙江省桐庐县境内富春江畔东汉大隐士严光垂钓之处。观潮者主观的介入，超越了客观自然的本来状态，也是对首句气势的大力延伸。

第三句又回到实景的描述，恰如摄像机镜头的一个"反打"，从对面的"潮"反过来对准了"观潮的人群"，记录下他们的反应。既是"人山纷赞"，观潮的人当不在少数，而他们的反应是大体一致的，即感叹作者前两句所描述到的壮阔。

第四句，作者把镜头又一下子荡开，虚起来，从群体又回到作者个人的想象世界——那从杭州湾及至千里之外的太平洋汇聚后，扑面而来的滚滚浪潮，仿佛是从鼓角战场厮杀回来气势正盛的雄师劲旅。作者的主观介入，不像第二句那样，只是一种想象，类似陆游的"铁马冰河入梦来"，而多少挟带了作者的感情。句中的"回"字颇值得玩味。它首先符合人们的视角，让人觉得钱塘江入海口外的无边无际的海面，才是永恒的战场。同时，站在岸边观潮的作者同对象之间不是对立的，他和凯旋的千军万马融在了一起，欢迎着、欣赏着自己的勇士。这里面的感情色彩，于"从容"二字含蓄出之。于是，自然被人化了，人也被自然化了，分不清你我。换言之，人走进了壮阔奇景，也只有有崇高感的人，才能体会并走进崇高的对象。

观钱塘江之潮而咏之，古来多多。毛泽东自幼爱读的洋洋大赋——枚乘的《七发》，专有"广陵曲江观潮"一段："疾雷闻百里，江水逆流，海水上潮；山出内云，日夜不止。衍溢漂疾，波涌而涛起。其始起也，洪淋淋焉，若白鹭之下翔。其少进也，浩浩澄澄，如素车白马帷盖之张。其波涌而云乱，扰扰焉如三军之腾装。其旁作而奔起也，飘飘焉如轻车之勒兵。"广陵曲江，一说为扬州附近，一说即浙江的钱塘江。但这并不重要，反正都是观潮。毛泽东很称道枚乘的文笔，在 1959 年庐山会议期间写的《关于枚乘〈七发〉》的长篇文章中，说其"文好。广陵观潮一段，达到了高峰"。枚乘的描写，把能想象得出的比喻淋漓尽致地铺排出来，是典型的赋体文风。其中有一点，或许给毛泽东有所启发，或许是大多数人在观潮时都能联想得到的，这就是以"三军腾装"（枚乘）和"铁马杀敌"（毛泽东）喻之。

我们说毛泽东打破物我距离，和对象融为一体，不光是一种字面的分析。对于钱塘江潮，他似乎不满足于"观"。1957 年 9 月 11 日观潮的当天下午，毛泽东便投入钱塘江水中去了，朝着潮急浪高处游去。前面似乎是永恒的战场，那是他渴望的地方。我想，在"滔天浊浪排空来，翻江倒海山为摧"的壮景中，一个人搏击其中，也是一种可观之景吧。

人们在观这种"景"的时候，会不会想起"潮神"两个字呢?

第八章

读书与治国

毛泽东一生，对待书本的态度是很有意思的。

青少年时代，他立志在书本中寻求"宇宙之真理"。在一师读书时，他给好朋友萧子升开了 77 种传统的经、史、子、集书目，认为是"必读之书"。

从投身五四运动、参加革命到成为中共党的领袖的十几年间，他奔劳于一线，浪迹天涯，遭遇百怪千难的事情。许多问题，特别是一些操作上的具体问题，在书本上找不到答案，相反，如果按现成的马列经典词句去做，却一再坏事。于是，他提出了一个响亮的口号："反对本本主义"！教条主义则回敬他一顶"狭隘经验主义"的帽子。

到了延安，把几支部队像棋子一样摆向大江南北以后，他坐下来发愤读书。一本本理论著作诞生了；通过整风的形式，依靠他亲自圈定的 22 本书籍（文件），统一了全党的思想。毛泽东不仅甩掉了头上那顶不懂马列的帽子，而且成了有自己的理论体系的精神领袖。

他的著作、思想，在解放战争及新中国成立初期和 1956 年党的八大前后，结出了丰硕的实践果实，并一再证明，他把书本理论运用于实践，是那样的驾轻就熟，那样的挥洒自如，也是那样的不拘一格。

一个人到了成熟和辉煌的巅峰，往下看的时候，难免有"一览众山小"的自信和随意，同时也夹杂着"念天地之悠悠，独怆然而涕下"的孤独。

20 世纪 50 年代后期，或许是太想做出震撼世界的惊人之举，毛泽东不满足于战略指导的工作，他投身于相对陌生的经济事务的操作之中。结果，靠数字的压力来推动的"大跃进"难以为继。

此后，他终于有意摆脱事务，退到二线，拿出更多的时间，读各种各样的书。有意思的是，"文化大革命"爆发的导火索依然是他肯定的一篇批判一部历史剧的万言长文，首当其冲成为重灾区的，依然是他一向重视的文化艺术和思想理论界。那时，他却在千里之外的杭州西湖侧畔、韶山滴水洞中、武昌东湖之滨。远离京城的喧嚣，连标志"文化大革命"发动的 1966 年 5 月中共中央政治局会议也没参加，一走，就是几个月。

这些地方都是静心读书看报、思索勾画的好去处，还可以舒展长臂游泳呢。

被视为"文化大革命"纲领性文献的两封信：1966 年 5 月 7 日致林彪（"五七指示"）、1966 年 7 月 8 日致江青，就是这个时候写的。

直到"文化大革命"已成强弩之末的时候，迟暮之年的毛泽东仍不断地发出号召：弄通马克思主义！还亲自圈定 30 多本经典著作让干部们学习，还说要读点哲学、读点鲁迅。

他还感慨万分地说党内真正懂得马列主义的人太少！

毛泽东轰轰烈烈的一生，同书本竟有如此奇缘。不错，他曾反对过本本，那是因为王明他们搬的书本词句不合中国国情。当中国共产党有自己的理论指导——毛泽东思想以后，他更习惯于用书本来解决人们的思想认识问题，来提供工作方法，来指导社会运动，来处理微妙曲折的"路线"分歧。

一、作为读书人的政治家

对一些影响乃至决定过历史进程的人，人们对他总是有说不完道不尽的话题。开始，人们或许更注意他在政治、经济或军事方面的一些决断和选择。随着时间的推移，人们多多少少发现，真正的伟人，对历史的影响决非一时一代，他的精神能量几乎可以说是超越时空的。在 20 世纪中国的历史长河中，毛泽东显然就是这样的人。于是，近些年来，关于他的话题也就越来越朝着文化精神方面延伸开来。这是因为，他的形象是多侧面的，他是天才的军事家，是占人类五分之一人口的政治领袖，是独步 20 世纪旧体诗坛的巨子，还是一位几亿人口的精神导师和东方文化奥林匹斯山上不乏神秘色彩的智者。

无论从什么角度来看，"毛泽东"这3个字的内涵都是多角度辐射的。

这样，我们把毛泽东作为一个读书人来研究，看待他和中西方文化思想的关系，梳理他对中国20世纪的历史实践的理论反刍历程，就是顺理成章之事了。

引发我这个想法的，是下面这个事实：在书摊已成为图书是否畅销的晴雨表的今天，上面常常摆着一本厚厚的《容斋随笔》，有的还是文白对照，已经卖了好些时候了。这本由一个叫洪迈的南宋"学士"写的随笔杂记，在古代浩如烟海的随笔类著述中，并非特别出色。它的畅销，得益于书商们在封面上印的几个字："毛泽东临终索要之书"。其实，毛泽东一生批注过大量的书籍，在他读过和保存下来的《容斋随笔》上面却未见什么文字，也就是说，毛泽东固然喜欢这本书，但很难说它对毛泽东有什么特别的影响和启发。问题是一般读者并不管这些，因为毛泽东读过这本书并且很喜欢，它就有一种勾引人去阅读的诱惑。除《容斋随笔》外，同类境遇的书还有明代冯梦龙编的《智囊》以及《毛泽东欣赏的古典诗词》，等等，最浩大的工程，大概要算有关权威部门编辑的毛泽东批阅的线装版《二十四史》了。

看来，岁月的河流把毛泽东作为读书人的形象洗磨得越来越清晰了。与此同时，一些理性叙述毛泽东读书生活的书籍也相继出现。最早的要算是1986年出版的《毛泽东的读书生活》（龚育之、逄先知、石仲泉），接着是90年代初的《毛泽东早年读书生活》（李锐），以及90年代中期洋洋130万字的《毛泽东的读书笔记解析》（陈晋主编）。这些书籍，或描述，或分析，大致给人们展示出一个书斋天地里的毛泽东的形象和他的思绪心迹，有助于人们感知和理解毛泽东的思想来源，沟通他的思想的各个方面同马克思主义理论、中国革命和建设实践、中国传统文化、近现代中国社会的各种思潮的内在联系。因为，一切理论化的思想成果，特别是像毛泽东所探索和创造的、对20世纪中国产生如此巨大而深远的历史影响的思想成果，总是在读什么书、怎样读，想什么问题、怎样想，做什么事情、怎样做这样一些具体过程中逐步形成和完善起来的。毛泽东无疑是他那个时代卓越政治家当中最喜爱读书的人。在读书方式上，他是绝对地传统——眼到、脑到、手到，不动笔墨不读书。此外，在组织读书小组的时候，他更有耳到（别人读他听）、嘴到（读完一段他发表意见），这样，比传统读书人讲究的"四到"还多了一到。于是，在他身后留下的"獭祭"、"痕迹"实在太多了。

那么，我们应该怎样看伟人的读书生活呢？与此相关的一个前提，是要弄清伟人是怎样看待自己的读书生活的。

对一般百姓来说，读不读书，属于一种靠兴趣和追求来决定的可有可无的选择；对学问家来说，读书大概就是一种别无选择的职业习惯；就政治家而言，就很难说了。中外历史上，也不是没有粗通文墨或不通文墨乃至轻慢书籍的政治家，不过，这样的政治家大多是称雄一时，人亡政息（有意思的是，青年时代，毛泽东把古往今来的大人物划分成"办事之人"和"办事而兼传教之人"，还说"为生民立道，相生相养相维相治之道也；为万世开太平，大宗教家之心志事业也"）。大体说来，贯通古今、识见深远而能从精神品格和行为信念上影响后世的出色政治家，多半是好读书的。

在心中把中外历史上的政治家将一下，大概很难找到像毛泽东那样酷爱读书的人了。他在各种各样的枪声中度过了一生，也在广阔无垠的书海里游弋了一生。我们不难发现，读书，对于毛泽东来说，不是靠兴趣来支配的可有可无的选择，而是同他的生活、工作、事业需要和理想追求密不可分的别无选择的习惯，由此说他身上有一种超出常人的"读书癖"大概不算过分。我接触到的不少朋友，都很难理解，毛泽东不是单纯的"读书人"，他的实践操作是那样的丰富，他的实践能力是那样的突出，做了那样多惊天动地的大事，那样忙碌，但他读的书，并不比一些终生治学的人少，甚至比一些学问家还要多，还要广且偏。人们很难相信，这却是事实。要说清楚为什么，恐怕要专门写文章。而他同一般治学的人的不同之处又在于，他能入于书而不拘于书，进出自如，似乎有一种出神入化的本事。于是，他一生都在创造，创造了一个在中华民族的历史上从未有过的高度统一并奉行一种意识形态的共和国，乃至铸塑了一种触及民族灵魂的思维方式和语言风格。

按道理说，日记和读书笔记都是纯粹个人的行为，虽见诸文字，不是给人看的。但是，今天出版名人的日记和读书笔记已经不是新鲜事了。道理很简单，正因为这类东西的个人化色彩（还有那么一点神秘），所以，它能透露出某些名人和伟人在皇皇大作中所不能或不愿透露的东西，也就别有一番诱惑和感召。相对而言，毛泽东留下的读书笔记透露的信息，固然谈不上无限，但可能要比日记在情感和思想上更真实些。因为日记毕竟还有专门写了给人看的嫌疑，而随手在书上眉批旁评，绝少会有人借此惺惺作态。当我们进入毛泽东的书斋天地，在间接分享主人公的读书之乐时，不免破颜会心一笑：原来读书更有痴胜我者。因此我们在他的别具一格的批注文字或脱口而出的即兴言论当中，多多少少体会到一个特别真实和富有生动个性的毛泽东。

这个毛泽东仿佛斜靠在他那张特制的大床上，一旁的灯光从上到下勾勒出一个身着睡衣、以手托书的剪影。近看，那不时变换的眼神，微微翘起的嘴角，都是在以微妙的方式，传达着心湖里泛起的波澜，那波澜是从散发着墨香的或发黄的纸页里勾引出来的。窗外不时传来夏虫或寒风的鸣叫，春花或秋月的拂动。突然间，这个同天籁地气、上下古今对话的剪影活动起来，拿铅笔的右手，在书籍的天头地尾之间，写了起来。譬如，1969年6月3日这天深夜，他在武昌东湖侧畔的一处住所读《南史》的时候，于《陈庆之传》的天头处写下的是这样几个字："再读此传，为之神往。"

把毛泽东作为一个"读书人"来"解析"这个举动，本身就意味着人们对毛泽东的认识和研究开始深化了。当然，要补充说明的是，毛泽东毕竟不是一般的"读书人"，而他对读书，对书本知识的看法，同他一生叱咤风云的行色动作是分不开的，同他以及以他为主要代表的中国共产党人对中国社会的改造行程是分不开的。这条路艰难而曲折，毛泽东对读书、对书本的看法也自然不是一条直线，他那读书人的本色，他读书的风格，也就杂彩纷呈。

青年时代，毛泽东一心一意讲"立志"，立志的过程，在他的心目中，相当程度上就是读书。他说"学不胜古人，不足以为学"，几乎有一种要读尽世间书的雄心壮志。对他后来确立志向起到至关重要的作用的书籍，大致有这样三类：以王夫之、顾炎武为代表的明清实学和晚清以曾国藩为代表的湖湘学派；包括严复、蔡元培等人翻译的西方近代资产阶级思想启蒙著作和"五四"前后出现的马列主义译著，如马克思、恩格斯的《共产党宣言》，考茨基的《阶级斗争》，柯卡普的《社会主义史》；再就是当时的新文化、新思潮代表人物，如李大钊、胡适、陈独秀等人的论著。可以说，在五四时期掀起大浪的风云人物，都是一色的知识分子，换句话说，就是读书人。正是这些读书人，在自己的阅读中（当然还有相应的实践尝试），分别选择了自己的人生理想和未来道路。毛泽东自不例外。

在基本完成了理想皈依以后，毛泽东对读书的看法多多少少有了些变化。一则是忙于实际的革命活动，"脑子不能入静"，

▲ 毛泽东喜爱读书，一生都手不释卷

想读书而不能。他那时花相当的精力去读另一本"无字之书"——中国农村社会调查。正是在调查中，他对中国革命的道路有了越来越清晰的认识。尽管那些批判毛泽东的人嘲笑说"山沟沟里出不了马列主义"，但是，正是那些读了大量的马列原著号称"百分之百的布尔什维克"，丢掉了一个建在山沟沟里的红色国家。

然而，毛泽东并没有因此在中国革命的苦难历程中，得出不要书本的结论，恰恰相反，红军长征到达陕北、到达延安后，他就开始异乎寻常地提倡读书，他自己也以参加革命以来从未有过的热情和精力，广搜博求了一大批马列书籍，写下大量批注，无疑也是为了从理论上总结土地革命战争的经验教训，甩掉有人戴在他头上的那顶"狭隘经验主义"的帽子。随后，他提倡研究中国的历史文化，继承从孔夫子到孙中山的遗产，自己更是津津乐道于各种古籍，大体是在做着在理论研究上把马克思主义中国化的工作。至于对中国共产党的建设起了关键作用的整风运动，其主要的表现形式，实际上

也是一场别开生面的读书运动。应该说，正是读书和提倡读书，使毛泽东在陕北黄土高原的窑洞里，走完了他成为中国革命无可争议的领袖的最后一段历程。这里说的"领袖"的概念，不仅是政治的和军事的，还是思想的和理论的。

到晚年，毛泽东对读书的看法也是很有意思的。比如，20 世纪 50 年代后期，在推动"大跃进"的时候，他把绝大的期望寄托在最有实践创造力的人民群众身上，而对拥有知识的人却多少不以为然，于是他常说学问少的人胜过学问多的人，教授不如学生等。与此同时，他又有意要摆脱事务，提出退居二线，说是要腾出更多的时间来读书、写文章。特别是在意识到"大跃进"的错误后，他更是竭力提倡读书。到了 60 年代中期，一方面，他坚决反对死读书，认为知识更多地来源于社会实践，大老粗最有出息，对青年学生来说不走出校门不行，于是提倡教育革命。另一方面，他自己则发誓要把"二十四史"读完，一直到"文化大革命"后期，迟暮之年，他还念念不忘，要弄通马克思主义，要读点哲学，读点鲁迅……

这些看起来交错矛盾的思路进程，并不说明毛泽东一生对读书的态度处于朝秦暮楚的割裂状态，而是反映了作为读书人同书本的特殊缘分，作为政治家在读书问题上的特别之处。

作为个人，他有天然的读书人的本色和爱好，这是他同其他政治家的一个明显不同之处。事实上，他一生中读的大量书籍同他的政治实践并没有直接联系，或者说他并不是有意要从中寻求什么联系。诸如他花大的精力去考证王勃写《滕王阁序》时的年龄和贺知章在长安做官时有没有家眷，批注清代纳兰性德的词，比较孙髯翁写的昆明大观楼的长联和阮元修改的优劣，以及详读朱熹的《四书集注》，背诵《楚辞》、《文选》中的一些华彩篇章，等等。这些纯个人化的爱好，我们可视为他在书本里进行着独特的心灵对话，在对话中实现一种只有读书人才乐于寻求和可能获得的心理期待、智慧愉悦、审美满足。其中的快乐，如鱼饮水，冷暖自知，难为外人道之。况且，没有读过的书，对人们来说，就是一个不可限量的未知空间，而毛泽东就是这样一个人：未知的东西，对他有一种极强的诱惑，他试图要以有涯之生去尽量填充那未知的空间。这是一种智慧的挑战。

正因为毛泽东有如此的兴趣，即便他不是一个政治领袖，相信也会是个在学术界颇有识见声誉的学人。问题是他实实在在是一位非凡的政治家，他本人读书所得的渊博知识，为他获得了一般政治家所难有的人格魅力，使人们觉得他的身上似乎有一种神秘的智慧源泉，各色人等一和他接触，都自觉或不自觉地处在一种心理劣势的境地，心甘情愿地跟他的思路走。他可以用传统的对话方式走进自幼饱读诗书的清末遗老、民国元勋们的心灵，使对方在无拘无束中惊叹这位日理万机的大国领袖的学问根底（这一点我们只要翻一下《毛泽东书信选集》中所收的写给一些民主人士、老先生的信即可明了），也就生出一种亲近感。显然，这种魅力不可避免地要向政治上延伸扩散。于是，当一个美国记者从延安毛泽东的那所窑洞里走出来的时候，他断言毛泽东是走在时代前面50年的人，还说自己在昏暗的灯光下猛然间看到了永恒。20世纪50年代和60年代初，毛泽东同西藏的宗教领袖达赖和班禅谈论自己对佛教经典的理解，70年代和来访的尼克松讨论哲学，都使他在这些人面前有一种不可言状的让人不得不折服的心理优势，让他们于不知不觉间把一个政党、一个国家的形象同一国领袖的风采联系在了一起。

毛泽东这种读书人的魅力更可以使他和同时代的学界泰斗如郭沫若、范文澜辈对话，并且以自己的识见来影响他们，进而影响一代学人的学风、一代学术话题的走向。事实上，这一点他是非常容易地做到了。作为读书人的政治家，或者说政治家的读书人，毛泽东的这个特点对当代中国的文化学术界的影响是显而易见的。这种影响，在文学、史学、哲学各个领域，都可以在他的读书活动中寻出一些联系来，诸如对孔儒、荀子、韩非的评价，对老子的评价，对秦始皇、曹操的评价，对李白、李贺、李商隐的评价，对韩愈、柳宗元的评价，对《红楼梦》、《水浒传》的评价，对鲁迅、胡适的评价，等等。

如果把读书和毛泽东的政治实践联系起来考察，我们不难发现，他的读书，他对读书的看法，以及他提倡读书或反对书本，都是为了某种现实的需要，即读书为我所用。这便是他作为政治家的读书风格和色彩。显然，这样的读书动力，形成了毛泽东读书活动的几层含义。

他是知识分子出身并通过各种理论信念的选择才确定未来道路的革命家，他深深懂得并坚定地认为，人们的思想意识，特别是人们以各种方式所接触到的理论体系对现实运动有着至关重要的作用。这样，人们就不难理解，为什么改造世界观和文化革命在毛泽东的思想体系中有着那么突出的地位了。怎样才能实现这一操作效应呢，除了社会实践外，自然就是要择书而读。所以，他几次对干部们讲：多读些书，就好像站在山头上，可以看得更远……

读书，也就合乎逻辑地演变成了毛泽东特殊的政治领导风格，需要解决什么现实问题或需要提倡什么精神气氛的时候，他总是开列出一些有现实针对性的书目让干部们去读，以便统一思想。所以，在现存的毛泽东的文稿当中，有不少是他在各种会议上开列的书目手迹。如整风运动时他亲自拟的22个文件，事实上就是22种书和文章。抗战后期他又提出把郭沫若的《甲申三百年祭》作为整风运动必读的文件，1958年3月成都会议他批示印发的书籍就更多了，其中包括邹容的《革命军》，他还亲自动手编了两本古代诗人吟咏四川的诗词集发给与会者。在1959年的庐山会议上，他把枚乘的《七发》印发给与会者，怕人们看不懂，又在大会上逐句逐段地讲解。1962年七千人大会期间，他读到两位民主人士写的描写农村新景的诗，立即作为会议文件下发。晚年，他让人们"读点鲁迅"，自也是别有深意存焉……

这样，毛泽东的读书活动，形式上是个人化的爱好和选择，实质上却是一种社会化的活动，他的倡导读书，甚至在某种程度上反映出中国共产党和整个民族在相当一段时间里思想探索的轨迹。这大概就是政治伟人读书的非常之处。读书人和政治家双重情怀，使毛泽东一方面有"我注六经"的素养训练和学术精神，同时又有"六经注我"的现实的敏锐眼光和超越气魄，从而常常在书中见一般读书人所难见的精妙，发一般读书人所难发的感慨，于是在读书笔记和谈话中常有惊人之语。诸如，他认为千古不齿的商纣王是一个很有本事、能文能武的人；宋玉的《登徒子好色赋》有辩证法，歌颂了一个模范丈夫；枚乘的大赋《七发》是批判保守主义的；贾谊的《治安策》是最好的政论；《红楼梦》写的是阶级斗争；鲁迅是现代中国第一圣人……

当然，今天看毛泽东的读书，自不可一一效法，我们要看到他读书的一些个人色彩和时代色彩。他爱书读书的精神，他结合实际的读书方法，具有永恒的价值，但他对一些书籍的具体评论，以一家之言视之，不必着意承续发展。譬如，今天的人们读宋玉的《登徒子好色赋》，未必会去赞叹登徒子一辈子钟爱那位麻脸驼背老婆的高风亮节。今天的青年读《红楼梦》，未必总是从"吊膀子"（爱情）里看出满眼的政治和阶级斗争。再说，把某一部古书或某些古文古诗同现实的某种社会倾向直接联系起来阅读，乃至让全社会都来"评法批儒"说《水浒传》，在今天大概是绝少有人响应的了。如果是几十年以前，传出毛泽东爱读《容斋随笔》，人们竞相传阅的动机，可能会是揣摩其间的什么风向，而今天这本书的畅销，在出版者无疑是商业动机的驱使，在阅读者多少是一种个人的好奇罢了。

世道沧桑，人间巨变，人们的思维背景也今非昔比。但关于毛泽东，除了记住那个矗立在 20 世纪政治峰巅上的伟岸形象外，再补充一个书斋里的形象，总是有益的、不无启迪的。

二、一本书和两场运动

1950 年 2 月，毛泽东第一次访苏快结束的时候，同周恩来一道到克里姆林宫拜访斯大林。会见中，斯大林建议毛泽东把自己写的文章、文件等编辑成集出版。

毛泽东说他也有此意，希望斯大林派一位理论上强的同志帮助完成此项工作。斯大林当即提出一个人选，就是任《苏联书籍》杂志主编的哲学家尤金。他还说："这个人你们不熟悉，他有理论修养，我们经常使用他，你看合适不合适？"

这是毛泽东第一次知道尤金这个人，自然表示欢迎："这样的人最好。"

斯大林提出这个建议，事实上承认了毛泽东在中国革命实践中的理论建树，反映了这位世界共产主义阵营的最高权威对毛泽东的认识发生了重要变化。对毛泽东来说，当然是件很开心的事情。

"尤金"这个名字，后来在中国并不陌生，五六十年代的广大干部和知识分子差不多都读过他和罗森塔尔主编的那本《简明哲学辞典》。

这本辞典是 1939 年被当作《联共（布）党史简明教程》的参考资料出版的，约 270 个条目。编写者最初的目的是帮助读者学习和研究《联共（布）党史简明教程》，特别是其中的第四章第二节《辩证唯物论与历史唯物论》。编者在俄文第一版"序言"中说："这本简明哲学辞典以帮助人们研究布尔什维克党的理论基础（马列主义哲学）为自己的任务。这本辞典并不包括所有的哲学概念和术语。它的任务是相当狭小的：释明马列主义古典作家著作中基本的、最通用的、常见的哲学概念。"该书出版后，立刻获得好评，认为它最大的优点是通俗、扼要而又明确地说明了马列主义哲学的许多基本内容，同时又能保持较高的哲学理论水平。次年，该书经过增订便出第二版，字数、条目较第一版增加到两倍左右。1952 年、1954 年，又先后增改出了第三版、第四版，到第四版时，条目已增至 760 个左右，译成中文达 67 万字，其内容已远远超越编者在一版时的考虑，而成为较为系统的一般哲学辞典了。主编尤金曾担任莫斯科红色教授学院院长、苏联科学院哲学研究所所长、国家联合出版社社长。另一主编罗森塔尔长期在苏共中央社会科学院担任教学工作，曾任苏联科学院哲学研究所副所长和《哲学问题》杂志副主编。

《简明哲学辞典》最早的中译本是 1940 年由新知书店出版的孙冶方译本。新中国成立初期，该书很受读者欢迎，1949 年 4 月至 1951 年初，仅在北京一地，即由三联书店再版了 5 次。主要原因是新中国成立以后各地掀起了学习革命理论的热潮，对马列主义哲学的学习也普遍化了，对于初学的人，它确实是很好的一种参考资料，而中国当时还没有更好的哲学辞典。1955 年，中共中央马列著作编译局根据俄文第四版翻译了《简明哲学辞典》，由人民出版社出版。1955 年，俄文第四版经过修改又出了一版，中共中央马列著作编译局据此重新校订翻译，于 1958 年交人民出版社出版，后多次印刷，发行达几百万册，成为哲学启蒙的权威工具书。

这本辞典当然也浓厚地反映了斯大林时期苏联哲学界的不少片面的、简单化的观点，在其一、二、三版中尤为突出。这一点，毛泽东后来多次谈到。

却说毛泽东从苏联回国后不久，即着手准备《毛泽东选集》的编译工作。

大约在 1950 年 4 月间，他致电斯大林，正式邀请尤金来华帮助进行这项工作。

7 月间，尤金就来到了北京，他的任务主要是看师哲等译好的俄文稿。

作为哲学家，毛泽东很喜欢尤金，引为同道。据当时同尤金接触很多的师哲在《在历史巨人身边：师哲回忆录》（李海文整理）一书中回忆：

9 月底，尤金访华时间将结束，但《毛泽东选集》编辑工作远未完成。毛泽东于 9 月 30 日致电斯大林，请求延长尤金在中国工作的时间。毛泽东写道："尤金在这里工作了两个多月。但是，关于帮助编辑《毛泽东选集》的工作现在还没有完成，还需要相当一段时间。并且我们希望他能到山东、南京、上海、杭州、长沙、广州、汉口、西安、延安、沈阳、哈尔滨等地参观，并向我们的干部做一些政治理论报告、讲演等，以上两项工作，共需四个多月时间。因此，我请求你允许尤金同志在中国工作的时间延长至 1951 年 1 月底或 2 月底，是否可以，请予复电为盼。"

10 月 9 日，斯大林回电毛泽东："来电请求延长尤金留中国的时间已收到。现通知你，尤金留中国可以到今年年底，以便完成《毛泽东选集》的准备工作及在中国各城市党的干部会上的讲演。"毛泽东接到电报后，于 10 月 11 日批转刘少奇："请为尤金组织去各地参观并讲演。在京四次讲演应办理完毕。"

尤金周游讲学回京后，看了《实践论》等译稿，赞不绝口。大约十一二月间，尤金同毛泽东进行了一次较长的谈话。尤金首先说明他对准备编入《毛泽东选集》第一卷的译文都看了，觉得非常有趣，有许多独到之处。他认为，就他已阅读过的文章来说，都是有价值的。同时指出也有个别篇章作为理论性的文献，有些语句或许欠严谨。如："一屁股蹲下，坐在炕上"；"懒婆娘的裹脚布，又长又臭"；辩证法中的"生与死"的关系；等等。

尤金极力推崇毛泽东的若干篇文章，特别是对《实践论》、《矛盾论》、《在延安文艺座谈会上的讲话》还陈述了自己的认识和想法，要求毛泽东把这几篇文章寄送给斯大林阅读。同时他还建议把已定稿的《实践论》发表在苏联某理论刊物上。毛泽东同意了尤金的建议。

谈话后，尤金立即将《实践论》的译稿经苏联大使馆转送斯大林。斯大林阅后交给苏共中央的理论刊物《布尔什维克》杂志于 1950 年 12 月出版的第 23 期上全文发表了。

《实践论》在苏联得到很好的反响。毛泽东对此很高兴，1950 年 12 月 28 日给新闻总署署长胡乔木写信，要求他将《实践论》和《真理报》编辑部评论文章分两天登报，并嘱可先在《人民日报》发表，然后新华社再用文字广播。12 月 29 日、30 日，《人民日报》先后发表了《实践论》和《真理报》编辑部的评论。

很明显，尤金第一次来华给毛泽东留下了很好的印象。把毛泽东的著作及时地介绍到苏联，从而使毛泽东在苏联获得理论家的形象，尤金是有功劳的。

尤金于 1951 年 1 月回国，7 月下旬，毛泽东又邀请尤金偕夫人季娜第二次来华，住在景山后街原来燕京大学校长、美国驻华大使司徒雷登的寓所。毛泽东几次来这里拜访他，两人谈起哲学，兴味很浓。到 11 月，尤金启程回国时，《毛泽东选集》第一、二卷翻译工作已经完成得差不多了。

看得出，在编译《毛泽东选集》的过程中，毛泽东和尤金这两位哲学同道建立起了个人友谊。

1953 年，斯大林逝世后，赫鲁晓夫知道尤金颇得毛泽东赏识，便任命尤金为驻华大使。一直到 1959 年尤金任期满后才被调回国，继续任苏联科学院院士。

50 年代，毛泽东和尤金时常就一些理论问题交换意见，苏共二十大以后，中苏两党在一些问题上出现了分歧，两人也时有探讨，气氛都是友好的。毛泽东对尤金始终格外重视，认为他是一个诚实的人。

公务之外，他们谈得更多的自然是哲学问题。毛泽东曾当面批评尤金《简明哲学辞典》中一些条目的观点，特别是其中的"同一性"一条。

这个条目说："有些人错误地把马克思主义的同一性原理应用于一些根本对立的现象。例如：一些人说，和平和战争是同一的；另一些人说，在资本主义制度下，资产阶级和无产阶级是同一的，等等。这样简单地理解同一性其实就是滥用黑格尔的术语，孟什维克式的唯心主义者格外热衷于这种做法。像战争与和平、资产阶级和无产阶级、生和死等现象不能是同一的，因为它们是根本对立和相互排斥的。"

毛泽东颇为直率地责问尤金："你这个东西是整我的。"

尤金无言以对。其实，我们至今不明白毛泽东这句话暗含的是什么意思。反正，他对这样论述"同一性"这个范畴是非常反感的，在公开场合，多次提到。

1957 年 1 月 27 日在北京召开的全国省、市、自治区党委书记会议上，毛泽东说得更为慷慨激昂：

"斯大林有许多形而上学，并且教会许多人搞形而上学……苏联编的《简明哲学辞典》第四版关于同一性的一条，就反映了斯大林的观点。辞典里说："像战争与和平、资产阶级与无产阶级、生与死等等现象不能是同一的，因为它们是根本对立和互相排斥的。'这就是说，这些根本对立的现象，没有马克思主义的同一性，它们只是互相排斥，不互相联结，不能在一定条件下互相转化。这种说法，是根本错误的。

"在他们看来，战争就是战争，和平就是和平，两个东西只是互相排斥，毫无联系，战争不能转化到和平，和平不能转化到战争。列宁引用过克劳塞维茨的话："战争是政治通过另一种手段的继续。'和平时期的斗争是政治，战争也是政治，但用的是特殊手段。战争与和平既互相排斥，又互相联结，并在一定条件下互相转化。和平时期不酝酿战争，为什么突然来一个战争？战争中间不酝酿和平，为什么突然来一个和平？

"生与死不能转化，请问生物从何而来？地球上原来只有无生物，生物是后来才有的，是由无生物即死物转化而来的。生物都有新陈代谢，有生长、繁殖和死亡。在生命活动的过程中，生与死也在不断地互相斗争、互相转化。

"资产阶级与无产阶级不能转化，为什么经过革命，无产阶级变为统治者，资产阶级变为被统治者……

"对立面的这种斗争和统一，斯大林就联系不起来。苏联一些人的思想就是形而上学，就是那么硬化，要么这样，要么那样，不承认对立统一。因此，在政治上就犯错误。"

在 1959 年 8 月一次中央全会上的讲话中，毛泽东又重申了他的看法。他说，《简明哲学辞典》把同一性混同于形而上学的同一性，与马克思主义的同一性完全是两回事。因而否定战争与和平、无产阶级与资产阶级、生与死有同一性，可以转化。我对尤金说，你这个东西是整我的，他回答不了。我说，既没有同一性，战争为什么转化为和平、和平又转化为战争，如第一、二次世界大战，抗美援朝，就是和平转化为战争，战争转化为和平。这两个东西，照形而上学看是完全隔绝的，河水不犯井水，和平就是和平，战争就是战争。其实这两个东西虽是对立的，但有同一性，没有同一性，怎么能转化？凡是对立的东西都有同一性。

在毛泽东讲话后，我国哲学界在报刊上开展了关于矛盾的同一性与斗争性、思维与存在有没有统一性的问题的讨论。凡属这方面的重要文章，毛泽东几乎都要看的。1958 年 6 月 24 日，他曾邀集一些同志谈论发表在 1956 年第 2 期《哲学研究》上的《对"矛盾的统一性"的一点意见》一文，该文对《简明哲学辞典》关于同一性的解释提出不同意见。1960 年 11 月 12 日，毛泽东看到当天《人民日报》登载的一篇关于矛盾的同一性和斗争性的讨论的综合介绍，当即要该报把文中提到的分别刊登在《新建设》、《光明日报》、《学术月刊》、《文汇报》上的几篇不同观点的文章全部找给他。

毛泽东为什么这样注重对"同一性"这个哲学概念的解释呢？显然他评论的不仅仅是《简明哲学辞典》这本书，而是借此从思想方法上总结和反思斯大林犯错误的教训。

在 1957 年 1 月 27 日的讲话中，毛泽东便进一步谈到斯大林在理论上的一些简单的做法。他说："马克思主义的三个组成部分，是在研究资产阶级的东西，研究德国的古典哲学、英国的古典经济学、法国的空想社会主义，并且跟它们作斗争的过程中产生的。斯大林就比较差一些。比如在他那个时期，把德国古典唯心主义哲学说成是德国贵族对于法国革命的一种反动。作这样一个结论，就把德国古典唯心主义哲学全盘否定了。他否定德国的军事学，说德国人打了败仗，那个军事学也用不得了，克劳塞维茨的书也不应当读了。""他在《苏联共产党（布）历史简明教程》中讲，马克思主义辩证法有四个基本特征。他第一条讲事物的联系，好像无缘无故什么东西都是联系的。究竟是什么东西联系呢？就是对立的两个侧面的联系。各种事物都有对立的两个侧面。他第四条讲事物的内在矛盾，又只讲对立面的斗争，不讲对立面的统一。按照对立统一这个辩证法的根本规律，对立面是斗争的，又是统一的，是互相排斥的，又是互相联系的，在一定条件下互相转化的。"

很明显，作为《联共（布）党史简明教程》的辅助读物来编写的《简明哲学辞典》，难免带有否定非无产阶级的思想遗产的缺陷。正是在这个意义上，毛泽东说："斯大林有许多形而上学，并且教会许多人搞形而上学。"更重要的是，在思想上搞形而上学，"在政治上就犯错误"。在 1957 年 1 月 27 日的讲话中，毛泽东还紧接着谈到斯大林时期所犯的形而上学的政治错误。他说：斯大林时期，反革命就只有杀头的一个办法，犯错误的也杀头，偶有不同意见，就排除，就抓起来，就斗争，就叫"反苏"，对立物不能统一，不能转化。

怎样避免重犯这样的错误呢？我们知道，毛泽东和中央一些领导同志在 1956 年提出"百花齐放，百家争鸣"这一繁荣科学和文化的方针后，并不是所有的人都一下子接受了的，毛泽东在一次会上曾估计过，地委以上的干部有十分之九的人不理解这个方针。国际上，苏联等一些社会主义国家也不理解，说这是右，是妥协，等等。而毛泽东则认为这是调动一切积极因素建设社会主义的正确的文化方针。为此，1957 年 1 月至 4 月，毛泽东在各种会议上反复宣传和解释这个方针。1 月 27 日在省、市、自治区党委书记会议上他共讲了六个问题，其中第四个问题就是为什么要提出"双百"方针，怎样理解这个方针。批评《简明哲学辞典》对同一性的错误观点，就是为了阐述这个问题而讲的，意在从思想方法上纠正人们对"双百"方针的误解。

他说：我们要解释和发展辩证法的对立统一学说，"从这种观点出发，我们提出了百花齐放、百家争鸣这个方针。"因为正确的东西总是同错误的东西相比较并且同它作斗争发展起来的。禁止人们同反面的东西见面，"这样的政策是危险的政策。它将引导人们思想衰退，单打一"，斯大林的教训就在这里，而"双百"方针就是要在比较和斗争中发展正确的东西，实现对立面的同一性转化。

很可惜，毛泽东的这个思路很快就发生了变化。1957 年夏天开始的严重扩大化的反右运动，在思想方法上显然脱离了他此前强调的"同一性"和"转化"！

《简明哲学辞典》同当代中国政治运动的瓜葛还没有完。

1959 年 8 月在庐山会议上，毛泽东向全体与会者写了这样一封信：

各位同志：

建议读两本书。一本，哲学小辞典（第三版）。一本，政治经济学教科书（第三版）。两本都在半年读完。这里讲《哲学小辞典》一书的第三版。第一、二版，错误颇多，第三版，好得多了。照我看来，第三版也还有一些缺点和错误。不要紧，我们读时可加以分析和鉴别。同政治经济学教科书一样，基本上是一本好书。为了从理论上批判经验主义，我们必须读哲学。理论上，我们过去批判了教条主义，但是没有批判经验主义。现在，主要危险是经验主义。在这里印出了《哲学小辞典》中的一部分，题为《经验主义，还是马克思列宁主义》，以期引起大家读哲学的兴趣。尔后可以接读全书。至于读哲学史，可以放在稍后一步。我们现在必须作战。从三方面打败反党的反马克思主义的思潮：思想方面、政治方面、经济方面。思想方面，即理论方面。建议从哲学、经济学两门入手，连类而及其他部门。

毛泽东在这封信中所说的《哲学小辞典》，就是尤金和罗森塔尔主编的《简明哲学辞典》；他说"好得多了"的第三版，即俄文第四版的新版，也就是人民出版社 1958 年的中文版。他在 1959 年的庐山会议期间建议读这本书和苏联编写的《政治经济学（教科书）》，总的背景是为了"从哲学、经济学两门入手"，总结 1958 年"大跃进"的经验教训。但如何总结，怎样评价"大跃进"，毛泽东则有自己的看法。

半个月前，在中央政治局常委会小范围内批评彭德怀时，毛泽东就定了这样一个调子：政治局委员不懂些理论，做工作难，你这个同志，世界观是经验主义，非马克思主义。

隔一会儿，刘少奇从外面进来，毛泽东又重述一遍：我说彭对马克思主义理论哲学基础不懂，经验主义是马克思主义哲学的敌对体系。

他设定的逻辑是：彭德怀等人对"大跃进"的看法是错误的，从思想方法上讲，是因为他们看问题的方法以及他们的世界观不符合马克思主义，是主观唯心主义的经验论。要纠正他们的错误观点就必须改变他们的思想方法。

8 月 11 日在一次中央会议上，毛泽东说得更明确：他们主要是世界观、人生观问题，经验主义人生观、世界观问题，世界观同时是方法论。这个问题几十年来没有解决。自己也不愿解决。同犯错误的同志交换意见的结果，他们的世界观和方法论不是马克思主义的，不是辩证唯物论、历史唯物论的，而是主观唯心论，主观唯心主义的经验论。从外国流派来说，是列宁所批判的马赫主义、卢那察尔斯基、波格丹诺夫；还有唯我主义、实用主义。他们不承认客观真理，没有客观标准，不承认自然界，物质世界是独立于人们的意识之外的。我们的一些同志一厢情愿，单相思，自以为是，而不实事求是。客观真理变为主观真理要经过脑筋千百次反复的感觉，然后变成概念，山水草木、牛马猪羊、男女老少这些概念，都是从感觉到理性抽象出来的。历来犯错误的同志，都是部分的、大部的或者是全部的主观唯心论，要改变他们的世界观、方法论。英国贝克莱的唯我主义是主观唯心论的极端流派，他的名言：为什么有我？因为我想。我不想，我就没有。世界也是"我思则在"，否则世界也没有了。

毛泽东在讲了这些之后，又谈到《简明哲学辞典》，说：现在的第四版，我看比较好。关于"经验"、"经验主义"、"唯物论与经验批判论"、"实用主义"、"贝克莱"、"实验主义"、"皮尔逊"，还有讲必然性与偶然性、现象与本质、自由与必然、政治与经济等，这些条目可以看一看。

在中央全会上给广大干部讲哲学理论，也算奇特，但确实反映出毛泽东的政治风格。他不是无的放矢。在讲完上述理论后，毛泽东一收：为什么从这里谈起？因为历来一讲到政治问题都不讲世界观。最根本的问题就是宇宙观。不谈不行。一切要从这里开始。

为了更深入地解决这个问题，在毛泽东亲自指导下，有关人员从《简明哲学辞典》中挑选了"经验"、"经验论"、"经验批判主义"、"感觉"、"本质和现象"、"必然性和偶然性"、"马赫主义"、"主观唯心主义"等一百来个条目，题为《经验主义，还是马克思列宁主义》，印发给与会者。前面引述的毛泽东的那封信便是作为一个说明配发的。这个材料于同年 11 月又印成书本供更多的人学习。

从《简明哲学辞典》中挑选出来的条目，基本主题是用唯物主义的反映论和辩证法来批判主观唯心主义的先验论、经验论。正像"经验"这个条目所说的那样，唯心主义者总是把经验理解为"只是和自己的感觉、和自己的亲身体验发生关系"，现代资产阶级哲学家也总是"千方百计地歪曲和利用经验这个概念，企图靠它来巩固唯心主义……把经验理解为感觉的总和，感觉的活动、感觉的状态"。这样，关键问题是如何理解经验。马克思主义的唯物论认为："经验是和不依赖于人们意识的客观自然界发生关系的人类实践，即用人们所创造的生产工具来改造自然界的人类实践。"只有在这个意义上，"经验是认识的基础和真理的标准"。毛泽东注重《简明哲学辞典》对唯心主义经验论的分析的现实所指是：如果站在唯心主义经验论的立场上，必不可免地要用自己所看到的、所感觉到的一些表面的消极现象，来否定"大跃进"的基本成绩，颠倒一个指头与九个指头的关系；如果站在马克思主义唯物论的立场上来看问题，那么，"大跃进"作为前所未有的人类实践活动，是不能凭主观感觉来否定的。

问题在于，如果脱离对"大跃进"这一实践的评价，抽象地看毛泽东对这些哲学方法论的阐述，或许没有毛病，但如果把这些方法运用到"大跃进"的评价上，我们就必须作出选择：要么毛泽东的看法更接近实际，要么彭德怀等的看法更接近实际。历史已经证明，彭德怀等对"大跃进"的看法更客观一些，恰恰不是"主观的唯心主义经验论"。历史就是这样复杂，毛泽东提倡一种好的哲学方法，但用错了对象。

值得一提的是，11 年后，即 1970 年 8 月，同样是在庐山召开的党的九届二中全会上，当年大批彭德怀的陈伯达，在会上大讲"天才论"，还抛出一个《恩格斯、列宁、毛主席关于称天才的几段语录》，毛泽东在 8 月 31 日写的《我的一点意见》中说："人的知识（才能也属于知识范畴）是先天就有的，还是后天才有的，是唯心论的先验论，还是唯物论的反映论，我们只能站在马列主义的立场上，而决不能跟陈伯达的谣言和诡辩混在一起……这个马克思主义的认识论问题，我们自己还要继续研究，并不认为事情已经研究完结。"1971 年 6 月，为了配合批陈整风的学习，人民出版社正式出版了 1959 年庐山会议期间编印的《经验主义，还是马克思列宁主义》一书，同时还把毛泽东 1959 年 8 月 15 日写的那封信附在前面。

三、三本书的政治畅想

1875 年，马克思在批评拉萨尔派的观点时，谈到未来社会的消费资料分配原则，提出了一个后来被人反复发挥的概念——"资产阶级权利"（50 年代译为"资产阶级法权"）。

这是个纯经济学概念，不大好懂。我们只记住它的一个基本意思就行了。打个比方：我们两个今天都从船上卸下了 50 袋大米，每人得工钱 10 元，这是平等的，没有话说。可是，我的 10 元钱要养活全家 5 口人，而你却是个单身汉。于是，马克思认为，这事实上是不平等的。因此叫资产阶级式的"平等权利"。

喜欢读书的毛泽东，大大发挥了这个特定概念的内涵，并把它和当代中国的社会实践糅在了一起。

从 1958 年 1 月南宁会议开始，毛泽东就不断地思考着一个问题：怎样才能调动劳动者的积极性，掀起"大跃进"。

开始，他主要是讲改变上下级、干部和群众之间的不平等关系，提出"打掉官气"。从 1958 年 8 月下旬开始，他把这个问题同现行的分配制度（工资制）联系在一起讲，并把它们纳入"资产阶级权利"这个范畴之中。

这年 8 月在北戴河中央会议上，破除资产阶级法权成了毛泽东几次讲话的基本主题：

——要破除资产阶级法权。例如争地位、争级别、要加班费、脑力劳动者工资多、体力劳动者工资少等，都是资产阶级思想的残余。"各取所值"是法律规定的，也是资产阶级的东西。将来坐汽车要不要分等级？不一定要有专车，对老年人、体弱者，可以照顾一下，其余的就不要分等级了。

——要使同志们了解马克思、恩格斯、列宁、斯大林对生产关系包括所有制、相互关系、分配三个部分之间相互关系的论述，他们接触到了。我看经济学上没有讲清楚这一条。所有制解决以后，资产阶级的法权制度还存在，如等级制度、领导与群众的关系。要考虑取消薪水制、恢复供给制问题。过去搞军队，没有薪水，没有星期天，没有八小时工作制，上下一致，官兵一致，军民打成一片，成千上万地调动起来，这种共产主义精神很好。过去实行供给制，过共产主义生活，22 年战争都打胜了，为什么建设共产主义不行呢？我们已相当地破坏了资产阶级的法权制度，但还不彻底，要继续搞。不要马上提倡废除工资制度，但是将来要取消。恢复供给制好像"倒退"。"倒退"就是进步，因为我们进城后后退了。现在要恢复进步，我们要把 6 亿人民带成共产主义作风。

——过去我们搞共产主义性质的供给制，一到城里来，自惭形秽，薪水制否定了供给制。衣分三色，食分五等，一是反映了中国资产阶级思想，二是照搬苏联。我们对资产阶级法权观点不自觉。

——人民公社一大二公，社会主义把资本主义残余逐渐去掉，破坏了资产阶级法权。有人把供给制说得那样不好，把薪金制说得那样神乎其神，二万五千里长征难道是靠发薪水？人民公社再搞起来，再逼一逼，将来再准备恢复供给制。

仅仅在党的会议上讲，毛泽东似言犹未尽。

10 月 2 日，毛泽东在一次接见 6 个兄弟国家访华代表团谈到人民公社为解放生产劳动力，把人们的生活统包下来时说：我们不说，现在已是共产主义了，现在还不是共产主义，因为发工资还是等级制度。粮食这方面，明年再丰收一年，可以实行吃饭不要钱这个制度，衣服还不行，其他还不行，资产阶级法权还需继续存在，讲等级制度，薪水分等级，如八级工资制这一套。但资产阶级法权我们不准备长期让它巩固下去，我们准备还是破坏它。

10 月 14 日，毛泽东在天津视察时，又专门召开了关于资产阶级法权问题的座谈会。在这个会上，他说：原始共产主义社会，没有法权制度。后期才有了一些，生活资料多了，人们对它的占有有了一些区别，积累起来就成了生产资料。从奴隶制社会出来，就是封建制度、资本主义制度。所以，法权不只资本主义制度才有，奴隶制时等级制度就很森严，资产阶级高明一点就是了。不使资产阶级法权巩固下来，要使它逐步破坏。

毫无疑问，这是关系到社会体制和经济体制的一条大思路。毛泽东的直观逻辑是：只有干部和群众不仅在社会地位，而且在劳动报酬上一律平等之后，"大跃进"才有可能。把现行的等级工资制恢复为新中国成立前在革命队伍中实行过的供给制，才能解决这一问题。这就是破除资产阶级法权。

他的理由似乎很充分："实行供给制，革命胜利了，为什么今天搞建设不行呢？"

8 月下旬北戴河政治局扩大会议之后，参加会议的上海市委书记柯庆施把毛泽东的见解转告了当时任上海市委宣传部部长的张春桥。张春桥按自己的理解，数易其稿，写出了《破除资产阶级的法权思想》一文，在中共上海市委的理论刊物《解放》上发表。那时，《解放》刚创刊不久。1958 年 6 月 1 日，在毛泽东的提议下，中共中央创办政治理论刊物《红旗》，陈伯达为总编辑。柯庆施立即效仿，在上海创办了《解放》半月刊，于 1958 年 7 月 1 日创刊。每期《解放》杂志都寄给毛泽东。张春桥的文章 1958 年 9 月 15 日刊于《解放》第六期上，不多日便送到了毛泽东手中。

张春桥在文章中说：

"在全国解放以后，这种以'供给制'为特点的一套军事共产主义生活……没有多久……受到了资产阶级法权思想的攻击。资产阶级法权思想的核心是等级制度。在坚持这种思想的人们看来，供给制的一套，实在毫无可取。他们轻蔑地说它是'农村作风'，'游击习气'。这种议论来自资产阶级，本不足怪，可是，不久，在我们党的干部中，有不少人接受了这种思想的影响……总之，共产主义的供给制，保证了中国革命胜利的供给制，被某些人攻击得好像犯了大罪，非判处死刑不可。"

又说："经过几年来的实践，证明了对'供给制'、对'农村作风'、'游击习气'的攻击，实际上是资产阶级为了保护不平等的资产阶级的法权，为了打击无产阶级的革命传统，而对正确处理劳动人民内部相互关系的共产主义原则的攻击。"

张春桥开出的药方是："把我们党的这种光荣传统，在新的条件下，彻底恢复和发扬起来，彻底破除资产阶级的法权思想，同群众建立起平等的相互关系，上下左右完全打成一片，大家共同生活，共同劳动，共同工作，一致为社会主义和共产主义奋斗，这难道能有什么怀疑吗？"

毛泽东立刻注意到张春桥这篇从题目到论述都旗帜鲜明的文章，再加上基本观点也吻合毛泽东当时的思路，有的例子和文句也和毛泽东在北戴河中共中央政治局扩大会议期间的讲话一致（这一点，当是柯庆施照记录传达的）。因此，毛泽东读后，立刻批示给人民日报社总编辑吴冷西，让在该报上转载。稍后，吴冷西就转载张春桥的文章给毛泽东写了一封信，谈到对张春桥文章有不同的意见，请毛泽东考虑《人民日报》在转载这篇文章的编者按语中是否说得活一些。毛泽东在 10 月 11 日的回信里说："冷西同志：信收到。既然有那么多意见，发表时，序言应略为改一点文字。"

看来，毛泽东的原意是在编者序言里充分肯定这篇文章。由于敢说真话的吴冷西反映了不同意见，他只好重拟了一个序言，这就是下面这段人们熟知的话："《人民日报》编者按：张春桥同志此文，见之于上海'解放'半月刊第六期，现在转载于此，以供同志们讨论。这个问题需要讨论，因为它是当前一个重要的问题。我们认为，张文基本上是正确的，但有一些片面性，就是说，对历史过程解释得不完全。但他鲜明地提出了这个问题，引人注意。文章又通俗易懂，很好读。"

张春桥文章改变马克思主义的本来含义，把资产阶级法权说成"核心是等级制度"，把中国革命历史上的军事共产主义和供给制说成在任何情况下都绝对适用。这些论点引起了较广泛的讨论。有人指出，张春桥的"文章缺乏理论分析，说服力不够，而且有片面性，有许多重要问题并没有说明白"。并提出质疑说，"按照作者的论述，似乎他主张目前要立即完全取消资产阶级式的法权，并不承认（至少是没有明确承认）在社会主义阶段，存在资产阶级式的法权是不可避免的"，尤其是"似乎把社会主义制度下的工资制说成是等级制度；如果是这样，我们认为是完全错误的"。

毛泽东代拟的"《人民日报》编者按"，也认为张春桥的文章有"一些片面性"，即"对历史过程解释得不完全"。这是什么意思呢？主要是两个方面：一是张春桥文章没有说清楚过去曾实行过的供给制，不是在党领导下的整个根据地范围内，而是根据地机关、军队、学校等，因为当时的物质产品极不丰富。二是新中国成立后对资产阶级法权不应该迁就，但由于社会上多数人是薪金制，又加上苏联的影响，于是做了妥协。本来我们可以不接受的，只对供给制不合理的部分加以调整，一部分坚持供给制就行了。这些观点，有的毛泽东在一些会上曾说过，很可能针对张春桥的文章又对陈伯达谈过。10月中旬在天津召开关于资产阶级法权问题的座谈会时，陈伯达曾对张春桥就其文章的"片面性"作过解释，转述了上面的意思。

但总的来说，毛泽东对张春桥这篇文章是欣赏的，曾建议张春桥再写一篇。后来也几次谈到张春桥的这篇文章。例如，1958 年 11 月 6 日在郑州会议上，毛泽东说：我们印了一本关于破除资产阶级法权问题的材料，是最近一两个月发表的，一篇是张春桥的文章，还有一些同志的文章。要看几篇，以便研究过渡的问题。这里特意提到张的文章，可见毛泽东对它的重视。

同年 12 月 6 日，在武昌同胡乔木、吴冷西谈到宣传工作的经验教训时，毛泽东又以张春桥的文章为例，说：《人民日报》在讨论张春桥的文章时，他的文章基本上是正确的，但不全面，本应将片面的补充补充，但讨论越来越片面了，把按劳分配也否定了。这是对张春桥文章引起的关于破除资产阶级法权的讨论的较为冷静和客观的总结。

破除资产阶级法权的口号，在实际工作中造成不小的消极影响。到这年11 月郑州会议期间，毛泽东的口气就发生了变化，提出："保留适当的工资制，保留一些必要的差别，保留一部分多劳多得。"

但是，这个变化是有相当保留的，一旦有机会，毛泽东仍坚持自己的主张，越到晚年思之越甚，这似乎关系到他一生追求的社会理想。

1974 年 10 月 20 日，毛泽东会见丹麦首相保罗·哈特林，他向这位北欧福利国家之一的首脑抱怨中国现行的分配制度："现在还实行八级工资制，按劳分配，货币交换，这些跟旧社会没有多少差别。"

在他看来，这是涉及能否对资产阶级专政的大问题，不可等闲视之。他很希望有人写文章说明这个道理。

自然，他又想起了 16 年前那个因一篇文章引起他重视的张春桥，想起了 9 年前因一篇文章飞黄腾达的姚文元。

这年 12 月 26 日，在听取关于四届人大筹备工作的汇报后，毛泽东郑重地向周恩来、王洪文提出了写篇文章的建议：

要告诉春桥、文元把列宁著作中好几处提到这个问题的找出来，印大字本送我。大家先读，然后写文章。要春桥写这类文章。这个问题不搞清楚，就会变修正主义。要使全国知道。

张春桥自然是闻风而动，短时期内写出一篇洋洋长文，名曰《论对资产阶级的全面专政》，经过中共中央政治局讨论后，于 1975 年 4 月 1 日同时在《红旗》杂志、《人民日报》上刊载。

有破除，自然就应有建设。

未来的社会形态是怎样的呢？

在 1958 年春夏间，毛泽东较多地谈到共产主义社会的问题。据胡乔木回忆，这年二三月间，毛泽东同陈伯达谈过一次话，说乡社合一，将来就是共产主义的雏形。

这大概是"人民公社"的最早设想。

这年 4 月底，刘少奇等到广州向毛泽东汇报筹备党的八大二次会议的情况，开了一个小范围的会，会上也谈到了共产主义社会。刘少奇后来在 1958 年 11 月初的第一次郑州会议上的讲话中有这样的回忆："在广州开会，在火车上，有我、恩来、定一、邓力群，我们四个人吹半工半读，吹教育如何普及，另外就吹公社，吹乌托邦，吹过渡到共产主义，说建成社会主义这个时候就为共产主义准备条件。""要邓力群去编空想社会主义，要定一去编马恩列斯论共产主义。"在 5 月召开的党的八大二次会议上，陆定一在大会发言中也讲道："毛主席和刘少奇同志谈到几十年以后我国情景时，曾经这样说：那时我国的乡村中将是许多共产主义的公社，每个公社有自己的农业……若干乡村公社围绕着城市，又成为更大的共产主义公社。前人的乌托邦的梦想将被实现，并将被超过。"刘少奇、陆定一所说的这些，就是 4 月底毛泽东等在广州小范围内议论的情况。

事实上，未来社会究竟是怎样的，谁也无法具体描述。那么，就从前人的论述中去找吧，无论是法国的乌托邦，还是马克思主义经典著作。

这个任务理所当然地交给了中宣部。

很快，《马克思 恩格斯 列宁 斯大林论共产主义社会》以及《空想社会主义者论未来社会》这两本书就编好了。后者不宜广泛宣传，只供高层领导参阅，以启发思路；前者却是大大地走红。

《马克思 恩格斯 列宁 斯大林论共产主义社会》由人民出版社于1958 年 8 月正式出版，约 17 万字。该书材料主要取自当时已有的马克思、恩格斯、列宁、斯大林著作的中译本，只有少数是直接从外文版本翻译的。在编排上，该书围绕共产主义社会各方面设立了 25 个专题，例如："共产主义社会的概况"、"公有制的建立"、"电气化和共产主义社会的物质基础"、"消灭货币和实行产品交换问题"、"平等和平均问题"、"再生产问题"、"生产公社、消费公社"、"工农业的结合，城乡差别的消灭"、"家庭、婚姻和妇女问题"、"人口问题"，以及 "向共产主义社会过渡的条件"，等等。每个专题下面，选录经典作家有关论述若干段落。编印这样一部书，明显与当时 "大跃进" 和人民公社化运动中所设想的创造条件、逐步实现两个过渡（由集体所有制向全民所有制过渡、由社会主义向共产主义过渡）的社会发展建设思路有关。

这本书在当时的影响确也十分广泛。1958 年 8 月人民出版社第一版发行后，上海、沈阳、武汉、重庆等地先后重印，仅上海人民出版社于这年 9 月便印刷了 20 万册。

毛泽东重视经典作家有关共产主义社会的论述，是因为在他看来，现实的 "大跃进" 特别是人民公社化运动，是对这些阐述的实践、发展、丰富和完善。1958 年 8 月 4 日，毛泽东视察了徐水。8 月 6 日，中央农村工作部副部长陈正人到徐水传达中央的意图：要在徐水搞共产主义试点。同时号召大家看几本关于社会主义和共产主义的书，如《共产党宣言》《哥达纲领批判》，以及马、恩、列、斯和毛主席的有关这方面的文章。看来，学习经典作家关于共产主义社会的论述，是搞共产主义试点的实践所需要的思想理论准备。

《马克思　恩格斯　列宁　斯大林论共产主义社会》出版后，立即送到了毛泽东手上。当时，他正在北戴河主持召开中共中央政治局扩大会议。这无疑是一本非常及时的学习材料，立刻在会上做了宣传和介绍，还说:《马恩列斯论共产主义社会》里讲，供给制首先是从军队开始实行的，共产主义也是先从军队实行的。可见他阅读之细。

在8月30日的讲话中，他又大力宣传:《马恩列斯论共产主义社会》一书，要广为散发。看这本书，一曰很有启发，二曰相当不足，有许多东西是模糊印象，因当时并无经验。不要迷信老祖宗，我们有31年的经验，加上苏联41年的经验，具体多了。

这年11月9日，毛泽东给中央、省市自治区、地、县四级的党委委员们写了一封更详细的公开信:

同志们:

此信送给中央、省市自治区、地、县这四级党的委员会的委员同志们。

不为别的，单为一件事:向同志们建议读两本书。一本，斯大林著《苏联社会主义经济问题》;一本，《马恩列斯论共产主义社会》。每人每本用心读三遍，随读随想，加以分析，哪些是正确的（我以为这是主要的）;哪些说得不正确，或者不大正确，或者模糊影响，作者对于所要说的问题，在某些点上，自己并不甚清楚。读时，三五人为一组，逐章逐节加以讨论，有两至三个月，也就可能读通了。要联系中国社会主义经济革命和经济建设去读这两本书，使自己获得一个清醒的头脑，以利指导我们伟大的经济工作。现在很多人有一大堆混乱思想，读这两本书就有可能给以澄清。有些号称马克思主义经济学家的同志，在最近几个月内，就是如此……现在需要读书和辩论，以期对一切同志有益。

为此目的，我建议你们读这两本书。将来有时间，可以再读一本，就是苏联同志们编的那本《政治经济学教科书》。乡级同志如有兴趣，也可以读。大跃进和人民公社时期，读这类书最有兴趣，同志们觉得如何呢?

如此广泛的号召，而且希望各级干部"用心读三遍，随读随想，加以分析"。推重不可谓不高，期望不可谓不深。

10 天以后，毛泽东写信给陈伯达，让陈伯达和张春桥等尽早去河南卫星公社就人民公社问题作调查研究，特地叮嘱：去河南时，请把《马恩列斯论共产主义社会》一书带几本去，你们调查团几个人，每人一本，边调查，边读书，白天调查，晚上阅读，有十几天，也就可以读完了。这大概就是理论与实践相统一吧！

毛泽东对这本书的评价，"一曰很有启发，二曰相当不足"。就前者而言，因为有益于实践，是实践的理论依据，所以他说："大跃进和人民公社时期，读这类书最有兴趣。"就后者来看，主要指经典作家们缺少建设共产主义的实践经验，因此，他们的有关论述还是"模糊的"，纯理论的。在他看来，人民公社的实践，就是根据中国的实际情况，把理论的逐步变为现实的，把模糊的逐步变为清楚的，把不正确的逐步变为正确的，把没有说到的逐步补充完善起来。这确从一个方面反映了毛泽东不迷信经典的探索精神。可惜的是，人民公社化运动这样的探索，实践已经证明是走了弯路。到 1959 年以后，毛泽东便较少提及这本书了。

有了破除资产阶级法权的理论依据，有了经典作家对共产主义社会的构想，毛泽东似乎仍嫌不足。他还要在中国历史上找渊源。

1958 年，毛泽东读"二十四史"，大概正读到《三国志》。这年，在许多场合，他都向干部们讲起三国历史人物和事件。最使他动情的，当是《三国志》卷八《魏书·张鲁传》了。

《张鲁传》不长，不妨全文引出：

张鲁，字公祺，沛国丰人也。祖父陵，客蜀，学道鹄鸣山中，造作道书，以惑百姓。从受道者，出五斗米。故世号米贼。陵死，子衡，行其道。衡死，鲁复行之。益州牧刘焉，以鲁为督义司马，与别部司马张修，将兵击汉中太守苏固。鲁遂袭修，杀之，夺其众。焉死，子璋代立。以鲁不顺，尽杀鲁母家室。鲁遂据汉中，以鬼道教民，自号师君。其来学道者，初皆名鬼卒。受本道已信，号祭酒。各领部众，多者为治头大祭酒。皆教以诚信不欺诈，有病自首其过。大都与黄巾相似。诸祭酒皆作义舍，如今之亭传。又置义米肉，悬于义舍。行路者量腹取足。若过多，鬼道辄病之。犯法者，三原然后乃行刑。不置长吏，皆以祭酒为治。民夷便乐之。雄据巴汉，垂三十年。

1958 年 12 月在武昌召开的党的八届六中全会期间，毛泽东批示印发《三国志》里的《张鲁传》。为帮助与会者阅读，他还于 12 月 7 日和 10 日分别写了两大段批语。稍后，他把 12 月 7 日写的批语划去，指示将 10 日写的批语印在《张鲁传》的前面，一同发给了与会者。

比原文还长的批语，几乎可视为毛泽东关于人民公社化运动"纲领"的自白。

（一）他认为张道陵、张衡、张鲁祖孙三代所推行的五斗米道，同当时张角等创立太平道举行起义（即黄巾起义）一样，"是一条路线的运动"，属于中国封建社会中的农民革命起义运动。这种"大规模的农民革命运动"，在中国 2000 多年的历史上从未停止过。由此，毛泽东再次重申了他的历史观："中国的历史，就是一部阶级斗争史。"

（二）中国古代农民起义的一个重要社会原因是"一穷二白"。穷就要革命，就要造反，从而以不同的方式组织群众，发动群众，建立农民自己的政权。张鲁"雄据巴汉，垂三十年"，即是一例。关于历代农民起义斗争的性质，毛泽东在 12 月 7 日的那个批语里，有很明确和概括的说明，"历代都有大小规模不同的众多的农民革命斗争，其性质当然与现在马克思主义革命运动根本不相同。但有相同的一点，就是极端贫苦农民广大阶层梦想平等、自由，摆脱贫困，丰衣足食。在一方面，带有资产阶级急进民主派的性质。另一方面，则带有原始社会主义性质，表现在互助关系上。第三方面，带有封建性质，表现在小农的私有制、上层建筑的封建制"。这个论述中的观点在毛泽东此前的有关论述中尚未见过。毛泽东还特别指出：这只是他的"一些零星感触"，"对上述性质的分析，可能有错误。但带有不自觉的原始社会主义色彩这一点就最贫苦的群众来说，而不是就他们的领袖们（张角、张鲁、黄巢、方腊、刘福通、韩林儿、李自成、朱元璋、洪秀全等等）来说，则是可以确定的。"这个补充，强调了农民起义"带有不自觉的原始社会主义色彩"这一属性，而这一属性与"最贫苦的群众"是有天然联系的。

（三）从 1958 年 "大跃进" 和人民公社化运动这一现实背景出发，毛泽东读《张鲁传》最为欣赏的，是张鲁五斗米道的 "带有不自觉的原始社会主义色彩" 的 "经济、政治纲领"。在毛泽东看来，汉末至今，尽管情况如天地悬隔，但 "一穷二白" 的国情则 "有某些相似"，五斗米道所体现的 "极端贫苦农民广大阶层梦想平等、自由，摆脱贫困，丰衣足食" 的理想追求，对我们今天通过 "大跃进" 的经济运动方式、人民公社化的社会组织方式来改变 "一穷二白" 的面貌，也是有启发的。应该说，这是毛泽东推荐《张鲁传》最重要的考虑。为此，他在批语里把《张鲁传》里记叙的五斗米道的一些内容，如以道教祭酒为治头（地方行政长官），置义米肉，置义舍，以神道治病，对犯法有 "三原"（原谅教育三次）后才行刑等，同我们今天的一些做法直接联系起来，明显是欣赏的，认为《张鲁传》里说张鲁采取这些办法，"民夷便乐"，说明 "是大受群众欢迎" 的。言下之意，不言自明。对这点，毛泽东在划去的 12 月 7 日写的批语里，说得更清楚："这里所说的群众性医疗运动，有点像我们人民公社免费医疗的味道，不过那时是神道的，也好，那时只好用神道。道路上饭铺里吃饭不要钱，最有意思，开了我们人民公社公共食堂的先河。大约有一千六百年的时间了，贫农、下中农的生产、消费和人们的心情还是大体相同的，都是一穷二白。不同的是生产力于今进步许多了。解放以后，人们掌握了自己这块土地了，在共产党的领导之下，但一穷二白古今是接近的。所以这个《张鲁传》值得一看。"

结论是："现在的人民公社运动，是有我国的历史来源的。"

毛泽东在 1958 年 12 月党的八届六中全会上推荐《张鲁传》，并不是偶然想到的。同年 8 月 24 日，在北戴河中共中央政治局扩大会议上，毛泽东在谈到人民公社搞公共食堂时，曾说：张道陵的五斗米道，出五斗米就有饭吃。传到江西的张天师就变坏了。吃粮食是有规律的，像薛仁贵那样一天吃一斗米，总是少数。同年 11 月 3 日在郑州同九个省市委书记谈话中，说到供给制时，毛泽东也说：三国时候张鲁的社会主义是行不长的。因为他不搞工业，农业也不发达。曹操把他灭了，他也搞过吃饭不要钱，凡是过路的人，在饭铺里头吃饭、吃肉都不要钱。他不是在整个社会上都搞，只在饭铺里头搞。

他统治了 30 年，人们都高兴那个制度，那里有一种社会主义作风。我们这个社会主义由来已久了。这些谈话说明，在当时，毛泽东经常想到张鲁五斗米道里的做法，在某种程度上，是借历史来启发人们认识今天的"大跃进"和人民公社，从而更大胆地创造出新的办法。

四、两本书反思"大跃进"

毛泽东读书，偏于文史哲。关于经济，他读得较少。他也承认过，在这方面自己属于外行。

当然，在延安，他涉猎过 20 世纪二三十年代出的一些经济学译著，如马克思的《资本论》、河上肇的《经济学大纲》等。那时，主要是解决革命和战争中的具体问题，这些书在经济方面到底对他有多少影响，很难说。

促使毛泽东下决心研读点经济著作，是在"大跃进"发动，特别是"大跃进"难以为继的时候。

这场运动既然他出面"挂帅"了，他自然应该补上这一课，他也希望党的各级干部都成为经济中的内行。这场运动事实上失败了，他自然也有考虑不周的地方，于是，在经济理论上进行反思，尤为必要。

于是，两本苏联的政治经济学著作：斯大林晚年写的《苏联社会主义经济问题》和苏联科学院经济所主持编写的《政治经济学（教科书）》，在 50 年代末中国领导层中发生了重要影响。

从 30 年代末开始，苏联科学院就组织经济学家编写《政治经济学（教科书）》。斯大林很重视这一工作。可到 1951 年该书尚未定稿，他便倡议于 11 月召开了经济问题讨论会，许多人对这本书的初稿发表了意见。针对这些意见，斯大林于 1952 年 2 月至 9 月间，写了《对于和一九五一年十一月讨论会有关的经济问题的意见》和《答亚历山大·伊里奇·诺特京同志》、《关于德·雅罗申柯同志的错误》、《答阿·符·萨宁娜和符·格·温什尔两同志》3 封信。后结集出版，书名就叫《苏联社会主义经济问题》。

斯大林的这本书，事实上为《政治经济学（教科书）》定了调子。该书于 1954 年 8 月出版了第一版，1955 年 9 月、1958 年 9 月又出了第二、第三版。

每一版马列编译局都及时译介过来了。

这两本书，按毛泽东说：弄懂社会主义经济问题，目前还没有别的书，只有这两本。

对斯大林的《苏联社会主义经济问题》，毛泽东读了许多遍。1958年1月人民出版社出的第三版，经他批注的就有4个本子，这还不包括此前出的第一版和第二版。

1958年以前，即1957年3月在上海党员干部会议上的讲话中，毛泽东说到社会主义有没有矛盾时，就谈到了斯大林的《苏联社会主义经济问题》，说：斯大林在一个长的时间内事实上不承认社会主义社会有矛盾，他在1952年关于社会主义经济问题的文章中说到是有矛盾的，说到生产力跟生产关系之间是有矛盾的，没有说上层建筑跟经济基础的矛盾，你们大家可以查查他的那本著作。

1958年11月4日下午，在郑州，毛泽东听取工作汇报时插话说：我们研究公社的性质，两个过渡，这些问题，可以参考的还是斯大林那本《苏联社会主义经济问题》。我大体看了一下，可以找几十本在这里发一下。我们现在看这本书，跟它发表的时候看不同了，它发表的时候，我们谁也不想这些问题……

11月9日，毛泽东又郑重给从中央到县级四级党委委员写信，号召读斯大林的这本书。

在这期间，他带头阅读，逐章逐段议论。在保留下来的谈话记录里，毛泽东说：

斯大林写的《苏联社会主义经济问题》，要好好读，要多读几遍。过去看这本书，不感兴趣，现在不同了。为了我们的事业，结合当前的实际问题，学习经济理论著作，比脱离实际专门读书，要好得多，容易懂。目前研究政治经济学问题，有很大的理论意义和现实意义。省委常委、地委常委以上干部都要研究，花几个月时间，好好组织一下这个学习。

《苏联社会主义经济问题》这本书，我认为正确的方面是主要的，一、二、三章中有许多值得注意的东西，也有一些写得不妥当，再有一些恐怕他自己也没有搞清楚。不要轻易否定这本书。书要从头到尾读，要逐章逐节读，并且进行讨论。单看《有关的经济问题的意见》（指书中《对于和一九五一年十一月讨论会有关的经济问题的意见》一篇文章——引注），不看后边的几封信，有些问题不易了解。

毛泽东还在会上着重向与会者讲解了该书的第一章，明确指出了价值法则、商品生产等问题。

毛泽东后来仍然重视这本书。

1961年6月，在一次中央工作会议上，毛泽东又说道：第一次郑州会议，我就在那里讲了斯大林的那一章。什么叫按劳分配？什么叫等价交换？原则赞成，实际反对。斯大林那本《苏联社会主义经济问题》，我最近又看了三章。现在讲社会主义经济学，就是斯大林这本小册子。他讲客观规律，第一章就讲客观真理。他把社会科学的这种真理，同自然科学的客观真理并提，你违反了它，就一定要受惩罚。

毛泽东在号召学习斯大林的《苏联社会主义经济问题》时，还要求学习苏联科学院经济所编写的《政治经济学（教科书）》的社会主义部分。他说：我们研究公社的性质、交换、过渡这些问题，可以参考。讲社会主义政治经济学的，除了斯大林这篇跟那本"教科书"以外，成系统的东西还没有。于是，他在1958年11月9日致中央、省市自治区、地、县四级党委委员的信中，建议广大干部有时间可以读读苏联同志们编的那本《政治经济学（教科书）》。

在1958年11月下旬的武昌会议期间，中央宣传部的内部刊物上登载了中国科学院经济研究所整理的《苏联〈政治经济学（教科书）〉第三版的主要修改和补充》材料。毛泽东提议印成会议文件发给到会者。11月21日，他在讲话中说：苏联《政治经济学（教科书）》第三版的要点，你们看一下。我们这些人，包括我在内，社会主义经济规律是什么东西，过去是不管它的。现在我们真正搞起来了，全国也议论纷纷。斯大林的书，我们要看一下。《政治经济学（教科书）》也要看，每人发一本，把社会主义部分看一遍。

在12月的党的八届六中全会上，他进一步指出：郑州会议提出研究斯大林这本书，苏联的《政治经济学（教科书）》，还有一本《马恩列斯论共产主义社会》。大家没有看，要拿出几个月时间，请各省组织一下。为了我们的事业和当前的工作来研究政治经济学，"比平素我们离开实际专门看书要好得多"，"在目前研究这个问题，有很大的理论意义和现实意义"。

在1959年的庐山会议初期，毛泽东拟定会议内容的19个问题，头一个问题"读书"，就是读苏联《政治经济学（教科书）》。

他说：有鉴于去年许多领导同志，县、社干部，对于社会主义经济问题还不大了解，不懂得经济发展规律，有鉴于现在工作中还有事务主义，所以应当好好读书。我们提倡读书，使这些同志不要整年整月陷入事务主义，搞得很忙乱，要使他们有时间想想问题。现在这些人都是热锅上的蚂蚁，要把他们拿出来冷一下。去年有了一年的实践，再读书会更好些。

"反右倾"高潮过去后，1959年冬，党中央重新强调学习苏联《政治经济学（教科书）》（修订第三版）。

1960年1月，在上海中央工作会议讨论国民经济计划时，毛泽东再次号召领导干部要学习苏联《政治经济学（教科书）》，并且肯定了读书小组的办法。他说：我有一个建议，中央各部门的党组，各省、市、自治区党委，应组织起来读《政治经济学（教科书）》，先读下半部（社会主义部分）。现在1月差不多还有半个月，还有2月、3月、4月，以第一书记挂帅，组织个读书小组，把它读一遍。读的方法是用批判的方法，不是教条主义的方法。这么一个建议，如果可行，就这么做。

毛泽东身体力行，率先垂范，于当年10月底来到杭州，住进一个叫汪庄的别墅，还带来一个陪他读书的班子，包括陈伯达、胡绳、田家英、邓力群等党内秀才。在离汪庄不太远的净慈寺背后，有一处南屏山，在树丛怪石、峻壁横坡掩映之下，有一些小楼。这里幽谧宁静，是读书的好地方。每日下午3点左右，毛泽东便乘车来到这里同读书班子座谈讨论。当然，主要是他讲读书心得。参加读书的同志将他的谈话整理成了笔记。

毛泽东当年的秘书林克也参加了这一读书活动。根据林克日记所载，毛泽东于1959年12月10日在杭州开始读这本书，进度是每天边读边议10页

▲ 1959 年 12 月至 1960 年 2 月，毛泽东（右一）在杭州、上海、广州等地和党的理论工作者研读苏联《政治经济学（教科书）》（修订第三版），结合中国实际研究总结社会主义建设的规律。图为毛泽东等在杭州。右二起：邓力群、胡绳、陈伯达、田家英

左右，少则 5 页，多则 19 页，除星期天休息外，从未间断。到 2 月 5 日至 9 日，在广州读完了全书。

党的其他领导人都响应毛泽东的号召。其中，刘少奇和周恩来也组织了专门的班子，阅读苏联的《政治经济学（教科书）》。

无论是毛泽东，还是刘少奇、周恩来，在阅读苏联的这两本经济学著作时，都把兴趣集中在一个社会主义建设不可回避的问题上，即怎样看待商品交换和价值规律。"大跃进"的失误，除了搞群众运动的方式及不切实际的指标外，核心问题，恰恰是违背了商品交换和价值规律这样一些基本的经济运作法则。

可以说，长期以来，党中央领导人对政治经济学，特别是经济学理论方面的重视，比起政治、哲学诸方面来，要薄弱许多。20 世纪 50 年代末 60 年代初读这两本书，多少算是补课。一时间商品生产、价值规律、按劳分配，

成为人们乐于谈论的话题和处理经济生产的重要思路。

可是，好景不长。经济运作法则和历史的发展陡然间失之交臂。三年困难刚刚好转，"阶级斗争"的巨网便逐步罩住了人们的思想。人们迫切要学的理论逐渐变成了"防修反修"之类。而毛泽东，一方面关注着中苏之间的有关马克思主义理论问题的论战，一方面畅读中国的"二十四史"……

让人深思，让人遗憾！

第九章

不怕"鬼"的背后

一、毛泽东为什么喜欢说"鬼"?

已故文学家何其芳,在 1977 年辞世前留下一篇文章:《毛泽东之歌》。这是篇珍贵的文字,后发表于《时代的报告》1980 年第 1 期。文中谈到因撰写《不怕鬼的故事》一书的"序言",毛泽东于 1961 年 1 月 4 日和 1 月 23 日同他的两次谈话。

《不怕鬼的故事》在 20 世纪 60 年代前期产生过不小的影响,曾是党内干部整风的阅读书籍。从编选思路到出版宣传,毛泽东都悉心过问,花了不少精力。毛泽东为什么给以这样的重视? 在一本书的背后,透出沉甸甸的历史内涵,同时也从一个侧面反映出当时的思想状态,以及一代伟人那几乎是与生俱来的"不怕鬼"、不信邪的性格特点,还有那悠长的文化积淀。

有学者指出:"鲁迅无疑背负着某些鬼魂……甚至隐藏着一种秘密的爱恋。他对目连戏鬼魂形象的态度就是一种偏爱。很少有作家能以这样大的热忱来讨论这些令人毛骨悚然的主题。"的确,鲁迅爱说鬼,考证"无常",为"鬼话"《何典》作序。

毛泽东也有同好。他爱谈《聊斋志异》里的鬼,对其中《席方平》里的一个细节特别欣赏,认为作者蒲松龄在书里是借鬼狐说教。晚年,他又把自己比作别人打鬼借助的钟馗。说起这些"毛骨悚然"的主题,他始终是津津乐道。

我们知道,无论是毛泽东还是鲁迅,都是彻底的无神论者,他们绝不可能相信世界上真有什么鬼神,鲁迅曾有"踢鬼"的经历,毛泽东从小就有一种天不怕、地不怕、不信邪的劲头,晚年更有"打鬼"的号召。他们为什么会热衷于谈论子虚乌有，且有封建迷信之嫌的"鬼"呢？

鬼和鬼的有关传说、故事、禁忌、仪式是中国民间风俗的重要组成部分，民俗中缺了鬼，可以说就不成其为民俗。农村的孩子，从牙牙学语开始，就接受"鬼教育"，或者说受鬼文化的熏陶，尽管被吓得战战兢兢，但很少有哪个乡下孩子不爱听鬼故事的。

民俗中的"鬼"，一般说来有两种表征，即"爱"与"畏"，所谓"人心有所爱，则为祖考眷属之鬼神，人心有所畏，则为妖异厉恶之鬼神"。为前者，则鬼可亲，可近，可谑戏捉弄，但鬼又是可怕的，或者说，主要是可怕的，因为鬼与死亡相联系，牛头马面，狼牙锯齿。人在描绘鬼时极尽其对可怕恐惧事物的想象。鬼能祟人、祸人，引人上吊跳河寻替代。鬼狰狞恶厉，阴森森，冷冰冰，地狱里有刀山火海加油锅。活着的人纵使对自己死去的亲人（家鬼），也是敬畏多于爱怜，家人生了病，首先会怀疑是哪个在阴间的亲属来要钱。

每个乡下孩子都会受这种鬼文化的熏染，在潜意识深处打上深深的印迹。凡成人后敢于不避忌讳，慨然谈鬼、嘲鬼、戏鬼者，大都是小时候不信邪的"野孩子"。毛泽东正是这样的一个"野孩子"。在他成为彻底的唯物主义者之后，意识中的神鬼信仰是去掉了，但鬼神本身却化为一种文化符号，积淀在他的心理结构中。正如鬼在民俗文化中具有二重性一样，毛泽东在使用"鬼"这个符号时也具有双重性。

在通常情况下，鬼是狰厉、邪恶的象征。青年毛泽东在办《湘江评论》的时候，曾大声疾呼："天不要怕，鬼不要怕，死人不要怕。" 40 多年后，毛泽东再一次喊出："不怕鬼，不怕魅……奇儿女，如松柏。"（《八连颂》）这里，"鬼"、死人象征一种需要反抗的压迫力量。

有时，在毛泽东那里，"鬼"似乎又变成了被压迫者，可亲近。比如，他说《聊斋志异》中奉冥王命令要把席方平锯成两半的鬼，就富有同情心，敢于不从邪恶的冥王，故意锯偏，以完整地保存席方平那颗不屈抗争的心。在"文化大革命"期间，号召群众造反，也说要"打倒阎王，解放小鬼"。

应该说，毛泽东无论从哪个意义上谈鬼，都是借鬼说人。但谈人非要借鬼，这本身就说明问题，世上可谈的话题很多，干吗非要说"鬼"，而且还要堂而皇之地把鬼故事编出来，印给大家看。作为党的领袖竟一点也不在乎"迷信"的嫌疑，这说明，鬼文化在毛泽东的童年留下了深深的烙印，有意无意之间，这些童年的阴影就会滚露出来。新中国成立后，毛泽东对"阶级敌人"用得比较多的贬义词就是"牛鬼蛇神"，牛鬼者，民间最恐怖的勾魂使者"牛头马面"是也。借鬼讲哲学，恐怕古今中外的哲学家中也不多见，也只有毛泽东这样出身中国农家的思想家才会如此。

鲁迅谈鬼，热衷的是鬼里的谐趣；毛泽东谈鬼，则要挖掘"鬼话"里的人生哲理，竭力让人"不怕鬼"。

毛泽东一生遭遇各种风浪，似乎就是一场不歇的捉鬼、打鬼的战斗。

早在 1927 年的《湖南农民运动考察报告》中，毛泽东就认为由阎罗天子、城隍庙王以至土地菩萨的阴间系统和由玉皇上帝以至各种神怪的神仙系统所构成的"神权"，是束缚人们的思想行为的封建枷锁之一，是农民革命运动必须冲决的罗网。所谓神权，就是鬼神崇拜，一种超现实的幻想世界奴役着现实人们的精神，使人们在自己幻想出来的神鬼力量面前感到无比自卑，陷入异化状态。于是，他串入乡间，抽着烟同农民聊天，向他们灌输这样的信念："巧得很！乡下穷光蛋八字忽然都好了！坟山也忽然都贯气了！神明吗？那是很可敬的。但是不要农民会，只要关圣帝君、观音大士，能够打倒土豪劣绅吗？那些帝君、大士们也可怜，敬了几百年，一个土豪劣绅不曾替你们打倒！现在你们想减租，我请问你们有什么法子，信神呀，还是信农民会？"

这是破坏旧世界的打鬼倡导。建设新世界似乎也需要时时扫荡挡在路上的妖魔鬼怪。1955 年，他是这样来嘲弄那些怀疑农村合作化运动的人的：中国农村的社会主义高潮犹如"大海的怒涛，一切妖魔鬼怪都被冲走了"。

毛泽东似乎有理由蔑视鬼。1957 年初，他大力倡导百花齐放的时候，不少人并未想通，譬如，认为戏台上就不应出现鬼戏。毛泽东则不然，这期间，"牛鬼蛇神"成了他的口头禅。我们且按日程罗列一下。

1 月 27 日，在省、市、自治区党委书记会议上的讲话中，他宣布：有些现象在一个时期是不可避免的，等它放出来以后就有办法了。比如，过去把剧目控制得很死，不准演这样演那样。现在一放，什么《乌盆记》《天雷报》，什么牛鬼蛇神都跑到戏台上来了。这种现象怎么样？我看跑一跑好。许多人没有看过牛鬼蛇神的戏，等看到这些丑恶的形象，才晓得不应当搬上舞台的东西也搬上来了。然后，对那些戏加以批判、改造，或者禁止。有人说，有的地方戏不好，连本地人也反对。我看这种戏演一点也可以。究竟它站得住脚站不住脚，还有多少观众，让实践来判断，不忙去禁止。

3月8日，在同文艺界代表座谈时，有人请他讲讲继承文化遗产的问题，并说有人传达，说毛主席曾讲过在剧目中演出些有牛鬼蛇神的戏不要紧，不致影响农业合作社，因此大家对这个问题弄不清楚。毛泽东在回答中先后讲道：我并不赞成牛鬼蛇神，可以让它演出来，批评一下。一些有牛鬼蛇神的戏，看看也可以，我们看的《封神演义》不是牛鬼蛇神吗？社会上有牛鬼蛇神，剧本里有也不稀奇。演来看看也没有什么可怕。拿个更好的东西来代替它当然很好，但还拿不出来，就让它演吧！对牛鬼蛇神，戏是看，鬼不一定相信。

3月12日，在全国宣传工作会议上他又说："最近一个时期，有一些牛鬼蛇神被搬上舞台了。有些同志看到这个情况，心里很着急。我说，有一点也可以，过几十年，现在舞台上这样的牛鬼蛇神都没有了，想看也看不成了。我们要提倡正确的东西，反对错误的东西，但是不要害怕人们接触错误的东西。单靠行政命令的办法，禁止人接触不正常的现象，禁止人接触丑恶的现象，禁止人接触错误思想，禁止人看牛鬼蛇神，这是不能解决问题的。当然我并不提倡发展牛鬼蛇神，我是说'有一点也可以'。某些错误东西的存在是并不奇怪的，也是用不着害怕的，这可以使人们更好地学会同它作斗争。大风大浪也不可怕。人类社会就是从大风大浪中发展起来的。"

3月18日，在济南召开的党员干部会议上说：牛鬼蛇神跑到戏台上来了。这些东西慢慢会被淘汰的，现在让它演一演也可以。戏台上出现各种不正常的东西多了，人们就会说话，说话的多了，看戏的就少了，它那个东西就不演了。他们演那些戏，就不如让他们互相竞争，用百花齐放这样的办法比较好。

3月20日，在南京召开的党员干部大会上说：上海唱的"狸猫换太子"，许多妖魔鬼怪都上来了。妖魔鬼怪，我没看过，很多人没看过，不要天天搞妖魔鬼怪，搞一点见见世面。让它搞一个时期，会有人批评的，不必因为那些东西我们去着急。何必那么急？写了几篇小说、几篇诗歌，演了"狸猫换太子"心里就那么急，让他们经过社会评论，逐步使那些作品、那些戏曲加以适当改变，而不要用行政命令来禁止。同志们不要误会，说我在这里提倡妖魔鬼怪，我是想消灭它，消灭的办法是让它出现一下，让社会上大家公评，它慢慢要丧失，要逐步改造的。过去我们用命令禁止，禁止了七年，现在搬上来了，可见禁止是不灵的，硬禁是不灵的。

4月4日至6日，他在杭州召开的四省一市省市委书记思想工作座谈会上说：谁说要牛鬼蛇神？谁说要《火烧红莲寺》？看问题要有一个过程。问题是群众要看。普陀山仍在拜佛，基督教、天主教仍在信，我们也有迷信，脑子里有个框框，即是信佛教信回教可以，但戏台上不可以，总认为搞不得，这不也是迷信吗？为什么那么些人信教拜佛都可以，就不可以在演戏当中也拜一下、迷信一下呢？他们有观众，不能压，只能搞些好的东西，与它唱对台戏嘛！应该让群众复杂些，各种对立物都有，我们的任务就是提高大家的科学知识，提高了，迷信就要逐步减少了。

几次讲话，中心意思大体一致。"牛鬼蛇神"这一概念，虽然有时是泛指旧剧目，但总是同人们迷信的那个鬼，乃至同现实社会中的坏势力联系起来的。毛泽东坚信，让牛鬼蛇神跑出来让人们看看，也成不了气候。反而会让人们擦亮眼睛，主动地去驱逐追打。

不过，在20世纪50年代末60年代初，毛泽东谈鬼，并指导编选《不怕鬼的故事》，则有特殊的背景和具体的所指。

二、多事之秋在西方电讯上的批示

20世纪50年代末60年代初，中国进入多事之秋。

一度意气风发的"大跃进"，使国民经济的综合平衡受到破坏，一堆堆不成材的钢铁散在各处，派不上用场。

作为向共产主义过渡的充满希望的尝试——人民公社化运动，搞一平二调，损害了劳动群众的积极性，公共食堂炊烟散尽。

与此同时，国际国内有了议论，党内党外也有了议论，有些议论还不大好听。祸不单行，国际局势在这个时候趋于恶化。

1957 年底，中美之间关于相互放弃使用武力的外交会议中断，台湾国民党军队加紧对大陆骚扰破坏。1958 年 8 月，毛泽东下令炮击金门，美国增兵台湾海峡。

1959 年 3 月，西藏分裂势力发动武装叛乱，中国同印度的边界纠纷渐趋尖锐，边境冲突战争不可避免。

1958 年，苏联提出要在中国领土和领海上建立中苏共有共管的长波电台和共同舰队，遭到毛泽东的断然拒绝。炮击金门后，赫鲁晓夫深恐妨碍"苏美合作"，给中国施加压力；中印边境冲突爆发，苏联不问是非曲直，发表偏袒印度的声明，中苏分歧公开化。1960 年 7 月，苏方照会中国，单方面废除两国经济技术合作的各项协议。随即是中苏论战，打嘴巴仗。

这个时候，国内经济形势进一步恶化，天灾人祸的三年到来了！

这一凝重的气氛，也笼罩了毛泽东那充满诗意的笔端："高天滚滚寒流急"、"万花纷谢一时稀"。

对这一切，应该怎么看？怎么应付？在毛泽东心目中，不啻是对人们的意志和信心的考验。

1958 年 11 月 10 日，新华社编印的第 2504 期《参考资料》送到了毛泽东手上。这类内部简报资料，是他了解国内外信息的重要渠道。他平常的一些指示，就是读了这类材料后在上面写的批语。在这期《参考资料》中，以《美官员竭力诬蔑我人民公社运动，但承认其意义重大影响深远，并说南十分注意这一发展》为题，刊载了合众国际社的电讯。其中说："毛泽东已经使他的国家野心勃勃地执行过去从来没有执行过的共产主义原则。这比苏联曾试过的任何办法要厉害得多，而中国的统治者们的成败取决于这个办法是否成功。""毛泽东正在孤注一掷，看这个制度是否能养活这个国家。鉴于一再发生的旱灾和水灾——这些灾害已经使中国的饥荒，几乎成为司空见惯的事——这是一种冒险的计划。""这位共产党中国领袖正在把社会组织成最有效的生产单位——在纸面上。但是他也是在把潜在的反革命基础聚集起来，在事情不顺利时推翻他。这个制度的成功或失败所产生的影响，远远地超过中国的疆界。南斯拉夫的'民族主义的'共产党人，正如渴望从莫斯科获得较多的自由的东欧卫星国家的共产党人一样，关切地注意着这一发展。"

合众国际社这则电讯的意思是，中国的安危存亡，系于"大跃进"和人民公社化运动的成败。但它的结论是明确的，这是"冒险的计划"，而且使"反革命基础聚集起来"，很有点幸灾乐祸的味道。毛泽东在上述几段话下面画了横线，有的还做有着重号，以示注重，这是他读文件材料的习惯。

像往常那样，自然还应有些批语。不过，这次不同。他含蓄地在这则电讯旁边，写下了唐朝诗人刘禹锡的一首诗：

> 高髻云鬟宫样妆，春风一曲杜韦娘。
>
> 司空见惯浑闲事，断尽苏州刺史肠。

这首诗题为《赠李司空妓》，是当时任苏州刺史的刘禹锡赴吴台时，扬州大司马杜鸿渐设宴招待，命妓侍酒，歌唱一首《杜韦娘》（曲名），刘在席上有感而作。毛泽东引此诗来评合众国际社的电讯，粗看似费琢磨，细读则觉他是举重若轻地作了回答——我们搞的旨在推进经济发展的"大跃进"和人民公社化运动，本是"司空见惯"的平常事，却让别有用心的人痛心断肠。

这个意思，毛泽东不久后便明确地说了出来。1958 年 11 月 14 日新华社编印的第 2513 期《参考资料》上，刊载了美国国务卿杜勒斯在西雅图商会发表的一个演说，其中对中国的集体劳动和公社化进行了直接的批评。在 11 月 28 日于武昌召开党的八届六中全会前夕，毛泽东找来杜勒斯的这篇演说，在其各段内容前重拟了几个标题，其中便有："杜勒斯批评我国的人民公社"、"表示他对我国大跃进感到恐慌"。然后指示，把这份演说印发中央全会的与会者。

1946 年 8 月 6 日，毛泽东在延安同美国记者安娜·路易斯·斯特朗谈话时，提出了一个著名论断："一切反动派都是纸老虎。"12 年后，在党的八届六中全会期间，他觉得有必要重申这个论断，因为尽管多年前"已经回答了这个问题……看来还有一些人不通，我们还得做些解释工作"。这些人为什么还想不通呢？因为我们面临着新的困难，新的挑战。

12月1日深夜，毛泽东奋笔疾书，赶写出2000来字的《关于帝国主义和一切反动派是不是真老虎的问题》，除重新强调"战略上藐视它，战术上重视它"外，还说：历来的经验证明，帝国主义和一切反动派，尽管曾是"活老虎，铁老虎，真老虎"，但是，"它们终究转化成了纸老虎，死老虎，豆腐老虎"。写罢，他又给负责中央日常事务工作的总书记邓小平写了封信："小平同志：写了一篇短文，请你看一下，如以为可用，请印发到会各同志。"

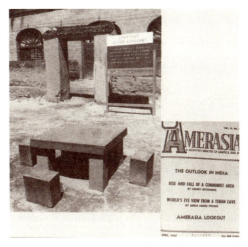

▲ 1946年8月6日，毛泽东会见美国进步作家、记者斯特朗，提出"一切反动派都是纸老虎"的著名论断。图为会见的地点和刊载这次谈话的《美亚》杂志

当然，毛泽东不是单纯的乐观主义者，当时的形势也不容过于乐观。辩证法大师毛泽东深知此点。在这篇印发党的八届六中全会与会者的文章中，他提出了一个很有意思的人生哲学课题，告诫人们：

一点不怕，无忧无虑，真正单纯的乐神，从来没有。每一个人都是忧患与生俱来。学生们怕考试，儿童怕父母有偏爱，三灾八难，五痨七伤，发烧四十一度，以及"天有不测风云，人有旦夕祸福"之类，不可胜数。

这似乎是不关痛痒的泛泛之论，其实深有所指。所指的，就是中国形势的发展有两种可能性。在写这篇文章的头10天，即11月21日，在一次中央工作会议上，他就给党的干部们打过"预防针"："我是怀疑派……杜勒斯、蒋介石都骂我们公社要亡国，我看不能说没有一点道理。总有两种可能：一亡，一不亡。当然，亡是暂时的。"又说："食堂、托儿所可以垮，公社不可以垮。我看什么时候都有两种可能性，一好，一垮。"

12月9日，在中央全会的讲话中，他把"两种可能性"的话挑得更明：

公共食堂、托儿所、人民公社，巩固和垮台两种可能都存在。垮台是部分的和暂时的。

党的巩固和分裂，都可能，小分裂是必然的，几乎每天都有，无此不能发展。大分裂也有可能。大、中分裂都是暂时的。

人民共和国，或者胜利，或者灭亡，如果有灭亡的情况出现，它只是暂时的，而世界上资产阶级的灭亡，则是永久的。

这是毛泽东留下文字的讲话提纲里的话，可见他对这个问题是多么注重。在这段文字的结束处，毛泽东又引用了被他视为有唯物主义思想的诗人刘禹锡的两句话："沉舟侧畔千帆过，病树前头万木春。"

对现实有忧虑，但更自信。这是毛泽东当时的心态基调，也是他随后提倡"打鬼"的心理前提。

三、"我想把不怕鬼的故事编成一本书"

1958 年这一页翻过去了。

1959 年春，由于在西藏平叛，西方舆论大肆攻击。冰雪覆盖的北欧小国挪威，在报刊上两次登出攻击毛泽东的文章，并载有毛泽东的漫画，还在他的脸上打大白×，说毛泽东是比希特勒还希特勒的独裁者，人们可以骂神，为什么不能骂毛泽东呢？难道毛泽东比神还厉害吗？如果中国对此如何如何不服，西方就会有一千张报纸大骂毛泽东的独裁云云。

4 月 27 日，中国驻挪威大使馆根据国内指示，向挪威政府递交照会抗议。有关材料送到毛泽东那里，毛泽东推荐给中央其他领导人及负责新闻工作的同志阅读，还在上面写了如下批语："我意应借此同西方不是一千家，而是一万家、十万家报纸挑战，让他们都在我的面上打白×，骂希特勒的更甚者，我认为如此极为有益，将此事闹大闹长，让世界人民注意……这是个好题目，不应放过。"

又说："挪威的两次漫画及其凶恶论点都应登在《人民日报》，并加驳斥，引起挪报十次二十次三十次报复，和我们的反报复。"

反观国内，1959 年，毛泽东继续沿着纠"左"的思路做工作，但同时又担心由此从根本上否定"大跃进"和人民公社化运动，损害人民群众的积极性。他似乎要进行两面作战。

不管怎样，鼓励志气，增强信心，是需要的。特别是在应付国际压力这条战线上。

这年 4 月 15 日，第 16 次最高国务会议在北京召开。毛泽东在这个国家最高级的讲坛上，通报当前的形势和党的大政方针。他说：从去年 8 月起，出了两件事，都跟我们有关。一个是台湾问题，一个是西藏问题。接着回忆起 1958 年炮击金门，打死打伤对方高级将领的事。这自然是令人快慰的，说明我们有力量，不怕打。更重要的是，这是"我们祖国的土地"，我们有理由捍卫，别人（美国）管不着。所以，"我看要奋斗下去，什么威胁我们都不怕"。

说到这里，毛泽东来了灵感，古代小说里不怕鬼的故事，成为他的语言素材：

《聊斋志异》里有一个狂生，晚上坐着读书，有个鬼吓他，从窗户口那个地方伸一个舌头出来，这么长，它以为这个书生就会吓倒了。这个书生不慌不忙，拿起笔把自己的脸画成张飞的样子，画得像我们现在戏台上的袁世海的样子，然后也把舌头伸出来，没有那么长就是了。两个人就这么顶着，你望着我，我望着你。那个鬼只好走了。《聊斋志异》的作者告诉我们，不要怕鬼，你越怕鬼，你就不能活，他就要跑进来把你吃掉。我们不怕鬼，所以炮击金门、马祖。这一仗打下去之后，现在台湾海峡风平浪静，通行无阻，所有的船只不干涉了。

一番话，说得人们哄堂大笑。据讲话现场记录，有六处注明："笑声"。

这是毛泽东在郑重的会议上第一次讲不怕鬼的故事。

这里说的是《聊斋志异》里《青凤》中的片段。讲有一个叫耿去病的书生，借住在亲戚家里时，听说有一间屋子时常有鬼出没，他不怕，偏要去住。于是，"生乃自往，读于楼下。夜方凭几，一鬼披发入，面黑如漆，张目视生。生笑，染指研墨自涂，灼灼然相与对视，鬼惭而去。"毛泽东讲起来，就生动多了。

一切敌人、对手和困难，都属于"鬼"，只有不怕它，才能战胜它、克服它。在此期间，毛泽东在不少场合反复讲不怕鬼的故事，旨在鼓舞人们的志气。

1959 年 5 月 6 日，中南海紫光阁。毛泽东、周恩来、陈毅在这里会见 11 个兄弟国家的访华代表团，以及这些国家的驻华使节。这是个高规格的会见。3 月刚发生了西藏分裂分子的武装叛乱，中印关系也陡然紧张，这是兄弟国家所关心的问题。毛泽东、周恩来、陈毅也是要借此机会向国际上表明中国的态度。在会见中，周恩来、陈毅向外宾详细介绍了西藏的历史和现状，介绍了武装叛乱的经过，介绍了中国的立场。在介绍得差不多的时候，毛泽东说：已经讲很多了，我再讲你们的肚子就要饿了。

但他还是不失时机对中国的态度及中印关系作了总结，他的话别具一格：世界上有人怕鬼，也有人不怕鬼。鬼是怕它好呢，还是不怕它好？经验证明鬼是怕不得的。越怕鬼就越有鬼，不怕鬼就没有鬼了。今天世界上鬼不少。西方世界有一大群鬼，就是帝国主义。在亚洲、非洲、拉丁美洲也有一大群鬼，就是帝国主义的走狗、反动派。

在这次谈话中，毛泽东特别说道：中国的小说里有一些不怕鬼的故事。我想你们的小说里也会有的。我想把不怕鬼的故事、小说编成一本小册子。接着又讲了《聊斋志异》里耿去病夜读，涂面伸舌与鬼相视的故事。

毛泽东对自己提出的不怕鬼的话题似乎特别感兴趣。4 天后，5 月 10 日晚上，他和刘少奇、周恩来、彭真及一些民主党派领导人，又专门在中南海勤政殿会见了民主德国人民议院访华代表团。自然又谈到西藏问题，以及中印关系。毛泽东说得很轻松，他认为发生这些事都是很自然的。有好处，可以让全世界看看、想想这究竟是怎么一回事。他说："所以我们应该欢迎并迎接这种挑战，不要花多少力量就可以还击，不要用十个指头，用几个指头就行了。我对朋友们说，不要怕鬼，鬼是这样的，越怕它，它就越多；不怕它，它就没有了。你们德国文学中有无这种材料，说明有人怕鬼，有人不怕？"

不等对方回答，毛泽东偏头问特意取了一个中文名字的大使："最近在紫光阁接见外宾时，我讲了不怕鬼的故事，大使听见了吧？"

这位大使说："我和我们的访华代表团在中国过完'五一'节后，到蒙古、朝鲜去了，这才回来不久，所以没听见。"

毛泽东接着说："马列主义教我们别怕鬼。资本主义这个鬼确有其事，不过不要怕，希特勒是大鬼，蒋介石这个鬼也不小，在他以前还有袁世凯、满清皇帝等鬼。"

言下之意，世界和中国的历史都表明，任何鬼都是可战胜的。

5 月 13 日，外交部办公厅把毛、周、陈 5 月 6 日的谈话整理打印了出来，分送有关中央领导。毛泽东把自己的那一份批给江青看，特别要她注意第 13 页，第 13 页上正是毛泽东讲不怕鬼，并说要把中国小说和故事里不怕鬼的内容，编成一本小册子的那段话。

这说明，在 1959 年四五月份，毛泽东就在考虑并提议编选《不怕鬼的故事》了。

他说到做到，指示当时的一位中央书记处书记，让他落实这项工作。这位领导把编选该书的任务交给了当时属于中国科学院的文学研究所，并由所长何其芳具体负责。到这年夏天，《不怕鬼的故事》便基本编成了。

该书主要选自晋人作的《列异传》，晋朝裴启的《语林》，刘宋时刘义庆的《幽明录》，唐朝戴孚的《广异记》、牛僧孺的《玄怪录》、裴铏的《传奇》、段成式的《酉阳杂俎》，五代孙光宪的《北梦琐言》，宋朝司马光的《涑水纪闻》、张师正的《括异志》、郭彖的《睽车志》、上官融的《友会谈丛》、洪迈的《夷坚志》，明朝郎瑛的《七修类稿》、钱希言的《狯园》、朱国祯的《涌幢小品》、浮白斋主人的《雅谑》、王同轨的《耳谈》，清朝蒲松龄的《聊斋志异》、纪昀的《阅微草堂笔记》、袁枚的《子不语》、钱泳的《履园丛话》、黄钧宰的《金壶七墨》、程麟的《此中人语》，等等。所选篇目，短则几十字，多也不过千字，形象生动地描绘了各种各样的人不怕鬼并且有智有勇战胜鬼的故事。例如，选自《夷坚志》的《漳州一士人》，里面的那个人物什么怪异都不怕，他说："天下无可畏之事，人自怯耳。"选自《阅微草堂笔记》的《鬼避姜三莽》，说一个叫姜三莽的人听别人讲到一个捉鬼的故事，就天天晚上潜行在坟墓间，像猎人等待狐兔一样，准备捉鬼；然而却一直没有碰到鬼。这个故事的作者评论道："三莽确信鬼可缚，意中已视鬼蔑如矣，其气焰足以慑鬼，故鬼反避之。"选自《子不语》的《陈鹏年吹气退缢鬼》，写一缢鬼"耸立张口吹陈,冷风一阵,如冰。毛发噤龄,灯荧荧青色将灭"。陈鹏年这时想:"鬼尚有气,我独无气乎?"于是他鼓气吹鬼,鬼最后被吹得如轻烟散尽。选自《金壶七墨》的《陈在衡》,里面的一个鬼做了这样的一个表白:"鬼实畏人。"这很像这些故事的总结。至于前面引述的狂生耿去病夜坐顶鬼一篇,更是表现了人依靠自己的勇气或智慧战胜鬼。

何其芳把这个基本编成的小册子送给了毛泽东,毛泽东是看了的。在一次中央工作会议上,他还选了其中的一部分故事,印发与会者。

不久,庐山会议上出现意外变故,《不怕鬼的故事》的编选定稿工作暂时中断了。

四、打鬼:庐山会议上有人替毛泽东"找到了几挺机关枪"

1959年6月末7月初,各路要员先后登上庐山的时候,心情是轻松的。因为从1958年11月起,毛泽东和党中央逐步纠正"大跃进"和人民公社化运动中的"左"倾错误,许多问题在解决中,政策逐步有所转变,复杂而沉重的心情有所解脱。这次会议,可以让大家来开怀畅谈,总结一下经验教训,安排好来年的工作。

毛泽东7月1日由九江乘车上了庐山。一上山,便把自己刚刚写成的《到韶山》、《登庐山》两首七律写给他的秘书胡乔木,还有湖南省委第一书记周小舟,附信征求意见。还点了三出赣剧《思凡》、《惊梦》、《悟空借扇》,在庐山礼堂演给与会者看。有意思的是,三出戏的内容都是"超现实"的神仙戏。他还安排了这样一件事:让杨尚奎的夫人水静和方志纯的夫人朱旦华于7月8日将贺子珍接上庐山,随即同贺话旧,长谈一夜。

人们的游兴很高,诗词唱和之风颇盛。开头主持会议的周恩来,一向繁忙操劳,这时也颇有情趣地指着挂在东林寺的康有为书写的匾额,问李锐,康有为的字是中年写的,还是晚年写的?

毛泽东的态度也是明确的。7月2日在庐山开了一次中央政治局常委会,他承认"去年做了一件蠢事",当然,形势"有点坏,但还不至于坏到'报老爷,大事不好'的程度"。

但是，1958 年那样大的举动和失误，人们免不了要有所议论，有所评价，评价自然有不同的声调。还有些人，希望这次会议从根本上解决"左"倾问题。弄成那样的局面，是不是毛泽东常说的"一个指头"（错误）和"九个指头"（成绩）的关系。反正，有些人是认真的。这个"认真"的结果，取决于毛泽东对形势评价的那个"度"——成绩伟大，问题不少，前途光明。

问题是，这个"度"只是原则性的，最终是由人来掌握和运用的。

渐渐地，有些言论在毛泽东看来，已经越出这个"度"了。庐山，虽未雨却密云。

7 月 14 日下午，彭德怀送给毛泽东的那封信，终于捅漏了密云。

开始，毛泽东似乎没说什么。但他断然将此信印发，可见是有了决心。

7 月 23 日，召开大会。毛泽东劈头就说：你们讲了那么多，允许我讲个把钟头，可不可以？吃了三次安眠药，睡不着。

接下来，毛泽东发表了长篇讲话。他说道：我有两条"罪状"，一个 1070 万吨钢，是我下的决心。其次，人民公社，我无发明之权，有推广之权。

各种议论，把问题似乎搞得更复杂了。这里有作为中央主要领导的毛泽东，是不是有责任的问题。在毛泽东看来，更有一个如何对待群众的积极性的问题。

在 7 月 31 日的中央政治局常委会上，毛泽东说：刮共产风，比例失调，是在大群众运动中发生的。群众兴高采烈，叫下马，血淋淋的，群众想不通。他一生遵奉的，恰恰是：气可鼓，不可泄，人而无气，不知其可也。

说到这里，彭德怀承认，他对鼓气之说，"领会不深"。

林彪凑热闹："气难鼓易泄，泄了更难鼓。"却说中共中央在庐山召开工作会议的时候，苏联东欧的社会主义阵营也在忙着一件不大不小的事情。7 月中旬，为庆祝波兰人民共和国成立 15 周年，赫鲁晓夫率苏联党政代表团赴波兰庆祝。对波兰来说，这是不小的荣誉；对赫鲁晓夫来说，也可利用这个机会四处走走、看看，免不了要讲话、宣传，等等。

7 月 18 日，赫鲁晓夫来到波兰波兹南省普拉采夫农业生产合作社参观，在群众集会上，他根据苏联的历史对农村公社发表了这样的意见：在国内战争一结束之后，我们当时开始建立了农业公社。当时有人的论断是：既然我们为共产主义奋斗，那就让我们来建立公社。看来，当时许多人还不太明白：什么是共产主义和如何建设共产主义。公社建立了，虽然当时既不具备物质条件，也不具备政治条件——我是指农民群众的觉悟。结果是大家都想生活过得好，而在公共事业上又想少花劳动。许多这样的公社都没有什么成绩。于是党走了列宁所指出的道路。我们集体农庄逐渐巩固起来了。

苏联和东欧对中国搞"大跃进"和人民公社，本来就有看法，这段话，虽然说的是苏联20世纪20年代初的做法，但很容易让人联想到今天的中国。波兰方面注意到这一点，在公开发表赫鲁晓夫这篇演说时，删去了这段敏感的话，苏联《真理报》却于7月21日发表了全文。

属于另一个阵营的报纸，自然有了反应。据《纽约时报》称：苏联发现，通过公社来走上社会主义化的道路，是错误的办法。赫鲁晓夫的这番话，可以认为是指中国共产党人的。

7月28日，一份载有赫鲁晓夫的讲话的《内参》，送到了毛泽东手上。8月1日，他把这份材料批转给王稼祥，写道：将来我拟写文宣传人民公社的优越性。一个百花齐放，一个人民公社，一个大跃进，这三件，赫鲁晓夫们是反对的，或者是怀疑的。我看他们是处于被动了，我们非常主动，你看如何？这三件要向全世界作战，包括党内大批反对派和怀疑派。

在这份材料上，毛泽东又向参加庐山会议的各同志写下了以下批语：请同志们研究一下，看苏联曾经垮台的公社和我们的人民公社是不是一个东西；看我们的人民公社究竟会不会垮台。合乎历史要求的东西，一定垮不了，人为地解散也是办不到的。

这里不仅是在同赫鲁晓夫进行争论，更重要的是，在上庐山之前，彭德怀和张闻天都去过东欧，都经过苏联，彭德怀还同赫鲁晓夫碰过面。"党内反对派和怀疑派"云云，每一个与会者心里都很清楚说的是谁。

毛泽东当时这个判断的明显失误，是把当时国内外的议论搅在了一起。

关于"大跃进"、人民公社、总路线，国外是从根本上嘲笑，国内则是有批评和议论其带来的不好的实际效果，无论后来人们怎样说这是错误的，但在当时，谁也没有从根本上否定。而这里面，对"三面红旗"的具体议论，程度也有所不同。大致说来，对"大跃进"说得多些，对人民公社相应少些，对"多快好省地建设社会主义"的总路线，因为它只是个口号性质的，且从当时的背景来看，这个口号字面上并没有什么可议论之处，也没有人对它说三道四。1959 年 7 月 23 日，就在彭德怀开始受到批判时，周恩来找他谈过一次话，彭德怀还说：1070 万吨钢，脑子热了一下，他（指毛泽东）是有一份的，但总的路线不能动摇，而且他比较冷得早，10 月底就冷下来了。

可毛泽东把国内外、党内外的议论都视为一体，甚至看成是有联系、相互配合的。8 月 11 日在庐山会议上，他就毫不隐讳地说："我看现在你们猖狂进攻，一部分同志是与西藏事件、全世界骂我们有关系的。"

1959 年 9 月 1 日，在给臧克家和徐迟两位《诗刊》的正、副主编回信时，主动把自己新写的《到韶山》、《登庐山》两首七律"录上呈正，如以为可，可上诗刊"。从整个毛泽东诗词的发表情况来看，这是没有先例的，由此可见他当时迫切想要"回击"被他认为是错误思潮的各种言论的心情。

在这封信中，毛泽东还说道："他们越骂得凶，我就越高兴。让他们骂上半个世纪吧！那时再看，究竟谁败谁胜？我这两首诗，也是答复那些王八蛋的。"

毛泽东的激愤之情已然是溢于言表了。本来，这两首诗写于庐山会议批判彭德怀之前。从诗的情调来看，确也没有反映因"大跃进"的失误所带来的沉重局面和沉重心情，写景抒怀，都是一派明朗，甚至还畅想着"桃花源里可耕田"呢。

可是，成熟的政治家在真正作决策的时候，一般是不会受一时的情绪支配的。这两首诗当时并没有发表。大概是后来觉得这两首诗"主题虽好，诗意无多"吧，用它们来"回答""错误思潮"有些勉强。

就在庐山会议的最后阶段，北京送来一份毛泽东和列宁有关怎样对待革命群众运动的语录，题目为《马克思主义者应当如何正确地对待革命的群众运动》。毛泽东看后非常高兴，说："不知是哪一位秀才同志办的，他算是找到了几挺机关枪，几尊迫击炮，向着庐山会议中的右派朋友们，乒乒乓乓地发射了一大堆连珠炮弹。"

庐山会议在"乒乒乓乓的枪炮声"中结束了。

在毛泽东看来，这无疑是不怕鬼的人们在现实斗争中赢得了一个回合。

但是，他的心情并没有轻松。

1960年，饥饿的岁月来到了。

越是困难，越激发他的意志，越坚定他的信心，越涌出挑战的渴望。

在不同场合，他反复申明他的主张。

1960年3月7日，在接见苏联驻华大使契尔沃年科时，他说：那些不赞成的人，他们也要证明，他们不相信总路线，不相信大跃进，不相信人民公社，也难怪，因为现在还没有充分证明。再有多少年，大概总得10年，他们可以相信的。用这种路线去工作，赶上了英国，他们看看，还不错呀，赶上了英国，也许那个时候他们就服了。

5月7日，毛泽东在郑州会见非洲外宾。他说：我们高兴地看到非洲朋友有这么多人破除了迷信。迷信的第一条就是怕帝国主义，你们破除了这一条，不怕帝国主义了。又说：再有一种，是不相信自己的力量，觉得自己力量很小，认为西方世界很行，我们黄种人、黑种人、棕种人都是不行的，这也是一种迷信。朋友们讲到我们有些国家有困难，有忧愁。我认为我们有高兴的一面，又有忧愁的一面。我看帝国主义只有忧愁的一面，看不见高兴的一面。你说美国能睡得着觉？我不相信。所以我们在战略上完全有理由轻视它们，坚信帝国主义制度是要灭亡的，全世界人民是要站起来的。我们在战术上要谨慎，每一个步骤都要好好地研究，要重视它们，要认真办事。合起来就是，战略上藐视敌人，战术上重视敌人，这样才能敢想敢说敢做。

五、"我也六十多了，就是不怕鬼"

1959年夏季的庐山会议以后，国内形势发生了一些变化，在毛泽东心目中的"鬼"或"半人半鬼"，已不单单是参加反华大合唱的国际上的帝、修、反了。由此，他指示何其芳将这年春天既已编好的《不怕鬼的故事》初稿加以精选充实，遂成70篇，共6万多字。因是文言，每篇又相应做了不少注解。

全书定稿后，何其芳请毛泽东为这本书写个序言，以说明在这个时候编选出版这本书的用意，引导读者结合现实更好地阅读。毛泽东指示，先让何其芳起草一个，再给他看。这样，何其芳几易其稿，写了一篇近1万字的序言。

其中说道："从前，许多人相信有鬼，而且怕鬼。这是无足奇怪的。今天看来，值得我们惊异的，倒不是在于当时有鬼论者之多，而在于当时有鬼论者占优势的时候，还是有主张无鬼论的少数派。"此外，过去的笔记小说的作者，很多都是喜欢谈鬼的。"他们之中也有这样一些人：他们虽然认为有鬼，却对这种大家以为可怕的鬼表示不敬，认为没有什么可怕，并且描写了一些敢于骂鬼、驱鬼、打鬼、捉鬼的人物。这类故事是很有意义的。它们机智地反映了我国古代人民的大无畏精神。""序言"又说："我们编这个小册子，目的不在于借这些不怕鬼的故事来说明我国古代的唯物主义的思想。我们主要是想把这些故事当作寓言、当作讽喻性的故事来介绍给读者们。如果心存怯懦，思想不解放，那么人们对于并不存在的鬼神也会害怕。如果觉悟提高，迷信破除，思想解放，那么不但鬼神不可怕，而且帝国主义，反动派，修正主义，一切实际存在的天灾人祸，对于马克思列宁主义者来说，都是不可怕的，都是可以战胜的，都是可以克服的。"此外，"序言"还指出，"世界上又确实存在着许多类似鬼的东西"，大到帝、修、反，严重的天灾，小到一般工作中的困难、挫折，等等，"都可以说是类似鬼的东西"。因此，"彻底扫除这种落后的'怕鬼'思想，对于每个革命者来说，是严重的斗争任务"。

正像编选这本书本身就是一项政治任务一样，这篇序言无疑是很像样的不必借桑就可骂槐的政论文章。

何其芳把这篇序言送给了毛泽东。毛泽东看后于1961年1月4日上午11点在中南海颐年堂约见了他。

何其芳到的时候，已有两位同志在那里，同毛泽东谈农村政策问题。说到《不怕鬼的故事》的序言，毛泽东说：你的问题我现在才回答你。除了战略上藐视，还要讲战术上的重视。对具体的鬼，对一个一个的鬼，要具体分析，要讲究战术，要重视。不然，就打不败它。你们编的书上，就有这样的例子。《宋定伯捉鬼》，鬼背他过河，发现他身体重。他就欺骗它，说他是新鬼。"新鬼大，旧鬼小"，所以他重嘛。他后来又从鬼那里知道鬼怕什么东西，就用那个东西治它，就把鬼治住了。

接着，毛泽东又举《聊斋志异》里《妖术》为例，说：如果那个于公战术上不重视，就可能被妖术谋害死了。《妖术》写一个叫于公的人，不信街上算卦人说他三天就要死的预言，但他回家后也不是毫无警惕。第三天晚上，他关门点灯，带剑坐着等待动静。那个会妖术的算卦人果然派了一个"小人"来害他，于公挥剑砍断了它的腰，原来是个纸人。接着又来一个狰狞的怪物，他用剑砍断了它，原来是个土偶。后来又来一个屋檐高的巨鬼，它一推窗户，墙壁便震动欲塌，于公就开门出去和它搏斗，并打败了它，原来是个木偶。如果这个于公不是既对妖术和鬼怪无所畏惧，同时又充分加以警惕，而且有武术和武器的准备，他或许是会被算卦人施妖术派来的"鬼"谋害的。

说完，毛泽东特别叮嘱何其芳："你可以再写几百字，写战术上重视。"

最后，毛泽东又向何其芳等人谈到他最近写的两首近体诗，说：现在不能发表，将来是要发表的。这两首诗，都是批判修正主义的。据何其芳回忆，这两首诗当时没有公开过，他是后来读到的。

这是两首什么样的诗呢？

从至今公开发表的毛泽东诗词来看，"反修"主题的作品，是从1961年11月17日写的《七律·和郭沫若同志》开始的，以后有《卜算子·咏梅》（1961年12月）、《七律·冬云》（1962年12月26日）、《满江红·和郭沫若同志》（1963年1月9日）等。很明显，这些作品都写于1961年1月同何其芳谈话之后，所以他不可能当时就看到。从"近体诗"的概念上讲，是指律诗、绝句，不是词。何其芳说他后来看到的，肯定也不是后来公开的这些作品。

毛泽东是诗人，也是政治家。面对中苏论战和国际共运的分歧，他自然要借诗言志。但并非每首诗他都愿意公开，并非每首诗都真正把它当诗来写。20世纪50年代末60年代初，他写过不少"读报诗"。所谓"读报诗"，就是读了一些报纸新闻后的随兴偶感之作。仅1959年11月至12月，毛泽东便写了四首"读报诗"，都是七律，属近体诗。内容都是"批判修正主义"的。其中一首便有这样的句子：

> 反苏忆昔闹群蛙，今日欣看大反华。
> 恶煞腐心兴鼓吹，凶神张口吐烟霞。
> 神州岂止千重恶，赤县原藏万种邪。
> ……

地地道道的"打鬼"之作。

毛泽东给何其芳等说的，当是这几首"读报诗"。

何其芳回去后，根据毛泽东的意见对序言作了修改。1月16日，他将修改后的序言又寄给毛泽东，并附上一信，说："《不怕鬼的故事》的序文，按照您的指示，作了修改，送上请审阅、批改。"又说："自己觉得增加的部分"写得不甚满意，"缺乏警策之处。自己又没有能力改得较好一些，只有请您审阅后加以删改"。

何其芳在这个修改稿上增写的部分，大概是后来发表稿中的这样一段："这些故事都说明了这样的道理：总的说来，鬼并没有什么可怕，人是完全能够打败它、制服它的。但对每一个具体的鬼，对于每一个同鬼相周旋的具体的场合，人又必须采取谨慎态度，必须有智谋，然后才能最后取得胜利。这个道理是含有深刻的意义的。虽说世界上并没有鬼，我们古代的传说和迷信既然把鬼描写成为一种能够害人的东西，这些故事的作者就会根据人在实际生活中的经验，根据人同有害的事物作斗争的经验，这样去虚构他们的故事，并从而表现出这样的道理来。当然，如果没有毛泽东同志的高度的理论上的概括，如果没有他的思想的指引，我们读这些故事是不容易看出这样的意义和教训的。"

毛泽东收到这个修改稿时，正在北京主持召开党的八届九中全会。在1月18日的会议讲话中，他向与会者谈到了这本书，高兴地说：我也六十多了，就是不怕鬼。我们很快要出版一本不怕鬼的书。

与此同时，毛泽东读了何其芳的这个序言修改稿后，又以何其芳的口吻增写了这样一段话：

这本书从一九五九年春季全世界帝国主义、各国反动派、修正主义组织反华大合唱的时候，就由中国科学院文学研究所着手编辑，到这年夏季即已基本上编成。那时正是国内修正主义起来响应国际修正主义、向着党的领导举行猖狂进攻的时候，我们决定将本书初稿加以精选充实，并决定由我写一篇序。一九六〇年底，国际情况起了很大变化，八十一个共产党和工人党在莫斯科举行了代表会议，发表了反对帝国主义、反对反动派、反对修正主义的声明。这个"不怕鬼"的声明使全世界革命人民的声势为之大振，妖魔鬼怪感到沮丧，反华大合唱基本上摧垮。但是读者应当明白，世界上妖魔鬼怪还多得很，要消灭它们还需要一定时间，国内的困难也还很大，中国型的魔鬼残余还在作怪，社会主义伟大建设的道路上还有许多障碍需要克服，本书出世就显得很有必要。当着党的八届九中全会于一九六一年一月作出了拥护莫斯科会议声明的决议和对国内政治、经济、思想各方面制定了今后政策，目前条件下的革命斗争的战略战术又已经为更多的人所了解的时候，我们出这本《不怕鬼的故事》，可能不会那么惊世骇俗了。

从这段增写的话里，体会到毛泽东当时的心情，还是比较乐观的，尽管也说到"世界上妖魔鬼怪还多得很"，"中国型的魔鬼残余还在作怪"。

毛泽东乐观，有两个特殊背景。

一个是 1960 年 11 月上旬至 12 月 1 日，81 国共产党和工人党代表会议在莫斯科举行。中国共产党派刘少奇率代表团参加。会议通过了《各国共产党和工人党代表会议声明》（以下简称《声明》），即被毛泽东称为"不怕鬼的声明"。《声明》论述了世界社会主义体系新的发展阶段、战争与和平、民族解放革命、世界舞台上新的力量对比、国际共运等问题。其中又一次"一致谴责国际机会主义的南斯拉夫变种——现代修正主义者的'理论'的集中表现"，说南领导人"背叛了马克思列宁主义"。会议的召开和《声明》的一致通过，使自 1959 年 10 月起激化了 11 个月的中苏两党矛盾缓和了下来，出现了改善的转机。会议结束之日起，刘少奇以国家主席的身份应邀访问苏联，苏方安排了不少隆重、热情的访问活动。刘少奇同赫鲁晓夫话别时，都表示愿意采取实际措施来改善关系，苏联的勃列日涅夫等接受了刘少奇的访华邀请。1961 年 2 月 27 日，赫鲁晓夫还致函毛泽东，表示愿意在 1961 年 8 月以前以借用方式向中国提供 100 万吨谷物，缓解中国的经济困难。这一切，使毛泽东觉得让全世界革命人民的声势"为之大振"，"妖魔鬼怪感到沮丧"。但是，《声明》这个重要文件，毕竟是矛盾双方相互坚持自己的立场并做一定妥协的产物，事后仍然可以自作解释而强调某一侧面。不久，随着 1961 年 10 月苏共二十二大的召开，中苏两党矛盾重新加剧，进一步牵动国际共运的分裂。中苏两党走上了相互指责对方是所谓"修正主义"的纷争之路。

于是，毛泽东在 1961 年 11 月 17 日写的《七律·和郭沫若同志》一诗里，不无所指地告诉人们："一从大地起风雷……只缘妖雾又重来。"

使毛泽东当时感到有些乐观的另一件事，就是他在《不怕鬼的故事》序言里增写的话中提到的党的八届九中全会。这个会议于 1961 年 1 月 14 日至 18 日在北京举行。重要的成果是批准了对国民经济实行"调整、巩固、充实、提高"的八字方针。毛泽东在会上特别号召全党大兴调查研究之风。这大概就是他在增写的话中所说的"对国内政治、经济、思想各方面制定了今后政策"，"打鬼"的"战略战术又已经为更多的人所了解"。

对何其芳起草的序言，毛泽东还有两处重要修改。一处是在序言稿子谈到对一切表面上可怕但实际并没有什么可怕的事物："难道它们有气，我们反而没有气吗？难道按照实际情况，不是它们怕我们，反而应该是我们怕它们吗？"毛泽东写道："难道我们越怕'鬼'，'鬼'就越喜欢我们，发出慈悲心，不害我们，而我们的事业就会忽然变得顺利起来，一切光昌流丽，春暖花开了吗？"另一处是在序言稿子谈到一切革命工作中的困难和挫折，"都是可以克服，可以扭转的"，毛泽东加写道："事物总是在一定条件下向着它的对方变换位置，向着它的对方转化的。"

1 月 23 日下午，毛泽东又约见何其芳。见面后，他对何其芳说：你写的序言我加了一段，和现在的形势联系起来了。他把上面那段话念给何其芳和在座的其他人听，像是征求意见，然后又传给大家看。大家传阅后，毛泽东又对何其芳说：你这篇文章原来政治性就很强，我给你再加强一些。我是把不怕鬼的故事作为政治斗争和思想斗争的工具。然后让何其芳再增加几句，讲半人半鬼的问题，并说：半人半鬼，不是走到人，就是走到鬼。走到鬼，

▲ 1961 年 1 月 14 日至 18 日，党的八届九中全会在北京召开。图为当时会议现场

经过改造，又会走到人。何其芳临走时，毛泽东又嘱咐把改的稿子誊清打印后，再给他看看。

当天回去后，何其芳连夜根据毛泽东对序言的修改誊清并嘱人打印出来，也做了些文字改动。1 月 24 日一早，他让通讯员把稿子送到中南海转交毛泽东，并附上一信："主席：《不怕鬼的故事》序根据你修改的稿子誊清打印出来了。只有一二处……作了一点文字上的变动，对'半人半鬼'的人也提到几句，不知合适否？送上请您再审阅。1 月 24 日晨。"信中说的对"半人半鬼"的人所"提到的几句"，在发表稿里是这样几句："还有一种'半人半鬼'的人，他们不是被改造为完全的人，就会走到成为完全的'鬼'。当着他们还是'半人半鬼'的时候，他们的反动的一面也会同其他'鬼类'一样总要为祟，总要捣乱。"

1 月 24 日当天，毛泽东便审完了这份稿子，退给了何其芳，并附上一信：

何其芳同志：

此件看过，就照这样付印。付印前，请送清样给刘、周、邓、周扬、郭沫若五同志一阅，询问他们是否还有修改的意见。出书的时候，可将序文在《红旗》和《人民日报》上登载。另请着手翻成几种外文，先翻序，后翻书。序的英文稿先翻成，登在《北京周报》上。此书能在二月出版就好，可使目前正在全国进行整风运动的干部们阅读。以上请酌办。

毛泽东

一月二十四日

第八页第一第二行有一点修改。

从这封信可看出，毛泽东是多么重视《不怕鬼的故事》及其序言的宣传教育作用。信中提到的"一点修改"，是指何其芳送审的《〈不怕鬼的故事〉序》第八页第一、第二行的一段原文："事物总是在一定的条件之下向着它的对方交换位置，向着它的对方转化的。"这恰是毛泽东上一次修改加写的话，这次他又划去，改作："事物总是在一定的条件之下通过斗争同它的对方交换位置，向着它的对方的地位转化的。"

经过这样一个周密的过程，《不怕鬼的故事》终于在1961年2月由人民文学出版社正式出版了。可以说，这本薄薄的小册子，从编选到写序，再到出版，毛泽东不仅是以读者的身份介入，而且实实在在地是以"作者"的身份出现的，书中凝聚了他在20世纪50年代末60年代初强调的"打鬼"思想。从中可概括出这样几点：（一）怕"鬼"没用，越怕，"鬼"越多；（二）只要战略上藐视，战术上重视，"通过斗争"，就一定能战胜各种各样的"鬼"；（三）把不怕鬼的故事作为政治斗争和思想教育的工具；（四）不怕"鬼"进而打"鬼"，是一个长期的过程，不会一蹴而就；（五）要注意改造"半人半鬼"的人。

指导编选《不怕鬼的故事》，毛泽东花了不少精力，因此他对这本书印象很深，评价很高，后来曾多次谈到这本书，并多次向外宾推荐。

例如，1962年1月3日会见日本禁止原子弹氢弹协议会理事长安井郁时，毛泽东高兴地说起："日本人民大胆起来了，不怕鬼了，就是说，不怕美帝国主义这个鬼了，不怕岸信介（1960年6月下台的日本首相——引注）这个鬼了，不怕池田（即池田勇人，时任日本首相——引注）这个鬼了，日本人民的斗争信心加强了。我们出了一本书叫《不怕鬼的故事》。"说着面向陪同的廖承志，吩咐道："有没有日文的？送他们每人一本。"

几天后，1 月 14 日会见一个兄弟国家政府访华代表团时，他说：有斗争，斗争是有困难的。有一件事是肯定的，天是塌不下来的。过去河南有个小国叫杞国，那里的人怕天塌下来，杞人忧天，不该怕的他也怕。我们出版了一本书，叫《不怕鬼的故事》，有英文版和法文版，你们看过吗？如找到英文版和法文版的可以送给你们。这是第一本这样的故事书，很有意思，那里面说帝国主义是大鬼，×××是半人半鬼，××是个鬼，别的鬼还没有谈到，那是 1959 年春天编的嘛！

毛泽东对自己的打鬼比喻，很为欣赏，认为这是关系到革命事业未来的大事，免不了挂在嘴边。1961 年 12 月 5 日接见委内瑞拉外宾时，他郑重提出：世界上的鬼，有三种……不破除对这三个鬼的迷信，革命就没有希望。

编选古代鬼怪故事，竟如此奇妙而恰当地同现实斗争融为一体，这种充满"幻想同一性"的政治艺术，在其他政治家、革命家身上恐怕是相当罕见的，然而对于具有博大的诗人情怀和丰富的想象力的毛泽东来说，却是那样的合乎情理。在三年困难时期，毛泽东迸发和高扬人定胜鬼的精神，正是他那有着超凡魅力的自信和意志所在。

但是，当我们的评价从抽象走向具体，从精神价值走向历史分析的时候，也不能不看到，由于对国际国内矛盾在判断上的某些失误，把不同性质的问题都看成阶级斗争，这就使毛泽东的不怕鬼进而打鬼的比附，并不完全妥当，特别是把庐山会议上对"大跃进"、人民公社提出不同看法的同志纳入"鬼"的范围，更是明显的判断错误。打鬼思路的进一步发展，在现实生活中便转化成了过火的政治批判。

第十章

另一个世界的"我"

毛泽东是位诗人。

西方人以他们的习惯方式说："一个诗人赢得了一个新中国。"这话并不夸张。诗歌创作贯穿了他的一生。1996 年中央文献出版社出版的《毛泽东诗词集》，分正编和副编收入了他 1915 年到 1966 年写的 67 首作品。此外，已经披露并可证实是毛泽东创作的，还有在 20 世纪 50 年代至 60 年代写的一些"读报诗"，1973 年写的《七律·读〈封建论〉呈郭老》等诸多首，如果再算上他改写的前人诗作，那么时间还可以前伸至 1911 年春写的《七绝·孩儿立志出乡关》。

说毛泽东是诗人，不单是因为他行有余力地写出了一些很有艺术性的诗作，还由于他无论是在戎马倥偬的征战途中，还是在日理万机的国事活动中，都乐于抽空读诗、品诗、评诗，在古代诗词歌赋方面，有几近职业化的欣赏情趣和艺术修养。他时常在汪洋恣肆的诗海里游弋。《诗经》以下中国诗歌源远流长的延伸路程上的山峦奇峰，曲径直道，他都有极大的兴趣登觅寻视。

正是在这样的"精神探险"中，我们多少会感受到毛泽东内心世界的另一个"我"。

一、政治雄才与诗国骄子

作为诗人，毛泽东被文化人接受并倍加推崇，是从 1945 年赴重庆谈判，以一首《沁园春·雪》搅动山城文化风云开始的。

文化人感受和接受的，是什么样的诗人毛泽东呢？

我在《毛泽东与文艺传统》一书里，曾作过这样的论述：

"一首《沁园春·雪》在抗战胜利后的那段极为复杂的日子里，使大后方的文化人第一次领略到毛泽东那古今独步的胸襟气魄，使此前对毛泽东知之甚浅的人们体会到，他绝非是他们先前以为的，也是国民党御用报刊宣传的那种草莽英雄形象，他的才思文采使人大为震惊。相形之下，那位身着戎装、神情刻板的'委员长'，倒成了'只识弯弓射大雕'的枭雄。当决定中国命运的两个政党的最高领袖并肩而立或握手相谈等人拍照时，'略输文采'的那一方分明在人格魅力上败了下来，人们也由此作出了自己的选择。"

显然，人们接受的不是一个纯粹的诗人，或者说，文化人不是纯粹从诗的角度选择了毛泽东。

诗，是个媒体，是个信息，像扇动的政治翅膀，让人们感受到一股莫名的冲击，那是毛泽东各种角色混合一体的人格力量挥发出来的穿透力。

的确，他是农民运动的领袖，发起了遍布全国的暴动；他是哲学家，赋予马克思主义一种东方精神的新形式；他是军事指挥家；他是放荡不羁的浪漫主义诗人；他是全球最大的机构中的政治领袖。作诗，只是他诸多角色中的一种。其诗风的根本源泉，来自他的丰厚实践。于是，政暇赋诗，妙句拈来着眼高拔。作为政治家，毛泽东是充满革命的理想主义激情和浪漫主义诗人气质的政治家；作为诗人，毛泽东是集军事家的机敏气魄、政治家的胆识圆通、思想家的深邃智慧于一身的诗人。

这大概就是毛泽东在中国诗史上的独特之处。

历史上，也有不少著名人物，表现出多方面的才能。他们有的是政治家、军事家，又是思想家、哲学家，或者是文学家。但几乎没有人像毛泽东那样在这几个方面同时达到令人叹服的境地。至于那些等而下之的，或缺文采，或欠武功的历史人物，就更不用说了。这一点，当毛泽东以新时代、新阶级的代言人来审视他们的时候，是相当自信的，尽管被审视的人物也不愧为面对祖国大好河山，为建功立业竞相折腰，并确实为中华民族作出了历史贡献的"英雄"。你看："秦皇汉武，略输文采；唐宗宋祖，稍逊风骚。一代天骄，成吉思汗，只识弯弓射大雕。"轻轻几笔，便把这些以雄才大略著称的古代帝王们荡过去了。

其中，秦皇、汉武确实缺少文字意义上的"风骚"。唐太宗倒也作过诗，《全唐诗》便收有他的十几首作品，但没有一首传诵之作。宋太祖弄了两首《咏月诗》、《咏初日》，则为抒发个人春风得意之情，鲜有艺术分量。历代帝王中，南唐李后主算是有艺术气质和创作才华的一位，作为一代词家，颇为后人称道。但严格说来，他算不得政治家，只是坐享父业，既无开疆拓土的寸功，连守住既成基业也不能。对此，毛泽东似乎向他投去不屑的一瞥。在 1957 年 4 月的一次谈话中，他不以为然地说李后主，虽"多才多艺，但不抓政治，终于亡国"。

曹操是一代卓越的政治家、军事家，也不愧为开一代诗风（建安风骨）的大家，从而使毛泽东对他格外看重，对他的政治功业、

▲ 毛泽东手书《沁园春·雪》

军事成就和诗歌风格颇为津津乐道，有过很好的评价。譬如，他对子女说过：曹操的"文章诗词，极为本色，直抒胸臆，豁达通脱，应当学习"。不过，在毛泽东看来，"往事越千年，魏武挥鞭，东临碣石有遗篇。萧瑟秋风今又是，换了人间"，依然是"俱往矣"的感受，依然是"数风流人物，还看今朝"的自信。且不说曹操的功业不好同毛泽东领导的中国革命相比，就诗歌创作风格来说，钟嵘《诗品》评道："曹公古直，甚有悲凉之句。"他确有"周公吐哺，天下归心"和"老骥伏枥，志在千里"的雄心，但其"对酒当歌，人生几何"的排遣，其"绕树三匝，无枝可依"的空落，其"烈士暮年""何以解忧"的愁绪，在毛泽东"粪土当年万户侯"的批判精神、"问苍茫大地，谁主

沉浮"的挑战气概、"而今迈步从头越"的不屈意志、"敢教日月换新天"的崇高信念面前，多少显得有些沉郁，少些昂扬奋发。

再看看毛泽东与古代的"纯粹诗人"的差异。

"诗人之父"屈原早年深得楚怀王的信任，但不久即被谗去国，终其一生未能在政治上施展其才能抱负。他的确不愧为中国有史以来第一个伟大诗人，但因政治上的无所建树，意志难伸，或思去国远游而又狐死首丘，最后难排忧郁投水殉志。豪放派开山之祖苏轼，以一首《念奴娇·赤壁怀古》倾倒多少风流人物。词人不愧为大手笔，为读者描绘了一幅令人惊心动魄的大江壮流图。你看，岸石错乱，直插云端，波涛如惊，狂奔咆哮，雪团似的浪花，上下翻滚。那场面，那气氛，仿佛就是赤壁大战在进行，众多英雄人物在运兵。然而，词人在进行了一番"故国神游"之后，最后发出的却是"人生如梦，一尊还酹江月"的沉重感慨。那意思是：江山依旧，人事无情，自己虽有周瑜那样的风流才华，却没有那样的机会以展雄图。词人的坎坷一生，词中无不处处打上深深的印记。尽管历代评家对这首词甚为欣赏，把它当作豪放派词的代表作，说它意境高远，气势磅礴，格调雄浑。然而读后在产生美感的同时，总有一种英雄失落的悲凉和愁苦梗在心间，不管词中的景物写得何等壮阔，读者的情绪却并不能真正豪放起来。辛弃疾是历代诗人中最有政治和军事才干的人物之一。"壮岁旌旗拥万夫"，青年时代便驰骋疆场，成为北方沦陷区抗击金兵的重要首领。率众南归后，仍志在北伐，收复中原。但到头来，"却将万字平戎策，换得东家种树书"，终其一生，"旌旗未卷头先白"，理想成为泡影。面对这些古代诗家的佼佼者，柳亚子在步毛泽东《沁园春·雪》原韵的和词中，便有这样的评论比较："才华信美多娇，看千古词人共折腰。算黄州太守，犹输气概；稼轩居士，只解牢骚。更笑胡儿，纳兰容若，艳想秾情着意雕。"应该说，这个评价还是有些见地的。当然，屈原也好，苏轼也好，辛弃疾也好，他们的遭遇是一个时代的悲剧。他们个人无力与一个朝廷政府的命运相抗衡，他们作为擅长舞文弄墨的诗人，自非能与纵横捭阖于王霸之术的政治家、军事家相比。于是，他们报国无门，心中委屈，在诗词中露露自己胸中的郁气也是可以理解的。

问题在于，险恶的环境可以窒息吞噬一个人，也可以锻炼造就一个人。中国革命经历了曲折万难的征途，也造就了毛泽东这样一位非凡的领袖和卓有建树的诗人。他本人的人生道路也不是一帆风顺的，他也多次经历过困难与危险、压抑和苦闷，但他始终以不屈不挠的意志对待人生的坎坷，以乐观主义精神对待革命事业。他写的诗词，总是力图激荡人心、催人奋进，给人以力量与鼓舞，这或许正是毛泽东与一般诗人的不同之处，也是其作品的魅力之所在。一位作家在读了毛泽东的诗词后，曾谈到这样的感受："毛泽东同志一身兼伟大的政治家和伟大的马克思主义思想家，伟大的军事家，伟大的诗人，这几个特点是统一的。如果没有前几个伟大作为条件，他不可能写出光辉夺目的革命诗篇。他不是为写诗而写诗，而是由他在长期革命斗争的大风大浪中培养成的革命乐观主义与革命英雄主义的伟大人格，以及蓄积于胸中的革命激情，喷发而为诗，加上他对诗词艺术有深厚修养兼有天赋的过人才华，所以能写出光彩夺目的诗词。"

确实，毛泽东的诗词不同于任何文人笔下的作品，也不隶属于文坛上哪一个流派。它是一个领袖人物在革命过程中的抒情言志，是在一种新的思想基础上把豪放派的词加以发扬光大的产物。

既然人们称他为"诗人"，谨慎的毛泽东也就时时遵循诗人的职业要求，就像他一心一意要打好仗、革好命、建好国、治好政一样，他也认认真真、孜孜不倦地要作好诗。

毛泽东本人对自己的作品也是相当谦虚的，并非首首满意。许多诗稿他不同意发表，就包含有觉得艺术上还要进一步修炼的意思。即使一些打算或已经发表的作品，他也时常觉得不尽完善。1959 年 9 月 7 日给胡乔木的信中，他说自己刚写就的《到韶山》《登庐山》两首七律，"主题虽好，诗意无多，只有几句较好一些的，例如'云横九派浮黄鹤'"。1965 年 7 月 21 日在给陈毅的那封著名的论诗的信中，他说："我偶尔写过几首七律，没有一首是我自己满意的。"1966 年 6 月，他在"西方山洞"居住时，韶山有关部门因为没有他1959 年回韶山写的《七律·到韶山》手稿，请他再书写一次，他拒绝了，并说："这首诗还写得不理想，不书写算了。"指出这些，恰恰说明，毛泽东是尊重艺术规律的，他具有注重审美创造的诗人本色。

并不是任何一个写出了"诗歌"的人，都可以称得上是诗人。毛泽东之成为诗人，不仅是因为他写诗，更重要的是他懂诗，具有真正的有别于政治家的诗人本色。他写诗通常不是为了应酬排遣，而是把它当作一件严肃真诚的事情来做；他懂诗不是浮光掠影，而是挟裹着职业诗人的钻研精神。

对待写诗，毛泽东在 1959 年 9 月 7 日给胡乔木的信中曾有一段自白："诗难，不易写，经历者如鱼饮水，冷暖自知，不足为外人道也。"对毛泽东这样一位充满诗情且生活丰厚的人来说，挥洒几笔，形之于笔端，并非难事；难就难在写的诗要有诗的形式、诗的味道、诗的意境。特别是讲求严格的旧体诗。1957 年夏天，接见对词学很有研究的冒广生先生时，他认为："旧体诗词的格律过严，束缚人的思想，我一向不主张青年人花偌大精力去搞；但老一辈的人要搞就要搞得像样，不论平仄，不讲叶韵，还算什么格律诗词？"1965年在给陈毅的信中，谈到陈毅呈送他修改的 12 首诗"在字面上（形式上）感觉于律诗稍有未合"时，又特别强调，"律诗要讲平仄，不讲平仄，即非律诗"。1975 年，他又对陪伴自己谈书的工作人员谈道：搞文学的人，还必须懂得和学习语言学，学习音韵学，不学习音韵，想研究诗歌和写诗，几乎是不可能的。还要学《说文解字》，一般学文学的人对《说文解字》没有兴趣，其实应该学。毛泽东自己便注重这方面的研究。在毛泽东的藏书中，便有一部上海文瑞楼石印的《诗韵集成》，一部上海鸿宝斋书局石印的《增广诗韵全璧》，还有两部《新校正词律全书》，分别为清版木刻和石印本。其中都有不同程度的圈画和断句。

毛泽东对自己的作品，始终抱着严谨负责的态度。作品发表后，他虚心听取意见，凡有修改建议，不管是来自名人还是无名之人，只要合理他便采纳。更多的时候，在作品发表前他主动向人请教。这方面的例子较多。譬如：1959 年夏写完《七律·到韶山》、《七律·登庐山》后，9 月 7 日，他写信给胡乔木，嘱他送郭沫若一阅，"看有什么毛病没有？加以笔削，是为至要"。1962 年发表 1929 至 1931 年写的《词六首》前，他于 4 月 24 日给臧克家的信中说："你细心给我修改的几处，改得好，完全同意。还有什么可改之处没有，请费心斟酌赐教为盼。"毛泽东自己对自己作品的修改，更是翻来覆去，付出了大量心血。从 1963 年 3 月到 1973 年冬天，毛泽东对他的全部诗稿重新看过数次，对有些诗词做过多次修改。每次修改都是由吴旭君做记录，等毛泽东反复推敲将字句确定后，毛泽东再亲自改到手稿上。

如此营构诗意，使我们感到，毛泽东之成为诗人，绝不是靠他的身份和威望来获取的，尽管我们不难见到一些因自己的政治身份和威望而轻而易举地跻身"诗人"行列的情况。可以说，毛泽东从来不以自己的政治身份来直接介入词墨交往。由于他的诗名，常有人请他改诗。1965 年修改陈毅诗作的那封信中，他说："你叫我改诗，我不能改。因我对五言律，从来没有学习过，也没有发表过一首五言律"，于是，"只给你改了一首，还很不满意，其余不能改了。"这是大家熟悉的。此外，同年 9 月修改胡乔木的 27 首词时，曾先后写有这样两段话："这些词看了好些遍，是很好的。我赞成你改的这一本。我只略为改了几个字，不知妥当否，请你自己酌定。"又说："删改得很好，可以定稿。我又在个别字句上做了一点改动，请酌定。另有一些字句，似宜再思再改。如不妥，即照原样。"这些，都是诗歌创作中的平等对话。

关于对毛泽东诗词的评论，他自己一般很少发表意见。这也是他对如何写旧体诗的基本主张之一。他多次说过，写诗不能靠注解，作者自己不宜多注解。

新中国成立后，对毛泽东诗词的解释出现一种情况，即任意拔高，试图从中找出些微言大义。1959 年 4 月，《诗刊》社邀请几十位诗人和评论家举行座谈会，同样作为政治家、军事家而兼诗人的陈毅到会发表了意见。他特别强调："艺术就是艺术，写诗就是写诗。"接着谈道："上海有人在毛主席诗中找战略思想，就有些穿凿附会。毛主席诗词有重大政治意义，但还是诗。有人问毛主席，'数风流人物，还看今朝'是不是超过了历代所有的人？毛主席回答，作诗就是作诗，不要那么去解释。'更喜岷山千里雪，三军过后尽开颜'两句，完全是说这支军队得救了，将要胜利到达陕北了。"这就是说，诗歌是"寓教育于娱乐之中，不是一本政治教科书，更不是一本政治论文、整风文件、经典著作"。即使是政治家创作的作品，也不可能例外，因为文学之为文学，就不能摆脱其共性的要求。毛泽东诗词首先是文学，它所蕴含的思想意义只有在文学的规范内才可能得到恰如其分的阐发。只有这样来理解和评价毛泽东诗词，才可能合乎作者本意。从政治、军事的角度来简单图解毛泽东的诗词，未必是真正尊重其作品的价值，未必有利于理解诗人毛泽东的独特之处。

关于解诗，毛泽东深知其难。因此，关于他的诗歌的评论、理解，只要不涉及原则和史实问题，他一般都取豁达态度。1961年出版毛泽东诗词英文版时，郭沫若曾问毛泽东，《七律·到韶山》中"黑手高悬霸主鞭"的"黑手"指谁，因有人释为农民，有人释为反动派。毛泽东回答指反动派。郭沫若又问：要不要出一本主席诗词的统一解释的书，毛回答："没有必要，唐诗三百首，流传多少代都没有统一的解释，我的诗词也让别人去理解吧！"1973年接见杨振宁的谈话中，毛泽东想得更远，他说："《诗经》，两千多年以前的诗歌，后来作的注释，时代已经变了，意义已不一样。百把年以后，对我们的一些诗也都不懂了。"这一随兴之论，倒也见出他对古人说的"诗无达诂"深有体会。

二、诗雄与雄诗

历代诗家大都推崇"雄"的诗风，以"雄"为美。写诗缘情言志，情志不同而风格相异。"雄"的心声用激昂的语言，磅礴的气势表现出来，易生出使人感发兴起的审美效益。作为诗歌风格的范畴的"雄"，自有与其他范畴如"清"、"婉"等不同的特色。何为"雄"？至大至刚之谓也。"雄"是壮美的一种。它是创作主体人格的、道德的、精神的雄壮气质与表现客体的生命的雄壮之力的融合。

毛泽东是一代诗雄。

在他对历代诗人诗作的品评和选择中，最能投合满足其欣赏趣味的，是那些气势沉雄，豪拔、慷慨、悲壮一类的诗人诗作。"雄"是他那宽阔奔涌的审美体验河流的厚实河床。作为欣赏者的毛泽东和作为创作者的毛泽东，是互相印证，互为一体的。1962年，他说自己写《浪淘沙·北戴河》一词的缘由，是因为李煜写的《浪淘沙》都是婉约的，没有豪放的，故特意用《浪淘沙》的词牌写一首豪迈的词。这大概算是毛泽东从具体作品对传统婉约意境的有意改造，来透露自己诗风的"雄"的品格吧。

一种风格由多种因素组成，从而使之具有某些侧重点和连续性。毛泽东诗格之雄亦然。我们大致可概括出以下几个特征。

（一）雄浑。

《念奴娇·昆仑》和《浪淘沙·北戴河》为其代表。

长征路上的毛泽东描绘横跨西北三省的昆仑山时，避开俗笔，舍弃一般的形状描写，只赋予其人格，突出其神韵。开篇"横空出世"，虽只四字，却是神来之笔，传达出昆仑山横亘天际，昂首世外，超脱人寰的不凡气概。接下来"莽昆仑，阅尽人间春色"两句，一个"莽"字，不仅勾勒出山的身躯，而且转提出它的浑莽无涯的行为能力："飞起玉龙三百万，搅得周天寒彻。夏日消溶，江河横溢，人或为鱼鳖。"接下来，我们如同听到一位屹立苍穹的巨人对昆仑山说话了，昆仑山也被当作了有生命的东西。诗人就是这样通过一种新奇的想象来展示一个革命者的崇高理想：把高寒积雪的昆仑山裁为三截，分置世界各洲，使环球凉热均等。

当毛泽东在大海里搏击风浪时，他所见的是"大雨落幽燕，白浪滔天，秦皇岛外打鱼船。一片汪洋都不见，知向谁边？"写浑莽无涯的水天合一景象，实以衬托雄浑宽阔的胸际和人格。这是夏日的一天，大雨滂沱，幽燕茫茫，浪涌滔滔，可秦皇岛外的点点渔船依然出没在茫茫的海天之中。作者的视线一直在追踪着它们，深情地凝望着，凝望着，终于情不自禁地问道："那些打鱼船究竟驶向何处去了呢？"这是一幅海天风雨壮阔图。诗人心潮逐浪，兴奋不已，不由浮想联翩，思接千载，一下想起了在此留下遗迹的魏武帝曹操。想当年曹操曾驰骋中原，雄视八方，真有不可一世之概，然而他又给历史留下了什么呢？历史跨越了1000多年，一年一度的秋风又吹临大地，如今的中国大地却真正换了人间。巨大的空间，悠长的时间，融为了一体。这雄浑壮阔的大海，这滔中雄视的诗人，这诗人无涯无际的情怀，给读者带来多少想象啊！

这两首作品，诗思是雄壮浑厚的，表现诗思的形象也雄阔浑成，由此造出的意境，则如古人所说，"笼天地于形内，挫万物于笔端"。

（二）雄深。

《菩萨蛮·黄鹤楼》和《忆秦娥·娄山关》为其代表。

前者以"茫茫九派"、"沉沉一线"两句，一下子托出"中国""南北"大革命失败前夕山雨欲来风满楼的气氛。接着造出"烟雨莽苍苍"这种已然是令人压抑、难识其容的浑暗景象，再用"龟蛇锁大江"一句猛然顿住，把人们的心情收缩至一个静态的仿佛是没有回旋余地的物象上面。出路何在？作者"把酒酹滔滔，心潮逐浪高"，一下子又打开了在压抑中藏伏的奔腾激昂的思绪。全诗在起伏中抒发了作者的担忧与思索。正如作者后来在自注中所说的："1927年，大革命失败的前夕，心情苍凉，一时不知如何是好。"

关于《忆秦娥·娄山关》，毛泽东后来也有一个自注，他说："万里长征，千回百折，顺利少于困难不知有多少倍，心情是沉郁的。"他在向娄山关进发的途中所见，是"西风烈，长空雁叫霜晨月。霜晨月，马蹄声碎，喇叭声咽"。这是一个西风劲吹的寒冷早晨，天空挂着一钩残月，一群大雁"嘎嘎"叫着从天空中

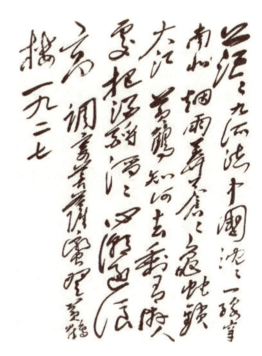

▲ 毛泽东手书《菩萨蛮·黄鹤楼》

掠过，路面铺满一层白霜。接下来两句，人人都说其中"碎"和"咽"字用得好。马蹄在结了霜冻的山路上踏出急促、细碎、杂沓的响声。"咽"，原指声音窒塞，此处指军号声在清晨寒风中抖动不畅，时断时续，犹如气咽难喧。在这幅画面里，没有明亮的色彩，没有响亮的音响。读后忍不住掩卷深思，

真切体会到作者在自注中说的"沉郁"心情。然而，尽管是"雄关漫道真如铁"，诗人仍矢志"而今迈步从头越"，雄心脱怀而出。但作者也不盲目乐观，深知前面并非一派光昌流丽，鸟语花香，而是"苍山如海，残阳如血"，又归入顿挫，从而深化了悲壮搏击的意境。

这两首诗气氛悲壮，格调顿挫，境界深沉，体现出思考深广，感情郁积的凝重之美，即古人说的"沉雄"一路。

（三）雄放。

有两个字，在毛泽东诗词中出现频率最高，颇便于我们体会雄放的意蕴。一个是"万"字，一个是"飞"字。一个托出景象的数量博大，一个托出景象的姿态流急。诸如："无端散出一天愁，幸被东风吹万里"；"万类霜天竞自由……粪土当年万户侯"；"寥廓江天万里霜"；"奔腾急，万马战犹酣"；"飞起玉龙三百万"；"百万雄师过大江"；"万里长江横渡，极目楚天舒"；"金猴奋起千钧棒，玉宇澄清万里埃"；"一声鸡唱，万怪烟消云落"……在《毛泽东诗词集》所收 67 首作品中，便有 24 首 32 次用了"万"字。有人说，"万"字是最有力量的一个汉字。所谓最有力量，大体是指这个字包含"大"、"阔"、"无穷"的意思。毛泽东诗词中的"万"字，有时是实指，有时是虚指，但都体现了主体的宽阔胸怀与客体的雄壮浩荡的融合，情感思绪奔放得很开。再说"飞"字。你看："到中流击水，浪遏飞舟"；"枪林逼，飞将军自重霄入"；"天高云淡，望断南飞雁"；"正西风落叶下长安，飞鸣镝"；"参天万木，千百里，飞上南天奇岳"；"一桥飞架南北"；"一山飞峙大江边"；"乱云飞渡仍从容"……67 首诗词中，有 21 首 22 次用了"飞"字，表现出诗人飞动的气魄，飞扬的豪情，飞闪的风采。此外，与"飞"相类，毛泽东诗词中频频出现的字还有"卷"、"翻"、"跃"等。

从艺术上讲，"万"和"飞"，一为规模，一为过程；一为体，一为势，最易造出扩展的意境和雄放的气势，从而显现出作者发想超旷、变化多端、开拓直逼的构思——"刺破青天锷未残"；烘托出落笔天纵、通达奇畅、奔腾飞动的景象——"天兵怒气冲霄汉"！

（四）雄丽。

在古今诗坛上，有些人的诗雄而不丽，有些人的诗则丽而不雄。把二者结合起来，又雄又丽，成为一种华美的风格，如冠盖辉煌，如旌旗飞动。这便是一种创造。请看毛泽东的描绘："战地黄花分外香"；"谁持彩练当空舞"；"弹洞前村壁。装点此关山，今朝更好看"；"战士指看南粤，更加郁郁葱葱"；"杨柳轻飏直上重霄九"；"寂寞嫦娥舒广袖，万里长空且为忠魂舞"；"云横九派浮黄鹤，浪下三吴起白烟"；"洞庭波涌连天雪，长岛歌人动地诗"；"已是悬崖百丈冰，犹有花枝俏"……这些，表面看来，都是各种景象的美好描绘，但实际上却有人格和社会的内蕴，指示着诗人特殊的审美追求——只有战地的黄花才胜似春光；只有弹洞村壁才把江山装点得格外好看；只有孤悬危崖、傲霜斗雪的花枝才配得上说俏。这就是在冲突中求和谐，在紧张中求舒缓，在阔大中求流丽，在奇崛中求艳美。平淡无奇，小巧玲珑，温柔素雅的恬静之类，似乎并不投合诗人的意志情怀，他要在"险峰"中索取"无限风光"，他要在"漫天雪"里享受梅花般的"欢喜"。因而，所谓雄丽，便是一种"劲美"。

有人说，崇高感是由崇高的事物引起的，有人说崇高只能在人们的心情里去寻找。事实上，它来自主观与客观的交融。但艺术风格作为创作主体的人格的一种表现来说，主观居于主导的方面。所以朗吉努斯在《论崇高》中说："雄伟的风格乃是重大的思想之自然结果，崇高的谈吐往往出自胸襟旷达志气远大的人。"我国古人也说："器大者声必闳，志高者意必远。"毛泽东那崇高美好的思想，跳动不已的壮心，刚健宏大的气魄，强烈深厚的激情，很容易碰上雄伟的对应物象，并自然倾泻，因而写出雄诗并形成壮美的风格，就是很自然的事了。

写诗靠形象思维。细细体会毛泽东上述作品诸种"雄"的品格，不难发现一个相对固定的对自然、人生、社会的描绘视角——俯瞰，一个多次出现并最能体现作者情怀的主体形象——鲲鹏。其实，二者是互为一体的，只有凌空展翅翱翔的鲲鹏，才有俯瞰人间城郭的视野胸怀。正是由于有鲲鹏的视野和胸怀，毛泽东的诗词所展示的景象才是雄浑的、雄深的、雄放的、雄丽的，其气势才是博大的、豪拔的、壮烈的、飞动的、开阔的。鲲鹏，犹如一个精灵，跳宕于毛泽东诗笔画下的空间。博大无垠的空阔世界，任我驰骋；风云变幻的宇宙气象，助我搏击。这是鲲鹏所期望的物象，这是诗人所期望的意境。

毛泽东有 4 首诗直接写到鲲鹏。最早是 1918 年的《送纵宇一郎东行》，然后是 1930 年 7 月的《蝶恋花·从汀州向长沙》，1963 年的《七律·吊罗荣桓同志》，1965 年的《念奴娇·鸟儿问答》。

三、一个火辣辣、威逼逼的"我"

诗言志。毛泽东的作品，写景、咏物、抒情、喻理，都为言志，都是极力烘托一个主人公形象，都始终凸显着一个火辣辣、威逼逼的字眼，那就是"我"。这是个大写的"人"。

这个"我"，有非凡的社会抱负。

抱负即理想。毛泽东的抱负，随着中国革命的进程，越来越远大，越来越崇高，也越来越具有群体性的内涵。由"名世于今五百年，诸公碌碌皆余子"，到"问苍茫大地，谁主沉浮"；从"霹雳一声暴动"到"分田分地真忙"，再到"何时缚住苍龙？"；从"敢教日月换新天"，到"太平世界，环球同此凉热"；从"神女应无恙，当惊世界殊"，到"待到山花烂漫时，她在丛中笑"……毛泽东正是以夺取民主革命胜利和建设社会主义、实现共产主义的理想来激励自己的，对理想的执着，常常转化为不可遏止的诗情。当然，我们应该注意到，在他的晚年，由于在寻求实现其理想的途径方式上陷入了迷误，或者说是空想，大大脱离中国的实际，因而，有的诗句，虽也可读，但与现实生活不甚协调。如："陶令不知何处去，桃花源里可耕田？"，"金猴奋起千钧棒，玉宇澄清万里埃"，"一声鸡唱，万怪烟消云落"。

这个"我"，有非凡的英雄气质。

初到陕北，彭德怀在前线指挥打了一个很有意义的胜仗。消息传来，毛泽东欣然命笔："谁敢横刀立马？唯我彭大将军！"伟哉！良将！很容易让人想起《三国演义》中长坂坡大战中喝断当阳桥的张飞，和在百万军中如入无人之境的赵子龙。在此诗境的背后，实际上可以让读者感受到一位既善统兵，又善用将的统帅形象。"敌军围困万千重，我自岿然不动"，"横扫千军如卷席"，"百万雄师过大江"，表现他是千军万马的统帅和战无不胜的军事家。"要扫除一切害人虫，全无敌"，更显出他在"沧海横流"的国际斗争中的"英雄本色"！他既领导了新中国的创建，又领导了新中国的建设。他懂政治，懂军事，懂文、史、哲等，而且都达到很高造诣。这便是独特的领袖魅力和气质。这些都高度地浓缩到、反映到毛泽东的人格理想和诗文意气当中，即文武兼备。一方面，当他读到历史上战功赫赫的名将事迹时，赞美之辞，径直倾下。有时候，对才华横溢的文臣，也禁不住赋诗夸赞，并以将帅之风喻之："少年倜傥廊庙才……胸罗文章兵百万"（贾谊）；"千载长天起大云，中唐俊伟有刘蕡……"

这个"我"，有非凡的生命意识。

时间，作为宇宙的一种存在形式，作为人的生命的延续现象，对任何人都是平等的无差别的。在大多数情况下，毛泽东与时间的运行取一致的态度，觉得自己的生命，包括自己所从事的事业，都是与时间同步前进，同步发展的，代表着历史本来的方向。由此，他没有伤时心态，而是坚毅、牢实地把握现在——"而今迈步从头越"；从容、自信地面向未来——"今日长缨在手，何时缚住苍龙？"尤其重要的是，毛泽东时间观中最突出、最富个性的特征，是不断超越光阴流逝的进取精神和打破时间阈限的奔突状态。以"东方欲晓，莫道君行早"的人生态度，赢得了青春不老的生命形式："踏遍青山人未老。"诗人毛泽东为什么有如此自信、放达的生命意识和时间观念？因为他把自己奋斗的一生融进了广阔无垠的宇宙空间，并在实现自己抱负的过程中重铸了一个新的世界。所以，他劝人们"莫叹韶华容易逝"，特别自信地宣称："卅年仍到赫曦台。"当然，我们也应该看到，太急的时间意识，过于紧迫的生命感，使毛泽东晚年试图超越时间、扩大生命内涵的时候，也违反了社会历史运行的本来规律。

毛泽东诗词中的这个"我"，不是抽象的"人"，不是个体的"我"。诗词的创作是源于生活的，是由自然景物的变化，或某种生活的遭遇、社会事件的触动所引发的。毛泽东固然有天生的诗人气质，但如果他不亲自经历和领导现代中国这场充满惊涛骇浪的社会变革运动，不把自己的诗人气质融入亿万人民的群体事业之中，他的作品将呈现出什么样的风貌呢？——不外单纯文人的歌唱而已。

的确，毛泽东的诗词完全可视为一部具有高度政治军事性质的自传。但这个自传，与其说是个人的，毋宁说是革命群体的。1936 年斯诺在陕北采访毛泽东请他谈个人经历时，便获得了这样的感受：毛泽东的叙述，已经开始脱离"个人历史"的范畴，有点不着痕迹地升华为一个伟大运动的事业了，虽然他在这个运动中处于支配地位，但是你看不清他作为个人的存在，所叙述的不再是"我"，而是"我们"；不再是毛泽东，而是红军了；不再是个人经历的主观印象，而是关系集体命运盛衰的客观史料了。

这种体会用来评价毛泽东一生的诗词，多少也适用。他的大多数诗词都同他参与其中的现代中国的一些引人注目的重大事件有联系，这是他创作的基本动因和描绘的基本题材。诸如大革命的局势，红军的每一次战役，长征的挫折和胜利，解放军攻克南京，新中国成立后某一运动的展开，以及建设一座大桥或消灭某一地区的瘟疫等，对于这些事件，在回忆录里可能要用整章的篇幅来记叙，而毛泽东的个人反应则只需写成一首诗。他把个人感情和诗人气质完全投入人民的事业当中。按通常的文学观念，一个人用特定的形式和生动的语言把他生活中某个激动人心的时刻表达出来就是诗，而能够激动毛泽东的心情的，就是这些群众性的事件，他通过传统形式把充满诗意的想象和注重群体实践的理性思考彻底地融合了起来。他本人也在诗歌里出现，但只是作为事件的参与者、转变者和感受者。这些事件在他的诗歌中之所以有重大意义，似乎是因为它们体现了集体而不是作为个人在那里创造了历史。

于是，我们不难理解毛泽东的作品为什么总是体现出那种非凡的社会抱负，非凡的英雄气质，非凡的生命意识，非凡的斗争情怀，非凡的意志力量。他在群体事业中消隐了有局限的"自我"，同时获得了无限的"大我"。

凸现在我们眼前的，就是这样一个大写的"我"！

第十一章

孔夫子乎？秦始皇乎？

秦始皇和孔夫子，虽然是两个遥远的历史人物，但由于他们各自的历史贡献和行事主张及风格，在几千年中国政治生活中事实上已经符号化了，而象征着两个盘根错节的"情结"，仿佛交替使用的文武之道。

毛泽东亦然。他经常对这两个历史人物进行评价，透露出他的选择。

他说，他从小就读孔夫子的书，当时"背得，可是不懂"。

他说：我这个人比较有点偏向，就不那么高兴孔夫子。我是赞成秦始皇的。

他说：对孔子的长处应该说到，孔夫子是革命党，他到哪里，哪里就造反。

他说：祖龙魂死秦犹在，孔学名高实秕糠。秦始皇是厚今薄古的专家。

他说：要采用孔子的教学方法。

……

晚年，扬法抑儒，褒秦贬孔是毛泽东的评价基调，但说起他一生的文化性格和行事风范，却不是那样泾渭分明。

一、苦读"圣贤书"。"孔孟有一部分真理"

和旧时知识分子没有什么两样，毛泽东从偏僻的乡村来到长沙读书的时候，立志一心苦读圣贤书。

1915 年 9 月 6 日，毛泽东给他的好朋友萧子升的信中，开头即说："孔子之言，谓博学于文，孟子曰博学而详说，窃以为是天经地义，学者之所宜遵循。"这是一封很长的信，信中谈学问的专通之先后与各科研究方法等。然后又很感慨地说：经、史、子、集"四部之篇，上下半万载之纪述，穷年竭智，莫殚几何，不向若而叹也"！

我国经、史、子、集浩如烟海，收入《四库全书》的即达 3460 种。1916 年 2 月 29 日，致萧子升的一封信中，毛泽东开列了应阅览的经、史、子、集 77 种书目。可以想见，这 77 种书目，必定是综合了前人和师友的各种意见，根据自己的经验而严格筛选过的，能够代表他对"国学大要"的见解。可惜的是，此信已经残缺，他所开列的书目没有保存下来。

由于时间与金钱都很成问题，毛泽东在这封信中也感到遍读这 77 种书是难以办到的。

那时，毛泽东的人格理想，是孔子塑造的圣贤先知；他的社会理想，是儒家的大同圣域。

1917 年 8 月 23 日给黎锦熙的信中，他充满激情地表白："圣人，既得大本者也；贤人，略得大本者也；愚人，不得大本者也。圣人通达天地，明贯过去现在未来，洞悉三界现象，如孔子之'百世可知'，孟子之'圣人复起，不易吾言'。孔孟对答弟子之问，曾不能难，愚者或震之为神奇，不知并无谬巧，惟在得一大本而已。"信中提出的救世良方，是君子以慈悲之心援救小人，就可以"开其智而蓄其德，与之共跻于圣域"。什么是"圣域"呢？其条件与境界如何？"彼时天下皆为圣贤，而无凡愚，可尽毁一切世法，呼太和之气而吸清海之波。孔子知此义，故立太平世为鹄，而不废据乱、升平二世。"由此可见，毛泽东这时所理想的世界，还是本于康有为所解释的儒家大同说。从据乱世进至升平世，再进至太平世，这是儒家公羊学派的历史进化观。康有为将公羊三世说与《礼记·礼运》中的大同、小康思想结合起来，进一步论证了这种乌托邦式的历史进化观。

1920 年 4 月，毛泽东从北京前往上海，这时他已经较多地受到马克思主义理论和俄国革命历史的影响，对社会历史的发展有比较正确的认识。但还是中途下车，到曲阜游览了孔子的陵庙和故居。

到了延安，他号召全党展开理论学习竞赛，特别叮嘱：从孔夫子到孙中山的遗产，都要继承。为了响应这个号召，当时在中宣部工作的陈伯达就孔子、老子和墨子的思想，写了 3 篇长文。其《孔子的哲学思想》，发表于 1939 年 4 月 15 日出版的延安《解放》杂志上面，全文 1.2 万余字。正式发表前，毛泽东读过 3 次，十分重视，在 1939 年 2 月间分别写信给陈伯达和张闻天，一一提出修改意见。

在信中，毛泽东分别提出："我们对孔子的这方面的长处应该说到"；"一切观念论都有其片面真理，孔子也是一样"；"'过犹不及'是两条战线斗争的方法"；中庸观念"是孔子的一大发现，一大功绩"；凡此等等，不一而足。

1943 年 6 月，一位党内负责人在给一位民主人士的关于"人性"问题的长篇通信中说："一切剥削阶级的学者关于人性、是非、善恶、好恶联系起来所构成的学说，没有一个不是说得错误百出的。"毛泽东读后在一旁批注道："剥削阶级当着还能代表群众的时候，能够说出若干真理，如孔子，苏格拉底，资产阶级，这样看法才是历史的看法。""王阳明也有一些真理。"原信中还说："我们决不能把这种哲学（指'中国封建阶级的伦理哲学'——引注），把孔孟之道，看作中国文化的优良传统，相反，这恰是中国文化的不良传统。"毛泽东又批注道："孔孟有一部分真理，全部否定是非历史的看法。"

▲ 1954 年时的毛泽东

1954 年 9 月 14 日，在中央人民政府委员会的临时会议上的讲话中，毛泽东谈道：郭沫若用很多材料证明孔子是革命党。孔子著《春秋》而乱臣贼子惧，那是孟子讲的，其实孔子周游列国，就是哪里在造反他就到哪里去，孔夫子是革命党。此人不可一笔抹杀。

这里说的，是郭沫若《十

批判书》中的一个观点。书中说："一句话归总：孔子是袒护乱党，而墨子是反对乱党的人……乱党是什么？在当时都要算是比较能够代表民意的新兴势力……孔子帮助乱党，与其门人弟子帮助乱党例，见于《非儒篇》（《墨子》）者一共七项。"

1958年11月，在武昌中央工作会议上，毛泽东说：我们共产党看孔夫子，他当然是有地位的，因为我们是历史主义者。但说是圣人，我们也是不承认的。

毛泽东最欣赏的，是孔子在教育史上的功绩。

孔子之前，学在官府。《左传》载郑国有乡校，那也只有大夫以上的人及他们的子弟才能入学。私人设立学校，开门招生，恐怕孔子是第一人。他收学生，不问贵贱，"有教无类"，用《论语》载孔子自己的话说，只要主动交来一束干肉，"吾未尝无诲焉"，即他从没有不教诲的。这样，许多能凑得出一点干腊肉的贫贱子弟都可以到他这里来接受教育了，事实上，他的学生，也是出身贫贱的多。对此，毛泽东给予了充分肯定。

1944年3月，在关于陕甘宁边区文化教育问题的讲话中，毛泽东说：

任何社会没有文化就建设不起来。封建社会有封建文化，封建社会的文化就是孔夫子的文化，比如送先生一块猪肉才能上学，这是孔夫子说的，这片猪肉究竟有几斤几十斤，不得而知。总之，这件事是从孔夫子开始的，这是在孔夫子以前所没有的。以前教育掌握在巫神手里，后来和官府结合，掌握在官府手里，老百姓没有自由送子弟进学的情形。老百姓自己送学生进学，还是从孔夫子开始的。我看孔夫子的这种办法是民办学校，他的学生有三千，是从小学到大学都有，程度不齐；大学部有七十二个，所谓七十二贤人，其他都是小学中学。当然这三千弟子也是多少年学生的总数，但程度不齐也是事实。

在毛泽东看来，孔子的教育方法尤有可取之处：

在教学方法上，教员要根据学生的情况来讲课。教员不根据学生要求学什么东西，全凭自己教，这个方法是不行的。现在学校形成一个工厂，将来社会发展到共产主义，我看又要回复到孔老夫子的方法了。孔老夫子的方法解决了一个问题，就是同样一个性质的问题，他用不同的方法对不同的人讲，比如他和子路讲是一个方法，和另外一个人讲又另外一个方法，子路这个人急得很，他就用适合子路的心情来教授。

孔子有几千名弟子，诚如毛泽东所说："程度不齐也是事实。"孔子的办法便是因材施教。毛泽东所举教育子路的实例，出自《论语·先进》。大意是：子路问："听到就干起来吗？"孔子说："有爸爸哥哥活着，不能这样。"冉有问："听到就干起来吗？"孔子说："听到就干起来。"另一个学生公西华对孔子说，他们两人问的同一个问题，而您的答复却相反，我有些糊涂，大胆来问。孔子回答："冉有平日做事退缩，所以我给他壮胆，鼓励他进取；子路的胆量有两个人的大，勇于作为，所以我压压他，让他谨慎一些。"这个例子很生动，孔子的不同回答也是有道理的，毛泽东用它来说明，边区各学校的教育，"教员要根据学生的情况来讲课"，也算妥帖。

20世纪60年代以后，毛泽东反孔的倾向越来越明显，但是，1964年2月13日，在春节座谈会上的讲话中讲起教育制度的改革时，毛泽东还是把孔子看成自学成才的典型和从事简化而有效的平民教育的先驱。他说：孔夫子出身贫寒，但学会弹琴、射箭、驾车子，还搞历史书。孔子的教育只有六门课程：礼、乐、射、御、书、数，教出颜回、曾参这样的贤人。现在的课程就是多，害死人。

毛泽东一生，从孔儒那里到底吸收了什么，是很值得思考的。可以肯定的是，孔夫子的形象，在他的心目中，绝不只是他晚年所反复鄙薄的那一面——虚伪、复古等。

他早年从"修身"到"济世"的圣贤志向，他宁肯轻视物质生活也要满足精神愉悦和追求的执着，他强调思想路线和文化教育的极端重要，他循循善诱做人的工作作风，他早年和晚年一度构想的大同理想，他对仁、智、勇"三达德"的人格的追求和新的解释，他只承认"四个伟大"中的一个"伟大"——"导师"（教师），等等，是不是多少可以视为某些"孔夫子情结"的积淀呢？

他的思想对现当代中国的影响，似乎并不亚于孔夫子在传统中国的地位。

如果说，他在"五四"时的反孔，只是追随一种"时流"，那么，可以说他晚年的反孔，原因不全在于孔夫子本身如何如何"反动"；他晚年的称颂秦始皇，也不全在于秦始皇如何如何"伟大"，或许是另一种形式的"为了打鬼，借助钟馗"吧！

二、讲秦始皇，林彪插话自讨没趣

毛泽东是从什么时候开始反感孔夫子的呢？

这不好说。在延安的时候，第一次高级干部整风，是 1941 年 9 月 10 日中共中央政治局会议。毛泽东在发言中，通俗地表达过这样的意思："路线是'王道'，纪律是'霸道'。"这是借用儒法的概念，强调革命队伍的建设，既要靠正确的路线方针指导（王道），也要靠铁的纪律来约束（霸道）。看来，对儒法各持的王霸之术，一张一弛的文武之道，是兼容并收（当然，正确的思想路线和钢铁般的政治纪律同儒法两家的主张及做法不好完全等同）。

大概从 20 世纪 50 年代末开始，毛泽东的评价重心发生了转移。

1958 年 5 月 8 日下午 5 点，北京，中南海怀仁堂，为"大跃进"推波助澜的党的八大二次会议正在这里举行。人们屏息聆听着毛泽东那不拘一格的新颖讲话——破除迷信。

说着说着，毛泽东岔开了话题：范文澜同志最近写的一篇文章，我看了很高兴，这篇文章引了许多事实证明厚今薄古是我国的传统，引了司马迁、司马光，可惜没有引秦始皇。秦始皇主张"嗜古非今者杀全家"，秦始皇是个厚今薄古的专家。

看来，秦始皇引起毛泽东兴趣的，除了他的功业外，他敢于否定传统，敢于蔑视被人们当作神圣不可犯的"先王"，也是一个方面。其实，要干点前人没有干过的事，就不能太尊重成规，这是必然之事。这时的毛泽东恰恰觉得他和他领导的党正干着空前的事业。

一旁的林彪，在这种场合本来是很少即兴说话的，前段时期，他主要是在养病。但不知是出于什么考虑，他竟忍不住插话："秦始皇焚书坑儒。"

毛泽东对"焚书坑儒"这个话题很敏感。新中国成立后，不少民主人士曾就此话题暗示过共产党的一些做法。毛泽东反复同他们表白过自己的立场。

他甚至对章士钊说:"你们讲共产党等于秦始皇,不对,超过一百倍。"

秦始皇的声誉在历史上一直不大好,毛泽东要重新评价他了。

在党的八大二次会议召开的两个多月前,2月23日中共中央政治局扩大会议上,毛泽东便就如何评价秦始皇发表了自己的观点,他说:一股风一来,本来是基本上好的一件事,可以说成不好;本来是基本上一个好的人,可以说他是坏人。比如我们对于秦始皇,他的名誉也是又好又不好。搞了两千多年,封建社会没有人讲他好的,自从资本主义兴起来,秦始皇又有名誉了。但是,共产主义者不是每个人都说秦始皇有点什么好处,不是每个人都估计得那么恰当。这个人大概缺点甚多,有三个指头。主要骂他的一条是焚书坑儒。一个古人,几千年评价不下来,当作教训谈谈这个问题,同志们可以想一想。

毛泽东的这些话,是个性化的,有要做翻案文章的味道,但毛泽东视之为"教训",让人们"想一想",却不乏深意。

林彪可能没有参加这次政治局扩大会议。否则,以他的性格,是会好好地"想一想",不会在党的八大二次会议上贸然插话"秦始皇焚书坑儒"的。

毛泽东瞟了林彪一眼。他就是这样的性格,认准了的,你越反对他越坚持,特别是在他的威望开始达到顶峰的时候。接着,索性把话挑明:秦始皇算什么?他只坑了460个儒。我与人辩论过,说我们是"秦始皇",我们一概承认。可惜的是,他们说得不够,往往要我们加以补充。

一番话,说得人们哄堂大笑,也说得林彪一脸尴尬。

林彪是固执的。这个不起眼的插曲,为后来他儿子主持炮制的《"571工程"纪要》中的一个提法埋下了伏笔。

三、"真正做了点事的是秦始皇,孔子只说空话"

或许是爱屋及乌吧,毛泽东对在秦始皇统一六国的过程中出过大力的李斯评价也很高,乃至不愿意视他为出于孔儒门下,为他的老师荀子安了一个很有意思的名称——"儒家的左派"。

战国末年,楚国上蔡人李斯投奔秦国。他原为荀子的学生,入秦后任为客卿。公元前237年,因韩国派郑国利用建造溉渠离间在秦国做事的客卿,秦国宗室大臣上言秦王（即后来的秦始皇），说一切入秦做事的外国人都心存不轨，向着他们本国的利益，要求把他们赶走。秦王接受了这个建议，下令逐客。于是李斯作《谏逐客书》，首先历叙秦穆公以来都是以客卿致富强而成霸业，足见用人唯人，不必限于本土。然后列举种种器物玩好，虽不产于秦，而秦用之，以其与异国人才相比，揆之以事理，说之以利害，指明下令逐客无异于驱才资敌。

毛泽东时常读这篇文章，给予高度评价。在 1959 年 12 月至 1960 年 2 月读苏联《政治经济学（教科书）》的谈话中，说：李斯的《谏逐客书》，有很大的说服力。那时候各国内部的关系，看起来是领主和农奴的关系，每个家族都有自己的战车、武士，一个国家统一的程度很低。由称赞李斯的文章进而指出那时各诸侯国内部统一程度很低的情况，大概是为了肯定李斯所主张的加强封建的中央集权统治。

在 1964 年 8 月 30 日的一次谈话中，毛泽东还说："李斯是拥护秦始皇的，思想上属于荀子一派，主张法后王。后王就是齐桓公、晋文公，秦始皇也算。"

由此可知，毛泽东称道李斯进而及于荀子，是与他晚年扬法抑儒、批孔扬秦的思想倾向有关联的。在 1965 年 6 月 13 日接见胡志明的谈话中，他把这个观点表述得更明确，他说：孔孟是唯心主义，荀子是唯物主义，是儒家的左派。孔子代表奴隶主、贵族。荀子代表地主阶级。又说："在中国历史上，真正做了点事的是秦始皇，孔子只说空话。几千年来，形式上是孔夫子，实际上是按秦始皇办事。秦始皇用李斯，李斯是法家，是荀子的学生。"

荀子是"儒家的左派"，这是很有意思的评断。毛泽东从哲学观、阶级立场对荀子和孔孟思想做了区分，荀子的学生李斯从儒家的"左派"而变为法家，便合乎逻辑了。秦始皇用李斯，而法家是办实事的，这是毛泽东推崇李斯的一个重要原因。

孔门中还有一些能干的人，未必"只说空话"。冯梦龙纂辑的《智囊》中，专设一条详叙了孔子的得意门生子贡的一次外交活动。

具体过程是：田常想在齐国作乱，为加强自己的势力，便调部队去攻打鲁国。鲁国是孔子的家乡，孔子马上派子贡去齐国说服田常。子贡见田常后说了一番攻打弱小的鲁国即使胜了也不利于加强田常的势力，只有去攻打强盛的吴国又不能取胜时，才能孤立齐国君主，使自己独掌大权的道理。于是田常答应子贡攻鲁部队按兵不动，等子贡去说服吴国救鲁伐齐，然后去迎战吴国。子贡去南方见吴王，利用吴王称霸的野心，又说了番救鲁伐齐有大利大名可图的道理，还诱惑道，若胜了齐国后乘势攻打晋国，吴国便没有对手了。吴王心动，但表示先讨伐完了有图强报复之心的越国之后才动手。子贡又自告奋勇表示要去说服越国派兵随吴王一同去打齐国，吴王答应了。子贡去见越王，告诉他吴王担心越王报复要来讨伐越国，现在越国力量还小，为消除吴王的怀疑必须派兵随吴王攻齐。如果攻齐失败，折损吴兵，有利于越国；如果胜了，再让晋国会同诸侯攻打驻齐的吴国精锐，越军也趁机攻打吴国本土，必胜无疑，越王赞赏不已。这样，吴国发动九郡兵力去讨伐齐国了。子贡又到晋国，告诉晋国国君做好与吴国打仗的准备。吴军在打败了齐军后，果然又移兵攻打晋国军队，结果吴国军队大败。越王听到这个消息后，立刻渡江袭击吴国，杀了吴王夫差，3年后越国在东方称霸。冯梦龙在叙述了这个存鲁、乱齐、破吴、强晋、霸越的成功的外交故事后，感慨道：子贡所为，"真是纵横之祖，全不似圣贤门风"。

毛泽东读《智囊》，对这段记述很有感触，在旁边批注："什么圣贤门风，儒术伪耳。孟轲、韩非、叔孙通辈，都是纵横家。"

这个批注，表明了毛泽东对儒家提倡的圣贤作风的评价。所谓"儒术伪耳"，大概是指作为孔门高足的子贡，为了鲁国的利益，四处游说、挑拨，这本身就违反了乐道修身以维系周礼的儒家宗旨。孟轲被称为"亚圣"，他游说于列国诸侯之间。韩非是荀子的学生，也跑到秦始皇那里去了。叔孙通是秦末汉初的大儒，先为项羽部属，后归附刘邦，汉朝建立，他与儒生们共立朝仪。在毛泽东看来，这些人的所为，其实也是纵横家。可见，真正要做点事情，靠"儒术"一套是没有用的。

毛泽东晚年，对儒家的圣贤之说很不感兴趣。

《晋书》卷八十《王羲之传》载，王羲之任右军将军、会稽内史时，殷浩与桓温不和，殷浩率军北伐失败，又不听众人劝阻，复图再举北伐。王羲之写信给他，说道："《传》曰：'自非圣人，外宁必有内忧。'今外不宁，内忧已深。古之弘大业者，或不谋于众，倾国以济一时功者，亦往往而有之。诚独运之明足以迈众，暂劳之弊终获永逸者可也。求之于今，可得拟疑乎？"毛泽东读至此批注道："虽圣人亦如此，况无圣人耶？！"

到20世纪60年代中期，毛泽东对孔夫子越来越反感，对秦始皇的功业越来越称赞。1964年，他经常谈到对两人的评价。

6月24日在接见外宾的谈话中，他说：孔夫子有些好处，但也不是很好的。我们应该讲句公道话，秦始皇比孔子伟大得多。孔夫子是讲空话的。秦始皇是第一个把中国统一起来的人物。不但政治上统一了中国，而且统一了中国的文字、中国各种制度，如度量衡，有些制度后来一直沿用下来。中国过去的封建君主还没有第二个超过他的。可是被人骂了几千年。

8月18日在北戴河同哲学工作者的谈话中，他说：孔夫子讲"仁者爱人"。爱什么人？所有的人？没那么回事？爱剥削者？也不完全，只剥削者的一部分。不然，孔夫子为什么不能做大官？人家不要他。他爱他们，要他们团结。可是闹到绝粮，"君子固穷"，几乎送了一条命，匡人要杀他。

8月30日在一次谈话中说到黄河流域的水利建设时，他又发挥道："齐桓公九合诸侯，订立五项条约，其中有水利一条，行不通。秦始皇统一中国，才行得通。秦始皇是个好皇帝，焚书坑儒，实际上就坑了460人，是孟夫子那一派的。其实也没有坑光，叔孙通就没被杀么！孟夫子一派主张法先王，厚古薄今，反对秦始皇……我们有许多事情行不通，秦始皇那时也有许多事情行不通。"

四、反对孔夫子的书，我"都注意看"

对孔夫子，学术界向来有不同评价。"文化大革命"前夕，毛泽东越来越悉心地关注起反对孔夫子的论著。

1965年第4期《哲学研究》发表了赵纪彬的《孔子"和而不同"的思想来源及其矛盾调和论的逻辑归宿》一文，是其著作《释一二》初稿的第三章，约二万字。文章对《论语·子路》里说的"君子和而不同，小人同而不和"

进行了全面的考察分析。

文章提出："在孔门内部，'先进'的颜回与子贡是一个对立面，'后进'的有若与樊迟亦是一个对立面。樊迟与子贡同近于变革派别……均为春秋末期的进步思潮在孔门内部的反映。"认为："矛盾只能通过斗争来解决，不能利用调和来避免，凡调和矛盾者必陷于自相矛盾；孔子当过渡时期因反对变革而调和矛盾，其自相矛盾亦必更为露骨。正因此故，孔门遂亦不能不成为充满思想分歧的矛盾集合体。"结论是，"凡此史实证明：孔子从'和而不同'的'君子'维新立场出发，力求将过渡时期的阶级矛盾'一以贯之'，而历史辩证法的铁则，却使孔子的'从周'愿望彻底破产"。

《哲学研究》是毛泽东经常阅读的学术杂志之一。他1965年12月在《哲学研究》上读到赵纪彬的这篇文章，在文内作者名下画了双杠，在文章题目上面写道："孔门充满矛盾论。"看来是同意文章观点的。如果联系当时对杨献珍"合二为一"观点的批判，赵纪彬文章提出的"矛盾只能通过斗争来解决……凡调和矛盾者必陷于自相矛盾"，在哲学观点上，也是吻合毛泽东当时的思路的。

这期《哲学研究》的扉页上，毛泽东还写有"1965年《哲学研究》第2期"、"赵纪彬，《论语新探》"等字样。前者指的是赵纪彬发表在《哲学研究》1965年第2期上的《关于"一""二"范畴的形成过程问题》一文。这是其《释一二》初稿的第二章，第4期上赵文标题的注中提到了第2期上的这篇文章。毛泽东记下来，也可能是表示有兴趣找来第2期《哲学研究》读一下这篇文章，也可能是表示因读第4期的这篇文章而联想到读过的第2期上的文章。《论语新探》是赵纪彬1948年由中华书局出版的一本专著，初版时怕"有碍销路"，改题为《古代儒家哲学批判》，1959年人民出版社再版时，特恢复《论语新探》原名。该书影响较大，曾由美国学者译成英文出版。分"历史证件"和"儒学究元"上、下两部，10余万字。作者在书中强调："孔门所代表的古代前期儒家，是'人'中的'君子'学派，而以继承西周维新路线、维护宗法遗制、调和春秋矛盾……为自觉的历史任务……先秦孔墨显学的对立，即为当时奴隶主阶级维新派与新兴封建阶级革命派两条政治路线斗争在学术上的反映。"由此可见，赵纪彬发表在 1965 年第 4 期《哲学研究》上的《孔子"和而不同"的思想来源及其矛盾调和论的逻辑归宿》一文的观点，同他此前的《论语新探》一脉相承，对孔夫子持学术批判态度。

毛泽东读过赵纪彬的《论语新探》，并且是在 1965 年 12 月读《哲学研究》上的这篇文章之前读的。在同年 10 月 8 日的一次谈话中提到日本人写的基本粒子的对话文章时，毛泽东还顺便让康生去研究一下《论语新探》这本书。

不久，毛泽东发动的旨在彻底破旧立新的"文化大革命"爆发了。从思想方法上讲，这场运动同孔儒显然是南辕北辙。于是，毛泽东厌孔、批孔、反孔的情绪也愈益强烈，对一些批判孔儒的论著也就更有兴趣了。

1968 年 10 月在一次会议上的谈话中，毛泽东又一次表白：广东的那个杨荣国，我也没有见过这个人，看过他的书，听说怎么样也不好，也逮起来了。在党校教书的那个赵纪彬，这两位都是反对孔夫子的。所以我对于这两位的书都注意看。此外，还有北大一个教授叫任继愈，他也是反对孔夫子的。

杨荣国是著名的中国哲学史学家，当时是广州中山大学教授。他的代表作之一是 1954 年由三联书店出版的《中国古代思想史》。作者在该书"序言"中说："孔子虽是首开私人讲学之风的，但他讲学的内容，即他的思想体系，是属保守的一面，是维护那日趋崩溃的种族统治的。他之阐扬礼治，又从阐扬礼治之余，提出了那维护统治者种族的'仁'，其用意就是如此。"这自然属于"反对孔夫子"的书，毛泽东是读过的。在 1966 年 3 月的杭州会议上的一次讲话中，他便说过：广东中山大学教授杨荣国，是个党员……写了两本书，一本叫《中国古代思想史》。

谈话中提到的任继愈，主编的《中国哲学史》第一册，于 1963 年由人民出版社出版。在该书第五章《孔子的唯心主义哲学思想》中，作者说："从孔子一生的活动看来，凡是当时发生的具有进步意义的、体现封建地主阶级要求的重大事件，他都从维护奴隶制度的立场坚决反对。"在毛泽东看来，这也自然是属于"反对孔夫子"的书，他也是读过的。1972 年，毛泽东还号召要读几本哲学史。此外，任继愈对赵纪彬的《孔子"和而不同"的思想来源及其矛盾调和论的逻辑归宿》一文的基本观点也颇为赞成，在 1966 年第 1 期

《哲学研究》上发表《旧经新见》一文，说赵纪彬的这篇文章"读后对人有启发"，"可以说明孔子维护奴隶主贵族的利益的政治立场"。

五、"批林"为何连带"批孔"？

"文化大革命"期间，毛泽东批孔扬秦，找到了一个靶子，这就是郭沫若的《十批判书》，尽管 20 世纪 50 年代他还引用过书中说孔子是革命党的观点。

郭沫若的《十批判书》是研究先秦诸子思想的专著。书中选取了先秦 10 种代表性的思潮进行分析，故名"十批判书"。除首篇"古代研究的自我批判"外，10 篇文章依次为关于儒家八派、孔墨、稷下黄老学派、庄子、荀子、名辩思潮、前期法家、韩非子、吕不韦与秦王政的"批判"。所谓批判，当是哲学意义上的分析研究之意。该书写于 1943 年至 1945 年初，作者当时在重庆。初版于 1945 年，由重庆群益出版社印行；1954 年人民出版社又改排出版；1959 年科学出版社印行新一版；1961 年人民文学出版社据人民出版社改排本，编入《沫若文集》第 15 卷；1976 年人民出版社重印本书时，作者做了若干文字订正。毛泽东读的当是 1959 年以前的版本。晚年，由于视力下降，他又指示有关部门把《十批判书》印成大字本给他读。

书中《吕不韦与秦王政的批判》一篇，是这样说秦始皇的：

"最足以代表秦始皇尚法精神的是焚书坑儒这两件大事……秦始皇对于儒家这样下不去，自然有他的理由：因为他们在一切的观点上差不多都是对立的……

"自春秋中叶以还奴隶逐渐得到自由，向来的奴隶主大多数失掉了他的优越地位，零落了下来……秦始皇则依然站在奴隶主的立场。秦始皇把六国兼并了之后，是把六国的奴隶主和已经解放了的人民，又整个化为了奴隶。

"因此秦始皇时代，看来是奴隶制的大逆转。由奴隶制言，可以比为回光返照。"

郭沫若还在"后记"中说："韩非的文章如《五蠹》、《显学》之类，完全是一种法西斯式的理论，读起来很不愉快。"此外，该书对"五四"以后受到重视的墨家思想的批判也很严厉。这些看法，正如"后记"所说："和大家的见解也差不多形成了对立。"于是有人认为作者"袒护儒家"，担心"这样做会是替旧势力张目"。对此，作者在 1954 年出版改排本之前写的《改版书后》中有一个说明，他说："我所采取的是历史唯物主义的立场，在这个立场上我仿佛抬举了先秦儒家，因而也就有人读了我的书而大为儒家扶轮的，那可不是我的本意。先秦儒家在历史发展中曾经起过进步的作用是事实，但它的作用老早变质，它的时代也老早过去了。这和爬虫时代一去不复返的一样，我们今天虽然在研究恐龙，珍惜恐龙的骨化石，乃至有时颂扬它的庞大，但有谁会希望恐龙夫子再来作一次生物界的主人呢……在今天依然有人在怀抱着什么'新儒家'的迷执，那可以说是恐龙的裔孙——蜥蜴之伦的残梦。"

"文化大革命"开始以后，在谈话中，毛泽东多次把郭沫若的《十批判书》说作尊孔反法的学术代表著作，并鲜明表示不同意该书的观点。

1968 年 10 月 31 日在党的扩大的八届十二中全会闭幕会上的讲话中，毛泽东当面说："拥护孔夫子的，我们在座的有郭老，范老基本上也是有点崇孔啰，因为你那个书上有孔夫子的像呢。冯友兰就是拥孔夫子的啰。我这个人比较有点偏向，就不那么高兴孔夫子。看了说孔夫子是代表奴隶主、旧贵族，我偏向这一方面，而不赞成孔夫子是代表那个时候新兴地主阶级。因此，我跟郭老在这一点上不那么对。你那个《十批判书》崇儒反法，在这一点上我也不那么赞成。但是，在范老的书上，对于法家是给了地位的。就是申不害、韩非这一派，还有商鞅、李斯，还有商鞅、李斯、荀卿传下来的。这些古董我也不劝同志们回去研究。"

这次中央全会作出了开除刘少奇党籍，定性为"叛徒、工贼、内奸"，"修正主义者"的重要决定。毛泽东评说孔夫子和秦始皇，认为孔夫子代表奴隶主、旧贵族，是否别有所指，则不得而知了。

毛泽东称道秦始皇，似乎还包含有一种不可言喻的民族感情。1970 年 6 月 19 日，在人民大会堂会见外宾时，林彪等中央主要领导人都在场。不知是有意还是无意，说起："两千多年前统一中国的，就是这个修长城的皇帝——秦始皇。中国这个字有两说：一个叫瓷器，没有 A 字，就是 CHIN（秦朝）。这个皇帝可做了些事情呢。人家骂他可骂得厉害。"

却说在 1958 年因评价秦始皇而自讨没趣的林彪，心里似乎始终没有改变对秦始皇的看法。

1970 年 8 月的庐山会议，揭开了林彪集团走向覆灭的序幕。陈伯达、叶群搞"天才论"，以及设国家主席的喧闹，受到毛泽东的严厉批评。出于策略考虑，在批评对象中他还没有扯上林彪。

可林彪坐立不安了。又过了半年，1971 年 3 月下旬，他儿子林立果炮制的《"571 工程"纪要》，出现了这样的字眼："实际上他已成了当代的秦始皇"，"是一个行孔孟之道，借马列主义之皮，执秦始皇之法的中国历史上最大的封建暴君"，"打倒当代的秦始皇——B-52"。

这里的主语，一看便知。

在短短的纪要里，竟三次把毛泽东比作秦始皇，而且是封建暴君那个侧面的秦始皇。其用心之深，可想而知。

对林立果来说，这是不是一种"家传"的暗示呢？

无独有偶，九一三事件后，江青一伙在林彪住处查到一些林彪肯定孔、孟某些言论的材料、条幅、言论，诸如人们后来十分熟悉的"悠悠万事，唯此为大，克己复礼"之类。随即向毛泽东作了汇报。

在 1974 年 1 月 25 日召开的中央、国务院直属机关的"批林批孔"动员大会上，谢静宜曾谈到这个过程。"当我们向毛主席汇报林彪也有孔孟之道的言论的时候，主席说，噢，凡是反动的阶级，主张历史倒退的，都是尊孔反法的，都是反秦始皇的。问到林彪有哪些孔孟的言论或者类似的语言，主席让我们，就是我和迟群同志搞一个材料送主席看一看。所以，我和迟群同志就召集了几个同志议了一下，整理了一个初稿，这个稿子只有两三页，当时只有两三页，送给了主席，也送给了江青同志……（江青）还提议我们要到毛家湾去找资料。所以这样一来，东西就多了……后来编了一本（即《林彪与孔孟之道》材料之一），送给主席和江青同志，主席、江青同志看得非常细，连封皮标题，就是封面那个标题，前言，内容，一字一句地、不漏地看完，特别是在内容方面。"

孔夫子和秦始皇，这两位老去千年的一"文"一"武"，在 20 世纪 70 年代的中国政治生活中，竟成了风云交错的气象坐标，扮演了如此对立的角色。

于是，批林，必须连带批孔，并且相应地更要肯定以秦始皇为代表的法家的进步作用。

1973 年，毛泽东几乎是连珠炮似的向中国人、外国人宣告他批孔扬秦的观点。

5 月，江青到毛泽东住处，看到桌子上放着郭沫若的《十批判书》大字本。毛泽东给了江青一本，并说：我的目的是批判用的，顺便又念了一首诗："郭老从柳退，不及柳宗元。名曰共产党，崇拜孔二先。"诗中对郭沫若的尊孔反法批评峻切。不过毛泽东对他仍是尊重的，称之为"郭老"，这倒并非诗句字数限制所致。郭沫若不是党内当权派，毛泽东无意从政治上批判他。当然，由于观点不合时宜，郭沫若及其著作跟着倒霉也是注定的事情。

5 月的中央工作会议便传达了毛泽东关于要批孔的指示。

7 月 4 日，毛泽东召见王洪文、张春桥时，又特地谈起："郭老在《十批判书》里头自称人本主义，即人民本位主义，孔夫子也是人本主义，跟他一样。郭老不仅是尊孔，而且还反法，尊孔反法。国民党也是一样啊！林彪也是啊！我赞成郭老的历史分期，奴隶制以春秋战国之间为界。但是不能大骂秦始皇。早几十年中国的国文教科书，就说秦始皇不错了，车同轨，书同文，统一度量衡。"

可是，古今称赞秦始皇的文字，委实太少，这使毛泽东很不满意。谈话中，他提起了李白，认为"就是李白讲秦始皇，开头一大段就说他了不起，'秦王扫六合，虎视何雄哉。挥剑决浮云，诸侯尽西来'一大篇"。这里说的是李白《古风五十九首》之三。

7 月 17 日，会见美籍华裔科学家杨振宁博士时，毛泽东又说：有人骂我，说我是秦始皇。秦始皇焚书坑儒，坑的是一派，只有四百六十多人，他崇尚法家。郭老对历史分期的看法是对的，但是他的《十批判书》有错误，是崇儒反法。法家是前进的嘛！我们的社会要发展、要前进……秦始皇是统一中国的第一个人。坑儒也不过四百六十人。

8 月 5 日，毛泽东又给江青念了自己刚写就的后来题为《读〈封建论〉

呈郭老》一诗：

> 劝君少骂秦始皇，焚坑事业要商量。
>
> 祖龙魂死秦犹在，孔学名高实秕糠。
>
> 百代都行秦政法，十批不是好文章。
>
> 熟读唐人封建论，莫从子厚返文王。

接着又说："历代政治家有成就的，在封建社会前期有建树的，都是法家。这些人主张法治，犯了法就杀头，主张厚今薄古。儒家满口仁义道德，一肚子男盗女娼，都是主张厚古薄今的。"

9月23日，毛泽东会见埃及副总统沙菲时又说道：秦始皇是中国封建社会的第一个有名的皇帝，我也是秦始皇，林彪骂我是秦始皇，中国历来分两派，一派讲秦始皇好，一派讲秦始皇坏。我是赞成秦始皇，不赞成孔夫子。因为秦始皇是第一个统一中国、统一文字，修筑宽广的道路，不搞国中有国，而用集权制，由中央政府派人去各地方，几年一换，不用世袭制度。

"马克思加秦始皇"，毛泽东几年前的这句话，是否反映出他晚年的紧迫心态呢？在中国的政治运作轨迹上，他要用马克思主义的方向、目标，还有理论科学，代替孔夫子的一大堆"空话"。秦始皇对中国的巨大贡献，法家的厚今薄古、中央集权、锐意改革现状，则使他感同身受，心心相印……

最后的插曲是，江青一伙则在1974年1月25日的批林批孔动员大会上点名批判郭沫若，两次让这位82岁的老人站起来蒙受耻辱。从郭沫若自身角度讲，他对毛泽东的知遇之感和崇拜心理从未减过，而批孔又涉及自身，于是，在1974年2月7日，以"春雷"为题，赋七律两首呈毛泽东，其中有"十批大错明如火，柳论高瞻灿若朱"之句。算是从学术上对批孔运动的一个表态。

第十二章

出入佛道

一、我们和佛教在为群众"解除受压迫的痛苦这一点上是有共同之处的"

宗教是人生的一种表达和实现方式。中国传统的佛道两家蕴含了丰富的人生哲学思想，对中国人的人生观有着重要影响。

不光是这样。遍观中国历代帝王和政治家们，几乎很少不触及佛道的。有些政治术语，也与佛道相关。做官，常常被说成"居于庙堂之上"；下野了，常被说成"归隐"。在"庙堂"的人有一套说法，"归隐"的人也有一套习惯用语。一般的老百姓未必有意去弄清什么佛呀道呀的，可他们的日常用语（如"好人有好报"，"退一步海阔天空"），他们的日常行为（如看风水、赶庙会、烧香求子），都无不渗透着佛道的影响。

毛泽东间或也出入佛道之间，阅读和谈论有关书籍，阐发哲学和人生乃至政治各方面的一些道理。当然，毛泽东的出入佛道，同传统的和民间的人们是大异其趣的。

从早年开始，毛泽东就接触到一些佛学知识。1936 年，他曾对斯诺说："我母亲信佛却很虔诚。她向自己的孩子灌输宗教信仰，我们都因为父亲不信佛而感到伤心。我九岁的时候，曾经同母亲认真地讨论过我父亲不信佛的问题。从那以后，我们好几次想把他转变过来，可是没有成功。"直到有一天，他父亲外出收账，路遇一只老虎，脱险后觉得是得罪了神佛，才"开始比较敬佛，有时也烧些香"。看来小时候毛泽东把信不信佛当作很重要的事情。当然，他接触的只是民间流传的粗浅的佛教知识。有意思的是，在父亲开始信佛以后，毛泽东说："我越来越不信佛。"

在长沙读书期间，毛泽东也接触到一些佛学知识，并在文章中有所运用。如在 1917 年 4 月的《体育之研究》一文里，便说"释氏（释迦牟尼——引注）务求寂静"，又说："释迦往来传道，死年亦高；邪苏（耶稣——引注）不幸以冤死；至于摩诃末（伊斯兰教创始人穆罕默德——引注），左持经典，右执利剑，征压一世，此皆古之所谓圣人，而最大之思想家也。"在稍后读泡尔生《伦理学原理》写的批语中，毛泽东还用佛教术语"差别相"来说明宇宙世界和人类生活的千差万别。佛经《大乘义章三本》说："诸法体状，谓之为相。"

在读《伦理学原理》的批语中，毛泽东还第一次表述了他对宗教的看法。泡尔生在第八章"道德与宗教之关系"里，说到神的功能是保护弱者，威慑惩罚那些欺侮弱者的坏人。毛泽东读此批注："在未开化之时，宗教亦有抑制蛮暴、保护幼弱之功。"泡尔生接着说："信神矣，则足以鼓其勇敢而增其希望……无此等信仰，而能立伟大之事业者，未之有也。"毛泽东又批注："宗教可无，信仰不可少。"

1917 年暑假期间，毛泽东同好友萧子升从长沙出发，到湖南好几个县的农村"游学"。行至宁乡县沩山密印寺时，他们特意拜访了老方丈，翻阅了寺藏的各种佛经。又在寺里住了两天，到各处参观，了解寺院的组织管理和僧人的生活。他们还向方丈询问了全国的佛教概况，以及佛经出版的情况。沩山密印寺是不小的佛教讲经中心。

据萧子升后来在《毛泽东和我曾是"乞丐"》一书里记叙，他们从沩山下来后，兴致勃勃地议论起佛教与人生哲学问题，以及历代帝王同宗教的关系，认为唐代最是典型，尊孔子为"王"，修建孔庙，皇帝姓李，又尊老子为道教始祖，开始建立道观；外来佛教也受欢迎，寺院遍及全国。儒、释、道皆为所尊，和谐共处。他们认为，孔子、老子都是哲学家而非教主，因为中国人只是希望借宗教以指引生活，而不着意发展到狂热的地步。毛泽东还说：自古以来，中国宗教信仰是自由的，对宗教也不过于执着，不像西方那样发生长期的宗教战争。此外，儒家思想远比佛、道二教影响大。两人都觉得这个问题值得研究。

对佛家，毛泽东并非偶然说说而已。在 1917 年 8 月 23 日致黎锦熙的一封长信中，他向这位介于师友之间的兄长淋漓尽致地倾诉志向，说自己的社会理想就是怀慈悲之心以救苦海的众生，共同走向大同圣域。这明显是受康有为《大同书》儒、佛相融的影响。

1920年，毛泽东已开始热切地学习马克思主义。6月7日，他给黎锦熙写信，仍然表示："文字学、言语学、和佛学，我都很想研究……希望先生遇有关于言语文字学及佛学两类之书，将书名开示与我。"

新中国成立后，代表中国几个佛教宗派的经典，《金刚经》、《六祖坛经》、《华严经》等，以及研究这些经典的著述，毛泽东都读过一些。1959年10月23日外出前，他指名要带走的书籍中，便有《六祖坛经》、《般若波罗蜜多心经》、《法华经》、《大涅槃经》等。

1959年10月1日同来访的苏联领导人赫鲁晓夫在中南海颐年堂谈话时，他便径直说："佛经我读过一些"，还说："我也想读读《圣经》，但一直没有时间。"据工作人员回忆，后来，毛泽东是抽出时间读了《圣经》的。

或许正因为人们知道毛泽东注意阅读佛教经典，对佛学有兴趣，在新中国成立初期，时任中央人民政府委员、民革中央常委的陈铭枢，把自己积年潜心写作的《论佛法书》寄呈毛泽东。毛泽东在百忙中，于1950年6月12日特复一信说："尊著略读，未能详研，不敢提出意见。惟觉其中若干观点似有斟酌之必要，便时再与先生商略。"陈铭枢在现代史上有"佛教将军"之称。

对佛教，毛泽东有自己的理解、自己的发挥。

1955年3月8日，在同西藏达赖喇嘛谈话时，毛泽东说："佛教的创始人释迦牟尼是代表当时在印度受压迫的人讲话的。他主张普度众生，为了免除众生的痛苦，他不当王子，创立了佛教。因此，你们信佛教的人和我们共产党人合作，在为众生（即人民群众）解除受压迫的痛苦这一点上是有共同之处的。"

1959年10月22日，在同西藏班禅大师谈话时，毛泽东又说："从前释迦牟尼是个王子，他王子不做，就去出家，和老百姓混在一块，作了群众领袖……鸠摩罗什……后来到长安，住了十二年，死在长安。中国大乘佛教的传播，他有功劳。西藏过去有无《金刚经》？这个经的汉译本就是鸠摩罗什

▲ 1959 年，班禅额尔德尼向毛泽东敬献哈达　孟庆彪 / 供图

和他的弟子们翻译的。我不大懂佛经，但佛经也是有区别的，有上层人的佛经，也有劳动人民的佛经，如唐代六祖（慧能）的佛经《六祖坛经》就是劳动人民的。"

　　毛泽东读佛经，对它的引申发挥，重在普度众生、解民痛苦这一面。为此，他很推崇释迦牟尼不当王子，去创立佛教的举动，推崇其"代表当时在印度受压迫的人讲话"。他还把佛经分为"上层人的"和"劳动人民的"两种，提出《六祖坛经》就属于后一种。这算是他立足于一个无产阶级革命家情感立场的一家之言吧！

　　这种思绪，在毛泽东青年时代的探索中即有体现。他当时熟读康有为的《大同书》和谭嗣同的《仁学》，这两部书吸收了佛教学说的许多思想，强调君子仁人、英雄豪杰当以慈悲之心解除现世众生的种种苦难。在 1917 年 8 月 23 日致黎锦熙的信中，毛泽东表达了这样的观点："若以慈悲为心，则此小人者，吾同胞也，吾宇宙之一体也"，因此，"君子当存慈悲之心以救小人"，

"吾人存慈悲之心以救小人也"。这大概就是他在 1955 年 3 月 8 日的谈话中，说出佛教徒与共产党人合作，"在为众生（即人民群众）解除受压迫的痛苦这一点上是有共同之处的"，在认识论上的一条伏线吧！

作为政治领袖，毛泽东同达赖、班禅讨论佛教，无疑是立足于共产党的民族、宗教政策。就西藏来说，毛泽东特别强调，要培养真正懂佛学的知识分子，光搞政治不行。1961 年 1 月 23 日同班禅有过一次谈话，他说："我赞成（在西藏）有几千人学经，成为佛学知识分子，你看是不是他们同时还要学些社会科学、自然科学，懂得政治、科学、文化及一般知识。"

接着，他颇有兴趣地同班禅进行了下面的对话。

毛泽东："西藏是大乘，还是小乘？"

班禅："我们学的是大乘，搞密宗，但小乘是基础，也懂得小乘。"

毛泽东："释迦牟尼讲的是大乘吗？"

班禅："释迦牟尼讲经分三个时期，早期和晚期讲小乘，中期讲大乘。"

毛泽东："《莲花经》和《金刚经》在藏文的经典中都有吗？释迦牟尼著的经典比孔夫子的书还多吧？"

班禅："西藏有《金刚经》，是从梵文译成藏文的，释迦牟尼著的经书很多。"

毛泽东："《金刚经》，很值得一看。我也想研究一下佛学，有机会你给我讲讲吧！"

信仰共产主义的人，应该怎样对待现实社会中的宗教活动？毛泽东说佛论禅，是把它作为群众工作方法来看待的。在 1961 年 1 月 23 日同班禅的谈话中，他说："我赞成有一些共产主义者研究各种宗教的经典，研究佛教、伊斯兰教、耶稣教等等的经典。因为这是个群众问题，群众中有那样多人信教，我们要做群众工作，我们却不懂得宗教，只红不专，是不行的。"这个观点，毛泽东申明过多次，断非因谈话对象是宗教领袖而即兴发的议论。在会见外国一些共产党人时，他也经常谈到这个问题。例如，20 世纪 50 年代，一个伊斯兰国家的共产党领袖访华时，对毛泽东谈到不愿到清真寺去，毛泽东当即说：既然人民群众还去教堂，为了接近群众、团结群众，我们也应该进教堂。我们可以发表声明，说我们是唯物主义者，是无神论者。1959 年 10 月 1 日会见赫鲁晓夫时，毛泽东又说：我看，共产党人进教堂，只要群众去，也是可以去的。1964年5月25日接见秘鲁等拉美国家两个共产党学习代表团，毛泽东同客人讨论起秘鲁农民信多神教的问题，说：一开始就叫群众去反对宗教，宣传什么"我们是无神论者，你们信神我们不信"，那不行，群众就会和我们闹翻了。群众觉悟是逐渐提高的，要群众丢掉宗教需要很长过程，信宗教不等于不反对帝国主义、封建主义、官僚资本主义。

二、禅宗反对教条主义，使"佛教中国化"

在毛泽东读过的几部佛经中，《金刚经》又称《金刚般若波罗蜜经》，最早由鸠摩罗什于后秦弘始四年（402年）译出。该经认为世界上一切事物皆空幻不实，故不必留恋执着。历来弘传甚盛，特别为慧能以后的禅宗所重。《华严经》，全称《大方广佛华严经》，它所提出的十方成佛和成佛必须经过种种十法阶次等思想，对大乘佛教理论的发展有很大影响。最早由东晋佛陀跋陀罗译成汉文。在隋唐弘传极盛，出现了专弘《华严经》教观的华严宗。

在中国佛教几个宗派中，毛泽东比较熟悉的是禅宗；在佛教诸经典中，毛泽东比较注意的是禅宗六祖慧能的思想。

禅，梵语，意即坐禅或静虑，本是一种修行方式，凡僧徒都要坐禅，静静地坐在那里"止观"。自从鸠摩罗什译出《禅法要解》后，禅学便成了一种专业。而禅宗在中国的兴盛，却是与慧能的变革分不开的，他的变革主要是两个方面：一是打破修行成佛的种种客观要求和束缚，完全走向主观之"顿悟"，用今天的话来说，就是把成佛的条件定得很宽松，人们可以在一瞬间完成向佛的转化（如"放下屠刀，立地成佛"之类）；二是用大众化的语言来传播。

禅宗六祖慧能生于唐太宗贞观十二年（638年），小时家境贫寒，皈依佛门后，一直是杂役僧，干些舂米的活儿。据说，年老的禅宗五祖弘忍打算找接班人，一次要众僧作法偈，意在从中体会各僧的品性悟性。门人都推崇他的大弟子神秀，可神秀不敢公开作偈。只是于夜间在壁上贴了一首，众僧都叫好。但弘忍似乎不大满意，说他只到门前，还未入得门来，让他重作。神秀苦想数日，还是作不出新偈。于是，不识字的慧能一反神秀之意，请人代写了一首。弘忍听后很赏识，就定慧能为传人，把衣钵授给了他，并让他速回广东新县老家。慧能遂为禅宗六祖。

《六祖坛经》是慧能的弟子法海根据慧能的谈话集录的一部典籍，又称《六祖大师法宝坛经》，其中记述了禅宗六祖一生得法传宝的事迹和他启导门徒的言教。其宗旨不外"净心""自悟"四字。净心，即心绝妄念，不染尘芳；自悟，即一切皆空，无有烦恼。能净能悟，便可顿时成佛。于是，学界又常用"见性成佛"来概括《六祖坛经》的中心思想。"性"就是众生本来就有的成佛的可能性；"见"大体就是"自悟"，并且往往是"顿悟"，所以说，"不悟即佛是众生，一念悟时众生是佛"，因为，"万法尽在自心中，顿见真如本性"。中国人写的佛教著作被称为"经"的也就只有这部《六祖坛经》了。

毛泽东很欣赏禅宗六祖慧能，《六祖坛经》一书他多次要来阅读，并经常带在身边。

在佛经中，毛泽东为什么特别喜欢这部"经"呢？或者说，他在各佛教教派中为什么更推崇禅宗一些呢？

答案恐怕在于：它不因循守旧，不死搬教条，把深奥的道理通俗化，力求让中国的老百姓懂得。

毛泽东曾多次给身边的工作人员讲六祖慧能的身世和学说，特别赞赏他对佛教的改革和创新精神。据毛泽东的秘书林克回忆，有一次，毛泽东对他谈到慧能的身世，还为他背诵了两首法偈："身是菩提树，心如明镜台；时时勤拂拭，勿使惹尘埃。""菩提本无树，明镜亦非台；本来无一物，何处惹尘埃。"前一首就是前面说到的五祖弘忍选接班人时大弟子神秀作的，后一首是慧能所作。毛泽东接着解释慧能的法偈："世间本无任何事物，故无尘埃可沾；佛性本来是清净的，怎么会染上尘埃？这与佛教大乘空宗'一切皆空、万法皆空'的宗旨最契合，胜神秀一筹。"说到慧能学说在佛教史上的地位，他认为："慧能主张佛性人人皆有，创顿悟成佛说，一方面使繁琐的佛教简易化，一方面使印度传入的佛教中国化。因此，他被视为禅宗的真正创始人，亦是真正的中国佛教的始祖。在他的影响下，印度佛教在中国至高无上的地位动摇了，甚至可以'喝佛骂祖'。"

其实，佛教一传入中国，就面临着如何让中国人接受的问题。要使它中国化，就必须融进中国传统的思想。早在南朝梁武帝时期，鸠摩罗什的弟子竺道生就开始用玄学来解释佛理，从而吸收了中国传统的道家思想。再后来，禅宗的一些僧徒所作的语录，除去一些必要的佛教门面话外，大量吸收了儒家的思想，特别是在宋代，理学与佛教的一些思想简直没有什么区别了。这就使佛教更加中国化了。

禅宗敢于否定经典偶像和成规，勇于创新，以及把外来的宗教中国化，使之符合中国国情的特点，与毛泽东追求变革，把马克思主义原理同中国革命实践相结合，并使之中国化、民族化的思想，似不无相通之处。对此，毛泽东在晚年曾有过直接的表述，甚至用佛教中国化的过程来比喻马列主义的传播和运用。

1975 年 6 月，在会见一国外共产党的领导人时，毛泽东特别强调，各国革命要根据本国的实际情况，"不要完全照抄中国"。接着，以佛教为例，说：

什法师云，学我者病。什法师叫鸠摩罗什，是南北朝人。他是外国人，会讲中国话，翻译了许多佛经。要自己想一想。马克思说，他们的学说只是指南，而不是教条。中国有个学者叫严复，他引了什法师的话，在他翻译的赫胥黎写的《天演论》上面说的。

毛泽东毕竟是无神论者，对迷信活动，他一向不赞成。但治理一个多民族、多宗教的国家，对党的信仰自由的宗教政策，他始终是维护的。但对历史上一些皇帝劳民伤财的佛事活动，他则持反对态度。这里只举一个例子。

大文学家韩愈写过一篇差点送掉性命的文章，叫《谏迎佛骨表》。有唐一代，佛风大倡，到其中叶，迎送瞻仰佛骨舍利之风愈演愈烈。元和十四年（819 年）正月，唐宪宗降旨令宦官杜英奇率宫人一行到法门寺迎佛骨至宫内，他们百余人抬着置放佛骨的金珠宝刹浩浩荡荡进入长安开远门，数以万计的金幡、华盖、旌旗夹街迎候，绵延 10 余里。佛骨到宫内后，唐宪宗亲自供奉，几天不理朝政，京城内外无论是王公贵族还是平民百姓，都为亲观佛骨而争相布施，穷者典家，富者倾囊，有的甚至戕体残身，以求佛的庇护。韩愈此时任刑部侍郎，随即上《谏迎佛骨表》，痛陈其弊。唐宪宗阅后大为震怒，斥责韩愈呵佛骂祖，轻浮狂妄，要处以极刑，幸得群臣作保才免死，被贬为潮州刺史。

毛泽东对韩愈的这篇文章特别熟悉。早年读过，做了不少笔记，晚年又读。1965 年 6 月，他在上海，突然向第一市委书记陈丕显提出，要看刘大杰写的《中国文学发展史》，接着又把刘大杰本人叫来了。这时，刘大杰说自己正在修改《中国文学发展史》的下卷，有许多地方难以下笔，便乘机向毛泽东请教。然后毛泽东就专门说到韩愈的文章，认为其文章还可以，但是缺乏思想性，《谏迎佛骨表》那篇东西价值并不高，那些话大多是前人说过的，他只是从破除迷信来批评佛教而没有从生产力方面来分析佛教的坏处。

为什么说韩愈说的那些话前人都说过呢？对此，毛泽东读《新唐书》卷一百二十四《姚崇传》的批语，或可作一例证。姚崇在其遗令中说，他死后不要做佛事，接着对信佛之风作了一大段批判，大意是当过和尚的梁武帝，入过道观的北齐胡太后，赎过生的孝和皇帝，造寺超度的太平公主、武三思等，都不仅没有长寿，而且结局大多不好。相反，远古、先秦时期，没有佛教，国运不错，而且还有不少长寿的人。究其因，乃"死者生之常"，与抄佛经、铸金像这样的事情毫不相干。毛泽东随即批道："韩愈佛骨表祖此。"韩愈写《谏迎佛骨表》，是在姚崇之后 98 年，或许是参考或依据了姚崇的观点，毛泽东说其"祖此"，也有点依据。

三、搞哲学，"不出入佛道，不对"

毛泽东很重视对佛教哲学的研究。

任继愈是我国著名的哲学史家和宗教学家。1963 年，他将自己于 1955 年至 1962 年发表的关于佛教思想的论文，结集为《汉唐佛教思想论集》，交由三联书店出版。共七篇：《汉唐时期佛教哲学思想在中国的传播和发展》（1962 年）、《南朝晋宋间佛教的"般若"、"涅槃"学说的政治作用》（1955 年，与汤用彤合著）、《天台宗哲学思想略论》（1960 年）、《华严宗哲学思想略论》（1961 年）、《禅宗哲学思想略论》（1955 年）、《论胡适在禅宗史研究中的谬误》

（1955 年）、《法相宗哲学思想略论》（1962 年）。此外，还有几篇附录：关于《物不迁论》（附今译）、关于《般若无知论》（附今译）、关于《神灭论》（附今译）、关于《杜阳杂编》（附今译），以及《汉唐佛教简明年表》。这些文章，厘定出汉唐时期佛教思想的发展脉络及各宗派的特征，特别是作者自觉地以历史唯物主义方法来指导自己的研究，确实代表了当时佛教思想研究的水平。它们陆续发表时，毛泽东间或读过，1963 年又结集出版，自然引起他的重视。

这年 12 月 30 日，毛泽东在一个有关加强外国研究工作的文件上批示：

这个文件很好。但未提及宗教研究。对世界三大宗教（耶稣教、回教、佛教），至今影响着广大人口，我们却没有知识，国内没有一个由马克思主义者领导的研究机构，没有一本可看的这方面的刊物。《现代佛学》不是由马克思主义者领导的，文章的水平也很低。其他刊物上，用历史唯物主义的观点写的文章也很少，例如任继愈发表的几篇谈佛学的文章，已如凤毛麟角，谈耶稣教、回教的没有见过。不批判神学就不能写好哲学史，也不能写好文学史或世界史。这点请宣传部同志们考虑一下。

毛泽东重视宗教思想特别是在中国有重要影响的佛教思想研究，但由于种种原因，这方面的研究是比较薄弱的。比如，在毛泽东看来，首先就缺少可意的研究机构和刊物。在 1963 年 12 月 30 日的这个批示中，他批评当时比较权威的《现代佛学》这个刊物，认为它发表的"文章的水平也很低"。看来，毛泽东平时较注意阅读这个刊物。

毛泽东肯定任继愈《汉唐佛教思想论集》中的文章，一个重要原因，是作者注重把佛教思想放到哲学史的位置上来研究。在批示中，毛泽东提出了相同的观点："不批判神学就不能写好哲学史"。在 1964 年 8 月 18 日的谈话中，毛泽东又进一步引申了这个观点，他说：

很欣赏任继愈讲佛学的那几篇文章，讲唐朝的佛学，没有触及以后的佛学。宋明理学是从唐代的禅宗来的，从主观唯心论到客观唯心论。不出入佛道，不对，有佛道，不管它怎么行？

毛泽东指出唐代禅宗对宋明理学的影响，认为这个影响是"从主观唯心论到客观唯心论"。禅宗把佛教从"彼岸"世界引向"我心即佛"，本是从客观唯心论到主观唯心论；宋明理学借助禅宗的认识论，来倡明凌驾一切之上的"道"、"理"、"本"，与物质性的"人欲"等对立，这就是从主观唯心论到客观唯心论。不独宋明理学，唐以后的其他哲学派别也或多或少地受到禅宗影响。这个观点，任继愈在《禅宗哲学思想略论》一文中便有过阐述。他说，"经过了唐末五代，北宋时期的大唯物主义哲学家张载和王安石都是出入于佛老，利用佛教（特别是禅宗）的泛神论思想……最后形成他们的唯物主义哲学体系。也有一些唯心主义者，谨守禅宗的唯心主义观点，扬弃了禅宗的僧侣宗教生活，而吸取了它的僧侣主义，形成了直接为世俗地主阶级服务的唯心主义理学，如程颢、程颐、陆九渊、朱熹、王守仁都是这一派人物的代表。还有一些进步的思想家，利用禅宗所倡导的不信权威的口号，敢于正面攻击封建正统思想的权威，相信自己的理性，如明末进步思想家李贽就是从左的方面批判继承禅宗的主观唯心主义思想的代表"。看来，毛泽东对这段话的印象很深。1964年8月18日谈话中发挥的观点同任继愈的论述是有联系的。毛泽东还由此上溯，说柳宗元是"出入佛老，唯物主义"。

重视佛教思想在中国思想史上的地位作用，是毛泽东在青年时代就已经接受了的观点。1913年在湖南第四师范读书时，写的听课和读书笔记《讲堂录》里，青年毛泽东郑重写道："中国学术发达有三期。一能动的发达期，周末是也。二受动的发达期，佛教大兴，经典甚盛，上下趋之，风靡一时，隋唐是也。三能动而兼受动的发达期，朱、程、张、周诸人出，性理之学大明。然其始也，咸崇佛学，由佛而返于六经，故为能动而兼受动的发达期，宋元是也。"在这里，把隋唐佛教思想视为中国学术史上一个独立的"发达期"来肯定，而宋代开启的理学和心学正是在这个基础上，"咸崇佛学，由佛而返于六经"，才成为中国学术史上第三个"发达期"的。所谓"由佛而返于六经"（"六经"即儒家经典），与毛泽东后来说的"出入佛老"的意思非常接近。

任继愈研究汉唐佛教思想，同他主编《中国哲学史》的工作是同时进行的。在其《汉唐佛教思想论集》出版一年以后，他主编的《中国哲学史》第三册于1964年10月由人民出版社出版了。这一册主要研究隋唐至明代的哲学思想，其中专辟两章论"隋唐佛教宗派哲学"，实际上是《汉唐佛教思想论集》中的研究成果的又一种表达形式。毛泽东让人找来这本书读了，并在第五章第一节"华严宗的相对主义和诡辩论"留下了批语和圈画。从中我们可以看出，毛泽东对任继愈佛教研究成果的欣赏所在。

书中第 62 页说："仅仅从个别与一般有内在联系来看，华严宗总算有一点辩证法观点，但是唯心主义的颠倒的立足点使他们不愿承认个别事物是客观存在的，他们更关心于脱离具体事物的'联系'（缘），他们夸大了，吹胀了个别与一般的联系，把联系绝对化，甚至抹杀'个别'的存在。他们所谓关系（缘）只能是把客观事物排除在外的关系，所以是唯心主义的。"这段话指出了佛教华严宗所说的"缘"（即人们常说的"缘分"）的唯心主义实质，在于它脱离个别的、客观的事物的具体联系，把事物间的联系抽象化、绝对化，从而否定了事物间联系的逻辑因果。这个分析是有相当深度的。

毛泽东在这段话的旁边批道："何其正确。"同时，他还在文中"夸大了，吹胀了"（个别与一般的联系）下面画了曲线；在（他们更关心于）"脱离"（具体事物的）"'联系'（缘）"下面画了一道直线；在"把联系绝对化"下面画了双重着重线。这些，便是毛泽东很欣赏的地方。

四、《老子》的启示

说起道家思想对毛泽东文化心理的影响，自然首先要想起春秋末期的老子及其《道德经》（又称《老子》）。

《老子》统共虽只有五千言，但其内涵却很丰富、深奥，是旧时学子的必读书籍之一。毛泽东青年时代，对《老子》一书即已非常熟悉。《讲堂录》里便记有："《老子》：天下莫柔弱于水，而攻坚强者莫之能胜。"1917 年暑假他同萧子升一道"游学"时，在宁乡境内拜访了一位隐居的刘翰林。在谈话中，也说到了《老子》和《庄子》。据萧子升回忆：在问答中，毛泽东说我们读过《十三经》，也读过《老子》和《庄子》，还回答了老翰林的问题："最好的《老子》注是王弼作的，最好的《庄子》注是郭象作的。"

在 1917 年下半年至 1918 年上半年读泡尔生《伦理学原理》的批语中，毛泽东说到没有"大同之境"存在时，写道："老庄绝圣弃智、老死不相往来之社会，徒为理想之社会而已。"其中所概括的便是《老子》里的话。《老子》第十九章："绝圣弃智，民利百倍；绝仁弃义，民复孝慈；绝巧弃利，盗贼无有。"第八十章："邻国相望，鸡犬之声相闻，民至老死，不相往来。"

新中国成立后，毛泽东也经常读《老子》。例如，1959 年 10 月 23 日外出前指名要带走的书籍中，便有"关于《老子》的书十几种"。

《老子》是一部哲学书。毛泽东最看重的便是其中体现的朴素辩证法思想，即有关对立统一和矛盾转化的论述。

书中提出了有无、难易、长短、高下、音声、前后、美丑、损益、刚柔、强弱、祸福、荣辱、智愚、巧拙、大小、生死、胜败、攻守、进退、静躁、轻重等一系列对立统一的概念，认为事物都是一分为二的。

在矛盾转化方面，《老子》认为事物都是向相反方向转化的。举出的诸如"物壮则老"，"正复为奇，善复为妖"，"祸兮福所倚，福兮祸所伏"，"曲则全，枉则直，洼则盈，敝则新，多则得，少则惑"等例证，说明强弱、祸福、曲直、洼盈等对立的事物，都会向它们的对立面转化。

1957 年，毛泽东在《关于正确处理人民内部矛盾的问题》中，谈到事物的矛盾转化时说："在一定的条件下，坏的东西可以引出好的结果，好的东西也可以引出坏的结果。老子在二千多年以前就说过：'祸兮福所倚，福兮祸所伏。'日本打到中国，日本人叫胜利。中国大片土地被侵占，中国人叫失败。但是在中国失败里面包含着胜利，在日本的胜利里面包含着失败。历史难道不是这样证明了吗？"

怎样实现矛盾的转化？《老子》很强调以退为进、以静制动、以柔克刚、以弱胜强。正是在这个意义上，《老子》被一些学者视为兵书。毛泽东也很重视这些转化原则。1936 年 12 月写的《中国革命战争的战略问题》，在总结土地革命战争的经验教训时，毛泽东强调：要改变敌我强弱力量的对比，使之发生于我有利的变化，要实行必要的退却，暂时放弃一些土地和城池。接着引用了《老子》中关于"将欲取之，必固予之"的策略来加以说明。他说："关于丧失土地的问题，常有这样的情形，就是只有丧失才能不丧失，这是'将欲取之必固予之'的原则。如果我们丧失的是土地，而取得的是战胜敌人，加恢复土地，再扩大土地，还是赚钱生意。"随后还用生活中一些通俗的事例来反复说明这个道理：如做生意，在市场交易中，买者如果不丧失金钱，就不能取得货物；卖者如不丧失货物，又从何得到金钱？在日常生活中，睡眠和休息虽然丧失了时间，却取得了明天工作的精力。

毛泽东对《老子》里"将欲取之，必固予之"这句话印象很深。他在1964年8月30日的一次谈话中做出语惊四座的评价：

▲ 1957 年 2 月 27 日，毛泽东在最高国务会议第十一次（扩大）会议上作《如何处理人民内部的矛盾》的讲话

我看老子比较老实，他说"将欲取之，必固予之"，要打倒你，先把你抬起来，搞阴谋，写在了书上。

毛泽东也很关注哲学界对《老子》的研究。1959 年，有关部门搞了一个学术界讨论老子思想的综述材料，题为《关于老子哲学是唯物主义还是唯心主义的问题》。这样的纯学术材料竟也送到了毛泽东那里，而毛泽东竟也认真读了，还在材料第一页批示道："印十份交我为盼。毛泽东廿七日上午六时。"未署月份，待查。这件事是当时任毛泽东的机要秘书高智办的。毛泽东要 10份，可能是用来推荐给其他人阅读的。

这个材料开始就说："有些人认为老子的自然观是唯物的，未涉及老子的认识论；有些人认为老子的自然观和认识论都基本上是唯物的。认为老子哲学基本上是唯心主义的，则都是包括老子的自然观和认识论。双方从《老子》书中抓的话，一部分是共同的，但作的解释不同；一部分是一方抓的。现将双方从《老子》书中抓的话列下，并加以简单说明。"接着，材料摘引了争论双方经常引用的《老子》书中的 15 段话，在每段话下面概述了争论双方对它的解释和评论。

毛泽东比较赞同的观点，是认为老子是客观唯心主义者。

1968 年 10 月 31 日，在党的扩大的八届十二中全会闭幕会上，他说：

任继愈讲老子是唯物论者，我是不那么赞成的。得到了天津有个叫杨柳桥的教授的书《老子今译》，他说老子是唯心主义者，客观唯心论者。我就很注意这个人。后头一调查，糟糕，这个人是个什么右派嘛。

道家的玄想、思辨，也深深地浸透到毛泽东的宇宙观及其思维方式之中。1964 年 8 月 18 日在北戴河同哲学工作者的谈话中，他坚信："一个消灭一个……给人家消灭，或者自己消灭"，"任何事物都如此"。接着说：

人为什么要死……没有死，那还得了？如果现在见到孔夫子，世界上的人都挤不开了。赞成庄子的办法，死了人敲盆而歌。开庆祝会，庆祝辩证法的胜利，庆祝旧事物的消灭……我们说，人类灭亡，是产生比人类更进步的东西。现在人类很幼稚。

这是怎样的胸怀呵！

西晋有个叫潘尼的人，写过一篇《安身论》，大谈"崇德莫大乎安身，安身莫尚乎存正，存正莫重乎无私，无私莫深乎寡欲"，强调把"弱志虚心，旷神远致"作为保全自我的法宝。毛泽东在《晋书》卷五十五《潘尼传》里读到这篇文章，提笔批注："道家之言。"这反映他对道家的人生观的理解。

道家重养生，讲避世。1959 年 9 月 15 日，毛泽东出席各民主党派负责人座谈会，通报了刚刚结束的庐山会议的情况。他讲起《西游记》第五十二回"悟空大闹金𫘅洞，如来暗示主人公"里的故事，有一段调侃已被神化的老子——太上老君的话："老子住在这三十三重天上面的兜率宫里，不问政治，不参加玉皇大帝的国家组织，不做官，只炼丹，研究自然科学。结果是他的烧火娃娃青牛精偷跑下凡来作怪。"

道家思想流入民间，融进巫师方士之术，遂演化成道教。汉末张道陵倡导于四川鹤鸣山的"五斗米道"，为道教定型化之始。后道教尊张道陵为"天师"，又奉老子为教祖，以《老子》为主要经典之一。在 1958 年 12 月于武昌读《三国志·张鲁传》写的批语里，毛泽东对道教作了评价。他认为道教早期的"五斗米道"和"太平道"，"是一条路线的运动"，反映了贫苦农民的愿望，甚至有"原始社会主义色彩"。可是，"其流风余裔经千余年转化为江西龙虎山为地主阶级服务的极端反人民的张天师道"。

第十三章

经济天下——在历史的对话中

有时候，一个人的内心活动，常常可以通过他的阅读活动反映出来。特别是像毛泽东这样"嗜书如命"，而且每逢中央会议解决什么大的事情的时候，就要挑选一些篇章印发给与会的政治家。

毛泽东是个名副其实的史学家。而中国的史书都是讲治国平天下的，古人说这是"经济之道"。所谓"经济"，当然不是今天被人称作"赚钱"的那个东西，而是"经国济世"的大智慧、大方略、大运作、大斗争，诸如怎样用人，怎样谋国，怎样治吏，怎样安民，怎样统兵驭将，怎样制定战略……

作为政治领袖和罕见的军事天才，毛泽东在和历史的对话交流中，常常要说出点自己的见解来。其中，是不是多少透露出他的一些选择呢？

一、黄老与申韩：为君之术

治术，是中国传统政治思想的一个重要内容。所谓治术，就是统治术、为君之术。

譬如，孔子、孟子及其弟子和后世儒家们，总是反复劝说君王们要施"仁政"，搞"仁治"。古代史家还经常谈到黄老（道家）之学和申韩（法家）之术。所谓黄老之学，是战国、汉初的道家学派，以传说中的君王黄帝和哲学家老子相并，同尊为道家的创始人，推崇"清静无为"、"无为而治"的统治方略。申韩指战国后期的申不害和韩非，他们是当时法家学派的代表人物。他们推崇法治，申不害特别喜好谈君王驭臣之术，所谓"术"，就是循名责实，"操生杀之柄，课群臣之能"。韩非则综合了商鞅的"法"治，申不害的"术"治，慎到的"势"治，提出以"法"为中心的"法、术、势"三者合一的君王统治术，对后世影响很大。司马迁在《史记》中，把老子和韩非写入同一列传，称申不害、韩非皆"本于黄老而主刑名"，认为申韩提倡的很是严格的刑名法术，同道家的无为而治的主张有一定的联系。但二者的区别还是明显的。

举两个例子。

《资治通鉴·宋明帝泰始七年》记述，北魏献文帝拓跋弘"好黄、老、浮屠之学，每引朝士及沙门共谈玄理，雅薄富贵，常有遗世之心"。这位大权在握、威加群臣的雄主，给人的印象似乎是对搞政治好像有些厌倦了。当时皇太子拓跋宏刚 5 岁，因为年纪太小，还传出风声献文帝想把皇位禅让给自己的叔叔拓跋子推。因为拓跋子推沉雅仁厚，当时有很高的声誉。可群臣和宗室都不同意，有人甚至说，如果陛下舍弃太子，另立亲王，就要当庭自杀；有的说今后要不惜以自己的生命来拥戴太子。最后，拓跋弘表态了："既然大家都愿意让太子继位，那就传位给他吧，有你们这些大臣辅佐他，有什么不可以的呢？"于是就顺顺当当地把皇位传给了拓跋宏，是为北魏孝文帝，拓跋弘自己则去当太上皇了。

——这就是采用黄老之术的妙用。妙在"以退为进"测试群臣之心，最终达到稳稳当当传皇位给自己的儿子的目的。同时，还把在自己身后最有威望和实力篡位的叔叔拓跋子推"涮"了一道，让其明白：休得有非分之想。

《资治通鉴·宋明帝泰始七年》还说，南朝宋明帝自己没有儿子，传位发生了困难。他想了个办法，把各亲王怀有身孕的姬妾秘密接到宫中控制起来，若生了男孩，就把生母杀掉，由他自己的宠妃认作儿子。被立为太子的刘昱也不是他的亲生儿子，是他的妃子同嬖人李道儿生的，然后他收为养子，当时还年幼。明帝害怕自己的弟弟们篡权，就把他们一一诛杀了。《资治通鉴·宋明帝泰豫元年》又记载，宋明帝在病重时，担心自己死后皇后临朝执政，形成外戚专权，就派人把皇后的兄弟毒死了。有一次他梦见有人告诉他说，"豫章太守刘愔谋反"，醒来后就派人把刘愔杀了。

——这就是采用申韩之术的严酷。其严酷就在于"以进为进"，公开防范和以致不惜一切手段包括靠杀戮来达到目的。这样的统治者，人们常常呼之为"暴君"、"昏君"。

明清之际的大史学家王夫之是个明眼人。他在《读通鉴论》一书里，把这两个例子放在一起评论，认为拓跋弘并不是真想把皇位禅让给叔叔拓跋子推，而是担心自己身后儿子受制于拓跋子推，江山不稳，故用黄老的诡道诈术，欲取之而先予之，同时也试出群臣是真心拥戴年幼的太子的。在王夫之看来，拓跋弘虽然做得狡诈，但还是"贤于宋明帝之贼杀兄弟"，就是说，黄老之术"贤于申韩也"。接着，王夫之提出，"黄老"之术的末流为"申韩"之术，前者"机诈"，后者"残忍"，其残忍的例子之一，就是宋明帝"贼杀兄弟"。这种治术是君子不齿的。看来，王夫之对申韩法术是很有意见的。

毛泽东大概是不同意这个论点，在读此的批语中认为："申韩未必皆贼杀，如曹操、刘备、诸葛。"一般来说，曹操、诸葛亮是推崇申韩法术的，可划入法家之列。由这个批语可以看出毛泽东对法家，哪怕是法家中的极端者，也不愿一概否定。

《资治通鉴·梁武帝天监元年》所记萧衍篡齐又别有一番景象。当时，萧衍已有受禅之意，著名文学家沈约和范云都猜到他的意思，先后劝进。沈约说得很坦白："今与古异，不可以淳风期物。士大夫攀龙附凤者，皆望有尺寸之功，今童儿牧竖皆知齐祚已终。明公当承其运……天心不可违，人情不可失。"然后，萧衍让范云带沈约第二天再来。临别，沈约嘱范云第二天一定等他，结果第二天沈约自己先到萧衍那里去了，萧衍就让他起草自己受命登基的诏书，沈约从怀中取出早已写好的诏书和人事安排的名单，萧衍一个字都没有改动。不一会儿，范云来了，还在那里等沈约呢，看见沈约从里面出来，才知他赶在自己前面进去了，便忙问：对我是怎么安排的？沈约举手往左一指，意思是当尚书左仆射，范云于是笑了，说：这才和我希望的一样。

王夫之在《读通鉴论》里说到这件事，称沈约、范云是"干禄""教利学利"的"俗儒"，颇为痛恨，说"俗儒奉章程以希利达"，"若夫坏人心，乱风俗，酿盗贼篡弑危亡之祸者，莫烈于俗儒"。

毛泽东是同意这个观点的，所以在批语中进而发挥说："俗儒者万千，而贤者不一，不如过去法家之犹讲一些真话。儒非徒柔也，尤为伪者骗也。"

万千个"俗儒"中没有一个"贤者","俗儒"不是真儒,乃是"伪者";相反,他认为:倒是法家讲"真话",这是俗儒、伪儒所不能比的。

梁武帝萧衍篡位后,特别是在晚年,以笃信佛教而出名。他创三教同源说,认为儒、道来源于佛教,附属于佛教。他早晚到寺庙拜谒,讲演佛经,吃素,还三次出家当和尚,群臣出资四亿钱才将他赎回。政治上怂恿宗亲权臣乱来,散骑常侍朱异广纳货赂,欺罔视听,远近忿疾,由于善于阿谀,得到萧衍的信任,重用达 35 年之久。反复无常的侯景叛乱,一个借口就是要清除朱异,其实,两个都是残暴之人。王夫之在《读通鉴论》中谈及梁武帝的有关史实时,提出佛老之学同申韩之术的联系,"犹罄鼓之相应",因为,佛老"虚寂之甚",在没有办法的时候,只能一切靠"法"来"督责天下",这样才能保证自己超脱"自逸"。结论是,"其教佛老者,其法必申韩"。

毛泽东读至此,认为,不光信佛老要靠申韩之"法"术来维持,"其教孔孟者,其法亦必申韩"。看来,申韩的法家治术,在他的心目中有特别重要的位置,在几千年风云变幻、眼花缭乱的中国历史上,无论是倡黄老还是尊孔孟,维持政治运作,都离不开申韩的法家体制。

所谓"法制",一个重要原则,是要有令行禁止的果断划一气象,不要搞成上下阻塞、说了不算的局面。对此,毛泽东的态度一向是鲜明的。在读史中,常结合现实来发挥。

明宣宗朱瞻基是明仁宗朱高炽的长子,在位 10 年,在明朝还算是比较有作为的一个皇帝,历史上有"仁宣之治"的称谓。他在位期间倡节俭之风,亲贤臣,远小人,着力整顿朝纲。据《明史》卷九本纪《宣宗》记载,宣宗在宣德七年(1432 年)三月,下诏行宽恤之政。在诏谕礼部的一个命令中说:因为田赋太重,现在要十减其三。我听说先前下诏,有关部门都不执行,还互相串通约定,文牍中要避开诏书辞令。这就等于废了诏书,使皇恩不能下泽万民。从今天起,务必"令在必行,毋有所遏"。毛泽东读至此,批注说:"今犹存此弊。"看得出,他是很注意令行禁止的政治规矩。同时,也见出毛泽东联系现实读史的一贯特点,特别是注意体恤下情的政策如何落到实处的问题。这个批语当是在 50 年代后期以后作的。从纠正"大跃进"中出现的浮

▲ 魏楚予创作的油画《求索》，细腻地展现了毛泽东读书的场景

夸风、"共产风"开始，毛泽东多次讲过令行禁止的问题。

政令畅通，行之有效，关键还是在体制的建设。

封建社会的政治体制，存在不少毛病。对此，历代有识之士，都有所建言。

冯梦龙的《智囊》一书里，有一则讲明朝能臣徐阶的故事。明世宗时倭寇蹂躏东南沿海，巡抚告急，请朝廷出兵。兵部一官员说：等我们发兵去，倭寇已撤，这过失谁来负？于是兵部尚书便勉强派 3000 名瘦弱士兵前往。徐阶不同意，说对发兵这事，只应考虑该不该发，要是不该发，无论精兵、弱兵都不该发，以节省开支；要是应该发兵，就一定要发精兵，以求取胜，怎么能用虚应文章来掩人耳目？兵部尚书害怕了，就发精兵 6000，派两位偏将军带领出征。结果在初获胜利后又遭伏击，军队溃败。当政的人把这事看成徐阶的过错。徐阶又上疏说：按法律当责罚州县的守令。军队将校负责打仗，州县守令负责防守。如今将校打仗一旦失利就要被判死刑，而守令安然无事；

要是城池陷落，将校又得被判死刑，而守令只是被降职。这怎么能起到奖惩的作用呢？能够支配百姓的是州县的长官，现今当兵的只有地方百姓中的百分之一，我们怎能把打仗和防守的责任都责求军队将校来完成呢？守令辛勤，军队粮饷就不会少；守令果断，探哨侦察敌情就不会有误；守令警惕，奸细就无处藏身；守令仁爱，乡兵就能配合军队作战。所以我认为重责守令就可以了。毛泽东读至此，批道："莫如今之军区党委制。党、政、军、民统一于党委。"

二、进言与纳谏：用人之道

史书和古代知识分子的书论文章，经常谈到一个话题：怎样做帝君人主。

当"第一把手"，让天下臣服，最重要的是怎样驭人，怎样听臣下的"汇报"。贤君明主，都有一套用人听言的办法，而且往往有效。大凡昏君弱主，在这方面则往往不得要领，搞得一塌糊涂。

北宋名臣欧阳修，写过一篇《为君难论》，提出君王听言用人的难处。他说：怎样用人固然难，但不如听言之难。因为"夫人之言非一端也，巧辩纵横而可喜，忠言质朴而多讷，此非听言之难，在听者之明暗也；谀言顺意而易悦，直言逆耳而触怒，此非听者之难，在听者之贤愚也：是皆未足为难也。若听其言则可用，然用之有辄败人之事者；听其言若不可用，然非如其言不能以成功者，此然后为听言之难也……予又以谓秦赵二主，非徒失于听言，亦由乐用新进，忽弃老成，此其所以败也。大抵新进之士喜勇锐，老成之人多持重，此所以人主之好立功名者，听勇锐之语则易合，闻持重之言则难入也。"

用今天的话来说，就是君王在面临臣下进言时的诸多两难选择。从主观上说，对臣下的进言，有的愿意听，有的不愿意听，该听的不一定中听，中听的不一定该听。最难的是，还是听或不听所导致的客观效果。欧阳修在文中举了两个例子。一个是战国后期的秦赵长平之战。本来赵将廉颇守长平3年，赵王改用喜好纸上谈兵的赵括为将，结果赵括盲目出击招致大败，赵兵降秦者40万，被坑于长平。这对赵王来说，是"听其言可用，用之辄败人事"。另一个例子是秦始皇打算伐荆，问年轻将领李信带多少兵去合适，李信回答带 20 万足矣，秦始皇听了很高兴；又问老将王翦要带多少兵去，王翦回答非 60 万不可，秦始皇听后不满意地说："将军老矣，何其怯也。"结果李信领兵 20 万前往，大败而归。后改由王翦领兵 60 万前往，就胜利了。对秦始皇来说，王翦之言是"初听其言若不可用，然非如其言不能以成功"。说到这里，欧阳修又进一步提出，赵王和秦始皇之失，不光是不善选择臣下进言，主要的是他们主观上喜欢起用年轻新进的人，不注重有经验的"老同志"。

毛泽东不同意这个说法，他在欧阳修的这段话旁边批道："看什么新进。起、翦、颇、牧其始皆新进也。周瑜、诸葛、郭嘉、贾诩，非皆少年新进乎？"认为秦国的白起、王翦和赵国的廉颇、李牧这些用兵老道的将领，也是从"新进"之辈成长起来的，再说，即使是"新进"的人物，如三国时代孙权手下的周瑜，刘备手下的诸葛亮，曹操手下的郭嘉、贾诩，都是公认的智谋非常之士。因此，关键不在于是不是"乐用新进"，而在于用"什么新进"。

这个批语，正好反映了毛泽东特别看重和提倡重用年轻干部的一贯心迹，大可同他在团中央会议上大讲把"周瑜"选进团中央领导班子的话对照起来读。

关于听言用人，欧阳修在《为君难论》中还提出一个问题：有的君王一心信任某人，结果成事；有的君王一心信任某人，结果败事。前者的例子如齐桓公专任管仲，蜀先主刘备专任诸葛亮，都搞得很好，因为"其令出而举国之臣民从，事行而举国之臣民便"，没有什么人反对。后者的例子，欧阳修举了两个。一个是东晋时期曾一度统一北方的前秦君主苻坚，打算征伐东晋。许多老臣、亲属都反对，他听不进。只有一个将领慕容垂劝他不必听朝臣们的意见，苻坚大喜："与吾共定天下者惟卿尔！"于是大举 80 多万兵马南侵，结果被谢玄率领 8 万东晋军队打得大败，这就是有名的淝水之战。再一个例子是，五代后唐末帝担心河东节度使石敬瑭镇守太原，地近契丹，恃兵跋扈，打算把他迁到郓州。但举朝之士都以为不可，唯独枢密直学士薛文遇对末帝说：此事不必向群臣征求意见。末帝听后说："术者言我今年当得一贤佐助我中兴，卿其是乎？"结果调任石敬瑭的诏令下达的第六天，石敬瑭就发出了反叛的文告。

毛泽东读到这两个例子，在批语中表示了不同意见。他认为，苻坚之败，不在于他是不是听信一人之言决定南伐东晋，主要是"错在倾巢而出。若一二十万人更番迭试，胜则进，败则止，未必不可为"。至于后唐亡在末帝手上，不只是因为听信了某人的话，或因为有人反叛，"不徙石敬瑭，没有薛文遇，照样亡国，不过时间先后耳"。

在中国的历史上，并不是每个君王都是能够说话算数的人。相反，在许多朝代，都有一些被称为"傀儡"的皇帝。怎样看待这种现象呢？

欧阳修写的《朋党论》作了一些阐述。文章的中心是劝"为人君者，但当退小人之伪朋，用君子之真朋，则天下治矣"。文中举了汉献帝"禁绝善人为朋"，唐昭宗时期"诛戮清流之朋"，而终导致国家衰亡的例子。汉献帝把天下的名士都作为"党人"抓了起来，黄巾起义后有点后悔，又都放了出来，但国家已经没救了。唐昭宗时期权臣把朝中名士杀掉后，又扔进黄河里面，还说：你们自称"清流"，我偏偏要扔你们到"浊流"中去，随后，唐朝也就灭亡了。

毛泽东在批语里认为，禁绝朋党"在汉献帝以前"就有了，指出了欧阳修在引用事实上的不严谨之处。的确，东汉末年有名的"党锢之祸"，起于汉桓帝之时。当时宦官集团专权，李膺、郭泰、贾彪等联合抨击，结果反受诬告，李膺等200多名"党人"被捕。唐朝晚期，曾出现长达40年的"牛（僧孺）李（德裕）党争"。到唐昭宗天祐二年，权臣朱全忠在白马驿杀死30多名朝士和贬官，又把尸首抛入黄河。看来，欧阳修是随手拈来这两个例子，告诫"为人君者"应善待君子朋党，而毛泽东则认为他的这些论述"似是而非"。为什么呢？因为："汉献、唐昭时，政在权臣，非傀儡皇帝之罪。"

所谓傀儡皇帝，除主观上没有好办法外，客观上总是有精明强干从而势力坐大的权臣从中作梗，阻隔上下，使令难下，即使令下也没有人听。故许多帝君人主都特别强调令行禁止。

强调令行禁止，当然不是独断专横。用毛泽东的话来说，不是"第一书记说了算"。问题还是要回到怎样听言纳谏，并且使臣下能够和敢于进言劝谏。

为此，宋代的苏洵写了一篇《谏论》。其中有一段话，说："夫臣能谏，不能使君必纳谏，非真能谏之臣。君能纳谏，不能使臣必谏，非真能纳谏之君。欲君必纳乎，向之论备矣；欲臣必谏乎，吾其言之。"这段话读来有些拗口，意思是一定会使君王采纳自己意见的才是能谏之臣，一定会使臣下进谏的君王才是能纳谏之君。语意似乎比较生涩，道理有点空，又有点硬。故毛泽东很不喜欢这样的议论，在批语中说是"空话连篇"。

接下来，苏洵着重论述君王怎样使臣下"必谏"。他说，君王有天神之尊威，如果没有赏赐和刑罚的规定，一般臣下犯不着如同抗天、触神那样去向君王进谏的。只有那些不悦赏、不畏罪、性本忠义的"勇者"才敢"必谏"，可是这样的人不可常得。于是先王们"以赏为千金，以刑为猛虎，使前有所趋，后有所避，其势不得不极言规失，此三代所以兴也"。为了说明这个道理，苏洵举了三个人面临渊谷如何让他们跳过去的例子。他说：一个人勇敢，一个人既勇敢又害怕，一个人害怕。面临渊谷，如果对他们说，谁跳过去就说明谁勇敢，那么只有那个勇敢的人才能跳过去；如果对他们说，谁跳过去就赏千金，那么勇敢的人和半勇半怯的人都能跳过去；如果这时候后面突然冲上来一只猛虎，那么，这三个人包括那个本性怯弱的人，也都会跳过去了。

看来，苏洵是认为，当君王的，最终是要靠刑威惩罚，才能使所有的臣子都进言劝谏。读至此，毛泽东对这个例子同样很不以为然，仍认为是空话连篇，在批语中说："看何等渊谷。若大河深溪，虽有勇者，如不善水者，无由跳越。此等皆书生欺人之谈。"往实处说，无论怎样用赏刑相加相逼，能否跳过渊谷，要取决于两个条件，客观上看渊谷有多宽，主观上看跳者水性如何。没有这些条件规定，便是"书生欺人之谈"。或许，毛泽东的这个评论不单是指这个实例，隐含臣"必谏"君的主客观条件。

作为统帅，怎样用人，特别是如何看待那些反对过自己的人，是个很难处理的问题。历史上很有些帝王处理得不错。

南朝丘迟写的《与陈伯之书》，为文学史上的骈文名篇。陈伯之在齐末为江州刺史，曾抗击过梁武帝萧衍，后被降为江州刺史。502 年率部投魏，505 年萧宏北征伐魏，陈伯之率军相拒。萧宏让丘迟写信给陈伯之劝降，次年陈伯之降梁。丘迟在《与陈伯之书》中，先是指责陈忘恩负义投降敌人，继而申明梁代宽大为怀不咎既往，从正面相劝。最后指出敌我双方形势，说明陈伯之的处境危险。中间，又以江南故国的美景和一些典故来打动他。全信写得委曲婉转，淋漓尽致。

1959 年庐山会议期间，毛泽东把《与陈伯之书》推荐给周小舟、黄克诚读。当时，由于对"大跃进"的不同看法，黄克诚、周小舟已同彭德怀、张闻天等被认为是犯了"错误"，从而受到党内的不正确的批判。毛泽东推荐该文时，还给周小舟写了封信，说：

迷途知返，往哲是与，不远而复，先典攸高，几句见丘迟《与陈伯之书》。此书当作古典文学作品，可以一阅。"朱鲔喋血于友于，张绣剚刃于爱子，汉主不以为嫌（疑），魏君待之若旧"，两个故事，可看注解。

从信中可以看出，他还附上了原文或原文中的一部分。该信反映了毛泽东当时的想法，即希望周小舟等犯了"错误"的同志，"迷途知返"，这也是他做思想工作的一种方式吧。他在信中引用的《与陈伯之书》里的"迷途知返" 4 句，在原文里的意思是：迷途不远而知复返，这是以往的圣贤和过去的经典都赞同、嘉许的。这 4 句用来表达他当时的想法倒也合适。接下来引用原文中的两个典故，说的是东汉初年，朱鲔曾劝更始帝刘玄杀了刘秀的哥哥刘縯，后来，刘秀又诚心招降了朱鲔，使其官至少府。再就是三国时，董卓部下张绣投降曹操，不久又反水，让曹操的长子曹昂战死。后来，张绣再次归降，在官渡之战中为曹营立了功，曹操仍旧信任他。丘迟在文中用这两个典故，意在说明，只要陈伯之归梁，萧梁会"不以为疑"、"侍之若旧"。毛泽东在信中引用，其意也自明，也多少把自己摆到了人君之位。

三、史论与疏奏：治国之策

古人当官的，都是文化人。

文化人表达自己的政见，靠的是写文章或给皇帝写信。

谈历史上兴衰治乱的经验教训的文章，古人称之为"史论"，给皇帝的信，古人叫"疏"、"策"、"奏"等。

毛泽东读史，很注意其中的史论疏策。

贾谊是汉初才华横溢的辞赋家和识见深远的政论家。他的政论散文的代表作是《治安策》和《过秦论》。前者评论朝政，针砭时弊，切中诸侯坐大的要害，建议用"众建诸侯而少其力"的办法，削弱诸王势力，巩固中央政权。后者检讨秦朝覆亡的原因，揭示一夫作难，天下云集响应，曾横扫六国的秦朝基业毁于一旦的关键，是"仁义不施，而攻守之势异也"。该文气势磅礴，议论深切，旨在引为鉴戒，借古喻今。1958 年，毛泽东读到有关贾谊的史传，特意写信给田家英："如有时间，可一阅班固的《贾谊传》。可略去《吊屈》、《鹏鸟》二赋不阅。贾谊文章大半亡失，只存见于《史记》的二赋二文，班书略去其《过秦论》，存二赋一文。《治安策》一文是西汉一代最好的政论，贾谊于南放归来著此，除论太子一节近于迂腐以外，全文切中当时事理，有一种颇好的气氛，值得一看。"

▲ 伟人风范

《旧唐书·朱敬则传》说朱敬则"早以辞学知名"，并记录了他分析秦朝灭亡的原因是"不知变"，即秦国统一六国以后，依然是用严刑、施利薄、重兵战，而不"易之以宽泰，润之以淳和"。毛泽东读此，用贾谊《过秦论》中"仁义不施，而攻守之势异也"来表达自己的体会，并称朱敬则是"政治家、历史家"。

自贾谊写了《过秦论》（这是毛泽东特别喜欢的一篇文章），后世以秦灭六国为题的文章很多，最有名的一篇，大概要算是北宋苏轼的父亲苏洵写的《六国论》了。

该文旨在论述战国时六国对付强大秦国的政治斗争形势、六国灭亡的原因和历史教训。在这一过程中，六国曾建立起联合阵线（合纵）来对抗秦国，但阵线内部对秦的态度并不一致。苏洵在文中指出了三种情况。一是韩、魏这样的国家，割地事秦，以求得暂时的苟安，结果较早灭亡。二是燕、赵这样的国家，举兵相抗，还时有胜仗，灭亡较晚。三是齐国，因与秦相隔较远，常袖手旁观，隔岸观火，但最终还是被秦国吞并。他的结论是：如果六国都固守自己的土地，笼络人才，组建联合军队西向攻秦，"恐秦人食之不得下咽也"。

毛泽东明显不同意苏洵的观点，在批语中说"此论未必然"。或许是基于中国革命战争的长期经验，他认为组建联军攻打一个目标时："凡势强力敌之联军，罕有成功者。"至于为什么，他没有说。直观看来，或许是因为来自势力相当的各个"山头"的军队搞在一起，由于都有各自的利益需要维护，在形成核心、统一调度上是非常困难的，这就无法同利益一致、指挥统一的强敌抗衡。就战国时期秦国和六国的情况来看，毛泽东认为，即使六国联军攻秦，也未必能制之，关键恐怕还是在各国的内部体制。毛泽东对贾谊的《过秦论》很熟，或许更能接受贾谊的观点。贾谊提出，秦国的霸业始于秦孝公："秦孝公据崤函之固，拥雍州之地，君臣固守，以窥周室。有席卷天下，包举宇内，囊括四海之意，并吞八荒之心。当是时也，商君佐之，内立法度，务耕织，修守战之具，外连横而斗诸侯。于是秦人拱手而取西河之外。孝公既没，惠文、武、昭襄蒙故业，因遗策……及至始皇，奋六世之余烈，振长策而御宇内……"

"秦王扫六合"，大抵体制战略、国势国运使然耳。

赵充国是西汉大臣，对匈奴和西羌等当时的边患事务非常熟悉，在抗击匈奴、招降西羌方面屡立奇功。后来任后将军，封营平侯。赵充国很有战略眼光和策略水平，常常从事实出发，充分说理，上书汉宣帝，使皇帝接受他的主张。毛泽东很注意赵充国的这个特点，读《汉书·赵充国传》时，许多地方加了旁圈，天头上画着三个大圈的地方有 19 处之多，还细心地改正了一些错别字。

汉宣帝时，为巩固边防，招降西羌，赵充国提出屯田政策，共有 12 条，称《不出兵留田便宜十二事》。其中主张戍边的士兵，平时垦荒种田，战时出征，这样可以就地解决军粮，克服运输困难，可节省国家开支，还能达到以逸待劳取胜入侵之敌的目的，因此，"留屯田得十二便，出兵失十二利"。在一本《汉书》里，毛泽东对这 12 条逐字加了旁圈的有 10 条。

赵充国的罢兵屯田的疏奏刚要送出，接到汉宣帝要他继续进军的诏令。儿子劝他按皇帝旨意办，不要送奏折冒风险，他不但不听，反说儿子"不忠"。结果奏折送上后遭到皇帝拒绝。赵充国不灰心，又上书申述己意，如此反复多次。汉宣帝对赵充国的奏折，每来一份，都交给大臣们议论。开始时，赞成者十分之三，然后是十分之五，最后有十分之八的人都赞成了。先前反对的人也心服口服。毛泽东对这段记叙，逐字加了旁圈，在天头上画三个大圈，批注道："说服力强之效。"

50 年代后期，有一次毛泽东召他的老朋友历史学家周谷城到中南海游泳池同他一道游泳。游罢之后上岸，他手里拿着一本线装的《汉书·赵充国传》对周谷城说："这个人很能坚持真理。他主张在西北设屯田军，最初赞成者只十之一二，反对者十之八九。他因坚持真理，后来得到胜利，赞成者十之八九，反对者只十之一二。真理的贯彻，总要有一个过程，但要坚持。"还说："无论是过去和现在，都是如此。"

《资治通鉴》卷一百四十载，南北朝时，北魏孝文帝定都洛阳后，急于进攻南方的齐朝。当时，获罪谪戍边疆的人多有逃亡，孝文帝因此制定一条制度，一人逃亡，全家都要服劳役。时任光州刺史的崔挺上书进谏，孝文帝采纳了，遂即取消了这个制度。崔挺上书中提到春秋时司马牛和桓魋，柳下惠和盗跖两对兄弟。司马牛是孔子的弟子，他的哥哥桓魋本为宋国的大夫，后叛乱。柳下惠是鲁国大夫，以善于讲究贵族礼节著称，他的弟弟盗跖却被贵族们视为"天下大盗"。崔挺引用这两对兄弟善恶各异的事例，是为了说明一人犯法累及全家是不对的。毛泽东本来同意崔挺的主张，可崔挺进谏的前提是"天下善人少，恶人多"，这使他感到很不舒服，于是在这句话旁，用红铅笔画了一条粗重的着重线，在天头上又用黑铅笔写了"此古人一贯谬论"的批注。

这个观点，毛泽东在读姚鼐《古文辞类纂》的批语中也表达过。其中韩愈的《与崔群书》说："自古贤者少，不肖者多。"毛泽东反其意批道："就劳动者言，自古贤者多，不肖者少。"

《后汉书》卷六十二《陈寔传》说：有盗夜入陈寔的屋子，潜于梁上，被陈寔看见。他把自己的儿子孙子叫起来，正色训导："夫人不可不自勉，不善之人，未必本恶，习以性成，遂至于此。梁上君子者是矣。"一番话使盗大惊，自投于地，叩首归罪。毛泽东读此批注说："人在一定条件下是可以改造的。"这表明毛泽东是同意陈寔的看法的。与此相反，《南史》卷二十七《孔靖传》说有一县令，遇到一10岁儿童偷了邻家一小捆稻，便交付有司治罪，有人劝阻，该县令说："十岁便能为盗，长大何所不为……"毛泽东批道："此种推论，今犹有之。如曰：一人小过勿治，众人皆将效尤。"明显是不同意这种推断。

马周是唐太宗时的大臣，少时孤贫，起初为中郎将常何的家客。贞观五年，他代替常何向太宗上书，为太宗赏识，即日召见，授监察御史，后累官至中书令。马周在书奏里提出：夏、商、周、汉各朝，多者800余年，少者也四五百年，原因是"积德累业，恩结于人"，而魏、晋到周、隋各朝，多者五六十年，少者三二十年，原因是"创业之君不务仁化，当时仅能自守，后无遗德可思。故传嗣之主，其政少衰，一夫大呼，天下土崩矣"。接着劝诫唐太宗，"虽以大功定天下，而积德日浅，固当隆禹、汤、文、武之道，使恩有余地"。进而论述了20余事。毛泽东在《新唐书·马周传》里读到马周在书奏中的详细论述，禁不住批道："贾生《治安策》以后第一奇文。宋人万言书，如苏轼之流所为者，纸上空谈耳。"在该传末尾，《新唐书》作者认为马周之才"不逮傅说、吕望"。傅说是商王武丁的大臣，相传出身于奴隶。吕望，俗称姜太公，辅佐周武王灭商。毛泽东不同意这个评论，批道："傅说、吕望，何足道哉？马周才德，迥乎远矣。"

姚崇是唐玄宗时的宰相。他针对当时政治上的弊端，如宦官擅权，重用外戚，大造寺庙，杀害忠臣等，上书奏陈"十事"。毛泽东在《新唐书·姚崇传》里读其论述，批道："如此简单明了十条政治纲领，古今少见。"又说姚崇是"大政治家、唯物论者"。

四、军谋与战略：统兵之法

要说毛泽东读史批注最多的话，恐怕要数军事方面的内容了。

毛泽东是军事家，他不仅有成功的军事实践，还有高屋建瓴的军事著作，而他本人，又似乎有一种天然的军人气质。一部"二十四史"，就是一部政治谋略和军事战争交替滚进的历史。看到这些，怎能不激起他独有的军事统帅情怀呢？

无论是历朝历代的更替，还是现代中国革命改天换地的壮举，无不是以军事斗争为前提的。所谓"经济天下"，当然要以军谋与战略为重要内容。

扑打史书上布满几千年的战争烟尘，毛泽东怎能不欲说还休。

（一）"杀降不武"。

反对杀降，反对杀俘虏，是毛泽东的一贯主张。读《三国志》时，涉及这方面的内容，他多有批语，以申明这个观点。

《三国志》卷五十五《吴书·陈武传》，叙吴国孙权手下著名将领陈武之子陈表，领兵数百人，爱抚部下，驻在无难这个地方。有人偷盗官物，众人怀疑是当地一个叫施明的人干的，施明素以壮悍无比闻名，被拘捕后即使被严刑拷问，也不招供。这件事告到孙权那里，"权以表能得健儿之心，诏以明付表，使自以意求其情实。表便破械沐浴，易其衣服，厚设酒食，欢以诱之。明乃首服，具列其党。表以状闻。权奇之，欲全其名，特为赦明，诛戮其党。迁表为无难右部督，封都亭侯"。毛泽东读至此，批道："何不并其党赦之。"不同意孙权只赦施明一人，却把他手下的人杀了。

《三国志》卷五十七《吴书·虞翻传》，说到曹魏将领于禁被关羽俘获囚禁，当时孙刘修好，关羽就把他送到孙权那里。孙权把于禁放了出来，还同他一道骑马并行外出。忠于孙权的虞翻就不干了，上前骂于禁：你这个投降的俘虏，怎么敢和我们国君策马并行呢？！说着举鞭就要打于禁，被孙权呵斥制止了。接着裴松之有一段补叙，说后来孙权同曹魏和好，打算把于禁送回曹魏。又是这个虞翻劝阻说：于禁兵败数万，身为降虏，自己又不能为曹魏死节，可见人品很差。再说把他放走，等于是放虎归山。不如把他杀了，以示三军，表明为人臣者不能有二心。孙权没听他的话，还是把于禁放了。在送行的时候，虞翻对于禁说：你可不要以为我吴国没有人，只是我的主张没有被采纳罢了。于禁虽然被虞翻三番五次地侮辱，但还是称赞虞翻的忠烈，回去告诉了魏文帝曹丕。结果曹丕也十分感念，在议事时常常为虞翻设个虚座。

毛泽东读至此，批道："此事翻不如禁。"这是批评虞翻的肚量不如被他称为"降虏"的于禁，其杀"降虏"的主张更不可取。

《三国志》卷六十《吴书·吕岱传》，叙交趾太守士燮死后，孙权以士燮的儿子士徽为安远将军，领九真太守。这时交州刺史吕岱上表建议将海南三郡为交州，以戴良为刺史，以海东四郡为广州，岱自兼刺史。戴良奉命南下，却遭到士徽的拒绝，举兵保卫海口。吕岱又上表请求讨伐士徽，接着乘夜举兵渡海，与戴良合兵一处，向海口进发。士徽听说后大为震怖，知大势已去，便率兄弟六人肉袒请罪投降。但吕岱却把他们都杀了。毛泽东读至此，批道："杀降不武。"

在毛泽东看来，曹操对待俘虏表现出的豁达大度，为一般人所不及，这对他取得全局性胜利是起到作用的。例如，魏种本是曹操推荐的孝廉，张邈攻陷兖州时，曹操说：大概只有魏种不会背弃我了。岂料魏种却投降了。及至打败了张邈，魏种被擒，曹操并没有杀他，说"唯其才也"，于是"释其缚而用之"。

读其他史书，毛泽东也注意杀降的事情。

欧阳修《新五代史》卷三十二《王彦章传》，记叙后唐庄宗李存勖在同光元年（923年）击败后梁的主力部队，俘获身负重伤的后梁大将王彦章。庄宗爱其骁勇，不打算杀他，便派人安慰王彦章，王彦章不领情，说："臣与陛下血战十余年；今兵败力穷，不死何待？且臣受梁恩，非死不能报，岂有朝事梁而暮事晋，生何面目见天下之人乎。"庄宗又派大将李嗣源去劝，王彦章因伤病不能起床，便躺在那里直呼李嗣源的小名，以示轻蔑，还说我不是苟活求全的人。最后被后唐庄宗杀掉了。读至此，毛泽东批注说："杀降不可，杀俘尤不可。"

（二）吴蜀彝陵之役，刘备应打运动战。

吴蜀彝陵之战，是中国历史上有名的战役。毛泽东在 1936 年 12 月写的《中国革命战争的战略问题》中，曾引用过这个战例来说明"双方强弱不同，弱者先让一步，后发制人，因而战胜"的战略战术。毛泽东读《三国志集解》对这个战役的批注，则是反过来从当时处于强者一方的刘备的角度，来总结经验教训，为其设想谋划。

彝陵在今湖北省宜昌市境内。222 年，刘备率蜀国大军东进攻吴，连战皆捷。进到彝陵，已入吴境五六百里，砍伐山木，连营扎寨，打的是阵地战。吴国都督陆逊则坚守不战，相持七八个月。直待刘备"兵疲意沮，计不复生"，利用顺风放火，攻破蜀军 40 多个营寨，迫使刘备退到白帝城。卢弼在《三国志集解·陆逊传》里，引用了清代学者钱振锽的评论，说陆逊破刘备的办法，不过是用火攻，如果刘备不用山木扎营，以土石垒营，陆逊又有什么办法攻破蜀军呢？毛泽东读至此批注：

土石为之，亦不能久，粮不足也。宜出澧水流域，直出湘水以西，因粮于敌，打运动战，使敌分散，应接不暇，可以各个击破。

在毛泽东看来，土石垒营，虽不怕火攻，但由于粮草供应不便，也不可能保障刘备持久进攻。刘备欲胜吴军的办法，是"打运动战"，从吴军防守较弱的彝陵南边的澧水流域进攻，使吴军分兵，然后各个击破。很明显，这个设想同毛泽东一贯的军事战略思想是一致的，也是他从长期的中国革命战争中总结出来的经验体会。

《陆逊传》还记叙，刘备在彝陵战败，退往白帝城。吴国将领徐盛、潘璋、宋谦等纷纷上书说，刘备就要被抓住了，赶快再进军吧。孙权拿不定主意，就问陆逊。陆逊等人则认为，北边的曹丕已经集合了不少军队，表面上是要来帮助我们打刘备，其实别有所图，我们应谨慎从事，以撤兵回防吴国内地为好。接着，卢弼引何焯的评论说：大胜之后，将领容易骄傲，士兵容易懒惰。如果沿长江逆流而上去攻刘备，没有回旋余地，稍有不慎，便前功尽弃。况且刘备老于兵道，在四川建立的蜀国已经牢固了，他退往白帝城，只是因为曹仁率军在靠近蜀国的南郡，担心两面受敌而已，并不是真怕东吴一方。东吴再连兵西进，转守为攻，到那时，主客易势，东吴必不利。读至此，毛泽东批道："何评有理。"

（三）诸葛亮的战略失误。

喜读《三国演义》的人，总是为蜀汉的败亡而惋惜。

那么，蜀汉之败，源出于何事呢？毛泽东认为，祸根在刘备三顾茅庐的时候就种下了。

苏洵曾写过一篇《项籍论》。文中谈到剑门相隔的西蜀盆地的地理特点与历史上拓展政治基业的关系。他认为那里作为防守自安的根据地尚不理想，作为进取中原、经营天下的基地则更有诸多不便。为此，他举了一个例子，说："诸葛孔明弃荆州而就西蜀，吾知其无能为也。且彼未尝见大险也，彼以为剑门者，可以不亡也。吾尝观蜀之险，其守不可出，其出不可继，兢兢而自安，犹且不给，而何足以制中原哉？"

正是前面那句"诸葛孔明弃荆州而就西蜀"的话，引出毛泽东对诸葛亮经营西蜀的战略规划的评论，认为："其始误于隆中对，千里之遥而二分兵力。其终则关羽、刘备、诸葛三分兵力，安得不败。"

在他看来，三国时蜀汉终不能进取天下，首先是因为诸葛亮初出茅庐时为刘备设计的战略本身有错误。据《三国志·诸葛亮传》记载，刘备三顾茅庐时，诸葛亮告诉他："今操已拥百万之众，挟天子而令诸侯，此诚不可与争锋。孙权据有江东已历三世，国险而民附，贤能为之用，此可以为援而不可图也。荆州北据汉、沔，利尽南海，东连吴、会，西通巴、蜀，此用武之国，而其主不能守，此殆天所以资将军，将军岂有意乎？益州险塞，沃野千里，天府之土，高祖因之以成帝业……若跨有荆、益，保其岩阻，西和诸戎，南抚夷越，外结孙权，内修政理；天下有变，则命一上将将荆州之军以向宛、洛，将军身率益州之众以出秦川，百姓孰敢不箪食壶浆以迎将军者乎？诚如是，则霸业可成，汉室可兴矣。"这就是有名的《隆中对》。

后来刘备基本上是按此战略来经营的。这个战略的弊端，是使本来兵力有限的刘备又分散兵力。毛泽东的批语是颇有史家见地的。刘备在占据荆州这块虽然重要但却是是非之地后，要前去取西川，便只好让关羽领重兵把守，这是毛泽东说的"二分兵力"。占了汉中、成都后，诸葛亮又长期领兵经营汉中，这是毛泽东说的"三分兵力"。结果关羽失掉了荆州，刘备尽起倾国之兵伐吴，又大败而归，蜀汉的鼎盛期就过去了。余下来，尽管诸葛亮六出祁山，都是劳而无功，只不过以攻为守、勉强维持罢了。

史载，诸葛亮也不是以军机见长的人，街亭之战就是一个例子。《资治通鉴》记叙："谡违亮节度，举措烦扰，舍水上山，不下据城……张郃绝其汲道，大破之。"毛泽东读至此，批注道："初战，亮宜自临阵。"

在毛泽东看来，此次战役诸葛亮自己待在后方只管调兵遣将，是街亭之败的一个重要潜因。接下来，史家叙述："六月，亮以粮尽退军，司马懿遣张郃追之，郃进至木门……与亮战，蜀人乘高布伏，弓弩乱发，飞矢中郃右膝而卒。"毛泽东批注道："自街亭败后，每出，亮必在军。"意思是诸葛亮吸取了街亭之战不在前线而招致失败的教训，由此肯定了诸葛亮"不贰过"的作风。

（四）危急之时即转守为攻之机会。

朱全忠和李克用，分别为唐王朝封的梁王和晋王，事实上是当时军阀割据中两股最大的势力。唐光化三年（900年），朱全忠控制整个河北诸镇后，试图一鼓作气攻取河东（即今山西一带）晋王李克用所占领的地方。

据《旧五代史》卷二十六《唐书·武皇纪》记载，天复元年（901年）一月，朱全忠派张存敬攻占了晋、绛两州（即今山西临汾市、新绛县），又迫降了河中节度使王珂（李克用之婿）。四月，朱全忠又发六路大军，分进合击晋阳。面对强大攻势，李克用的一些部下不战自降，使朱全忠的主力氏叔琮部顺利进占泽、潞两州（今山西晋城市和长治市），出石会关（今山西榆社县西）逼近了晋阳。与此同时，由马岭（今山西昔阳县东南）南下的张归厚部到达辽州（今山西左权县），并追降辽州刺史张鄂，由井陉西进的白奉国部也攻拔承天（今山西平定县东）。于是，几路大军，合围晋阳城下，李克用岌岌可危。

毛泽东读至此批注："沙陀最危急之秋，亦即转守为攻之会，世态每每如此，不可不察也。"

李克用是少数民族，属沙陀部。在毛泽东看来，危急中也包含着"转守为攻"的机遇，就看你能不能作出判断和选择。李克用恰恰做到了这一点。他派大将李嗣昭、李嗣源率精兵强将每夜出城袭营掩杀，造成敌兵的极大恐慌。加上敌军粮草供应不济，士卒多患病，五月，朱全忠不得不下令撤军。李克用又派精兵追去掩杀，"杀戮万计"。

（五）攻者愚，守者智。

董璋和孟知祥都是后唐将领，分别为东川和西川节度使，对朝廷都有二心，曾互相联络。后唐明宗长兴元年（930年），朝廷夺取董璋官爵，杀了他在朝为官的儿子，并派兵攻讨东川，没有成功，遂用怀柔政策，让东川和西川各自保境安民。孟知祥派人向董璋建议，两人连表向朝廷称谢。董璋认为，对朝廷都有二心，可偏偏是自己的儿子被杀，定是孟知祥背叛了自己取得朝廷的信任。于是在长兴三年（932年）离开东川去攻打孟知祥的西川，结果大败而归。毛泽东读至此，很注意书中引用的一个注，即孟知祥手下的赵季良对董璋离开自己所占之地，奔袭西川的分析，认为这是扬短避长，必然失败。毛泽东在《旧五代史》卷六十二读到这件事情的始末，批注说：在这种情况下，常常是"攻者败，守者胜；攻者愚，守者智"。

（六）兵书略通可以，多则无益有害。

李贤等在《后汉书》卷一〇一《皇甫嵩传》的一条注文中，引《孙子兵法》曰："凡战者，以正合，以奇胜者也。故善出奇，无穷如天地，无竭如江海。战势不过奇正，奇正之变，不可胜也。"关于奇正，毛泽东的概括是："正，原则性。奇，灵活性。"

大家知道，毛泽东熟读《孙子兵法》，他的军事思想同《孙子兵法》颇有瓜葛。但值得一提的是，他并不认为熟读兵书就一定能保证战而胜之。《新五代史》卷二十二《刘仁赡传》说刘"为将轻财重士，法令严肃，少略通兵书"。毛泽东读此批注："略通可以，多则无益有害。"该书卷二十二《刘郡传》叙后梁战将刘郡统兵与晋王李存勖（即后来的后唐庄宗）对峙，因对方过强，刘郭不肯出而应战，后梁末帝却促其出战。于是李存勖便对部下说："刘郭学六韬，喜欢机变用兵。本欲示弱以袭我，今其见迫，必求速战。"接着设下计谋，假装退兵。刘郭果然来追，被敌兵夹击而败。毛泽东认为，刘郭之败，太拘于兵法，反而被对方摸透了底牌，于是批注道："兵书多坏事，少读为佳。"

毛泽东读这两篇传记的批语，集中表示了他对读兵书的看法，即兵书读得太多，是无益有害；对带兵的人来说，少读为佳，略通即可。其直观依据是，刘郭精通《六韬》，仍然打了败仗，刘仁赡只略通兵书，也不失为好的将领。从根本上说，毛泽东这个观点，并非读史的偶感，而是他从自己的作战经验，从现代革命战争的历史中引申出来的看法。

新中国成立后，毛泽东谈到中国共产党的历史时，经常说，红军、八路军、人民解放军的将领，绝大多数没有上过什么学校，没读过多少深奥的兵书，但仍然是经常打胜仗，最后打败了蒋介石的庞大军队。1965 年 12 月 21 日在杭州的一次谈话中，他说得更具体：国民党的军官，陆军大学毕业的，都不能打仗。黄埔军校只学几个月，出来的人就能打仗。我们的元帅、将军，没有几个大学毕业的。我本来也没有读过军事书。读过《左传》《资治通鉴》，还有《三国演义》。这些书上都讲过打仗。可是打起仗来，一点印象也没有了。我们打仗，一本书也不带，只是分析敌我战争形势，分析具体情况。

当然，毛泽东认为"兵书多坏事"，主要是指在实践中照着书本打仗。他并不反对读兵书，而是反对读多了消化不了而拘泥于书本。关于兵书，他提倡读那些有实用价值的，简明扼要的。在 1965 年 1 月下旬同谷牧、余秋里的一次谈话中，毛泽东说："戚继光在他的兵书中早就讲到，不要搞那些只是好看的，要搞实际战争中能用的东西。"戚继光（1528—1588 年），明朝军事家，抗倭将领，毕生有 40 余年在军中度过。练兵、用兵很讲求实战效果。《纪效新书》和《练兵实纪》，是他的两本以军事训练为主的兵书。在《纪效新书》的"序言"中，戚继光说："曰'纪效'，所以明非口耳空言；曰'新书'，所以明其出于法而不泥于法，合时措之宜也。"该书反复以实战经验为主，陈述结合东南沿海实际进行练兵的重要方法。

第十四章

"五帝三皇神圣事"——评说历代帝王

在毛泽东心目中，一部"二十四史"就是帝王将相的历史。作为革命家，他不相信这些，反感之极。

作为历史家，他孜孜不倦地阅读、体会。

作为政治家、军事家，他更乐于从中寻求历史演变的成败得失。

于是，就有了关于历代帝王的评说。

一、"很有本事、能文能武的人"——商纣王帝辛

商纣王历来被认为是昏淫无道的暴君典型，直观的依据是：商朝在他手里亡了国。

毛泽东不这样看。

1958 年 11 月读斯大林《苏联社会主义经济问题》的谈话中，说到商品生产时，他顺势发挥："商朝为什么叫'商'朝呢？是因为有了商品生产，这是郭沫若考证出来的。把纣王、秦始皇、曹操看作坏人是错误的，其实纣王是个很有本事、能文能武的人。他经营东南，把东夷和中原的统一巩固起来，在历史上是有功的。纣王伐徐州之夷，打了胜仗，但损失很大，俘虏太多，消化不了，周武王乘虚进攻，大批俘虏倒戈，结果商朝亡了国。史书说：周武王伐纣，'血流漂杵'，这是夸张的说法。孟子不相信这个说法，他说：'尽信《书》，不如无《书》。'"

1959 年 2 月 25 日在济南召开的一个座谈会上，毛泽东又说："龙山文化很有名啊！商纣王是很有本领的人，周武王把他说得很坏。他的俘虏政策做得不大好，所以以后失败了。"

为商纣王平反，当然不是毛泽东的首创。有名的翻案文章，较早见于郭沫若的《驳〈说儒〉》。毛泽东是赞同他的观点的。

郭沫若认为，帝辛（商纣王）"这人被周及以后的人虽说得来万恶无道，俨然人间世的混世魔王，其实那真是有点不大公道的"，"……像殷纣王这个人对于我们民族发展上的功劳倒是不可淹没的。殷代的末年有一个很宏大的历史事件，便是经营东南，这几乎完全为周以来的史家所抹煞了。这件事，在我看来，比较起周人的翦灭殷室，于我们民族的贡献更要伟大。这件事，由近年的殷墟卜辞的探讨，才渐渐地重见了天日"。"帝辛的经营东南，他的规模似乎是很宏大的。你看古本《泰誓》说：'纣有亿兆夷人亦（大）有离德，余有司（旧作乱）臣十人同心同德'（见《左传》昭公二十四年），这亿兆的'夷人'必然是征服东夷之后所得到的俘虏。俘虏有亿兆之多，可见殷的兵士损耗的亦必不少。兵力损耗了，不得不用俘虏来补充，不幸周人在背后乘机起来，牧野一战便弄到'前徒倒戈'。那并不是殷人出了汉奸，而是俘虏兵掉头了。"

郭沫若的《驳〈说儒〉》一文，最初发表于钱介磐主编的《中华公论》创刊号（1937年7月）上面，后收入作者于1945年重庆文治出版社印行的史学论集《青铜时代》。1954年和1957年，该书又先后由人民出版社、科学出版社再版。毛泽东喜欢郭沫若的历史论著，这本书他在50年代便读过了。稍后，在1959年10月23日外出前指定要带走的书籍中，又列有郭沫若的三本书：《十批判书》、《青铜时代》、《金文丛考》。

提出商朝最后一位君王帝辛（即商纣王）征伐和经营东南，被周武王从西北面乘虚而入，是郭沫若根据甲骨文及史书零星记载的一个创见。后翦伯赞等史家也沿用其说。毛泽东显然也接受了这个观点，肯定纣王"把东夷和中原的统一巩固起来，在历史上是有功的"。

就纣王个人而言，诚如郭沫若所说，周朝以降的史书，视之为"万恶无道"的人。其源，主要来自周武王伐纣时的两篇檄文式的誓言，即《尚书》中的《泰誓》、《牧誓》。后者说："今商纣王惟妇人言是用，昏弃厥祀弗答，昏弃厥遗王父母弟不迪，乃惟四方之多罪逋逃，是崇是长，是信是使，是以为大夫卿士。俾暴虐于百姓，以奸宄于商邑。"这显然是为了师出有名攻击对手的政治宣传。故郭沫若在《驳〈说儒〉》说后人是"深受了周人的宣传的毒"。毛泽东也指出是"周武王把他说得很坏"。在毛泽东看来，商纣王是"能文能武"、"很有本事"的人。这个看法也是有依据的。《荀子·非相篇》便说纣王"长巨姣美，天下之杰也；筋力超劲，百人之敌也"。《史记·殷本纪》也说："帝纣资辨捷疾，闻见甚敏；材力过人，手格猛兽。"这些，都是很寻常的材料，毛泽东无疑是熟悉的。对纣王失败的教训，毛泽东总结的是，征伐东南，所得"俘虏太多，消化不了"，"俘虏政策做得不大好"，于是在周武王打来时，倒戈起来。据《尚书·武成》载，周武王伐纣，与商朝的军队"会于牧野，罔有敌于我师，前徒倒戈，攻于后以北，血流漂杵"。意即杀人太多，血流把捣东西的棒槌都漂了起来。纣王亡国自杀，在郭沫若看来，仍不失是位英雄。在《驳〈说儒〉》里，郭沫若引《左传》里"纣克东夷而殒其身"诸句，说："在这儿正表示着一幕英雄末路的悲剧，大有点像后来的楚霸王……他自己失败了而自焚的一节，不也足见他的气概吗？"

相信毛泽东读到这里，会是心有同感的。

评价历史人物，主要看他的大面，看他在历史实践中的实际作为，这是毛泽东的一贯方法。所以，历史上常常受到责难的人，他总是乐意举出他们好的一方面来，为他们翻案。

二、"老粗出人物"——汉高祖刘邦

刘邦以一平民百姓，在秦末起义群雄中脱颖而出，夺得天下，开创几百年的王朝基业，这在中国夏、商、周以来的历史上，算是第一个人。司马迁在《史记·高祖本纪》里，也多次强调他出身"微细"，还对他早年在沛县乡里颇有些无赖气的行径作了铺叙。如"不事家人生产作业"，对"廷中吏无所不狎侮，好酒及色"等。另一方面，又"仁而爱人，喜施（舍），意豁如也。常有大度"。这些，大抵是刘邦出身"细微"而又有不凡的意气抱负的"老粗"本色。毛泽东读史，很注意人物的出身和生平遭际，对刘邦这样的起于草泽的开国皇帝，尤其如此。

在毛泽东看来，刘邦的成功，与他出身下层很有关系。1959年12月至1960年2月读苏联《政治经济学（教科书）》的谈话中，他说："刘邦能够打败项羽，是因为刘邦和贵族出身的项羽不同，比较熟悉社会生活，了解人民心理。"这个评论，显然与毛泽东一贯主张的卑贱者胜过高贵者的观点是一路。

在古代社会，出身与文化程度时常一致，高贵者文化高，卑贱者文化低。由此，毛泽东谈到卑贱者胜过高贵者的时候，总是与他的另一个观点联系在一起的，即人们熟悉的：文化低的人打败文化高的人。

1964年1月7日的一次谈话中，他提出了一个很直率的命题："老粗出人物！"接着发挥："自古以来，能干的皇帝大多是老粗出身。汉朝的刘邦是封建皇帝里边最厉害的一个。刘敬劝他不要建都洛阳，要建都长安，他立刻就去长安。鸿沟划界，项羽引兵东退，他也想到长安休息，张良说，什么条约不条约，要进攻，他立刻听了张良的话，向东进。韩信要求封假齐王，刘邦说不行，张良踢了他一脚，他立刻改口说，他妈的，要封就封真齐王，何必要假的……南北朝的宋、齐、梁、陈，五代的梁、唐、晋、汉、周，很有几个老粗。文的也有几个好的，如李世民。"

"老粗出人物"，"能干的皇帝大多是老粗出身"，是毛泽东很感兴趣的话题。后来他又重申过自己的这个主张。

刘邦似乎并无一技之长，但他却有过人的胆魄和组织才能。《高祖本纪》说到刘邦等刚起事时，老百姓杀了沛县县令，想请刘邦做县令，他说："天下方扰，诸侯并起，今置将不善，一败涂地。吾非敢自爱，恐能（力）薄，不能完父兄子弟。"这自然是谦虚之辞。司马迁接着叙述，一同起事的萧何、曹参等"皆文吏，自爱，恐事不就，后秦种族其家，尽让刘季"。也就是说，萧何、曹参这些当时比刘邦地位高的知识分子，看重身家性命，恐怕万一大事不成，以后要被秦朝绝种灭族，故总是把刘邦放在首领的位置，把他推到前台。这里可看出刘邦这位老粗同一般知识分子的差别，相信毛泽东读《高祖本纪》对这段描述是感兴趣的。这样，知识分子们如萧何、曹参、张良、陈平以及郦食其等，只能归附于刘邦这位老粗，为其所用。后来他当了皇帝，也曾自我总结道："运筹策帷帐之中，决胜于千里之外，吾不如子房（张良）；

镇国家，抚百姓，给馈饷，不绝粮道，吾不如萧何；连百万之军，战必胜，攻必取，吾不如韩信。此三者，皆人杰也，吾能用之，此吾所以取天下也。项羽有一范曾而不能用，此其所以为我擒也。"

刘邦说的"用"，就是肯于纳谏，善于选择。这也是毛泽东特别称赞的地方。他读《史记》很注意刘邦从谏如流的一些事例。前面引的那段话说到的，一是听张良劝说，封举足轻重的韩信为齐王，此事详载《留侯世家》。一是楚汉划界鸿沟后，听张良、陈平之劝，乘胜追击引兵东向的项羽，此事详载《项羽本纪》。一是刘邦称帝后，欲建都洛阳，听齐人刘敬建议，入都关中长安，此事详载《刘敬列传》。

最体现刘邦的老粗本色而又善于纳谏的，大概要算《史记·郦生陆贾列传》里的一段记载了。1962年1月30日，在扩大的中央工作会议（七千人大会）上讲民主集中制时，毛泽东几乎是把这个故事复述了一遍，来教育人们。他说：

刘邦，就是汉高祖，他比较能够采纳各种不同的意见。有个知识分子名叫郦食其，去见刘邦。初一报，说是读书人，孔夫子这一派的。回答说，现在军事时期，不见儒生。这个郦食其就发了火，他向管门房的人说，你给我滚进去报告，老子是高阳酒徒，不是儒生。管门房的人进去照样报告了一遍。好，请。请了进去，刘邦正在洗脚，连忙起来欢迎。郦食其因为刘邦不见儒生的事，心中还有火，批评了刘邦一顿。他说，你究竟要不要取天下，你为什么轻视长者！这时候，郦食其已经六十多岁了，刘邦比他年轻，所以他自称长者。刘邦一听，向他道歉，立即采纳了郦食其夺取陈留县的意见。此事见《史记·郦生陆贾列传》。刘邦是在封建时代被历史家称为"豁达大度，从谏如流"的英雄人物。刘邦同项羽打了好几年仗，结果刘邦胜了，项羽败了，不是偶然的。

有这么大帮人为刘邦出点子，这位老粗打败项羽，自然"不是偶然的"。

三、败于不肯纳谏——楚霸王项羽

项羽在历史上的作用，是在中国历史上第一次的农民大起义中，以暴风骤雨的声势摧毁了强大的秦帝国。当时陈胜吴广的起义军已经覆灭了；楚军的主力已经被击破，主将项梁战死；赵国被围困，即将被灭。形势在逆转，秦王朝声势复振，起义进入生死存亡阶段。项羽在这时候成为主帅，完成了陈胜吴广所不能够完成的事业，以他过人的才气，激励士卒，抱着决死的心态，最终击溃了秦军的主力。司马迁也指出了这点，说他"遂将五诸侯灭秦"。灭秦以后，项羽为西楚霸王，刘邦被他封为汉王，随即进行了长达8年的楚汉战争，结果项败刘胜。

《项羽本纪》是司马迁《史记》里写得最有声色的一篇。

毛泽东特别喜欢读这篇传记。晚年嘱人印成大字本给他看，同时给几位中央领导写了一封信：

《项羽本纪》，送各同志一阅，几天还我不迟。这个新版《史记》，标号及注解，都很醒目，好看。

这封信作为正式批示，于1963年1月由不少中央领导郑重传阅。

项羽的失败是发人深思的。1964年1月7日的一次谈话中，他提出："项羽有三个错误，如鸿门宴不听范增的话，放跑了刘邦；（楚汉订立的）鸿沟协定，他认真了；建都徐州，那时叫彭城。"

项羽除了在战略上发生一些失误外，一个重要教训是不能知人、用人，不肯纳谏，从而在鸿门宴不杀刘邦反而放跑了他，应该乘胜夺取汉甬道的时候，反而放弃了。这些，都是他手下谋士范增极力主张的。毛泽东当然不是就史论史。他讲项羽失败教训，是针对那些缺乏民主作风的党的干部。

1962年1月30日在扩大的中央工作会议（七千人大会）上的讲话中，他说得很明白：

有这样的情况：一切事情，第一书记一个人说了就算数。这是很错误的。哪有一个人说了就算数的道理呢？我这是指的大事，不是指有了决议之后的日常工作。只要是大事，就得集体讨论，认真地听取不同的意见，认真地对于复杂的情况和不同的意见加以分析。要想到事情的几种可能性，估计情况的几个方面，好的和坏的，顺利的和困难的，可能办到的和不可能办到的。尽可能地慎重一些，周到一些。如果不是这样，就是一人称霸。这样的第一书记，应当叫做霸王，不是民主集中制的"班长"。从前有个项羽，叫作西楚霸王，他就不爱听别人的不同意见。他那里有个范增，给他出过些主意，可是项羽不听范增的话……我们现在有些第一书记，连封建时代的刘邦都不如，倒有点像项羽。这些同志如果不改，最后要垮台的。不是有一出戏叫《霸王别姬》吗？这些同志如果总是不改，难免有一天要"别姬"就是了。（笑声）我为什么要讲得这样厉害呢？是想讲得挖苦一点，对一些同志戳得痛一点，让这些同志好好地想一想，最好有两天睡不着觉。他们如果睡得着觉，我就不高兴，因为他们还没有被戳痛。

从此以后，"西楚霸王"便成为党内批评作风不民主的代名词了。

在楚汉战争中，项羽和刘邦逐鹿中原，军事力量大部分时间是处于优势状态，可最后终归失败。其失败原因，特别是毛泽东对其失败原因的看法，我们着重叙述了不肯纳谏、不善用人这个方面。那么，项羽为什么不能纳谏和用人呢？这和他性格上的弱点自然有关。在毛泽东看来，崇尚"沽名"，就

▲ 1962 年初，毛泽东、周恩来、刘少奇、朱德、陈云、邓小平在北京举行的中共扩大的中央工作会议（七千人大会）上

是项羽主观上的一个明显弱点，也是他失败的一个原因。司马迁在《史记·淮阴侯列传》中也说项羽有"妇人之仁"，《史记·项羽本纪》多有记叙。而他不肯纳谏的几个事例，恰恰反映出他的"沽名"和"妇人之仁"的性格。

项羽率部经过苦战，击败秦军主力，比刘邦后入关，两军发生冲突。可项羽"为人不忍"，为避免负"不义"之名，没有以40万对10万的军事优势去消灭刘邦，甚至在鸿门宴上莫名其妙地阻止了部下诛杀刘邦之举。许多学者注释毛泽东"不可沽名学霸王"诗句，多以这件事来说明项羽的"沽名"所在。

毛泽东认为尤不可学的是，项羽对诡计多端的敌人姑息宽容的缺点。在楚汉战争最激烈的时期，两军在荥阳相持，本来，楚军已经切断了刘邦的粮道，刘邦害怕了，请求休战，以让出荥阳来换取项羽承认荥阳以西为汉的领土，项羽竟同意了。后来，战事几经反复，楚军逐渐失去了优势，"项王乃与汉约，中分天下，割鸿沟以西者为汉，鸿沟而东者为楚。"合约签订后，项羽就解除了戒备，引兵回到了东边，可刘邦却背约出击，打了过来，终于在垓下彻底击败了项羽。1949年4月毛泽东写"不可沽名学霸王"的时候，南京国民党政府的和谈代表便曾提出划江而治，维持类似历史上南北朝时期的政治形势的谈判方案。了解这一背景，或许能增进对毛泽东"宜将剩勇追穷寇，不可沽名学霸王"的含义的理解。

此外，《史记·项羽本纪》还记叙，楚汉长久相持不下，丁壮苦军旅，老弱罢转漕，百姓的日子难过。项羽便对刘邦说："几年来，天下匈匈，生灵涂炭，都是因为我们两个为了争天下的缘故。现在我愿意和你单打独斗，一决雌雄，不要再苦煞黎民百姓了。"所谓项羽"沽名"，大体也是指他不忍天下匈匈受苦，从而希望歇兵罢战的心理状态，这就不能不影响他的决策。一向把战争分为正义的和不正义的两种，并主张以战争消灭战争，以战争求得和平的毛泽东，在读《项羽本纪》的时候，自然是不会赞成这种观点的。

项羽失败了，仍不失为本色男儿、堂堂英雄。毛泽东坚信这点。青年时代，他憧憬过项羽"力拔山兮气盖世"的英雄气概。在延安的时候，他说项羽在走投无路的时候，宁肯自杀，也不投降，很有气节，远比汪精卫、张国炱之类好，是值得学习的。

毛泽东对项羽败走乌江时，以"与江东八千子弟渡江而西，今无一人还"为由，觉得无颜见江东父老，于是自杀而死，是不赞同的。但他并不持完全否定态度，觉得这悲剧结局中还多少体现了一些个性风采。毛泽东 1948 年 10 月 31 日为新华社写的述评《评蒋傅军梦想偷袭石家庄》，还把项羽和蒋介石放在一起论说："蒋介石最近时期是住在北平，在两个星期内，由他经手送掉了范汉杰、郑洞国、廖耀湘三支大军。他的任务已经完毕，他在北平已经无事可做，昨日已经溜回南京。蒋介石不是项羽，并无'无面目见江东父老'那种羞耻心理。他还想活下去，还想弄一点花样去刺激一下已经离散的军心和民心。亏他挖空心思，想出了偷袭石家庄这一条妙计。"

四、"儒学治国"的衰国之君——汉元帝刘奭

据《汉书》卷九《元帝纪》载：汉元帝做太子时，柔仁好儒。见父亲汉宣帝用法严酷，以刑名绳下，大臣杨恽、盖宽饶等只是说了点风凉话就获罪而诛，便对父亲说："陛下持刑太深，宜用儒生。"宣帝作色曰："汉家自有制度，本以霸王道杂之，奈何纯任德教，用周政乎？且俗儒不达时宜，好是古非今，使人眩于名实，不知所守，何足委任！"乃叹曰："乱我家者，太子也！"

汉元帝刘奭（前 76—前 33 年），在位 16 年。爱好儒术，任用宦官。统治期间，赋役繁重，西汉开始由盛而衰。毛泽东读《汉书》，对汉元帝很不感兴趣，其原因除了西汉是从他手上开始衰败，还对他改变"霸王道杂之"的治国之策，任用大量儒生治国很是反感。因此，他很同意《汉书》作者班固在《元帝纪》的"赞"里说的话："少而好儒，及即位，征用儒生，委之以政……而上牵制文义，优游不断，孝宣之业衰焉。"以儒术治国，似乎就是西汉走向衰败的一个重要原因。

1957 年 4 月 10 日同人民日报社负责人及有关领导谈话时，毛泽东强调："历史上不是提什么'文景之治'吗？实际上，文帝、景帝只是守成，是维持会，庸碌无能。从元帝开始，每况愈下。元帝'牵制文义，优游不断'。他说

他父亲宣帝'持刑太深'，主张起用儒生。宣帝生气地说：'汉家自有制度，本以霸王道杂之，奈何纯任德教，用周政乎？'并说：'乱我家者，太子也！'到了哀（帝）平（帝），更是腐败。"

几天后，毛泽东在召见吴冷西等人时，又重提他4月10日同人民日报负责人的谈话内容。据吴冷西在《忆毛主席——我亲自经历的若干重大历史事件片断》里回忆：1957年6月13日晚上，毛泽东召胡乔木和他到卧室谈话。毛泽东在这次谈话中，对吴冷西说，中央正式决定调他到人民日报社做总编辑，并仍然兼任新华社社长。由于涉及吴冷西去人民日报社的工作，故毛泽东重提他4月10日同人民日报社负责人的谈话内容。他从领导的任务一是决策，一是用人讲起，评说汉代几个皇帝的优劣。他称赞刘邦会用人。他说汉高祖刘邦比西楚霸王项羽强，他得天下一因决策对头，二因用人得当。接着说，高祖之后，史家誉为文景之治，其实，文、景二帝乃守旧之君，无能之辈，所谓"萧规曹随"，没有什么可称道的。倒是汉武帝雄才大略，开拓刘邦的业绩，晚年自知奢侈、黩武、方士之弊，下了罪己诏，不失为鼎盛之世。前汉自元帝始就每况愈下了。元帝好儒学，摒斥名、法，抛弃他父亲的一套统治方法，优柔寡断，是非不分，贤佞并进，君权旁落。他父亲骂他："乱我者太子也。"

这两次谈话，毛泽东都批评了人民日报社的工作，说不是政治家办报，是书生办报，进而对汉代的几个皇帝作了一些评价。从中可以看出，毛泽东读班固的《汉书》，对汉高祖刘邦、汉武帝刘彻的评价很高，对汉元帝则不以为然。言下之意，汉元帝以"书生"方式治国，而用"王霸之术"的刘邦、刘彻之类才算得上是政治家的。

10年后，1966年3月18日在杭州的一次小范围会议上的讲话中，毛泽东又提出这个话题："汉元帝，用《诗经》治国，'儒学'治国。汉元帝的老子是汉宣帝，对他说汉朝要亡到你的手啊！班固说他优柔寡断。"

1959年5月，毛泽东为鼓励他的英文秘书林克学历史，便把《后汉书》推荐给他读，还说：西汉高、文、景、武、昭等读起来较有兴味，东汉两头均无意思，只有光武可以读。这个评论，当是从《后汉书》所记的内容而言，因西汉从高祖到武帝这段时期，建国立基，开疆拓土，文治武功，景象不凡。东汉光武刘秀乃为"中兴之帝"，经历一番征杀，遂承续汉家基业。这从一个侧面反映毛泽东不喜式微败落而好蓬勃进取的读史兴趣。

五、"这个案要翻"，不能贴他的"大字报"——魏武帝曹操

曹操一开始就是个有争议的人物。同时代便有人评价他为"治世之能臣，乱世之奸雄"，特别是随着《三国演义》的普遍流传和戏剧舞台上对曹操造型的奸相脸谱化，把曹操视为"旷世奸雄"的观点被更多的人接受。卢弼的《三国志集解》就有这种倾向。在这本书的《魏书·武帝纪》里，毛泽东圈画批注得较多，对曹操给予了充分肯定。

《武帝纪》里说到建安元年（196年），曹操采用枣祗、韩浩等人的建议，实行了屯田政策，由典农官募民耕种，得谷百万斛，后推广到各州郡。这个政策对恢复被战乱破坏的农业，支援战争，起到积极作用。毛泽东对此很重视，对《三国志》有关这方面的正文，及裴松之、卢弼的注释，都圈点断句，多处画了着重线，有的地方，天头上还画着三个大圈。特别对曹操所说"夫定国之术，在于强兵足食，秦人以急农兼天下，孝武以屯田定西域，此先代之良式也"，毛泽东逐句都画有着重线，天头上还画上圈记。

《武帝纪》叙建安十五年春曹操下令征贤，提出"唯才是举，吾得而用之"。接着，裴松之在注释里，引用了《魏武故事》里记载的曹操在这年十二月所下的《让县自明本志令》。里面说自己辗转征战，守义为国，并无取代汉室之意，为明此志，决定让出受封的阳夏、柘、苦三县，以解除别人的误会。卢弼引述后却对曹操提出了许多指责。曹操在令中说，他曾告诉妻妾，自己死后，她们无论嫁到哪里，都希望要为他说明无叛汉之心。卢弼在注里说这是"奸雄欺人之语"。曹操在令中说，自己之所以不放弃兵权，"诚恐己离兵为人所祸也"，这是"既为子孙计，又己败则国家倾危"。卢弼说这是"欺人之语"，认为陈寿写《三国志》对这些话"削而不录，亦恶其言不由衷耳"。曹操在令中说，自己打仗，"推弱以克强，处小而擒大"，卢弼在注里又列举他打的败仗，指责他"志骄气盛，言大而夸"。对曹操让出三县一事，卢弼在注里引别

人的话说，"文词绝调也，惜出于操，令人不喜读耳"。看来，不乏偏见的卢弼似乎是有意同曹操"对着干"。

毛泽东对卢注作了圈点，在天头上写了这样一段批语：

此篇注文，贴了魏武不少大字报，欲加之罪，何患无辞。李太白云："魏帝营八极，蚁观一祢衡。"此为近之。

《让县自明本志令》，是了解曹操的第一手史料。卢弼先入为主视曹操为奸雄，自然不能公正客观地评论曹操的这个自白。所以毛泽东不同意他的注文。批语里"魏帝营八极，蚁观一祢衡"，引自李白《望鹦鹉洲悲祢衡》一诗。祢衡是东汉人，狂傲有才气，曹操没有重用他反而污辱他，被祢衡大骂。戏曲舞台上有《击鼓骂曹》一出戏，说的就是这件事。相传鹦鹉洲是祢衡作赋的地方。李白在《望鹦鹉洲悲祢衡》一诗中肯定了曹操统一北方的功绩，又指出他轻视祢衡的失误，毛泽东同意这个评价，说"此为近之"。

1954 年夏在北戴河，毛泽东同保健医生谈话时，针对历史上对曹操的不公正评价，作了更明确的论述，他说："曹操统一中国北方，创立魏国。他改革了东汉的许多恶政，抑制豪强，发展生产，实行屯田制，还督促开荒，推行法治，提倡节俭，使遭受大破坏的社会开始稳定、恢复、发展。这难道不该肯定？难道不是了不起？说曹操是白脸奸臣，书上这么写，戏里这么演，老百姓这么说，那是封建正统观念制造的冤案。还有那些反动士族，他们是封建文化的垄断者，他们写东西就是维护封建正统。这个案要翻。"

1959 年，文学、史学界曾在报刊上展开一场影响很大的关于"替曹操恢复名誉"的讨论。

这场讨论是由郭沫若发表在 1959 年 1 月 25 日《光明日报》上的《谈蔡文姬的〈胡笳十八拍〉》一文引起的。这篇文章主要是论证蔡文姬是《胡笳十八拍》的真正作者，从而谈到是曹操把蔡文姬拯救出来的，进而评价曹操的"伟大"之处，说他"锄豪强，抑兼并，济贫弱，兴屯田，费了三十多年的苦心经营，把汉末崩溃了的社会基本上重新秩序化了"，"他在文化上更在中国文学史中形成了建安文学的高潮"。所以，"曹操对于民族的贡献是应该作高度评价的，他应该被称为民族英雄"。该文发表后，引起人们的兴趣，读

▲ 毛泽东在中南海办公　海峰 / 供图

者关于曹操的评价也是议论纷纷。2 月 19 日，《光明日报》又发表翦伯赞的《应该替曹操恢复名誉》的文章，其中说道："在我看来，曹操不仅是三国豪族中第一流政治家、军事家和诗人，并且是中国封建统治阶级中有数的杰出人物。"又说："在否定曹操的过程中，《三国演义》的作者可以说尽了文学的能事。《三国演义》简直是曹操的谤书。《三国演义》的作者不是没有看过陈寿的《三国志》和裴松之的《三国志注》，他看了，而且看得很仔细。他知道曹操并不如他所说的那样坏，那样愚蠢无能，但是为了宣传封建正统主义的历史观，他就肆意地歪曲历史，贬斥曹操。他不仅把三国的历史写成了滑稽剧，而且还让后来的人把他写的滑稽剧当着三国的历史。应该说，《三国演义》的作者在对待曹操的问题上是发挥了他的强烈的政治性。"

《人民日报》发表翦伯赞的文章时，加了个编者按，说"希望对曹操感兴趣的同志们，都来参加对于这一历史人物的讨论"。为此，《光明日报》的"史学"专刊还专门印上"关于如何评价曹操的讨论"的刊头。《人民日报》和上海、广州等地的报刊也发表讨论文章。讨论中，多数人同意郭沫若、翦伯赞的观点。

新中国成立后基本上否定曹操的观点，主要依据是他参加镇压黄巾农民起义军，残忍嗜杀等。全盘否定的人甚至提出，曹操是"东汉末年的大军阀之一"，"对黄巾起义军多次镇压"，有"独霸中国的野心"和"镇压和屠杀人民的反动性"。从历史上看，特别是在一般大众的心目中，曹操形象的定位，确实与《三国演义》的描绘和有关戏曲的流传有关，政治上，他被描绘成奸雄汉贼，特别是在人品道德上，"宁教我负天下人，休教天下人负我"的名言，更使人们难以接受。所以，主张为曹操翻案的论者，大都要提到《三国演义》。除前面引了的翦伯赞的文章中对《三国演义》的批评外，郭沫若的文章也说道："自宋以来所谓'正统'观念确定了之后，这位杰出的历史人物却蒙受了不白之冤。自《三国演义》风行以后，更差不多连三岁的小孩子都把曹操当成坏人，当成一个粉脸的奸相，实在是历史上的一大歪曲。"

曹操一向是毛泽东评价较高的少数几个封建帝王之一。他读《三国志》中涉及曹操的史实写的批注，所持的大多也是肯定观点，并且很同意鲁迅说的曹操至少是个英雄的提法。因此，他很关注1959年的这场讨论，并同意郭沫若、翦伯赞的观点。感情的、道德的评价，不能代替历史的评价。毛泽东评价历史人物，包括历史上多有贬词的商纣王、秦始皇、朱元璋等，他多是看其在历史上有没有起到进步的作用。

曹操这样一个杰出的人物，为什么会被人们贬斥成反面人物呢？郭沫若和翦伯赞都注意到宋以后的封建正统的历史观，以及根据这一历史观写成的《三国演义》对人们的影响。对这个思路，毛泽东做了进一步的发挥。林克回忆："毛泽东还谈到翦伯赞关于曹操的一篇文章，说：曹操结束汉末豪族混战的局面，恢复了黄河两岸的广大平原，为后来的西晋统一铺平了道路。他还说：《三国演义》的作者罗贯中不是继承司马迁的传统，而是继承朱熹的传统。南宋时，异族为患，所以朱熹以蜀为正统。明朝时，北部民族经常为患，所以罗贯中也以蜀为正统。"我们知道，明君臣之分，严华夷之辨，是古代文人难以逾越的历史道统观，描写汉末至西晋从乱到治的这一历史过程的《三国演义》，必不可免地遇到和表现了皇权正统观念，所以，作者罗贯中以蜀汉为正统，抑曹扬刘。那么，除了继承传统观点以外，有没有现实方面的原因呢？毛泽东把南宋力倡封建道统的朱熹所处的时代背景，和继承朱熹观点的罗贯中所处的明代的时代背景联系起来考察，指出了两个时代在异族边患问题上的相同之处。这个看法，便进了一步。

一直到晚年，毛泽东对曹操的评价都很高。1975 年，他对为他读书的芦荻说：汉末开始大分裂，黄巾起义摧毁了汉代的封建统治，后来形成三国，这是向统一发展的。三国的几个政治家、军事家，对统一都有所贡献，而以曹操为最大。司马氏一度完成统一，主要就是曹操打下的基础。

毛泽东要为曹操翻案，并非一意标新立异，而是尽量做到实事求是，有功说功，有过说过。曹操毕竟是功大于过，毛泽东也不讳言曹操的失误。1966 年 3 月，在杭州的小型会议上的一次谈话中，毛泽东说："曹操打过张鲁之后，应该打四川。刘晔、司马懿建议他打。刘晔是个大军师，很能看出问题。说刘备刚到四川，立足未稳。曹操不肯去，隔了几个星期，后悔了。曹操也有缺点，有时也优柔寡断。这个人很行，打了袁绍，特别是打过乌桓，进了 500 多里，到东北迁安一带，不去辽阳打公孙康。袁绍的儿子袁尚等人，要谋害公孙康，公孙康杀了袁尚兄弟送头给曹操，果然不出所料。'急之则相救，缓之则相害。'"

《武帝纪》里记叙，建安八年，曹操曾下令说："《司马法》'将军死绥'，故赵括之母，乞不坐括。是古之将者，军破于外，而家受罪于内也，自命将征行，但赏功而不罚罪，非国典也。其令诸将出征，败军者抵罪，失利者免官爵。"毛泽东读此批道：曹操亲率大军攻吴，招致"赤壁之败，将抵何人之罪"？这就明确指出赤壁之败，是曹操的一个重大失误，也未自贬。可见他也是能说到的未必就做得到。

六、登基"可谓奇矣"——南朝宋明帝刘彧

南朝宋孝武帝死后，其子刘子业即位，世称废帝。这是个无道的昏君，

滥杀将相大臣、皇亲国戚，任用奸佞。湘东王刘彧是他的叔父，经常受到他的侮辱，被他叫作"猪王"。后刘彧在一些人的协助下，杀了废帝，于建康被拥立为帝，是为明帝。

这时，宋孝武帝的另一个儿子刘子勋在浔阳称帝，从而形成了建康与浔阳两个朝廷对峙的局面。

对立一开始，各州郡太守、刺史都纷纷响应刘子勋，刘彧派往各处做说服工作的人也反过来宣布拥立刘子勋，原来曾宣布支持刘彧的人也纷纷归附了刘子勋。真是众叛亲离。史载："京都无百里地"，"四方贡计，皆归浔阳"。

《通鉴纪事本末》中《废帝之乱》一节，记述了刘彧在极端孤立的形势下转而征服天下的过程。毛泽东在这节标题《废帝之乱》四个字旁，用粗重的黑铅笔，密密地加了旁圈，又在天头上批注：

刘彧据建康，四方皆反。内线作战，以寡对众，以弱敌强，以蔡兴宗为谋主，以刘休若、刘休祐、刘休仁、吴喜、任农夫、张永、萧道成、王道隆、刘勔、沈攸之、黄回、吴安国、张兴世、刘嗣祖诸人为将帅，终于全胜，可谓奇矣。

刘彧依靠一批多谋多策、英勇善战的将相，在政治上分化瓦解对方，在军事上打击对方，终于掌握了全局，确立了自己的正统地位。毛泽东认真阅读了这一历史过程的记叙，对战争的发展变化、人物的活动、政治谋略和策略，都详细做了圈画、批注。

七、其做法 "蕴藏大乱" ——隋文帝杨坚

隋高祖，即隋文帝杨坚（541—604 年）是隋王朝的开国之君，在位 23 年，被其子杨广（即隋炀帝）所杀。《隋书》里的《高祖本纪》，对他的性格和治国之道做了概括：

"上性严重，有威容，外质木而内明敏，有大略。初，得政之始……自强不息，朝夕孜孜，人庶殷繁，帑藏充实。虽未能臻于至治，亦足称近代之良主。然天性沉猜，素无学术，好为小数，不达大体，故忠臣义士，莫得尽心竭辞。其草创元勋及有功诸将，诛夷罪退，罕有存者。又不悦诗书，废除

学校，唯妇言是用，废黜诸子。逮于暮年，持法尤峻，喜怒不常，过于杀戮。尝令左右送西域朝贡使出玉门关，其人所经之处，或受牧宰小物馈遗鹦鹉麞皮马鞭之属，上闻而大怒，又诣武库，见署中芜秽不治，于是执武库令及诸受遗者，出开远门外，亲自临决，死者数十人。又往往潜令人赂遗令史府史，有受者必死，无所宽贷。议者以此少之。"

毛泽东特别注意其中所述"好为小数，不达大体"及不学无术，执法苛峻等内容，批注道：这些做法"蕴藏大乱"。他似乎觉得隋朝短命，不只是败在昏庸的隋炀帝之手。算是一史家之言吧。这也从一个侧面反映，毛泽东读史，很注重体会国家兴衰成废之道。

在一本李延寿的《北史》中，也留有毛泽东对隋文帝的一些做法的批语。该书卷十一《隋本纪》载，隋开皇十八年（598年）春，隋文帝下诏说："吴越之人，往承弊俗，所在之处，私造大船，因相聚结，致有侵害。江南诸州，人间有船长三丈以上，悉括入官。"毛泽东认为，吴越之人私造大船，是"商业发展"的需要，而隋文帝下令把大船都收缴入官府，是"不可能"之事。隋文帝的这个做法，无疑是阻碍民间经济商贸的蠢事。

八、"遇事无断制"——唐高祖李渊

在隋末起义的群雄中，李渊不失为一代人杰。在《旧唐书》卷一《高祖本纪》说李渊"倜傥豁达，任性直率，宽仁容众"诸语旁，毛泽东则批道："遇事无断制"。这大概是从李渊"宽仁容众"的性格特点，想到他在整个起兵过程和平定诸雄的战争中，主要依赖他的儿子李世民等，包括起兵反隋这一重大决策，也是李世民的主意；乃至最后不能制衡诸子，导致玄武门之变，李世民杀其兄长，自己也被逼退位，去做清闲的太上皇。比较起来，开国之功，李渊确在其子李世民之下远甚，故《旧唐书》作者在《高祖本纪》里也发议论说："不有圣子，王业殆哉！"毛泽东对唐太宗李世民，一直是很称赞的。早在1926年在广州农民运动讲习所讲课时，他就谈道："唐太宗（李世民）、李密皆当时草泽英雄。俗有两句说李世民其词曰'太原公子，褐裘而来'。世民常劝他父亲不可固守太原，须要化家为国，李渊大悦，遂起兵直趋陕西，并用种种方法，见悦一般人。如兑钱粮，放二千宫女等。"这个论述，也是把李世民的胸怀谋略，置于李渊之上的。

九、自古以来最能打仗的人——唐太宗李世民

唐太宗李世民是毛泽东很欣赏的一代雄主。

《智囊》"孙膑"一条，叙孙膑到齐国住在田忌家里，在田忌同齐国公子比骑射时，他给田忌出主意，让他用最差的马与对方最好的马比赛，以最好的马同对方中等的马比赛，以中等的马与对方最差的马比赛。结果田忌二胜一负赢了这场比赛。这种制胜之法被后人称为"驷马法"。

作者在说完这件事后，又引唐太宗李世民自述的"用兵之要"："唐太宗尝言，自少经略四方，颇知用兵之要。每观敌阵，则知其强弱，常以吾弱当其强，强当其弱。彼乘吾弱，奔逐不过数百步；吾乘其弱，必出其阵后，反而击之，无不溃败。盖用孙子之术也。"

读至此，毛泽东十分有兴趣地批注道：

所谓以弱当强，就是以少数兵力佯攻敌诸路大军。

所谓以强当弱，就是集中绝对优势兵力，以五六倍于敌一路之兵力，四面包围，聚而歼之。

自古能军无出李世民之右者，其次则朱元璋耳。

显然，毛泽东对李世民的用兵之道十分赞同，并对他的"以弱当强，以强当弱"之法，作了进一步的发挥，提出其要旨在以少数兵力佯攻敌大军，再以优势兵力聚敌兵围而歼之。这个观点，也是毛泽东从自己的军事指挥经验中总结出来的。

毛泽东对李世民、朱元璋的军事指挥才能作了高度评价。这二人都是横刀立马，南征北战，从战乱中打出一统天下的封建帝王。关于李世民军事指挥特征，毛泽东曾对身边工作人员说："打仗要像唐太宗那样，先守不攻，让敌人进攻，不准士兵谈论进攻的事，谈论者杀。待敌人屡攻不克，兵士气愤已极，才下令反攻，一攻即胜。这样一可练兵，二可练民。"

毛泽东还看重李世民的工作方法。

据《旧唐书·李百药传》记载，李百药在贞观二年任礼部侍郎时，朝廷讨论封建诸侯，他写给唐太宗李世民的《封建论》中的一段文字，概括了李世民临朝执政的四个特点，即：平定四方，用怀柔政策，不急功近利，劳民损兵；不贪图游乐，每早视朝，用心听取各种建议，出言周密；罢朝之后，和大臣们推心置腹讨论是非；闲暇中孜孜不倦地学习经典。毛泽东对此很感兴趣，一一加以圈点，并批注说："李世民工作方法有四。"

当然，毛泽东也注意总结李世民的一些失误。

李世民手下有一勇将叫盛彦师，别人不敢迎战李密时，曾自告奋勇率几千人在熊耳山南侧伏击李密，并斩杀之，遂以功封葛国公，拜武卫将军。后在讨伐叛乱的徐圆朗时，战败被擒，徐圆朗让他写信劝降其军，他在信中只字不提劝降之事，反而表达了"誓之以死"的气节，徐圆朗也不得不钦佩他，因而也没有杀他。待徐圆朗被讨平后，盛彦师竟被李世民赐死。毛泽东在《旧唐书·盛彦师传》的开篇处批注道："盛彦师名将冤死。"

毛泽东读《新唐书》的批语中，还批评了李世民在立皇储问题上的失误。李治、李恪是李世民的儿子，李世民生前很喜欢文武兼备、"英果类我"的李恪，并有意识地加以培养、教导，封为远地藩王。还常常对左右说："吾于恪岂不欲常见之？但令早有定分，使外作藩屏，吾百岁后，庶兄弟无危亡忧。"足见倚重之深。李治则为人柔弱，思虑不精，少雄主才略。这一点，唐太宗是很清楚的，故打算废李治立李恪为太子。但因李治的舅舅长孙无忌为其外甥争位，他又放弃了这个打算。结果酿成李唐宗室的谋杀争权的政治祸患。李治即位，即唐高宗。他封武则天为皇后，自己不理朝政，导致武则天专权，并称"二圣"。李治死后，武则天又连废两个皇帝，自称圣神皇帝，还改了国号，诛杀宗室大臣。其祸根，当自李治始。毛泽东在《李恪传》上批注说：

李恪英物，李治朽物，知子莫若父。然卒听长孙无忌之言，可谓聪明一世，懵懂一时。

十、狡猾过于曹操——后梁太祖朱温

在《旧五代史》卷一《梁书·太祖本纪》中，毛泽东曾写了这样的批语：

朱温处四战之地，与曹操略同，而狡猾过之。

唐代末年，社会动乱，至唐僖宗已达顶点。特别是在王仙芝、黄巢起义的打击下，唐王朝更迅速地走向彻底崩溃之途。曾为黄巢部将的朱温（852—912年），于唐中和二年（882年）叛变投降唐王朝，被赐名全忠。次年，为宣武节度使。这时，藩镇割据之势已完全不可控制，同东汉末的情况很相似，军阀们纷纷占领土地，进行混战，朱温到宣武镇任节度使时，只有所部数百人，四面都是割据的强藩。所以，毛泽东说"朱温处四战之地，与曹操略同"。朱温勇于作战，又长于谋略，从弱小的地位逐渐变成强大，先后攻破秦宗权、时溥、朱瑄、朱瑾、刘仁恭、王师范等军阀，并把势力最大的军阀李克用压制在河东一带。到唐天祐二年，拥有中原关东广大地区，成为唯一强大的军阀，旋即建立了后梁王朝。

十一、"生子当如李亚子"——后唐庄宗李存勖

朱温建立的后梁王朝，是被李克用、李存勖父子灭掉的。被唐朝封为晋王的李克用父子，用了16年的时间与梁展开了殊死的争夺战，其中反反复复，有胜有败。李克用死后，李存勖整顿军纪，训练士卒，作战时亲自冲锋陷阵，终于迫使梁末帝自杀。李存勖自立为帝，是为庄宗，国号唐。《通鉴纪事本末》中《后唐灭梁》一节，详述其间的几次重大战役。毛泽东读得十分认真，有不少圈画、批注。

913年，梁军大势已去，犹作垂死搏斗，分几路大军来争夺李存勖占领的郓州。这时李存勖军粮匮乏，有人向他建议撤军议和，李存勖听后说："如此，吾无葬地矣。"很不高兴。毛在此批注："此时审机独断，往往成功。"《通鉴纪事本末》作者说：李存勖一即帝位，便直入大梁，"兵败而复胜，师正而出奇，询谋良将，决断胸中，履险若夷，及锋即用。"毛泽东对这些评价，十分重视，逐一加了旁圈，有的在天头上还画着三个大圈。

　　该书又载，李存勖进攻大梁之前，把夫人、儿子都送往后方宫里，诀别说："事之成败，在此一举，若其不济，当聚吾家于魏宫而焚之。"这种破釜沉舟的壮气，毛泽东很赏识，逐字旁圈，在天头上批注："生子当如李亚子。"亚子，是李存勖的小名。这是很高的评价。

　　1964 年 12 月 29 日，毛泽东曾给田家英写了这样一封信：

　　田家英同志：

　　近读五代史后唐庄宗传三垂冈战役，记起了年轻时曾读过一首咏史诗，忘记了是何代何人所作。请你一查，告我为盼！

毛泽东

十二月二十九日

　　三垂冈诗一首：

　　英雄立马起沙陀，奈此朱梁跋扈何。只手难扶唐社稷，连城犹拥晋山河。风云帐下奇儿在，鼓角灯前老泪多。萧瑟三垂冈下路，至今人唱《百年歌》。

　　诗歌颂李克用父子。

　　毛泽东索要的，是清代诗人严遂成写的《三垂冈》。

　　三垂冈之战，是李存勖在其父李克用病死后，嗣位晋王之初发生的一场战役。唐天祐五年（908 年），李存勖率军埋伏在山西上党附近的三垂冈下，乘天有大雾，攻破后梁拥占的夹城，斩万余人，俘获对方将领数百人。《旧五代史·庄宗本纪》接着叙述道："梁祖闻其败也，既惧而叹曰：'生子当如是，李氏不亡矣！吾家诸子乃豚犬耳。'初，唐龙纪元年，帝（李存勖）才五岁，从武皇（李克用）校猎于三垂冈，冈上有玄宗原庙在焉。武皇于祠前置酒，乐作，伶人奏《百年歌》者，陈其衰老之状，声调凄苦。武皇引满，抒须指帝曰：'老夫壮心未已，二十年后，此子必战于此。'"毛泽东很可能就是读到这段叙述，记起了年轻时读过的严遂成的《三垂冈》一诗，从而写信给田家英让他查一下，并凭记忆写下了这首诗。

　　这首"歌颂李克用父子"的诗读过几十年之后尚还记得，足见毛泽东对后唐这两位开国皇帝的赏识。晚年，他还对身边工作人员说，自己的心情恰如"鼓角灯前老泪多"，看来是期望着"风云帐下奇儿在"。

十二、"此人不知兵"——宋太宗赵光义

宋初，经常受到契丹（辽）和西夏的侵扰。宋太宗赵光义一即位，便于979年亲率大军讨伐契丹。这是宋辽间的第一次大仗。据《宋史·太宗本纪》记载，起初，宋太宗所到之处，沿途刺史、节度使纷纷来降。毛泽东却在这段文字的天头上批注："此人不知兵，非契丹敌手。"结果，宋军在平定北汉之后，没有得到适当休息，又去攻打幽州。久攻不下，部队过于疲劳，宋太宗又不了解敌情，指挥部署不当，陷于契丹的两军夹攻包围之中。终于高梁河一战大败而归。所以，毛泽东认为宋太宗"不知兵"，并又批注说："尔后屡败，契丹均以诱敌深入，聚而歼之的办法，宋人总不省。"

十三、知识分子型的皇帝"没有出息"——南朝陈后主、隋炀帝、南唐李后主、北宋徽宗

上面这几个人，都是亡国之君，碰巧的是，他们或喜好歌舞，或擅长文章，或能诗会画，好"文"而不善治政治军，属于"知识分子"。毛泽东对他们很反感，经常"敲打示众"。

1938年，全民族的抗日统一战线建立后，在统一战线内部，特别是国民党政府同广大的主张抗日的各阶层民众之间，对一些问题的认识仍有分歧。这时，毛泽东在延安的一次讲话中，谈到当时整个中国的形势时说：中国历朝以来的政治路线和组织路线，有两条，一条是正当的，另一条是不正当的。如果朝廷里是贤明皇帝，所谓"明君"，那就会是忠臣当朝，这就是正当的，用人在贤；昏君，必有奸臣当朝，是不正当的，用人在亲，狐群狗党，弄得一塌糊涂。宋朝徽、钦二帝，秦桧当朝，害死岳飞，弄得山河破裂。历来有这两条路线。组织路线，即干部政策，是随着政治路线改变的。我们要讲正派路线，反对历朝的不正当路线。

1957年4月10日同人民日报社负责人谈话时，毛泽东批评"书生办报"说：南唐李后主虽多才多艺，但不抓政治，终于亡国。

1964年3月24日，毛泽东在一次谈话中说：可不要看不起老粗。知识

分子是比较没有知识的。历史上当皇帝，有许多是知识分子，是没有出息的。隋炀帝就是一个会做文章、诗词的人。陈后主、李后主都是能诗能赋的人。宋徽宗既能写诗，又能绘画。一些老粗能办大事情，如成吉思汗、刘邦、朱元璋。

很明显，毛泽东反感知识分子型的帝王，同他的"老粗出人物"的主张，是互为补充的。

毛泽东在1964年写的《贺新郎·读史》中称："五帝三皇神圣事，骗了无涯过客。"其实，他读史，却是把这些帝王之事当真来读的，他的口味是，欣赏那些马上得天下，于乱世之中建赫赫武功的雄才大略者。这是不是也从一个侧面反映毛泽东本人的胸怀志趣呢？

第十五章

出将入相——喜欢和鄙薄的"干部"类型

作为一党一国的权力和精神领袖，知人、用人，是毛泽东的必备素质。这方面，他有高超而独特的操作艺术，也很关注历史上的经验教训。

出将，坐镇一方，统辖一地，怎样执行中央王朝的政策？

入相，辅佐君王，周旋群臣，怎样协调局面，在朝廷里处理好上下左右的关系？

也就是说，怎样使自己成为能臣干将，而又善始善终，是出将入相者面临的人生大课题。

怎样调动并让这些能臣干将各得其所，发挥他们的作用，也是最高统帅所面临的大课题。

毛泽东曾谈到两个例子。

1959 年 8 月 1 日，毛泽东在庐山会议的一次谈话中批评一些领导在工作中作出重要决策时不向上级请示汇报时说：封建时代，将在外君命有所不受，因相隔太远。遇紧急措施，专之可也。马援打常德五蛮、水苗，年老了，一定要打，害了病，毫无办法，少数民族厉害得很。汉兵无纪律，内部矛盾，将领之间，硬无办法，只好妥协。用皇帝诏书宣抚，讲和，赦免。洛阳太远，假传圣旨。这种事可做，所谓矫诏。对此，历史学家有各种评论，是可以，还是不可以。没有可能请示时，可以矫诏，用上级命令的名义。

毛泽东举马援"矫诏"的例子是要说明：在封建时代，由于交通和通信不便，将在外君命有所不受是可以的，但现在"有无线电、电话、汽车"，应该随时请示。况且，"各人都用此理论（'矫诏'——引注），那怎么办？"

1964 年 11 月 26 日，在听取西南三线工作汇报时，毛泽东谈到统一领导，接着说：历史上领导多头总是要失败的。太平天国的时候，洪秀全回了一趟广西，杨秀清说他回到天国了。洪秀全回来时，将领们都是拥护杨秀清的。其实那时杨秀清更年轻有为些，洪秀全应该服从杨秀清的领导。但洪秀全是创教者，是领袖。两权对立，所以失败了。

怎样处理上下级或同级关系，怎样处理权力和义务的关系，干部怎样具备好的素质，是毛泽东一再"唠叨"的事情。因为这关系到革命和建设的成败。

现实太敏感，于是他经常借史为镜，让干部们多照照，也吐吐他的期望和评价标准。

一、两个好典型："多谋善断"的郭嘉，"劳谦"仁厚的韦睿

1959 年，毛泽东在一些重要场合谈论最多的历史人物，并给予很好评价的，恐怕要数三国时曹操的谋士郭嘉（170—207 年）了。

1959 年 4 月，在上海召开的一次会议上，毛泽东郑重地把《三国志·郭嘉传》推荐给领导干部们阅读，说：希望大家看看《三国志》中的郭嘉传。郭嘉是三国时期的一位著名人物，最初在袁绍部下，后经荀彧推荐，成为曹操的重要谋臣，追随左右，策谋帷幄，协助曹操南征北战，擒吕布，破袁绍，北伐乌桓，功绩卓著。郭嘉中年夭折，曹操非常惋惜，称道他："每有大议，临敌制变。臣策未决，嘉辄成之。平定天下，谋功为高。"郭嘉足智多谋，而曹操能够问计于郭嘉等谋臣，听取他们的意见，果断作出决策，这说明他是一个知人善用、多谋善断的人物。多谋善断，这句话重点在"谋"字上。要多谋，少谋是不行的。要与各方面去商量，反对少谋武断。商量又少，又武断，那事情就办不好。谋是基础，只有多谋，才能善断。谋的目的就是断。他还说：要当机立断，不要优柔寡断。应当根据形势的变化来改变计划。反对党内一些不良倾向，也要当机立断。

毛泽东喜欢郭嘉，在于其多谋，又善断，且谋断都很准确。再加上英年早逝，更使人惋惜。作为一代领袖，毛泽东高度评价这位多谋善断的历史

人物，自是希望他领导下的各级干部向郭嘉学习，做事要多商量，但不要优柔寡断；要当机立断，但不要武断。这样，我们的党就可以把各项工作做得更好。

在 4 月上海会议之前，毛泽东就向党的高级领导讲述了郭嘉的多谋善断的故事。3 月，在郑州召开的一次会议上，毛泽东几乎把《郭嘉传》里郭嘉为曹操出谋划策的故事都讲了出来：

三国时候，曹操一个有名的谋士，叫郭嘉，27 岁到曹操那里当参谋，38 岁就死了。赤壁之战时，曹操想他，说这个人在，不会使我处于这种困难境地。许多好主意就是他出的。比如，打不打吕布，当时议论纷纷。那时袁绍占领整个河北和豫北，就是郑州以北，曹操在许昌，吕布在徐州。郭嘉建议先打吕布，有人说，打吕布，袁绍插下来怎么办？郭嘉说，袁绍这个人多端寡要，见事迟，得计迟，不要怕，袁绍一定不会打许昌。于是曹操就去打吕布，把吕布搞倒了。如果不先打吕布，如果吕布跟袁绍联合起来同时攻击，曹操就危险了。郭嘉这个计策很成功。然后又去打袁绍。袁绍渡了黄河，在郑州与洛阳之间曹操打胜了。接着引出是不是去打袁绍的两个儿子袁谭、袁尚的问题。郭嘉说不要打，我们回师，装着打刘表，把军队摆到许昌、信阳之间，他们一定要乱的。果然，曹操的军队一搬动，几个月，两兄弟就打起来了。袁尚把哥哥包围在山东平原（德州），哥哥眼看要亡党、亡国、亡头，就派了一个代表叫辛毗的，跑到曹操这里来求救。曹操去救，乘势夺取了安阳，消灭了袁尚的部队，袁尚本人跑到辽东去了，然后再去消灭了袁谭。这个计策也是郭嘉出的。在河北冀东追袁尚时，郭嘉又出一计，他说：他不防备，我们轻装远袭，可以得胜。就在这个时候，郭嘉得病，38 岁就死了。这个人很有名。《三国志·郭嘉传》可以看。

1959 年在庐山会议期间，7 月 11 日晚，毛泽东找周小舟、周惠、李锐谈话时，说到 1958 年经济计划搞乱了，他说出两句"国乱思良将，家贫思贤妻"，即指陈云而言（他在南宁会议后只负责建委工作）。随即向他们解释：这是《三国志·郭嘉传》上的话，曹操在赤壁之战吃了大败仗，于是想念郭嘉。几天后，毛泽东找李锐等谈话，又说到郭嘉：世上没有先知先觉，没有什么前知五百年、后知五百年的刘伯温。无非是多谋善断，留有余地。《三国志》里郭嘉传值得一读。郭嘉这个人足智多谋，初在袁绍麾下不得施展。就跑到曹操那里。曹操说他"每有大议，临敌制变。臣策未决，嘉辄成之。平定天下，谋功为高"。可惜中年夭折。曹操大哭。"大跃进"出点乱子，不要埋怨。否则就是"曹营之事不好办"，或者叫你"欲与共济天下大难"！

　　毛泽东在 1959 年为什么反复谈到郭嘉呢？

　　这与总结和解决 1958 年的"大跃进"和人民公社化运动中出现的问题有关。1959 年三四月间，毛泽东连续写了五封党内通讯，强调要从过去几个月措施失当这样一个深刻的教训中，获取经验，反对浮夸风等"左"的错误倾向。在上海会议上，又着重讨论了做工作要多谋善断、留有余地等问题。具体到干部作风上，就是要善于思考问题，善于做工作。一方面，要善于与各方面的人包括与自己意见相反的人商量问题，到群众中去调查，听取各种意见。这就是"多谋"，是一种民主作风。另一方面，又要能够正确集中来自各

▲ 1959 年 8 月，毛泽东在江西庐山举行的党的八届八中全会上讲话

方面的意见，不失时机地作出判断与选择，这就需要提高马列主义水平，需要胆略和魄力。这就是"善断"，是集中制。

这个想法，毛泽东曾直通通道来："现在，我是借郭嘉的事来讲人民公社的党委书记以及县委书记、地委书记，要告诉他们，不要多端寡要，多谋寡断。谋要多，但是不要寡断，要能够当机立断；端可以多，但是要拿住要点。国际的事要关心，国内各行各业要调查研究，还有各种学问，多端得很。但是可要抓住要点，一个时候有一个时候的要点。这是个方法问题，这个方法不解决，每天都在混混沌沌之中，叫做什么没有功劳也有苦劳，什么辛辛苦苦的官僚主义。特别是对外斗争，得计迟是很危险的。"

纠正错误，搞好工作，需要郭嘉这样的多谋善断之士。反过来说，当初头脑发热发动"大跃进"，是不是正好缺少了郭嘉这样的"谋臣"呢？毛泽东是在倾吐心中的遗憾，还是在表达一种热切的期望？

韦睿（442—520年）是梁武帝时的名将。齐末为上庸太守，从萧衍（梁武帝）起兵。梁初任豫州刺史，天监五年（506年）率军破北魏军，取合肥，次年又与曹景宗救钟离，大败魏军。他体弱不能骑马，乘板车督战，善抚士卒，而军法严明，魏人畏惧，称为"韦虎"。他"多建策，皆见用"，深受梁武帝器重，是梁武帝征讨四方、平定天下的得力助手。

毛泽东很爱读《南史·韦睿传》。《南史》卷五十八包括韦睿、裴邃二人的传，毛泽东在这卷开始的天头上，用粗重的笔迹画了4个圈，标写道："梁将韦睿、裴邃传。"在《韦睿传》文内，更是密加圈点，批注有25处之多。

《南史》作者李延寿在记叙韦睿死时，对其生平行为特点有一段概括："睿雅有旷世之度，莅人以爱惠为本，所居必有政绩。将兵仁爱，士卒营幕未立，终不肯舍，井灶未成，亦不先食。被服必于儒者，虽临阵交锋，常缓服乘舆，执竹如意以麾进止，与裴邃俱为梁世名将，余人莫及。"毛泽东很赞赏，批注说："我党干部要学韦睿作风。"

那么，我们党的干部应该学习韦睿哪些方面的作风呢？从毛泽东的批注来看，主要是两个方面：一是他的军事才能和英勇果敢的无畏精神；二是他的仁厚的品格作风。

先说第一点。

史家记叙韦睿督兵攻北魏小岘城时，韦睿环城巡视，魏城忽出数百人，阵于门外。睿欲击之，部下劝阻说：我们轻装前来，待回去披甲整装再来迎战。韦睿却说：魏城中只有2000余人，只能闭门坚守，这次无故出来几百人，定是骁勇善战之辈，我们如果能打败他们，城内魏兵便没有信心了，其城自拔。部下有些迟疑，韦睿便指着手里的令节说：朝廷把它交给我，不是装饰用的，我说的话不可违抗。于是部众听命进兵，魏军果然大败弃城。在这段叙述旁，毛泽东批注说："躬自调查研究"，"以众击少"，"机不可失"，"决心"。

接着，史家又叙韦睿率军攻合肥，久未能下，韦睿又环城察看，决定先攻合肥东西两个小城，此时魏国派兵5万来援救，形成敌众我寡之势。部下要求增兵再战，或退守巢湖。韦睿怒曰："将军死绥，有前无却。"接着又令取来自己的旗帜竖于阵前，以示无退兵之志。又亲自坐在板车上上阵督战。夜间又张灯达曙，处理军务。终于攻破合肥。缴获一切，自己无所私占。读至此，毛泽东两次批注"以少击众"，"将在前线"。

当史家叙韦睿会同曹景宗救钟离一事时，毛泽东又批注说："敢以数万敌百万，有刘秀、周瑜之风。"

再说第二点。

《韦睿传》载，韦睿"性慈爱，抚孤兄子过于己子，历官所得禄，皆散之亲故，家无余财"。毛泽东逐字加了旁圈，批道："仁者必有勇。"

在说到韦睿攻克合肥时，"所获军兵，无所私焉"。毛泽东又逐字旁圈，批道："不贪财。"韦睿能团结部下，在胡景略和赵祖悦闹矛盾时，他亲自调解，晓以利害，避免了不利后果。毛泽东于此处批道："干部需和。"说到韦睿治军，通宵达旦，操劳各种事宜，设立法度那一段，毛泽东也是逐字旁圈，批道："劳谦君子。"

在本传末尾，李延寿补叙了韦睿的几则逸事，以说明他深受世人推重的为人风尚。在邵阳之战后，有次曹景宗与韦睿玩掷骰子赌输赢的游戏，韦睿赢了，却故意让给曹景宗。毛泽东批道："使曹景宗胜。"本传又说，曹景宗等在破敌之后，时常计较功劳，而韦睿却总是在后面。毛泽东又批道："曹景宗不如韦睿远矣。"韦睿的肚量和谦虚朴实，确实是值得学习的。

《韦睿传》还说到韦睿的儿子韦放的事迹，毛泽东也批道："韦放有父风。"

二、两个不成大器的"主公"："多端寡要"的袁绍，"虚有其表"的刘表

乱世之中，群雄逐鹿，常常出现拥立一方土地的"诸侯"，其部下习惯于称之为"主公"。有的"主公"后来成了皇帝，有的"主公"后来则身败名裂。这自然取决于他们的胸怀志向、个性见识、才干智慧。

汉末的袁绍和刘表，属于后一类。

在毛泽东心目中，袁绍是一个志大才疏、办事拿不住要点、得计迟、见事迟的典型。

1959年，他推荐郭嘉的多谋善断时，常顺带着讲袁绍，并非偶然。

袁绍出身于四世三公的大官僚家庭。在汉末群雄混战中，起初他的势力最大，曾是讨伐董卓的盟主。后地广兵多，手下谋臣武将也不少。但时间不长，便在官渡之战中大败于曹操。他的失败，与他的见识、能力和胸怀有关。对此，《三国志》里的《袁绍传》、《郭嘉传》及《武帝纪》都有所描述和评论。

例如，《武帝纪》载："袁绍既并公孙瓒，兼四州之地，众十余万，将进军攻许。诸将以为不可敌，公（曹操）曰：'吾知绍之为人，志大而智小，色厉而胆薄，忌克而少威，兵多而分画不明，将骄而政令不一，土地虽广，粮食虽丰，适足以为吾奉也。'"有一次，曹操准备向东边去攻打刘备，他手下将领都说："与公争天下者，袁绍也。今绍方来而弃之东，绍乘人后，若何？"曹操说："夫刘备，人杰也，今不击，必为后患。袁绍虽有大志，而见事迟，必不动也。"郭嘉也劝曹操攻刘备："遂东击备，破之，生擒其将夏侯博。"

毛泽东读《三国志》，也很注意作者对袁绍特点的描写。1959年3月2日在郑州政治局扩大会议上，他说：袁绍这个人多端寡要，多谋难断，见事迟，得计迟。慢了，得出一个方针就处于被动。接着说：翦伯赞在《光明日报》上写了一篇论赤壁之战的文章，他说，刘备这个英雄，跟曹操同等水平，

是厉害的。但是事情出来了，不能一眼看出就抓到，慢一点。

同年6月，同人民日报社负责人谈话时，毛泽东批"书生办报"，又扯到袁绍："新闻工作，要看是政治家办，还是书生办，有些人是书生，最大的缺点是多谋寡断。刘备、孙权、袁绍都有这个缺点，曹操就多谋善断。"又说："要反对多端寡要，没有要点，言不及义。要一下子看到问题所在。曹操批评袁绍，志大而智小，色厉而胆薄，没有头脑。还批评袁绍有其他缺点，兵多而分工不明，将骄而政令不一，地虽广，粮虽多，完全可为我所用。"

庐山会议期间，7月17日晚，毛泽东找周小舟、胡乔木、田家英、李锐、周惠谈话，又说：袁绍优柔寡断，不会用将，《三国志》的《曹操传》、《郭嘉传》中对此都有反映。

毛泽东还多次谈到郭嘉对袁绍的评价。《郭嘉传》记载，郭嘉起初在袁绍手下做事的时候，曾私下对袁绍的谋士辛评、郭图说："袁公徒欲效周公之下士，而未知用人之机。多端寡要，好谋无决，欲与共济天下大难，定霸王之业，难矣！"

毛泽东从曹操、郭嘉对袁绍的评价中提炼出两点：一是好谋无决，多端寡要，从而不能采纳正确意见，不能用人；二是见事迟，得计迟，这样行动起来总是丧失机会，慢半拍。这两点，在《袁绍传》里都有不少记载。

例如，郭图劝袁绍迎接天子到邺县建都，袁绍不同意。正好碰上曹操迎天子在许昌建都，由此借天子声威收复黄河以南地区，关中也归附曹操。袁绍一下子后悔了，要曹操把天子送到鄄城来，靠近自己，以便打天子旗号收附各路诸侯，结果被曹操拒绝了。这就是见事迟，得计迟。

袁绍进军黎阳，派手下大将颜良在白马攻打刘延，谋士沮授劝阻说，颜良生性急躁狭隘，有勇无谋，难独担此重任。袁绍不听。曹操出兵救刘延，结果颜良败死。这就是不能用人。官渡之战中，沮授屡屡向袁绍献计，都未被袁绍采纳。更有意思的是，在官渡之战前，袁绍的另一个谋士田丰曾劝袁绍不要南下打曹操，宜巩固所占领的北方四州，同曹操打持久战，然后出奇兵攻曹操虚弱的地方。袁绍不听，认为田丰破坏士气，给他戴上镣铐关押起来。然后尽其兵马在官渡与曹操决战，结果失败。有人对田丰说，当初你的建议是对的，看来这次要被重用了。田丰却说，主公若出军胜利，我可能会保住命，如今打败了，我的死期也到了。果然，袁绍回来后，对人讲，我不听田丰的建议打了败仗，如今被他嘲笑，接着杀了田丰。

在毛泽东看来，做领导的见事迟、得计迟，是致命的弱点。成败之举，在于明察要点，然后当机立断。不称职的领导，常常失误于此。就在1959年3月2日郑州中共中央政治局扩大会议上谈到袁绍见事迟、得计迟，推崇郭嘉多谋善断时，毛泽东还举了蒋介石在辽沈战役中指挥国民党军队的失误为例。他说：蒋介石就是见事迟、得计迟。形势已经出来了，他还没有看见，等看见了又不好得计。比如辽沈战役时他对卫立煌的部队，总是犹豫不决，最后才下决心，强迫他去热河到北京。如果早一点，我们围攻锦州的炮一响就让他马上走，我们就没有办法，只能切他一个尾巴。如果在我们还没有打锦州时就把沈阳、锦州统统放弃，集中于平津，跟傅作义搞在一起，我们也不太好办。

毛泽东不只是在谈史评古人时才批评和反对见事迟、得计迟的领导弱点，他是把它当作现实问题，当作提高干部队伍的基本素质的问题提出来的。在1964年10月修改陈伯达在某座谈会上的讲稿时，他提出："凡办事，首先要看得到。如果连那件事，看都没有看到，当然谈不到抓的问题。有许多人，对于当前已经出现了苗头，甚至大量出现了的事实，缺乏看到的能力（感觉和理解），当然谈不到抓起来做的问题。至于抓得起，是指抓全局，更需要有一种大的能力，普通叫作有魄力。有些人对于某些事，不是没有看到，甚至著书立说，长篇大论。至于做，他就抓不起来了，或者抓了片断面，忘了全面。说到抓，既要抓得起，又要抓得对，又要抓得紧。抓不起，等于不抓。抓不对，就要坏事。抓得不紧，也等于不抓。看也有看得对不对的问题。看得不对，等于不看，或者还要坏。"

避免见事迟、得计迟，提倡看得到、抓得起，这不正是毛泽东自己的领导艺术和风格吗？

郭嘉的多谋善断与袁绍的多端寡要，也正是映照干部素质的两面历史镜子。

　　刘表是东汉末年割据一方的豪强，曾占有如今的湖北、湖南。在军阀混战中持观望态度。所据地区受破坏较少，中原人前来避难者甚多，其中就有诸葛亮等一批高人。但他无进取有为平定天下之志。这是毛泽东对他不感兴趣的地方。毛泽东读《三国志》卷六《刘表传》写的批注，都是贬语。

　　《刘表传》开头记述："刘表字景升，山阳高平人。少知名，号八俊。长八尺余，姿貌甚伟。以大将军掾为北军中侯。"毛泽东读至此批道："虚有其表。"

　　荆州是刘表的根据地。本传叙述了刘表初入荆州时的具体过程。裴松之注里作了补叙，说及当时江南有些刘姓宗室据兵谋反，刘表用蒯越之计，"示之以和"，骗来这些人，"皆斩之"。毛泽东在"皆斩之"三字旁画上曲线，在天头上批道："杀降不祥，孟德所不为也。"孟德，即曹操。

　　《刘表传》里说，董卓旧部李傕、郭汜攻入长安后，欲联合刘表以为外援，便封刘表为镇南将军，领荆州牧，武成侯。这时，皇帝被曹操弄到了许昌，并以许昌为都城。刘表一方面向皇帝纳贡，同时又与北方的袁绍相勾结，从而周旋于董卓旧部、袁绍、曹操这三大势力之间。他手下的治中邓义劝刘表不要这样做，刘表不听。接着裴松之有一段注，引《汉晋春秋》记载的刘表回答邓义的话："内不失贡职，外不背盟主，此天下之达义矣。治中独何怪乎？"毛泽东读至此，说刘表后来"虽绝绍附操，终亦为操所吞"。

　　《刘表传》里说，长沙太守张羡背叛刘表，刘表围之连年不下。后张羡病死，其子张怿代立，刘表随即攻打张怿，胜了。于是刘表"南收零、桂，北据汉川，地方数千里，带甲十余万"。毛泽东读至此，批道："做土皇帝，孟德不为。"

　　《刘表传》说曹操与袁绍在官渡对峙时，袁绍派人向刘表求助，刘表答应了却不派兵去，但也不帮助曹操，"欲保江汉间，观天下变"。毛泽东读至此，批道："中立。"

　　毛泽东的这些批语，都集中于批评刘表消极保守自己的一亩三分土地，无所作为，且总是拿他与曹操比较，指出曹操的政治眼光和进取之心远远高于他。这从一个侧面也反映出毛泽东本人的胸怀。事实上，刘表的中立自保，也不能成全其基业。这一点，在袁、曹官渡相对峙时，刘表手下的从事中郎韩嵩、别驾刘先就指出过："豪强并争，两雄相持，天下之重，在于将军。将军若欲有为，起乘其弊可也；若不然，固将择所从。将军拥十万之众，安坐而观望。夫见贤而不能助，请和而不得，此两怨必集于将军，将军不得中立矣。"所以，毛泽东说他"终亦为操所吞"，这是指刘表死后，其子刘琮被迫投降了曹操。

三、四个坏典型:"无行"的郭象，"庸人"王建，"笑里藏刀"的李义府，"能伸而不能屈"的刘幽求

郭象（252—312 年）是西晋有名的哲学家，清谈派人物。其《庄子注》是在向秀的《庄子注》基础上增改而成，在阐扬老、庄道家思想方面，有些见解。但据《晋书》卷五十《郭象传》载，他开始以清高扬名，以清谈自娱，最后还是"任职当权"，势倾内外，一改淡泊功名之素论。可见说的和做的不一。再就是在学术上有剽窃向秀《庄子注》之嫌。其本传载，向秀死时，其子尚幼，郭象以自己的特殊身份把向秀的《庄子注》遗稿要过来，略加补充，便以自己的名义传布于世。毛泽东读《郭象传》，在旁边批注："郭象无行。"

王建是北魏初年武帝拓跋珪手下将领。初为左大夫，后迁散骑常侍，为冀、青二州刺史，封真定公。东晋太元二十年（395 年），王建随拓跋珪在参合陂（今山西大同市东南）大破后燕慕容宝的军队。开始，拓跋珪想留下有用的人，遣返数万俘虏。王建则坚决反对，认为是纵敌养患，应全部杀掉。拓跋珪采纳了这个建议，全部坑死，可不久又后悔了。毛泽东读史的批语中，一贯反对屠杀俘虏。在《北史》卷二十《王建传》说到这件事情的旁边，毛泽东批注道："王建庸人，不懂政治。"后来，拓跋珪又在中山城打败慕容宝，慕容宝弃城逃跑了。待天明北魏军队准备进城时，仍受到后燕败军余部的反抗，拓跋珪令人招降，这些人都说："但复恐如参合之众，故求全月日命耳。"就是说，我们投降了，害怕你们像在参合之役中屠杀俘虏一样屠杀我们，因此，我们抵抗，或许还能保全一时的性命。"帝闻之，顾视建而唾其面。"这是怪罪当初王建坑杀俘虏的建议。的确，坑杀俘虏，是政治策略上的重大

失败。

李义府是唐高宗和武则天时的大臣，先后为中书舍人、中书侍郎参知政事、右相，权倾一世。《旧唐书》卷八十二《李义府传》载，李义府借武后之势，"专以卖官为事"，"入则诎言自媚，出则肆其奸宄，百僚畏之，无敢言其过者"。加之为人表面一套、背后一套，搞顺我者昌，逆我者亡，颇为百官痛恨。后因罪流放巂州。毛泽东对这样的人极其鄙薄。他在《李义府传》说"义府貌状温恭，与人语必嬉怡微笑，而褊忌阴贼……又以其柔而害物，亦谓之'李猫'"一段旁批道："笑里藏刀李义府。"

刘幽求是唐睿宗、唐玄宗时的大臣。早年拜阆中尉时，仅以刺史没有礼貌待他，便"弃官而归"，也足见其能伸不能屈的致仕作风。这个特点，在他后来的宦海生涯中，突出表现为不甘人后的争权。如本传载，先天元年（712年），唐玄宗初即位时，迁其为尚书右仆射、同中书门下三品，而"幽求初自谓功在朝臣之右，而志求左仆射、兼领中书令。俄而窦怀贞为左仆射，崔湜为中书令，幽求心甚不平，形于言色"。恰逢崔湜依附阴谋政变的太平公主（唐玄宗的姑姑），刘幽求向唐玄宗进言以羽林军诛之。事泄，被做了太上皇的唐睿宗流贬到封州，后来太平公主等被诛杀后才被重新起用。开元初年，刘幽求任尚书左丞相，不久改任闲职太子少保，又因"郁怏于散职，兼有怨言"，先后削贬为几个地方的刺史，竟在路上"愤恚而卒"。

毛泽东读《旧唐书》卷九十七《刘幽求传》时，在其篇首处分别批注："刘幽求。能伸而不能屈。年六十一，以恚死。"这显然是批评他处理个人名位时心胸过于狭窄，同时也不懂致仕的进退之道。

第十六章

在书斋里

一、屈原：“手中握有杀人刀”

从青年时代起，毛泽东就十分喜欢屈原这位伟大的浪漫主义诗人。1913年在湖南省立第四师范（次年并入一师）读书时，曾将自己的听课和读书笔记装订成册，题为《讲堂录》。在《讲堂录》的后面有十几页是手抄屈原两部代表作《离骚》和《九歌》的全文。在《离骚》正文的上面，又写有自己对各节内容的概括。

以屈原作品为主集成的《楚辞》，是中国文学史上第一座浪漫主义创作高峰。1957年，毛泽东请人把各种版本的《楚辞》，以及有关《楚辞》和屈原的研究著作，收集了50余种给他。1959年和1961年，又两次要《楚辞》，其中包括宋代朱熹的《楚辞集注》和明代陈第的《屈宋古音义》。这段时期，毛泽东较为集中地阅读了这些书。讲话中多次谈到宋玉的《风赋》和《登徒子好色赋》。

毛泽东喜欢楚骚，自然与他的文学欣赏情趣有关，但他对屈原的推崇，对《楚辞》的评价和运用，却是多方面的。

1951年7月7日，毛泽东在中南海接见周世钊等人时，有人谈起屈原与屈瑕（楚武王封子瑕于屈，即为屈瑕，屈原为其后裔）的关系，毛泽东评论说：《楚辞》虽是古董，但却是历史，有读的价值。1964年8月在北戴河同哲学工作者的谈话中，他又说：《天问》了不起，几千年以前，提出各种问题，关于宇宙，关于自然，关于历史。这些谈话都是推崇屈原作品的历史价值和思想内容。

毛泽东在50年代末60年代初读苏联《政治经济学（教科书）》发表的大

量谈话中，还说过这样的话：屈原如果继续做官，他的文章就没有了，正是因为开除"官籍"，"下放劳动"，才有可能接近社会生活，才有可能产生《离骚》这样好的文学作品。这段评论又把屈原的生活遭遇同他的作品的思想价值联系了起来。

毛泽东最看重的屈原作品的思想价值是什么呢？最主要的是批判性和战斗性。1958 年 8 月，毛泽东在审阅一篇文章时，加写了一段"中国教育史有人民性的一面"的代表人物及其思想的话，其中便把屈原的思想概括为"批判君恶"。1959 年夏季的庐山会议期间，他让秘书林克抓紧时间编了一本含几十种评价和研究《楚辞》的书刊目录，经他亲自审定后，印发与会代表。此外，毛泽东又特地印发了汉代枚乘的《七发》全文。8 月 16 日又在会议上逐段讲解了这部作品。

在讲解中，他提出这样一个观点：《七发》"是骚体流裔，而又有所创发。骚体是有民主色彩的，属于浪漫主义流派，对腐败的统治者投以批判的匕首。屈原高据上游。宋玉、景差、贾谊、枚乘略逊一筹，然亦甚有可喜之处。你看，《七发》的气氛，不是有颇多的批判色彩吗？'楚太子有疾，而吴客往问之'，一开头就痛骂上层统治阶级的腐化"。没有批判色彩的为文造情或形式主义的作品，毛泽东读起来是没有兴味的。因枚乘《七发》的成功，引来一批仿作，使"七"体繁兴，但毛泽东认为"没有一篇好的"。诸如《文选》所收的曹植《七启》、张协《七命》，由于"作招隐之词，跟屈、宋、贾、枚唱反调，索然无味了"。

屈原不仅因其创作而不朽，还因其独立不羁的人格和爱国主义情操为后人所敬爱。对此，毛泽东也是很注重的。1954 年 10 月，在会见外宾时，他引用屈原的"悲莫悲兮生别离，乐莫乐兮新相知"两句诗来表达自己的心情，并向这位异邦客人介绍说：屈原是中国一位伟大的诗人，他在 1000 多年前写了许多爱国的诗，政府对他不满，把他放逐了。最后屈原没有出路，就投河而死。后来中国人民把他死的一天作为节日，这一天就是旧历五月五日端午节。人们吃粽子，并把它投到河里喂鱼，使鱼吃饱了不伤害屈原。

最能反映毛泽东对屈原的综合性评价的，大概要算是他晚年写的以《屈原》为题的一首七绝了：

屈子当年赋楚骚，

手中握有杀人刀。

艾萧太盛椒兰少，

一跃冲向万里涛。

第二句是对屈原作品的战斗性的描述，第三句寓其人格的高洁并感叹其遭谗受讥的处境，最后一句无疑是对屈原生命结局中光亮一闪的赞美和高扬。

二、心里没有气，他写诗？

1945 年 9 月，毛泽东在重庆与蒋介石谈判时，同文艺界人士有不少交往。一次，诗人徐迟向他请教怎样作诗，并请他题词，毛泽东想了一下，驰毫聚墨，写下"诗言志"相赠。新中国成立后，《诗刊》创刊时请毛泽东题词，他写的也是这三个字。应该说，这是毛泽东最基本的诗歌观念，由此形成了他阅读和体会古代诗人诗作的基本方法，这就是传统的"以意逆志"和"知人论世"。

1959 年 7 月 4 日，毛泽东在庐山住处与王任重、刘建勋、梅白 3 人谈话时，念起明代杨继盛（号椒山）两句诗："遇事虚怀观一是，与人和气察群言。"接着，发挥说：要虚心体察，才能从群言中汲取智慧。诗言志，椒山先生有此志，乃有此诗。"诗言志"，是中国诗歌的优良传统。毛泽东肯定了这一传统，认为写诗，就要写出自己的胸怀和情操；读诗，也要从诗中体味诗人的胸怀与情操。

《诗经》，是中国诗史上第一座高峰，相传为孔子编订，历代注家不绝如缕。1964 年 8 月在北戴河同哲学工作者谈话时，毛泽东对此有一段评论，他说：司马迁对《诗经》品评很高，说是"三百篇皆古圣贤发愤之所为作也"。大部分是风诗，是老百姓的民歌。老百姓也是圣贤。"发愤之所为作"，心里没有气，他写诗？"不稼不穑，胡取禾三百廛兮？"、"不狩不猎，胡瞻尔庭有县貆兮？"、"彼君子兮，不素餐兮！"、"尸位素餐"就是从这里来的。这是怨天，反对统治者的诗。孔夫子也相当民主，男女恋爱的诗他也收。朱熹注为淫奔之诗。其实有的是，有的不是，是借男女写君臣。五代十国时蜀国的韦庄有一首少年之作，叫《秦妇吟》，是怀念君王的。毛泽东这段评论，有一点值得注意：孔子评《诗经》，"一言以蔽之，曰：思无邪"；司马迁认为是"抒愤懑"；毛泽东则发挥为"反对统治者"，并认为老百姓也是"圣贤"。这也自成一家之言。

心里有气，才写诗，这并非毛泽东偶尔道出的一个文学创作观念，在他看来，不独诗歌如此，所有文化现象及精神创造皆然。1958 年 10 月 15 日在天津视察的谈话中，他就说过：司马迁的《史记》、李时珍的《本草纲目》，都不是因为稿费、版税才写的，《红楼梦》、《水浒传》也不是因为稿费才写的，这些人是因为有一肚子火才写的，还有《诗经》等。

罗隐是晚唐很有才气的诗人，因写《谗书》触犯权贵，一生不得志。毛泽东藏书中有两本罗隐的集子：《罗昭谏集》和《甲乙集》。据统计，毛泽东亲手在上面圈画过的诗作便有 91 首。其中《嘲钟陵妓云英》云："我未成名卿未嫁，可能俱是不如人。"毛泽东同情作者自比妓女的遭际，在旁批注"十上不中第"，即罗隐十次考进士十次落榜。更使毛泽东同情的是，罗隐不仅仅是一个有才气的诗人，他以英雄自喻的抱负也非一般的书生之论。毛泽东从《通鉴纪事本末》第 220 卷中读到罗隐在一次战争中向镇海、镇东节度使钱镠献策一事，便十分赏识地批注："昭谏亦有军谋。"

王勃是毛泽东很喜欢的一位文学家。他读王勃的作品，更了解他的生世遭际和创作行迹。在《初唐四杰集》王勃的《秋日楚州郝司户宅饯崔使君序》旁，毛泽东写了 1000 多字的批注，并在标题前画了一个大圈。他说王勃"为文尚骈，但是初唐王勃等人独创的新骈、活骈，同六朝的旧骈、死骈，相差十万八千里。他是 7 世纪的人物，千余年来，多数文人都是拥护初唐四杰的，反对的只有少数"。并认为杜甫称赞"王杨卢骆当时体，轻薄为文哂未休。尔曹身与名俱灭，不废江河万古流"，是说得对。

毛泽东的评论还没有结束。他从王勃的早夭及其出众的才华和出色的文学成就进一步引发开去，联想起文学史上同类作家的命运，说都是英俊天才，惜乎死得太早了。这一由此及彼的发挥，事实上牵出了王勃的命运及其创作在文学史上的普遍意义，毛泽东诗文批评的价值取向也展露无遗。

三、诗人们的矛盾

毛泽东读诗评诗，常常习惯于从作品中挖掘作者内心的矛盾。这也是知人论世的重要途径。

这个习惯，在其青年时代写的《讲堂录》笔记中即有体现。清初著名诗人吴伟业，原为晚明进士，是重要文学社团复社的魁首之一，著名的《圆圆曲》即其所作。毛泽东说他的作品"雄于一时"。清兵进关以后，吴伟业屈节为臣。他的两个好友苍雪、王瀚皆避清为僧，对吴伟业事清行径颇不以为然，劝他保持晚节或出世为僧。吴伟业的心情是痛苦而复杂的。他写了20多首以"杂感"、"扬州"为题的七律，感慨兴亡，关心时事，苍凉凄楚，还有歌颂抗清英雄的作品，但他自己毕竟又大节不终。在《赠愿云（即王瀚）师》中，他说自己"寄身苍崖巅，危苦愁失脚"，又说"劝吾非不早，执手生退却。流连白社期，惭负青山约"。足见其矛盾而惭愧之情。青年毛泽东读吴伟业诗，感到他"每对苍雪、王瀚若有痛惭者然，其意常于往来诗中见之"。那么，吴伟业为什么不及早归隐呢？毛泽东又进一步谈到吴伟业的家境和社会环境："吴亦有所逼耳，母老一也，清法严二也。"

毛泽东爱读山水诗人谢灵运的作品，也注重谢灵运其人。在《南史》列传九中，他仔细圈点了有关谢灵运及其家族的记载。作为豪族子弟，谢灵运自幼袭封康乐公，政治上"自谓才能宜参权要"，但终未被宋室委以军国要职，于是"常怀愤怨"、纵情山水。后被告谋反，"遂有逆志"，被杀。正是基于对诗人生平处境及志向的了解，毛泽东在谢灵运的《登池上楼》这首山水诗的经典之作里，看出了谢灵运潜在的、难以摆脱的矛盾，写下独具见识的批注："通篇矛盾。'进德智所拙，退耕力不任'，见矛盾所在。此人一辈子矛盾着。想做大官而不能，进德智所拙也。做林下封君，又不愿意。一辈子生活在这个矛盾中。晚节造反，矛盾达于极点。"接着，又引用《宋书·谢灵运传》中记载的谢灵运在临川内史任上被逮捕时写下的四句诗："韩亡子房奋，秦帝鲁连耻。本自江海人，忠义感君子"，说这是"造反的檄文"。虽寥寥百字，但对谢灵运创作心理的刻画却入木三分。

如果说毛泽东对谢灵运的内心矛盾是采用客观分析的态度，那么，他对王勃的评价，则倾注了自己的思想感情，尽管这二人都是郁郁不得志而发为诗文。毛泽东谙熟王勃的人生遭际，在读《秋日楚州郝司户宅饯崔使君序》写的批注中说：王勃"做过沛王李贤的幕僚，官'修撰'，被高宗李治勒令驱逐，因为他为诸王斗鸡写了一篇檄英王鸡的文章。在虢州时，因犯法，被判死，遇赦得免"。他推崇王勃的才华和文风，称其"高才博学，为文光昌流丽，反映当时封建盛世的社会动态，很可以读"。他读《新唐书·王勃传》，在"勃属文初不精思，先磨墨数升，则酣饮，引被覆面卧。及寤，援笔成篇，不易一字。时人谓勃为腹稿"诸句下，用红铅笔画下着重线，表明对其构思过程和创作才华的注重。毛泽东更同情王勃的命运，并把他的命运同为文气质联系起来，说："这个人一生倒霉，到处受惩，在虢州几乎死掉一条命。所以他的为文，光昌流丽之外，还有牢骚满腹一方。"毛泽东喜爱的《秋日登洪府滕王阁饯别序》，便集中体现了王勃为文的风格，即光昌流丽与牢骚满腹的糅合："关山难越，谁悲失路之人；萍水相逢，尽是他乡之客。怀帝阍而不见，奉宣室以何年？嗟乎！时运不齐，命运多舛；冯唐易老，李广难封……"怀才不遇、遭际危艰的苦闷，跃然纸上。

四、不废婉约，宜读《文选》

毛泽东对人说过，他对古代诗文的欣赏情趣是"不废婉约，偏于豪放"。1963 年 2 月在中央工作会议期间的一次谈话中，有人提到：有人说，轻音乐是抒情的，重音乐是战斗的。毛泽东立即插话："那战士就没有抒情？诗、词也是一样，在同一朝代，如宋朝，有柳永、李清照一派，也有辛弃疾、苏东坡、陆游一派，柳李的词就讲爱情。"这可视为毛泽东不废婉约的一个注脚。他阅读并圈画柳永、李清照、秦观的一些爱情词，也是大家所知道的。

婉约风格，扩而言之，也包括一些清淡、柔丽、自然的作品。1948 年 4 月，毛泽东和周恩来、任弼时等途经五台山，顺道游览了塔院寺等寺庙。挂在大白塔上的风铃叮当作响，引起他的注意，便同寺庙方丈谈道：在这深山老林中的古老的寺庙里，听到这优美的响声，真是别有一种风味，令人神往。古代一些写景抒情有很强艺术性的柔美诗文，也是毛泽东所喜读的，恰如他艺术体验中的"风铃"。

1949 年 5 月，进北平之初，毛泽东住在西郊香山的双清别墅。5 月 1 日，他赴柳亚子所住的颐和园晤谈。尔后，两位现代杰出的旧体诗人在一起，泛舟昆明湖上，其兴会所在，不言而喻。分手时，二人又相约，5 月 5 日，由田家英接柳亚子赴毛泽东家宴。这天赴宴的还有朱德。临别，毛泽东书写谢灵运、薛道衡和苏轼的名句赠给柳亚子："池塘生春草"，"空梁落燕泥"，"竹外桃花三两枝，春江水暖鸭先知"。并特意注明："1949 年 5 月 5 日柳先生惠临敝舍，曾相与论及上述诸语，因书以为念。"

《古诗源》收谢灵运诗 24 首，毛泽东做了圈画的就有 22 首，在编者注释中，评论谢灵运诗歌"一归自然"、"匠心独运"、"在新在俊"，以及"别绪低徊"、"触景自得"等处，毛泽东都画着曲线和圈。其"池塘生春草"即《登池上楼》一诗中的名句。说起来历，还有一段佳话，常为人们所道及。谢灵运很喜爱他的族弟谢惠连，说每看到他便觉神智俊爽，"辄得佳句"。一天他梦见谢惠连，醒来得"池塘生春草"的诗句，自己说是"此语有神助，非吾语也"。以后李白在《春夜宴桃李园序》中所说的"群季俊秀，皆为惠连；吾人咏歌，独惭康乐"，即援引这一故事。金人元好问在他的《论诗》其二十九中曾有"池塘

▲ 1949 年，毛泽东在香山双清别墅

春草谢家春"之句，也是拿"若有神助"的这句话和宋代诗人陈师道的"闭门觅句"相对比，强调作诗应该是自然流露而不是苦觅硬造。薛道衡则因在《昔昔盐》一诗中写出"暗牖悬蛛网，空梁落燕泥"的诗句而受到隋炀帝杨广的嫉妒，杨广后来借故把他杀掉了，杀他时还悻悻地说："还能作'空梁落燕泥'否？"毛泽东与柳亚子"论及"这些名句，想必也会涉及其背后的佳话，文墨情趣，不难想见。

此外，在毛泽东读过的一本《注解唐诗三百首》上面，也留有对唐代著名的山水诗人孟浩然、韦应物作品的好评价。他推崇孟浩然的《早寒有怀》、韦应物的《淮上喜会梁川故人》。后一首作品直露出"何因不归去，淮上有秋山"的钟情自然的疏淡旨趣。

毛泽东读清新淡约之诗，特别认真，断非随意翻阅。1961 年 11 月 6 日这天，为查找明代高启咏梅花的一首诗，他给田家英写了 3 封信。

早晨 6 点，他请田家英替他找宋人林逋（和靖）的诗文集。8 点半，又写道："有一首七言律诗，其中两句是：'雪满山中高士卧，月明林下美人来'，是咏梅的，请找出全诗八句给我，能于今日下午交来则最好。何时何人写的，记不起来，似是林逋的，但查林集没有，请你再查一下。"不久，又写信说："又记起来，是否清人高士奇的。前四句是：琼枝只合在瑶台，谁向江南处处栽。雪满山中高士卧，月明林下美人来。下四句忘了。请问一下文史馆老先生，便知。"

很快查清，该诗为明代高启的《梅花》九首之一。全诗为："琼姿只合在瑶台，谁向江南处处栽。雪满山中高士卧，月明林下美人来。寒依疏影萧萧竹，春掩残香漠漠苔。自去何郎无好咏，东风愁寂几回开。"毛泽东在这天用人们熟悉的草体书写了全诗，在右起，大大地写上"高启"二字，又书道："字季迪，明朝最伟大的诗人。"

毛泽东一直推崇高启之诗。1957 年 1 月同袁水拍、臧克家谈话时曾说：我过去以为明朝的诗没有好的，《明诗综》没有看头，但其中有李攀龙、高启等人的好诗。在 1957 年前后，他还书写过高启的七律《岳王墓》。高启的《梅花九首》大体就是给毛泽东留下好印象的作品。那么，1961 年他为什么仿佛记得是宋初林逋作的呢？这与林逋的诗风有关。林逋隐居西湖，终身不仕，以赏梅养鹤为娱，人称"梅妻鹤子"。其诗大都反映其隐逸生活和闲适心情，尤以咏梅著称，风格幽静淡远，艺术性很高。其《山园小梅》其一中的"疏影横斜水清浅，暗香浮动月黄昏"两句，最为人称道。《毛泽东手书古诗词选》一书中便有这两句。上述高启之诗，便明显化用了林诗的意境，且都是咏梅。

除清丽婉约的诗歌以外，毛泽东对一些纯粹写景言情的辞赋散文也很感兴趣。这类作品，《文选》收纳颇多。这部诗文选集是毛泽东青年时代起就特别熟读的作品之一。

《文选》是我国现有编选最早的诗文总集，它选录了从先秦到南朝梁代八九百年间，100多个作者，700余篇各种体裁的文学作品。因是梁代昭明太子萧统（501—531年）主持编选，故又称《昭明文选》。他在序里说编选的标准是"事出于沉思，义归乎瀚藻"，即情义与辞采内外并茂，偏于一面则不收。萧统有意识地把文学作品同学术著作、疏奏应用之文区别开来，反映了当时对文学特征和范围的认识日趋明确，是有相当贡献的。

这就使《文选》成为有代表性的诗文总集，收录很多辞藻华美的文章，后人学习前代作品都要经过《文选》阶段，《文选》对唐以后的文学产生了深远影响。唐宋之世的学者，几乎人手一编，甚至流传有"《文选》烂，秀才半"的谚语。

毛泽东在青年时代读书时，除《韩昌黎诗文全集》外，古代诗文集中读得最熟的便是《文选》了。许多篇章他都可以背诵。据罗章龙在他的回忆录《椿园载记》中说，1917年毛泽东游览南岳衡山，登上了祝融峰。在下山归途中，毛泽东曾给罗章龙写了封信，主要记述景观名胜的见闻，第一句话就是"诚大山也！"接着对南岳的风光描绘了一番，文风与木玄虚的《海赋》格调相仿。《海赋》便收在《文选》李善注本（下同）卷十二。新中国成立后，50年代，60年代，70年代，毛泽东都多次要过《文选》来读。1959年10月23日外出前，指定带走的书籍中，也有《文选》。毛泽东批注过的版本，现存的便有三种。在一部李善注本的封面上，他用刚劲的笔触写了"好文宜读"4个大字，对其中的诗、赋部分，做了很多圈画。在毛泽东生前，卧室里有两本用大字排印的江淹的《恨赋》、《别赋》，谢庄的《月赋》，谢惠连的《雪赋》，以及庾信的《枯树赋》，封面上都有红铅笔画的大圈。这是他晚年嘱咐印制的，病重时经常读，有时还背诵。

我们且介绍几篇《文选》里的作品，看看毛泽东是怎样阅读和运用的。

1939 年 7 月 9 日在延安陕北公学作题为《三个法宝》的讲演中，毛泽东颇为欣赏地谈道：南朝梁代的文学家江淹（444—505 年），做了很多好文章，有篇叫《别赋》，里面有很好的话，但尽是伤感流泪的话。最为人们所熟记的有"春草碧色，春水绿波，送君南浦，伤如之何"，多么伤心流泪，文笔很好。我们今天不需要这样写，改一下，作为"春草碧色，春水绿波，送君延安，快如之何"。这篇《别赋》收在《文选》卷十六。毛泽东评改的 4 句，乃赋中名句，以美好的春色衬托别离的愁绪。毛泽东把"送君南浦，伤如之何"，改为"送君延安，快如之何"，去掉了古代文人低沉的离愁别绪，转为快乐地送别同志们从后方到前方去工作。《别赋》开头两句"黯然销魂者，唯别而已矣"也是很有名的，毛泽东在其他场合也引用过。

西晋平蜀后，征蜀中名士李密（224—287 年）为太子洗马，诏书累下，郡县紧逼。李密便上《陈情表》以达辞因。该表感情诚挚，语言质朴而精美。如："祖母刘愍臣孤弱，躬亲抚养。臣少多疾病，九岁不行，零丁孤苦，至于成立。既无伯叔，终鲜兄弟，门衰祚薄，晚有儿息。外无期功强近之亲，内无应门五尺之僮，茕茕孑立，形影相吊。而刘夙婴疾病，常在床蓐，臣侍汤药，未尝废离……"该表收入《文选》卷三十七。1949 年 8 月 18 日，毛泽东在《别了，司徒雷登》一文中，引用《陈情表》中"茕茕孑立，形影相吊"的话，来形容美国驻华大使司徒雷登的尴尬处境，说"没有人去理他"，"只好挟起皮包走路"。

1960 年 5 月 2 日，毛泽东在山东视察工作时，他与舒同讨论先秦齐国的历史和曹植封东阿王、陈王的事情，为了印证他的观点，便随口背起谢庄（421—466 年）的《月赋》："陈王初丧应刘，端忧多暇。绿苔生阁，芳尘凝榭。悄焉疚怀，不怡中夜。乃清兰路，肃桂苑。腾吹寒山，弭盖秋阪……"接着评价说："自古以来赋月亮的，就是谢庄的这一篇最著名。"谢庄的《月赋》收在《文选》卷十三。

《文选》卷五十三收有三国时魏国李康的《运命论》，其中有这样一段："夫忠直之迕于主，独立之负于俗，理势然也。故木秀于林，风必摧之；堆出于岸，流必湍之；行高于人，众必非之。前监不远，覆车继轨。然而志士仁人，犹蹈之而弗悔，操之而弗失，何哉？将以遂志而成名也。"毛泽东比较欣赏这段话，时常引用。1975 年 6 月 7 日接见外宾时，毛泽东说起："过去美国人骂我比希特勒还希特勒，蒋介石骂我们是共产主义的土匪。"接着，他又引用《运命论》的话解释道："'木秀于林，风必摧之；堆出于岸，流必湍之；行高于人，众必非之。'就是人必骂之，人不被别人骂不好。"这个解释，很反映毛泽东的个性。外宾对《运命论》中的这几句话很感兴趣，毛泽东又随手用铅笔把这句话写了出来。

《文选》卷十六还收了江淹另一篇有名的《恨赋》。1975 年夏，毛泽东让芦荻为他读这篇赋。当读到"至如秦帝按剑，诸侯西驰。削平天下，同文共规，华山为城，紫渊为池。雄图既溢，武力未毕"时，为解释其中的"溢"字，毛泽东又将《西厢记》中的一段有"溢"字的原文背了出来。

《文选》里的文章，光昌华丽，也有不少骈文。清代许梿（字叔夏，1787—1862 年）于道光年间专门编选了一本《六朝文絜》，绝大多数是南北朝的骈文大家的名篇。许梿认为，六朝骈文的缺点是烦冗，于是，他选文的标准是"析词尚简"，注重构思精练和修辞简洁的骈文精品。新中国成立后，毛泽东多次要过这部书来读。如 1957 年 10 月 20 日给林克的信里，便请他"找一部《六朝文絜》及其他六朝人各种文集"。1959 年 10 月 23 日赴外地前要带走的书目中，也有《六朝文絜》。

庾信（513—581 年）是有名的辞赋家。早年是南朝梁代的东宫讲读，侯景之乱时任建康令。后奉命出使西魏，便滞留北朝，后又仕北周。他的《哀江南赋》、《小园赋》、《枯树赋》等，都是六朝骈文的代表作。毛泽东对他的作品读得很熟。1949 年冬，毛泽东在中南海颐年堂约见章士钊、刘斐、符定一等民主人士时，大概知道语文学家符定一有一个口头禅："你认得几个字？"在谈到魏晋南北朝文学时，毛泽东把庾信《谢滕王赉马启》中的一段顺口念了出来："柳谷未开，翻逢紫燕；陵源犹远，忽见桃花。流电争光，浮运连影。"接着风趣地问道："他（庾信）总能认几个字吧？"1951 年，他还吟诵庾信的《枯树赋》来表达他听到毛岸英在朝鲜牺牲时的心情。

五、引诗证史

毛泽东是诗人，又是史家。在他的读书生活中，诗与史常常结合起来，互为印证。在读史的时候，他常常想到诗，以诗注史、证史。

《南史》卷二十二《王僧虔传》叙述刘宋时光禄大夫刘镇之 30 岁时病笃，已置棺材，不久却病愈，活到 90 多岁，"因此而言天道未易知也"。对这种宿命论思想，毛泽东以曹操的《龟虽寿》批注道："盈缩之期，不但在天。养怡之福，可得永年。"

诗、史结合，在毛泽东那里并不是简单的联想，往往是为了表达自己对一些历史事件和观点的看法，即解诗与解史相融。1957 年夏天，毛泽东曾和一位老先生讨论南宋初年高宗、秦桧的投降政策，他认为主和的责任不全在秦桧，幕后是宋高宗，秦桧不过是执行皇帝的旨意。接着说：文徵明有首词，可以一读。他的《满江红·拂拭残碑》，"慨当初，倚飞何重，后来何酷。岂是功成身合死，可怜事去言难赎"，一似丘濬的《沁园春·寄题岳王庙》所说："何须苦，把长城自坏，柱石潜摧。"又评论道：这一点连赵构自己也承认了的，他说讲和之策，断自朕意，秦桧但能赞朕而已。后来的史家是为"圣君讳耳"，并非文徵明（在诗中）独排众议。毛泽东的引证，使人感到，似乎诗词比"御断"的"正史"能更大胆和准确地揭示历史的真实性。文徵明是明代人，以贡生为翰林院待诏。毛泽东随口念起的，是他看到宋高宗信托岳飞时所赐的手诏石刻所作的《满江红》中的句子。该作是关于岳飞风波亭冤狱的有名的翻案文字，认为高宗南渡主和，"自怕中原复"，"念徽钦既返，此身何属？"区区秦桧，只不过是投其贪恋帝位之"欲"而已。

毛泽东引诗论史所表达的观念，时常与他的情感立场相关。他读谷应泰撰的《明史纪事本末》，在卷四十五叙述农民起义领袖赵风子、刘七事迹的末尾空白处，写了这样的批注："吾疑赵风子、刘七远走，并未死也。"接着引用相传黄巢在起义失败后所写的《自题像》："记得当年草上飞，铁衣著尽著僧衣。天津桥上无人识，独倚栏干看落晖。"说赵、刘的下落，"得毋像黄巢么？"毛泽东对黄巢的这首诗相当熟悉且感兴趣。罗荣桓逝世时，他曾将这首诗的首句用入自己的悼念诗里。

上面是由史而诗。反过来，就读诗本身来说，毛泽东对评判历史事件、阐发历史规律的咏史诗也是较为注重的。如李商隐写安史之乱唐明皇赐死杨贵妃的《马嵬》，写汉文帝召见贾谊"不问苍生问鬼神"的《贾生》，写齐后主亡国前醉生梦死的《北齐二首》，写隋炀帝淫佚无度不听谏言的《隋宫》，写唐文宗时"甘露之变"的《有感二首》和《重有感》等，毛泽东都圈画过三至五遍。对罗隐驳西施丧吴之说，提出"越国亡来又是谁"的《西施》，写秦始皇焚书坑儒和求长生不老之术的《焚书坑》、《始皇陵》，颂西晋大将王濬的《王濬墓》，毛泽东也是一路圈点，精读有加。他还对刘禹锡赞刘备而贬后主刘禅的《蜀先主庙》做了批语，六次圈画刘禹锡的《乌衣巷》，该诗以"旧时王谢堂前燕，飞入寻常百姓家"两句写尽豪族的兴衰，借古讽今，意味深长。

咏史诗不仅引发毛泽东对一些历史问题进行思考，而且他还时常习惯于结合现实中的问题来阐发一些咏史诗所包含的道理。大家知道，1971年林彪事件以后，毛泽东曾引用白居易《放言五首》之三，来说明一个人的错误的发展是有过程的，认识一个人是真革命还是假革命也要有一个过程。该诗后四句是："周公恐惧流言日，王莽谦恭未篡时。向使当初身便死，一生真伪复谁知？"其实，早在1939年5月30日于延安的一次讲演中，毛泽东就引用过这首诗，并发挥说：永久奋斗就是要奋斗到死。汪精卫、张国焘没有这个精神，于是中途变节。白居易这首诗说的就是"盖棺论定"，人到死的时候才能断定他的功罪是非。在一本平装的《白香山集》里，毛泽东对这首诗用红线画满了着重线。足见他对此诗的看重。

六、还是旧的民歌好

1925年毛泽东在故乡休养期间，在农村组织农民运动。他以普及平民教育为由，依靠一批进步知识分子，利用原来的族校设备，开办了二十来所农民夜校。夜校还用当地民谣撰写识字课本。湖南韶山陈列馆至今保存着这样两首："农民头上三把刀，税多租重利息高。农民眼前三条路，逃荒讨米坐监牢。""金花好，开红花，一开开到穷人家，穷人家要翻身，世道才像话。今日望，明日望，只望老天出太阳，太阳一出照四方，大家喜洋洋。"

看来，毛泽东对民歌的重视，一开始便是同他的农民运动的革命实践联系在一起的。

在1926年主持广州农讲所期间，毛泽东又让学员们收集和记录各地的民歌，并读了其中大量的作品。这次活动给他留下极好的印象，加深了他对民歌的赏识，后来他多次谈到收集民歌的事情。1938年4月在延安鲁迅艺术学院作题为《怎样做艺术家》的报告时，毛泽东说：农民不懂胡适的"八不主义"，但常是诗人，民歌中便有许多好诗。我们过去在学校里让同学收集歌谣，其中有许多很好的东西。

对《古诗源》里收集的汉乐府民歌，毛泽东阅读并圈画的不少，记得很熟。如相传为一个叫苏伯玉的妻子写的《盘中诗》，便对它有密密麻麻的圈画，有的还是圈画在不同的版本上，可见其"三复四温"，有的还径直在天头上批注"熟读"字样，并批送给别人阅读。诗中写道："山树高，鸟鸣悲。泉水深，鲤鱼肥。空仓雀，常苦饥。吏人妇，会夫希。出门望，见白衣，谓当是，而更非。还入门，中心悲。北上堂，西入阶。急机绞，杼声催。长叹息，当语谁？君有行，妾念之。出有日，还无期。结巾带，长相思。君忘妾，未知之。妾忘君，罪当治。妾有行，宜知之。"正是这些质朴而不矫情的悲诉，扣动着一位现代伟大革命家的心扉。

1936年红军到达陕北后，毛泽东下苦功夫研读马克思主义的哲学论著。1936年底到1937年，他在西洛可夫等著的《辩证法唯物论教程》中读到"否定同时是肯定，'死灭'同时是保存"诸语，他立刻批上"哥哥身上有妹妹，妹妹身上有哥哥"的民歌。这是支散曲，见于明人陈所闻编的《南宫词纪》，曲牌为《锁南枝》，全文为："傻俊角，我的哥！和块黄泥捏咱两个。捏一个儿你，捏一个儿我，捏得来一似活托；捏的来同床歌卧。将泥人儿摔破，着水儿重和过，再捏一个你，再捏一个我；哥哥身上也有妹妹，妹妹身上也有哥哥。"毛泽东认为，这首曲子说明"一刀两断……不是辩证法"，辩证法的否定观，既是扬弃，又是肯定，保存和融合。

上面这首民间散曲的意思，在此前文人之作中也有反映。元代大书法家赵孟頫有件艳事：他有位贤良的妻子，叫管道升，善画墨竹、兰、梅，亦工山水、佛像，诗词歌赋也造诣很深，本来是女子中魁首。但赵孟頫却异想天开，要纳妾，又不便开口，便填首词，给管夫人看，其中有："岂不闻王学士有桃叶、桃根，苏学士有朝云、暮云？我便多娶几个吴姬、越女无过分。"还安慰她："你年纪已过四旬，只管占住玉堂春。"管夫人知道后，自然很不高兴，可又不便发作。为了劝阻丈夫，也填了一首《我侬词》："我侬两个，忒煞情多！譬如将一块泥儿，捏一个你，塑一个我。忽然欢喜啊，将它来都打破。重新下水，再团，再炼，再调和，再捏一个你，再塑一个我。那其间啊那其间，我身子里也有了你，你身子里也有了我。"赵孟頫读后颇为惭愧，随即打消了纳妾的念头。

1957 年，毛泽东在莫斯科参加世界共产党、工人党代表会议。其间各党在国际形势、国际共产主义运动中的一些重大问题上认识不统一。毛泽东在闭幕会上讲道："我们开了两个很好的会，大家要团结起来，这是历史的需要，是各国人民的需要。中国有句话：两个泥菩萨，一起都打碎，用水一调和，再来做一个。我身上有你，你身上有我。"这么大的世界性会议，这么庄严的论题，毛泽东却讲得如此通俗、风趣，引起满场笑声、掌声。于是，大家一致同意，从团结的愿望出发，求大同，存小异，互相支援，共同对付帝国主义的挑战。

毛泽东喜欢民歌，在一定程度上同他的文化创造和发展观念有联系。因为民歌大多是底层劳动者的创作并反映着他们的生活内容。他坚信："'卞和献璞，两刖其足'；'函关月落听鸡度'，出于鸡鸣狗盗之辈。自古已然，于今为烈。"

与此相应，基于作者的社会地位和命运决定其创作力的观点，毛泽东对作者的学历、学问在创作中的地位作用一直有自己的看法。他多次强调，古代的大作家、大诗人大多不是进士出身。他排列了许多作家、诗人来印证他的这一观点，有一次还把杜甫算了进去。在读《新唐书·卢纶传》时，还从卢纶命运的记载联想到他所属的"大历十才子"的共同出身，批注说，"十子只钱起为进士"。他时常津津乐道历史上一些文化程度不高甚至根本不识字的人的诗歌创作。

1959年庐山会议期间，他同人讲起：梁武帝时的陈庆之，一字不识，强迫他作诗，他口念，叫别人写。他说你们这些读书人，还不如老夫的用耳学。还有梁朝大将军曹景宗，打了仗回来作诗："出师儿女悲，归来笳鼓竞。借问过路人，何如霍去病？"还有北朝斛律金《敕勒歌》："敕勒川，阴山下，天似穹庐，笼盖四野。天苍苍，野茫茫，风吹草低见牛羊。"这也是个一字不识的人。当然，不要误会，我不是反对扫除文盲。1964年12月26日他生日那天，在人民大会堂请了两桌客，特意把陈永贵、邢燕子这些劳动模范安排在自己身边，同他们讨论"能不能不是文人当文学家"的问题。

从艺术角度看，毛泽东在考虑诗歌的发展时，更是特别注重从民歌中汲取养分。1957年1月14日约见袁水拍、臧克家两位诗人时，他明确提出：中国诗的出路，第一条是民歌，第二条是古典。要从民间的歌谣发展。过去每一时代的诗歌形式，都是从民间吸收来的。要调查研究，要造成一种形式。过去北京大学搜集过民谣，现在有没有人做？

1958年3月，在成都中央工作会议上，毛泽东再次谈起：在广东农讲所的时候，发动学生写民歌，几百学生，各省都有。从这些民歌里可以懂得许多东西。这些民歌后来失掉了，非常可惜。由此，他希望各地方要注意收集反映广大人民创造热情的民歌。"大跃进"期间，毛泽东又指示工作人员把各地报上来的"跃进民歌"收集起来给他看。

1958年的新民歌运动，事实上是经济"大跃进"在文化上的反映。许多是粗制滥造、沦为标语口号的东西。即使由郭沫若、周扬精心编选出来的《红旗歌谣》里，可读之作也不多。毛泽东读后曾对周扬说：水分太多，还是旧的民歌好。于是，民歌运动开展一年后，毛泽东在1959年3月郑州会议上对其弊端作了分析。他说："写诗也只能一年一年地发展。写诗不能每人都写，要有诗意，才能写诗。几亿农民都要写诗，那怎么行？这违反辩证法。放体育卫星、诗歌卫星，通通取消。"

毛泽东并未因此丧失对民歌的信心。在 1961 年 3 月 23 日广州中央工作会议上，他再次提到主持广州农讲所时发动学生写民歌的事情，认为"从民歌里面可以懂得许多东西"。1965 年给陈毅的那封论诗的信中，仍然坚信：民歌中倒是有一些好的。将来趋势，很可能从民歌中吸收养料和形式，发展成为一套吸引广大读者的新体诗歌。

毛泽东本人在 1963 年写的《八连颂》，是不是可以看作这方面的一个尝试呢？"好八连，天下传。为什么？意志坚。为人民，几十年。拒腐蚀，永不沾。因此叫，好八连。解放军，要学习。全军民，要自立。不怕压，不怕迫。不怕刀，不怕戟。不怕鬼，不怕魅。不怕帝，不怕贼。奇儿女，如松柏。上参天，傲霜雪。纪律好，如坚壁。军事好，如霹雳。政治好，称第一。思想好，能分析。分析好，大有益。益在哪？团结力。军民团结如一人，试看天下谁能敌。"这在毛泽东的诗词创作中别具一格。大白话，句子整齐，押大致相同的韵，明显的民歌风格。

七、读韩说柳

毛泽东有很深的古文造诣。这与他青年时代的严格训练有关。1912 年 6 月在湖南全省高等中学校（后改名省立第一中学）读书时，国文教员便曾在他的一篇题为《商鞅徙木立信论》的作文上面写下这样的评语，"逆折而入，笔力挺拔"，"义法亦骎骎入古"。

青年毛泽东学习古文，一个最重要的对象就是韩愈的散文。以韩愈为代表发起的唐代古文运动，"文起八代之衰"，改变了六朝以来骈四俪六的形式主义和为文造情的淫靡风气。在一师读书时，毛泽东特意从旧书店买回一套 20 多册的《韩昌黎全集》，还将国文教员袁仲谦批注过的韩愈文集善本借来校正其中的讹错。其《讲堂录》后面部分便主要是读韩文的笔记，涉及的韩愈作品，有《浑州溪堂诗并序》、《猫相乳》、《元和圣德诗并序》、《改葬服议》、《争臣论》、《复志赋》、《感二鸟赋》、《闵己赋》、《答李翊书》、《与于襄阳书》

等十几篇。对这种反复研读、细心揣摩韩文的情况，毛泽东在 1936 年同斯诺谈话时，还特别提到："我不得不改变我的文风，去钻研韩愈的文章，学会了古文的措词。所以，多亏袁大胡子（即袁仲谦），今天我如果需要的话，仍然能够写出一篇过得去的古文。"事实上，他当时写给黎锦熙、萧子升的信，大都气势沛然，情感炽烈，行文跌宕，很得韩愈笔意。

新中国成立后，毛泽东也读韩文。1965 年 8 月 10 日，他便指示工作人员替他找《韩昌黎全集》。《新唐书·李汉传》在言及李汉"少事韩愈，通古学，属韩文，辞雄蔚，为人刚略，类愈。愈爱重，以女妻之"一段旁，毛泽东特意批注说："韩愈文集，为李汉编辑得全，欧阳修得之于随县，因以流传，厥功伟哉。"看来是把韩愈文集得以传世视为一件不小的事情。

清代文学家姚鼐编选的《古文辞类纂》，是毛泽东很喜欢的一部书。里面收的多是唐宋八大家的散文，其中有一篇韩愈的《与崔群书》。韩愈在这封信中提出："自古贤者少，不肖者多。自省事已来，又见贤者恒不遇，不贤者比肩青紫。贤者恒无以自存，不贤者志满气得。贤者虽得卑位，则旋而死，不贤者或至眉寿。"把人划分为贤与不贤两类，进而感叹贤者不得相遇的艰难处境。这倒是古代知识分子历久不衰的经常性话题。韩愈替知识分子发了点牢骚。

但毛泽东不同意他的说法，在一旁批注道："就劳动者言，自古贤者多，不肖者少。"似乎觉得，韩愈在这篇文章中划分贤与不贤多少的杠杠太抽象宽泛了些。推崇劳动人民，认为卑贱者比所谓高贵者贤明，是毛泽东一贯的立场。韩愈说"自古贤者少，不肖者多"，大抵主要是就历代谋求致仕的知识分子来说的，在毛泽东看来，就广大的劳动者而言，情况正好相反，是"贤者多，不肖者少"。

文学史上，韩柳并称，但二人的思想却是对立的。毛泽东推崇柳宗元，在相当程度上是因为他是历代诗文作家中不多见的具有唯物主义思想和进步的历史理论建树的人，而且还是中唐掀动政坛风波的王叔文政治集团中的重要人物。《光明日报》1959 年 3 月 1 日刊载了一位文学史家写的《柳宗元的诗》一文，简要分析了柳宗元的政治讽喻、反映民生疾苦，抒发个人牢骚、离乡去国悲愁几类题材的作品。毛泽东读后，对工作人员谈了自己的看法："柳宗元是一位唯物主义哲学家，见之于他的《天说》。刘禹锡发展了这种唯物主义。而这篇文章无一语谈到这一大问题，是个缺点。"1964 年 8 月在北戴河同哲学工作者谈话时，他又提出：柳子厚出入佛老，唯物主义。他的《天对》，从屈原的《天问》以来，几千年只有这一个人作了这么一篇。

1965 年 6 月 20 日在上海同文学史家刘大杰聊天时，毛泽东还说到柳宗元，认为他的文章的思想性比韩愈的高，不过文章难读一些。屈原写过《天问》，过了一千年才有柳宗元写《天对》，胆子很大。

刘大杰问：能否说柳宗元是唯物主义者？

毛泽东回答：顶多能说有朴素唯物主义思想的成分。

他更推崇的，是同柳宗元关系密切的刘禹锡。刘禹锡的文章不多，但他所作《天论》三篇，主张"天与人交相胜"之说，他的反对迷信，反对因果报应的思想，毛泽东都给以较高的评价。当刘大杰问刘禹锡可否算作唐朝的一个朴素唯物主义者，他明确回答说："可以。"

这个时候，毛泽东正在详细阅读章士钊近 100 万字的《柳文指要》书稿。该书分上、下两部。上为"体要之部"，照柳宗元原文编次，逐篇加以探讨，包括评论、考证、疏笺等几个方面。下为"通要之部"，按专题分类论述有关柳宗元及其散文的各项问题，如政治、文学、儒佛、韩柳关系等。章士钊对柳宗元进行了长期的研究，引用了大量的材料，提出了自己的见解。书中对唐朝永贞革新作了评价，充分肯定了包括柳宗元在内的二王、八司马的政治主张。在韩愈与柳宗元的对比中，论述了柳宗元在历史上的进步性，可谓"解柳全书"。

毛泽东对阅读这部鸿篇巨制兴致很高。他不仅从头到尾读完一遍，还在给章士钊的信中说："读过一遍，还想读一遍。"把这部书推荐给康生看的时候指出：你无事时可继续看去，颇有新意和引人发聩之处。在仔细阅读的过程中，毛泽东还认真地把书稿中的错别字改掉，对一些不恰当之处，提出了具体的修改意见。如《柳文指要·跋》的第五段中，原书稿这样写道：韩柳古文运动"此一新兴文运，上同象魏之悬，下无宗派之争，雍容揄扬，著于后嗣，永远相持于不敝。斯诚游夏神游于文学之表所莫赞一辞，而是迥然别开一新纪元，以与古文相形特显其壮大"。毛泽东删掉了其中"永远相持于不敝"几字，把它改写为："大言小言，各适其域。工也，农也，商也，学也，兵也，其中多数人，皆能参与文事之列。经济有变化，反映经济之政教亦将有变化，文事亦将有变化。一成不变之事，将不可能。"这段话高度评价了韩柳古文运动的文学和社会意义。此外，毛泽东还从政治角度评价这部书，"大抵扬柳抑韩，翻二王、八司马之冤案，这是不错的。"对于"跋"中原有的"以奉教于巨人长德"、"所受长者督教"等用语，毛泽东均谦逊地分别将它们改成"以示一二友人"、"所受友人督教"等。

章士钊在 80 多岁高龄时完成了这部《柳文指要》。毛泽东一开始就支持它的公开出版，期望它能引起学术界的注视，开展文史哲诸方面的争鸣。诚然，由于作者不甚懂得唯物史观，不可能做到运用辩证唯物主义和历史唯物主义的观点来解释柳文，因而在具体论证时缺乏对柳宗元这一历史人物的阶级分析，过分夸大了他在历史上的进步性。对此，毛泽东并不期望章先生一下子改变他的世界观。1965 年 7 月 18 日在给章士钊的信中，毛泽东直率地指出，这部书的"大问题是唯物史观问题，即主要是阶级斗争问题"。同时明确告诉作者："嗣后历史学者可能批评你这一点，请你要有精神准备，不怕人家批评。"章士钊在全书的"总序"里表示："当世硕学，如有所匡正，得以读易补过"，"何时获知，当即办事补正"。

1966 年 5 月，"文化大革命"来势凶猛。或许是感到自己的著述与当时的气氛颇不协调，章士钊在给毛泽东的一封信中，检讨自己的《柳文指要》，"纯乎按照柳子厚观点，对本宣科，显然为一个封建社会的文化僵尸涂脂抹粉"。毛泽东读信时在这句话旁边批注道："此语说得过分。"在他看来，对柳宗元进行学术研究还是需要的，不能一笔抹杀。1970 年毛泽东又问及《柳文指要》的事情，有关部门才决定将书稿发排铅印，并使其于 1971 年得以出版。1971 年 8 月 14 日，章士钊以 91 岁高龄续写《通要之部续序》时，喟然叹曰："柳文重发光艳，殆起于 1949 年之大革命初期，倘无毛主席著作发扬，决不会有崇柳风尚。"的确，毛泽东对柳宗元一直较推崇。他 1973 年在一首诗中说自己"熟读唐人《封建论》",更是众所周知的事情了。

就思想倾向角度看,毛泽东是扬柳抑韩。但韩愈思想也有另一面,诸如反对藩镇割据,拥护王朝统一,反对横征暴敛,关心民生疾苦。他排斥佛老,客观上也有一定的进步性。对此,毛泽东并未忽视。在 1973 年开始"评法批儒"运动以后,一些报刊文章把韩愈说得一无是处。文学史家刘大杰 1975 年写信给毛泽东,提出韩愈思想确有矛盾。毛泽东在回信中表示同意刘大杰的意见,指出对韩愈的评价以"一分为二为宜"。从文学创作角度看,毛泽东也多次批评说韩愈把话说尽,不留余地,还挪揄地称韩愈的文章只有两篇是好的,一篇是《送穷文》,等等。但毛泽东也不是一概否定。在 1965 年给陈毅的那封信中,他就提出:"韩愈以文为诗,有人说他完全不知诗,则未免太过。"

八、"杂书"有益

除反复阅读《水浒传》、《红楼梦》等古典小说名著外,毛泽东平时还广泛涉猎历代纪实性很强的历史演义和笔记小说这类"杂书"。

1937 年 1 月 31 日,他专门给李克农一封电信:"请购整个中国历史演义两部(包括各朝史的演义)。"这是指近人蔡东藩所著的流传甚广的历代通俗演义小说。1944 年 7 月 28 日,在给谢觉哉的信中,毛泽东告诉他到范文澜处寻找《明季南北略》及其他明代杂史之类的作品,还说:"《容斋随笔》换一函送上,其他笔记性小说我处还有。"1947 年 9 月 23 日在给儿子毛岸英的信中,谈到学习安排时,毛泽东又特地叮嘱:"你要看历史小说,明清两朝人写的笔记小说。"范文澜 40 年代送给他的一部《笔记小说大观》,他一直保存,后来带到了北京。新中国成立以后,他批注过的笔记小说就有沈廷松的《明人百家小说》、冯梦龙的《智囊》等。他生前要的最后一部书,就是他不知读过多少遍的宋代洪迈写的《容斋随笔》,时间是 1976 年 8 月 26 日。

毛泽东读这类作品,体现出浓厚的史家兴趣和史家识见。他很注意从历史人物和历史事件的真实性角度来看待作品的内容。譬如,《智囊》的《捷智部·灵变》描写"书圣"王羲之小时候的一段故事。说他很受大将军王敦喜爱,常与他同床共眠。一日王敦先起,钱凤进屋,王敦屏去左右,两人商量逆节谋反之事，却忘了还有个小孩在床上睡觉。此时王羲之已醒，知道若被他们发现他听到了这一机密，必无活理。于是把唾沫抹在脸上和被褥上，假装熟睡。二人议事至半，才想起王羲之还未起床，便大惊曰："不得不除之。"于是撩开床帐，见王羲之吐唾纵横，相信他确实熟睡，王羲之的性命才由此保全。毛泽东读至此，批注道："此事有误，待查。"

《明人百家小说》"田居乙记"中有三段关于为仕之道的叙述。一则说魏公子牟远行，穰侯来送他并请教致仕之道。他说："君知夫官不与势期而势自至乎，势不与富期而富自至乎，富不与贵期而贵自至乎，贵不与骄期而骄自至乎，骄不与罪期而罪自至乎，罪不与死期而死自至乎。"毛泽东批注说："有理。"一则说："耳闻之不如目见之，目见之不如足践之，足践之不如手辨之。人始入官如入晦室，久而愈明乃治，治乃行。"毛泽东认为这个看法"有唯物论思想"。一则说孙叔敖遇狐丘大人，狐丘大人对他说，人有三利必有三患，即爵高人妒，官大生恶，禄厚人怨。意在劝他急流勇退。孙叔敖则回答说："不然，吾爵益高，吾志益下；吾官益大，吾心益小；吾禄益厚，吾施益博。可以免于患乎？"毛泽东则认为这种表白事实上是"很难做到"的。

在演义小说中，据《左传》编写的《东周列国志》是比较接近史实的一部作品。50年代末60年代初，毛泽东曾仔细读过。1959年12月至1960年2月，在读苏联《政治经济学（教科书）》的谈话中，他提出："《东周列国志》值得读一下。这本书写了很多国内斗争和国外斗争的故事，讲了很多颠覆敌对国家的故事，这是当时社会的剧烈变化在上层建筑方面的反映。这本书写了当时上层建筑方面的复杂的尖锐的斗争，缺点是没有写当时经济基础，当时的社会经济的剧烈变化。"如果我们注意到，毛泽东阅读《东周列国志》正是庐山会议之后不久，他开始从理论上总结此前的社会主义经济建设的经验教训，就不难体会，他作为政治领袖和中国革命导师的独特视野，对他领悟和评价这部小说有多么明显的影响。所谓"颠覆"一说，纯属个性化的术语。但毛泽东把历史剧变时代的权力更迭，视为社会经济剧烈变化所引发的上层建筑斗争，并由此评论作品的特点，逻辑上是清楚的。

1960年，有人送给他一套根据《东周列国志》的故事编绘的小人书。此前他是不看小人书的，这次却看了，并由此引起又读了一遍《东周列国志》小说和《左传》。1961年3月23日，在广州中央工作会议上的讲话中，毛泽东又提起这个话题。他说：《东周列国志》基本上是正确的，按照《左传》编写的。写这本书的是民间的一个作家。那上边的颠覆活动可多啦。还有一本小人书，写城濮之战的。我也对照了《左传》，基本准确。可让你们的秘书去找这本小人书。

明代的冯梦龙，以编纂《喻世明言》、《警世通言》、《醒世恒言》（简称"三言"）而称名于世。他在致力于通俗文学的创作、改编、整理的同时，还纂集了几部颇有价值的笔记小说。《智囊》是其中较有代表性的一部，该书编集明代以前的经史子传、野史丛谈、演义传说中的有关智慧的故事近2000则，分门别类，按以评语。上自经国大略，下至市井小智，旁及妇女儿童的高见卓识，无不在他的搜罗选取之中。读来妙趣横生，引人入胜。且寓意丰富，发人深思。毛泽东很喜欢这本书，在上面的批注较其他文学作品都多。

《智囊》的《上智部·通简》记叙：汉代的朱博本是武官，后来做了冀州刺史。在巡视部属时，数百个官吏和老百姓聚众拦道，说要告状，一个从事将情况告诉朱博，请他滞留该县处理。朱博心中明白这位从事是要试探自己的本事，便让从事出去宣布：想告县级官吏的人，各自到自己郡里去告，刺史不直接监察这一级官吏；想告郡守、邑宰一级官吏的人，等本刺史巡视回到治所再来告；其他那些属于打官司举盗贼的事情，则到各人管辖部门找从事处理。这些安排，使四五百人顷刻散去，都没有想到朱博应变能力这样强。后来朱博慢慢打听，果然是这位老从事教唆百姓聚众拦道，于是"博杀此吏"。毛泽东读这则故事的批注是："此吏亦可不杀，教以改过，调改他职可也。"

接下来，《智囊》又叙长陵大姓中有个叫尚方禁的人，年轻时盗人妻被砍伤面颊。官府的功曹受了贿赂，没革除尚方禁，反调他作守尉。朱博听到此事，找借口召见尚方禁，避开左右，故意问他脸上的伤疤怎样来的。尚方禁明白朱博已知实情，连忙叩头据实禀报。朱博笑着说："我想为你洗耻辱，你能自己效力吗？"尚方禁惊喜道："万死不辞。"此后，尚方禁经常破获盗贼等犯罪活动，很见成效，后升至县令。毛泽东读后批注："使人改过自效。"

《智囊》的《兵智部·制胜》讲了孙膑围魏救赵的故事，毛泽东读后批注说："攻魏救赵，因败魏军，千古高手。"在读了赵国将领赵奢领兵救韩攻秦，巧用敌探，大败秦军的故事后，又批注道："老师坚城之下，又不意赵救，此秦之所以败也。"

清代有个人叫梁晋竹，写了本《两般秋雨庵随笔》，一作《秋雨庵随笔》，在书中记述了一些文学故事、诗文评述、风土名物，以及一些论学考证。毛泽东爱读明清笔记，此书即为其中一部。他曾在一部成都昌福公司印的《两般秋雨庵随笔》上作有批语。该书卷四《昆明池对联》一文引了大观楼那副长联，毛泽东批注说："此阮元改笔，非尽原文。"

1972年9月，周世钊旅居北京，时间久了，不免思乡。谁料毛泽东于1972年9月4日赠书一套，书名即是这本《两般秋雨庵随笔》。书共8册，线装本。毛泽东在书的扉页上写道：供（惇）元兄消遣。并署上"毛泽东"三个字。毛泽东送给周世钊读的，尚不知是哪种版本。周彦瑜、吴美潮是周世钊的女儿、女婿，他们在《毛泽东与周世钊》一书中还说，毛泽东赠书给周世钊时，同时还附了一封信："惇元兄：旅夜无聊，奉此书，供你消遣之用。此书写得不太好，但读来也还有味。"

九、史学一家言

从青年时代起，毛泽东就好读史书。浩如烟海的历史著作备齐不易，尽读更难。怎么办呢？毛泽东最为讲求读史方法。譬如，1915年9月6日致萧子升信中，便谈到两种方法。一为"择书"。所择之书，"必能孕群籍而抱万有"，读之，则如"干振而枝披，将麾而卒舞"。择书要有眼光，读之更需方法。于是他提出一种空间比较法。如观中国史，当注意四裔，观西洋史，当注意中西之比较。又说"地理者，空间之问题也，历史及百科，莫不根此。研究之法，地图为要；地图之用，手填最切"。结合地图来读历史，其实就是把时间与空间结合起来，增强实感记忆和理会。这一方法，确可以从一个侧面说明毛泽东在文史方面为什么那样博闻强记。

譬如，1963年5月，在杭州会议的一次讲话中，谈到抓工作要集中精力抓主要矛盾，毛泽东随即一路发挥：就是要不唱天来不唱地，只唱一出《香山记》。比如看戏，看《黄鹤楼》，就不想《白门楼》之类的戏，只看我的同乡黄盖。黄盖是零陵人，周濂溪是道县人，是宋代的理学大师。二程是他的学生，朱熹就是这个系统，唯心主义。至于张载是陕西人，那是另一个系统，是唯物主义。柳宗元从30岁到40岁有10年都在永州，他的山水散文，与韩愈辩论的文章就是在永州写的。怀素也是永州人，唐期的狂草书法家，与张旭齐名。现代的唐生智，也是那里的人。由一个地名引起的一番随兴漫谈，文、史、哲传统泉涌而出。

有时，毛泽东还把一些历史地名的来源记得很清楚。1965年1月23日同周恩来、薄一波等谈到大西南的三线建设工程时，偶尔提到白帝城，毛泽东说：那个地方为什么叫白帝城呢？公孙述称帝，死于成都，葬在白帝城。因为西方称白。

毛泽东青年时读史颇有个性。在1917年下半年至1918年上半年读《伦理学原理》一书所写的批语中，表露了这样的兴趣："吾人览史时，恒赞叹战国之时，刘项相争之时，汉武与匈奴竞争之时，三国竞争之时，事态百变，人才辈出，令人喜读。"

毛泽东读史，主要是"二十四史"，也兼及其他，如历朝的"纪事本末"和《资治通鉴》等。在"二十四史"中，毛泽东读的遍数较多的，是《晋书》、《旧唐书》、《新唐书》、《明史》等。从史学角度讲，毛泽东特别喜欢的是《史记》、李贤注的《后汉书》、裴松之注的《三国志》。

关于《史记》，在1959年12月至1960年2月读苏联《政治经济学（教科书）》的谈话中，他评论说："像《史记》这样的文章和后来人对它的注释，都很严格和准确。"关于《后汉书》，毛泽东在该书卷九十一至九十四第21册的封面上，写了这样的批语："《后汉书》写得不坏，许多篇章，胜于《前汉书》。"

毛泽东读《后汉书》卷一《光武帝纪》时，读至注家说"赤眉杀更始而隗嚣据陇右"一句，批注说"而"字为"衍文"，又颇有体会地把李贤等对《后汉书》的注和裴松之注《三国志》放在一起作了评价。他写道："李贤好……裴松之注三国……有些近于李贤，而长篇大论搜集大量历史资料，使读者感到爱看。青出于蓝而胜于蓝，其此之谓欤？譬如积薪，后来居上。章太炎说，读三国要读裴松之注，英豪巨眼，不其然乎？"

对"二十四史"的其他诸史，毛泽东也简略谈过看法。他认为《旧唐书》比《新唐书》写得好，但对《新唐书》中的《严郢传》、《吴通玄传》两篇，则分别批注道："此篇写得不错"，"这一篇写得好。"毛泽东还认为《南史》、《北史》比《旧唐书》更好些。

曾在北京大学中文系任教的芦荻，1975年到毛泽东身边工作，为他读文史书籍。芦荻回忆：1975年5月30日毛泽东让她读《晋书》、《南史》、《北史》，还说：我们的国家，是世界各国中统一历史最长的大国。中间也有过几次分裂，但总是短暂的。这说明中国的各族人民，热爱团结，维护统一，反对分裂。分裂不得人心。具体到历史著作，毛泽东认为："《南史》和《北史》的作者李延寿，就是倾向统一的，他的父亲李大师也是搞历史的，也是这种观点。这父子俩的观点，在李延寿所写的《序传》中说得十分明白。"毛泽东在李延寿所写的《序传》中，画了大量的圈和线，注有很多的赞赏的标记。

东晋时代，一直面临北方少数民族的威胁，南北之间，战争不断。东晋朝中的大臣将领对此态度不一。毛泽东评价说："桓温是个搞分裂的野心家，他想当皇帝。他带兵北伐，不过是作样子，搞资本，到了长安，不肯进去。苻秦的王猛很厉害，一眼就看透了他的意图。还是谢安有办法，把他拖住了，使他的野心没得实现。谢安文韬武略，又机智又沉着，淝水之战立了大功，拖住了桓温也立了大功，两次大功是对维护统一的贡献。"在《晋书》的《谢安传》和《桓温传》的有关描写处，毛泽东都画了很多圈和线。在《谢安传》上，他一处批了"有办法"，一处写了"谢安好"，而在《桓温传》上则写了他"是作样子"。

毛泽东读史，对史家的一些具体叙述和议论也时有批注。卢弼撰《三国志集解》卷一《魏书》引了何焯这样一段评论：西汉末年，刘秀与铜马军交战，铜马军数次挑战，刘秀坚营自守，待铜马军有出来打粮者，便击取之。月余，铜马军粮尽遁逃，终至大败。明末官军与"流贼"相持者，皆不知刘秀之谋，一意督促出战，反遭失败。毛泽东认为："明末事不能与汉末比。"

《三国志集解》卷五十四《吴书·吕蒙传》叙孙权同吕蒙商量取徐州时，吕蒙说："今操远在河北，新破诸袁，抚集幽、冀，未暇东顾……"毛泽东认为此述有误，批注道："《魏志》此时操在汉中，因夏侯渊之败正不得志，闻襄阳围急，东归到洛阳即死，非在居巢也。"

薛居正等撰《旧五代史》卷七《太祖本纪》叙朱友珪葬其父梁太祖朱温"于伊阙县，号宣陵"。毛泽东认为从写法上讲，这是"不书死而书葬，盖阙文也"。

唐朝刘知几写的《史通》是我国第一部史学评论专著，影响很大。刘知几生平专攻史学，通览各史，能分析其利弊得失，又屡负修史之责，深知官设史局的流弊，明确提出："史才须有三长，世无其人，故史才少也。三长：谓才也，学也，识也。"才、学、识为史家必备的素质，其中尤以史识为最重要。刘知几说的"史识"，主要是鉴识明晰，要"好是正直，善恶必书"，以此影响时政，从而达到"善无可加"的境界。

毛泽东作为大政治家而又好史，其史识自是别具一格，他对历史上许多人物的评价，多异于古人，显然与他的历史唯物主义观点不无关系，唯其如此，他对刘知几提出的史识之论，特别感兴趣。1958年在党的八大二次会议上的讲话中说：唐朝有个刘知几，是个历史学家。他主张写历史的人要有三个条件：才、学、识。他说的识，就是辨别风向的问题。我现在特别提醒同志们注意的是，我们应该有识别风向的能力，这一点有极端的重要性。一个人尽管有才有学，如果不善于识别风向，那还是很迟钝的。引用刘知几的史识之说，自有其特殊所指，用他的话来说，就是重在提高"识别"社会上各种政治风向的能力，使人们具有高度的政治敏锐性。

显然，这已是借"史学"来讲"政学"了，把刘知几说的"识"从历史拉向现实。

十、古为今用："读历史的人不一定是守旧的人"

芦荻在《毛泽东读二十四史》（1993年12月20日《光明日报》）一文

里，曾说到 1975 年 5 月 29 日毛泽东同她谈起自己的历史观，特别是如何看待皇皇巨著"二十四史"的问题，提出了一个惊人的告诫。毛泽东说：一部"二十四史"大半是假的，所谓实录之类也大半是假的。但是，如果因为大半是假的就不读了，那就是形而上学。不读，靠什么来了解历史呢？反过来，一切信以为真，书上的每句话都被当作证史的信条，那就是历史唯心论了。正确的态度是用马克思主义的立场、观点和方法，分析它、批判它。把颠倒的历史颠倒过来。

为什么说"二十四史"大半是假的呢？毛泽东举出了如下的理由和例证：

（一）一部"二十四史"，写符瑞、迷信的文字，就占了不少，各朝各代的史书里都有。像《史记·高祖本纪》和《汉书·高帝纪》里，都写了刘邦斩白蛇的故事，又写了刘邦藏身的地方上面常有云气，这一切都是骗人的鬼话。（二）每一部史书，都是由新王朝的臣子奉命修撰，凡关系到本朝统治者不光彩的地方，自然不能写，也不敢写。如宋太祖赵匡胤本是后周的臣子，奉命北征，走到陈桥驿，竟发动兵变，篡夺了周的政权。《旧五代史》（薛居正等撰）却说他黄袍加身，是受将士们"擐甲将刃""拥迫南行"被迫的结果，并把这次政变解释成是"知其数而顺乎人"的正义行为。（三）封建社会有一条"为尊者讳"的伦理道德标准，皇帝或父亲的恶行，或是隐而不书，或是把责任推给臣下和他人。譬如宋高宗和秦桧主和投降，实际上主和的责任不全在秦桧，起决定作用的是幕后的宋高宗赵构，这在《宋史·奸臣传》的《秦桧传》里，是多少有所反映的。（四）洋洋 4000 万言的"二十四史"，写的差不多都是帝王将相，人民群众的生产情形、生活情形，大多只字不提，有的写了些，也是笼统地一笔带过，目的是谈如何加强统治的问题，有的更被歪曲地写了进去，如农民反压迫、剥削的斗争，一律被骂成十恶不赦的"匪"、"贼"、"逆"。这是最不符合历史的。

除了用阶级关系、阶级斗争的观点和方法来读"二十四史"外，毛泽东还特别强调结合现实、立足现实实践的需要来读。借古喻今，借史明理，不为史累，力求去读活"二十四史"。于是常常顺手拈来一些史实，以说明当前工作中需要解决的问题，印证和评论解决这些问题的方法，给人们提供一些思路。

这就是毛泽东 1958 年 1 月 28 日在最高国务会议上说的："读历史的人不一定是守旧的人。"

1959 年 12 月至 1960 年 2 月，在读苏联《政治经济学（教科书）》的谈话中，毛泽东曾说道：《史记·项羽本纪》说，刘邦同项羽打仗的时候，萧何曾经实行"耕三余一"的办法，即男子从 21 岁到 23 岁，在家种 3 年地，有了粮食积蓄，到 24 岁出去当兵。那个时候能够做到这一点，可能是因为地多人少，土地肥沃。现在我们的东北，有些地区也还可以种两三年地，多余出一年的粮食来。

▲ 1958 年时的毛泽东

但是，全国现在很难做到"耕三余一"，这是什么原因呢？这个问题值得研究一下。

1959 年 3 月 5 日，毛泽东在郑州中共中央政治局扩大会议上的讲话中，提出要纠正"大跃进"和人民公社化运动中无偿调拨地方劳力搞项目的倾向。他说：征劳力必须出工资，义务劳动可以有点，绝不能太多。王安石有六项政策，其中著名的一项叫免役，即免劳役。凡能出钱的，各家都出钱，叫免役钱。过去是直接出人，王安石是征税，用这笔税钱由政府雇人搞各种事业。这是个很进步的办法。我们现在公社不出工资，把人家的劳力拿来归它。我看，调一部分劳力，少数的，办必要的对公社有利的工厂，是可以的。对工人要出工资。

毛泽东对朱元璋在起事过程中提出的"高筑墙、广积粮、缓称王"策略，很是注重。1953 年 2 月在南京游紫金山时，陪同的陈毅讲了当地关于朱元璋的一些传说故事，毛泽东接着说：朱洪武是个放牛娃出身，人倒也不蠢。他有个谋士叫朱升，很有见识。朱洪武听了朱升的话"广积粮、高筑墙、缓称王"，最后取得了民心，得了天下。朱元璋的"高筑墙"大概是指加高加固城墙，以增强防卫的措施。其后代也承其遗志，将长城加固，并增设了许多烽火台。我们知道，在 60、70 年代，毛泽东提出了"备战、备荒、为人民"和"深挖洞、广积粮、不称霸"，成为当时全民备战的两个基本口号。这显然是从朱元璋的策略中发展而来的。

三国时代，群雄割据，势局变幻，风云际会，人才辈出，斗智斗勇。这段历史，毛泽东颇喜欢研读，并读得细，记得也熟，评说也多。

1960 年 5 月初在山东视察时，他还即兴同舒同讨论过曹植的行迹呢。当时，谈起山东的历史，舒同说：东阿还有曹子建的墓。毛泽东说：那不对，他先封东阿王，后封鄄城王，后封陈王。你们山东人就要抢曹子建。舒同说：有证据的。他这个墓在 50 年代挖出来，挖出曹子建的佩剑来了。那个剑送到北京去了。毛泽东答：陈王是后封的，我记得的，也许我记错了。那个《月赋》头一句就是他"陈王初丧应刘"。据《三国志·魏书·陈思王传》载，曹丕继位后，曹植 11 年中而三徙都，数改封王邑，确是封东阿王在前，封陈王在后。但曹植在东阿时，喟然有终焉之心，也确曾在那里营造过坟墓。毛泽东与舒同的讨论，谁对谁错，并非是一个非去较真儿不可的问题，这其中有意思的是一个大国领袖的史家情趣。

汉末伊始，战乱迭出，始终没有安定过，社会经济和人们的生活遭受惨重破坏。1959 年 12 月至 1960 年 2 月，毛泽东在读苏联《政治经济学（教科书）》谈到这段历史时说：古代生产力水平很低，养兵过多，打起仗来，对经济的破坏确实很大。有时确实像蝗虫一样，飞到哪里就把哪里吃光。三国时董卓把长安到洛阳一带的人都杀光了，把洛阳完全毁灭了。打仗时没有吃的东西了，就吃俘虏。

说到赤壁之战，毛泽东对当时孙权手下的文臣武将们在和战问题上的态度，曾有一段很有趣味的评论。1959 年 12 月至 1960 年 2 月读苏联《政治经济学（教科书）》时，他曾同人议论道：三国时吴国的张昭，是一个经学家，在吴国是一个读书多、有学问的人，可是在曹操打到面前的时候，就动摇，就主和。周瑜读书比他少，吕蒙是老粗，这些人就主战。鲁肃是个读书人，当时也主战。可见，光是从读不读书、有没有文化来判断问题，是不行的。

孙权手下的战将吕蒙，毛泽东格外欣赏，他虽行伍出身而善于谋，有见识。吕蒙十五六岁随姐夫投孙策，惯常勇战，多立奇功。有"吴下阿蒙"之称。孙权继位后对他说：你握有很大兵权，应该好好读书以开阔眼界。从此他认真读书，"其所览见，旧儒不胜"。果然军机大长，立擒拿关羽之功。孙权说他"有国士之量，岂徒武将而已乎！"1958年毛泽东赴安徽考察的途中，在火车上读《三国志·吴书·吕蒙传》，便同随行的张治中、罗瑞卿谈道："吕蒙是行伍出身，没有文化，很感不便。后来孙权劝他读书，他接受了劝告，勤学苦读，以后当了东吴的统帅。现在我们的高级军官中，百分之八、九十都是行伍出身，参加革命后才学文化的，他们不可不读《三国志》和《吕蒙传》。"

《三国志集解》卷六十《吴书·全琮传》记述，孙权派儿子孙登出征，已出发到了安陆，全琮上书谏阻说："古来太子未尝偏征也，故从曰抚军，守曰监国。今太子东出，非古制也。"毛泽东批道："都是废话。"

谈《三国志》，自然离不开《三国演义》。因为后者事实上成为民间了解三国历史的普及课本。毛泽东自幼喜读《三国演义》。在井冈山那段根本不是欣赏小说的艰苦斗争的岁月里，他特意到土豪家里寻找《三国演义》。稍后一些教条主义者曾嘲讽毛泽东的军事路线是"把古代的《三国演义》无条件地当作现代战术"。

新中国成立后，毛泽东也很注意《三国演义》这本书。1959年4月23日，《北京晚报》连载了吴组缃的《关于〈三国演义〉》（三）的文章。毛泽东读到后，立即在旁批示：请秘书代为查找该文的第（一）、（二）两节，想看看。

关于《三国演义》这部小说，他是当历史来读的。譬如，他认为读《三国演义》，既要看它对战争、对外交的描写，还要看它对组织的描写。北方人——刘备、关羽、张飞、赵云、诸葛亮，组织了一个班子南下，到了四川，同"地方干部"一起建立了一个很好的根据地。

毛泽东还很注意史学界对一些重要问题的讨论情况，诸如关于历史分期问题，关于儒法评价问题等，有时也经常发表自己的意见。这里只举一例。

60年代前期，史学界曾讨论过历史上地主阶级对农民的"让步政策"问题，引起毛泽东很大关注。在1965年12月21日于杭州的一次谈话中，他说：出了个小将孙达人，写文章反对翦伯赞所谓封建地主阶级对农民实行"让步政策"。在农民战争之后，地主阶级只有反攻倒算，哪有什么让步政策。孙达人的文章，只讲古代，不讲近代；看看近代史，这个问题就更明白了。地主阶级对太平天国就没有什么让步。义和团先是"反清灭洋"，后来变为"扶清灭洋"，这是得到慈禧的支持。清朝被帝国主义打败，慈禧和皇帝逃跑了。以后慈禧就搞"扶洋灭团"。毛泽东又说：研究一下近代史，可以更清楚地看出，地主阶级对农民阶级没有什么"让步政策"。只有革命势力对反动派的让步，反动派总是反攻倒算的。历史上每当出现一个新的王朝，就要实行"轻徭薄赋"政策。那时，人民很苦，没有多少东西好拿。"轻徭薄赋"政策，对地主阶级最有利。

第十七章

苍凉唱大风

一、面对死亡

20 世纪 60 年代以后，大概越来越强烈地意识到自己的生命界限，毛泽东谈论死亡的话题比先前多了起来。

对这个问题，他是早都看开了的。

其实，关于死亡的话题，毛泽东在 50 年代后期就经常提到了。

1958 年 3 月 13 日，在武汉会见美国的斯特朗、杜波依斯时，得知杜波依斯已经 91 岁了，特别感慨他还如此灵活，说到自己：虽然我感到自己上了年龄，但依然有精力和体力，每年还可以游游长江。还开玩笑说：你已经 91 岁了，在另外一个 91 岁时，你将会遇到马克思，也许我会先你而去，那么，到时我会很高兴地将你推荐给马克思的。

1958 年他还在党的大会上公开讲死亡，说承认辩证法，不赞成死亡不好。死了人也叫喜事，很有道理，如果孔子还活着，在我们会场上，问他多少岁，说 2500 岁。这就很不好。他还告诉工作人员，七十三、八十四，阎王不请自己去，还说，自己死了，你要穿鲜艳的花衣服来参加庆祝会，就说："毛泽东死了，我们大家来庆祝辩证法的胜利。"

1959 年在庐山会议上批判彭德怀时，毛泽东说："我 66 岁，你 61 岁。我快死了。许多同志有恐慌，难对付你，很多同志有此顾虑。"所谓有同志有顾虑，是一位元帅在发言时讲道：毛主席还健在，你就这样，毛主席不在了，谁还管得了你。在林彪讲只有毛主席才是大英雄时，毛泽东又插话说："66 岁了，随时准备打交道，准备后事。"

1960 年 12 月 26 日生日那天，他给身边的工作人员写了封信，让他们到河南信阳专区去调查。末了，特别附上一句："12 月 26 日，我的生辰，明年我就有 67 岁了，老了，你们大有可为。"

1961 年 9 月，在武汉会见英国元帅蒙哥马利时，毛泽东明确向外宾谈到了自己的死。尽管是半开玩笑，却也不是信口开河：我设想过，我的死法不外乎五种，被开枪打死，翻车，游泳淹死，让细菌钻死，从飞机上掉下来。

这些说法，不外三类：政治谋害，意外事故，生病。

据吴旭君回忆，1963 年 12 月罗荣桓去世后，毛泽东曾和她谈过自己的死："在战争中我有好几次都要死了，可我还是没有死。人们都说我命大，可我不信。"

1964 年在军队干部会议上，他又说到了自己的死。

三番五次，这些表白，说得何等坦然，洒脱。可以肯定的是，在 60 年代前期之前，毛泽东虽然已经六七十岁，由于他特别健康的体魄和过人的精力，虽然屡屡说了死亡话题，但更多的是表达一种彻底的唯物主义者的生死观，未必有什么现实的针对性，所以语调总是那样轻松、幽默和自信。

可到"文化大革命"前夕，情况有了些变化。毛泽东谈论这个话题却有些沉重起来，多少同中国的现实和未来有了联系，至少人们特别注意起这种联系了。

毛泽东的身体状况，那时已然是国内外关注的大事，也是个敏感的话题。

1965 年 1 月 9 日，在和来访的老朋友斯诺谈话时，斯诺问他中美之间改善关系有没有希望，接着，两人开始了如下对话。

毛泽东：我看有希望，不过需要时间。也许我这辈子没有希望了，我快见上帝了，也许你们有希望。按照辩证法，生命总是有限的。

斯诺：我看主席的身体很健康。

毛泽东：我准备了好多次，就是不死，有什么办法！多少次好像快死了，包括你说的战争中的危险，把我身边的卫士炸死，血溅到我身上，可是炸弹就是没有打到我。

斯诺：在延安时？

毛泽东：好多次。在长征路上也有一次，过了大渡河，遇上飞机轰炸，把我的卫士长炸死，这次血倒没有溅到我身上。

……

斯诺：现在中国条件不同了，下一代将怎样？

毛泽东：我也不知道，那是下一代的事。谁知道下一代干些什么事，无非是几种可能：一是把革命继续发展；一是否定革命，干坏事，跟帝国主义讲和，把蒋介石接到大陆上来……你问我的意见，我当然不希望出现反革命。将来的事由将来的人决定。从长远来看，将来的人要比我们聪明。

斯诺在他的报道中说，毛泽东讲到这里的时候，头深深地往后仰过去，眼睛半开半合，仿佛沉湎到他自己的内心世界里去了。那是个别人难以体会的世界，不知多大，不知多深，不知多玄妙。他或许把自己放到了整个人类的历史长河中来定位了，于是，说出让斯诺惊讶的话来：从现在起 1000 年之后，所有我们这些人，甚至包括马克思、恩格斯和列宁都在内，大概会显得相当可笑吧。

斯诺把毛泽东谈论自己死亡的内容，也公开发表了。到 1970 年他重来中国的时候，斯诺说："有几个朋友向我指出，那些话，特别是关于见上帝的话，可能是有意迷惑那些希望毛泽东早死的人。"

传这个话的人，不知是被授意的，还是自作主张。如果说毛泽东在 1965 年就觉得有人希望他早死，由此说自己就要去见上帝来迷惑，那也太玄乎了，也把毛泽东看得太世故春秋了。

不错，"文化大革命"发动前后，毛泽东的身体始终是重大的政治问题。但对毛泽东自己的内心感受来说，他想得更多的，是对身后中国命运的忧虑，但他又无能为力地叹惜，更由此体会到无论如何"伟大英明"的一生，都无法超越生死规律。

于是，在和斯诺谈话 20 天后，毛泽东在给青年时代的朋友周世钊的信中，是那样直率地感叹：

我已经衰落得多了，如之何？如之何？

这两个问号，传达出多少心事啊！

在他生命的最后一段岁月里，他似乎体会到个人意志和政治斗争所能达到的界限。1972 年接见尼克松时，后者说他读了毛的诗词和讲话后，知道毛泽东是一个思想深刻的哲学家，并认为毛泽东的作品"感动了全国，改变了世界"。毛泽东绝不是敷衍地回答："没有改变世界，只改变了北京附近的几个地方。"1973 年 11 月，澳大利亚总理威特兰来访时，很想知道毛泽东对中国未来的组织结构的看法。毛泽东谢绝了这个未来的话题，而引向自己的生命，说：周恩来和我都看不到中国革命结束了。

毛泽东强烈地意识到了自己的生命界限，进入 70 年代以后，他多次谈起自己要去见马克思见上帝了：

我今年八十二了，快不行了，靠你们了……上帝请我喝酒。

这是 1975 年 4 月 18 日对来访的金日成说的话。虽机趣如昔，但一代伟人从未有过的悲凉毕竟溢于言表。

这年 5 月 16 日早上，女医生小李来到躺卧在病床上的毛泽东身旁。说了几句话，毛泽东便说："上帝也许要发请帖请我去，你要不来看我，我恐怕再也看不见你了。"小李临走时，毛泽东送给她两句话："风云帐下奇儿在，鼓角灯前老泪多。"又解释：后面一句，"就是我此时此刻的心情！"

须知，9 年前的这天，以著名的"五一六通知"为标志，"文化大革命"烈火正式点燃。那时，毛泽东豪迈挥就了他的大字报——《炮打司令部——我的一张大字报》。

面对英雄迟暮的袭击，毛泽东有自己的承受方式和表达方式。

他找人来替他读书，说古论今，自觉不自觉地向身边的工作人员敞开那并不随意打开的心扉，流露出一些真情，一种"如之何，如之何"的生命感受。

在邓小平大刀阔斧搞整顿的 1975 年那个夏天，毛泽东让芦荻给他读王粲的《登楼赋》。王粲这篇赋写于他建安十三年归附曹操之前，当时在荆州避难，一无建树。本想登楼望景以解忧愁，勾起的却是长年流离，归乡无路，报国无门的浓愁深悲。全文风格，沉郁悲凉。毛泽东听后评价说：这篇赋好，作者抒发了他拥护统一和愿为统一事业做贡献的思想，但也含有故土之思。在分析这后一方面的思想感情时，毛泽东接着发挥说：人对自己的童年，自己的故乡，过去的朋侣，感情总是很深的，很难忘记的，到老年就更容易回忆、怀念这些。如此千载幽幽的情思，在毛泽东凯歌行进的时候，是较少流露的。但是在病魔缠身的迟暮之年，却直率地谈文纵情，评人论己了。因为王粲写《登楼赋》时，才 30 岁左右，自然说不上"到老年更容易回忆……"

这年，他又让人给他念庾信的《枯树赋》。开始，他静静地听着，面部没有任何表情。猛然间，他声音微弱地苦吟起来："此树婆娑，生意尽矣！至如白鹿贞松，青牛文梓，根柢盘魄，山崖表里。桂何事而销亡？桐何为而半死……昔年种柳，依依汉南；今看摇落，凄怆江潭。树犹如此，人何以堪！"神志的极度清醒，脑细胞的极度活跃，与躯体的衰老形成了极大的矛盾。忧患殊深之外，又添老病无奈之情。庾信的《枯树赋》抒发的是英雄暮年的凄凉情感，反映的是一种在自然规律面前无可奈何的失落心态。

这年国庆节那天，在外面的世界敲锣打鼓欢庆节日的时刻，毛泽东却同工作人员孟锦云谈起了贾谊的《鵩鸟赋》，说自己已读过十几遍，"还想读，文章不长，可意境不俗"。

这是一篇什么样的作品呢？贾谊失意时，被贬为长沙王傅。有一天，一只鵩鸟飞进他的屋子，贾谊见后，黯然神伤，因为这鸟像鸦，属不祥之鸟。加之长沙潮湿，贾谊体弱多病，于是觉得自己活不长了，便忧伤地提起笔，写了这篇《鵩鸟赋》。文中列举许多强盛一世的人物，都有衰变结束的时候，以其说明"命不可说兮，孰知其极"，"天不可预虑兮，道不可预谋"的忧患，同时也表达了"万物变化兮，固无休息"，"化为异物兮，又何足患"的通达乐观。

毛泽东从中受到什么启发呢？他对孟锦云说得很明白："不少人就是想不开这个道理，人无百年寿，常有千年忧，一天到晚想那些办不到的事，连办得到的事也耽误了。秦皇、汉武都想长生不老，到头来，落得个'万里长城今犹在，不见当年秦始皇'。"

真是人事无常呵！随它去呢，能做什么就做什么吧！

是呵，他太疲倦了。许多事情，对他来说，已然是力不从心了。

但是，毛泽东毕竟是毛泽东。

他心里并没有停止歌唱，革命家的心不甘。

二、晚年心事

对死亡本身，毛泽东或许是乐观无虑的。可对死亡的政治效果，他则比谁都焦急万分，忧长患远。

毛泽东说过："真正单纯的乐神，从来没有过。每一个人都是忧患与生俱来的。"在他的晚年，这种与生俱来的忧患则染上了特定的含义。从宏观上讲，他担心"党变修"、"国变色"。他一生矢志而执着地追求、信仰和捍卫马克思主义的纯洁性，他感到目前国际上 100 多个共产党，真正搞马克思主义的不多；而中国党内懂得马克思主义的也不多，如果有 200 个干部真正理解马克思主义就好了。不唯如此，他甚至感到党内已着着实实滋生出一个走资本主义道路的当权派，滋长着一条修正主义路线，他亲手建造和无数先烈用生命换来的红色江山面临毁于一旦的危险。还有什么事情能像这个问题引发毛泽东的无比忧患呢？

于是，他果断地发动了"文化大革命"。在 73 岁高龄开始他人生的最后一搏。

他此时的心境，犹如在 1966 年 6 月写的《七律·有所思》中所说的，一方面是"青松怒向苍天发"的豪气张扬，一方面是"凭阑静听潇潇雨"的深切沉思。其实，这时的毛泽东已经少了些挑战——战而胜之的高度自信。当他晚年在领袖与群众的关系上陷入了理性追求和实践心态的严重分裂时，他多少感受到现实进程同他的气质、抱负之间的强烈反差，他的内心深处开始被孤独感侵蚀。1966 年 7 月，当亿万群众咏诵着他过去的名句"群众是真正的英雄"，开始造反的时候，他却在给江青的信中感叹："世无英雄，遂使竖子成名"，"山中无老虎，猴子称大王"。伟人的谦逊、舍我其谁的自负气概和四顾少知音也少对手的悲哀浑然融为一体了。

他的心境变了。

而且，他意识到，搞了这么多年的建设，仍然没有把中国从贫困中拖出来。当初建立新中国，搞各种运动，目的不就是发展生产力么？结果怎么事与愿违呢?

1974年5月25日,毛泽东会见英国前首相希思,说起了他们共同的朋友尼克松。毛泽东希望希思帮一帮尼克松,让他渡过"水门事件"这个难关。又说:"他也有缺点。"作为政治家,希思自有其机敏和圆厚,紧接着说:"我们都有缺点。"

毛泽东把话题引向了自己:"我的缺点更大呢!八亿人口要饭吃,工业又不发达。不能吹中国怎么样。你们英国还可以吹一下。你们算发达国家,我们是不发达的国家。要看他们年轻的这一辈怎么样。我已经接了上帝的请帖,要我去访问上帝。"

希思说他对毛泽东讲的很感兴趣,并认为中国的农业发展了,工业正开始发展,想知道"主席是如何鼓舞了七亿多人民团结一致这样工作的",毛泽

▲ 1972年2月21日,毛泽东在中南海会见美国总统尼克松

东只说了一句"说来话长"，就把话题转向英国帮助中国的问题上去了。

81 岁的毛泽东，历经 8 年"文化大革命"的毛泽东，看来已无意谈中国的辉煌，也无意谈自己的辉煌了，更何况，是在西方发达国家的客人面前。

值得一提的是，复出不久的邓小平当时也在座陪见。当毛泽东说自己接到了上帝的请帖，中国的未来，"要看他们年轻的这一辈怎么样"时，无疑是指的邓小平。说到香港问题，毛泽东讲："到时候怎么办，我们再商量。是年轻一代人的事情了。"有传记作品讲，说这个话的时候，毛泽东还用手指了指邓小平。虽为想象之辞，如此理解，倒也无不可。

"忽忆刘亭长，苍凉唱大风。"叶剑英 50 年代写下的这一微妙的诗句，在这个时候似乎颇具启发含义。

这位在晚年击筑陈歌："大风起兮云飞扬，威加海内兮归故乡。安得猛士兮守四方"的刘邦刘亭长，是指谁呢？

80 年代，叶剑英身边的工作人员为他编辑诗集时，曾当面请教，不料，叶剑英毫不迟疑地回答了 3 个字——"毛泽东"！

"刘亭长"需要猛士守四方。毛泽东需要有人把红旗打下去。

于是，他开始有计划地考虑和安排中国的未来，选择身后的接班人。

起初，他选择的是林彪。多病体虚、怕风怕光的林彪却不愿久等，迫不及待地要早日登台。

"林彪事件"后，身心遭受沉重打击的毛泽东，一下子老了许多，不得不面临又一次艰难的选择。

"林彪事件"也让许多有识之人惊醒起来，对"文化大革命"有了怀疑。

毛泽东深切了解到这一事业后继乏人，并凭着他极为敏锐、强健的政治直觉，感受到在一片"文化大革命万岁"的口号声中，有一股深沉有力、十分使人担忧的潜流在涌动、回潮。

他加快了选择，而且是多种选择。

他仍是那样敏锐地把握着政局的发展：王洪文从上海调中央来了，华国锋从湖南调中央来了，邓小平也从江西回到中央来了，并主持日常工作。旋即，对"四人帮"的批评也提出来了……这一切，似乎暗含着毛泽东安排日后大事的预兆和匠心。

生理的进而也是政治实践的生命越是接近极限，似乎反过来更激发他的意志力量；儒家为扶大道而知其不可而为之的精神似乎以一种新的形式在他的身上复现。

有几个非常精彩的细节。

1973年8月2日，毛泽东青年时代的好朋友、新民学会会员李振翩同夫人汤汉志从美国回大陆探亲。毛泽东接见了他们。

李振翩是位医生，很关心毛泽东的健康。出于职业习惯，他劝毛泽东减少读书。

毛泽东回答："我现在横竖不看了。比如……"

这"比如"之后，却是让身旁的王海容给他一本打开的草书字帖过来。王海容递给了他，毛泽东很自信地说："这样的字我就看得清。"

为了证明这一点，他开始读："《琵琶行》，这是……"开了头，他没有说下去。

片刻沉默。

汤汉志看出，毛泽东不一定能立刻认清这本草书字帖的内容，试探着问："是不是戴眼镜好？"

毛泽东果断干脆："不！"他坚信自己看得清。

李振翩有意把话岔开，说："我们到延安去看了。"汤汉志会意，补充说："他们说主席从前住在窑洞里，办公的地方点的是油灯，我们都看到了。"

毛泽东仍不搭腔，低头认真地辨认着，他非要认出来不可。

他终于认出来了："嗯，这是明朝人董其昌学怀素的几笔草书。怀素是唐朝的和尚，河南人……"

他终于证实了自己，满足了自信。

这看起来是小事，却深深地反映出毛泽东的性格——绝不服输，相信自己的意志力；永远挑战，包括向自然的生理规律挑战！

1973年开党的十大的时候，面对欢呼的十大代表们，他已经不能从椅子上站起来了，不得不以目送代表们退场的方式，让大家先走，自己最后让人扶着离开，还说："你们不走，我也不好走。"为什么呢，他要在信仰他的人面前保持一种健康的姿态，这无疑是政治的需要，也是他一生从不服输的心理折射。

1974 年 10 月，诗人袁水拍在给江青的信中谈及对毛泽东"暮色苍茫看劲松，乱云飞渡仍从容"诗句的理解，说不知是"松"从容，还是"云"从容。毛泽东在答复中毫不犹豫地说："是云从容。"还不无所指地补充一句："我喜欢乱云。"

他总是焦渴地期待着激烈的场面，以驱除难以挥去的忧患。

1975 年底，毛泽东让已经逐渐受到攻击的邓小平主持起草一个决定，一个肯定"文化大革命"的决定，甚至说三七开也可以。但邓小平拒绝了，理由是：对"文化大革命"过程不大了解，"我是桃花源中人，'不知有汉，无论魏晋'"。不久，一场"批邓、反击右倾翻案风"的运动开始了。

但毛泽东还是不得不把自己的忧患连同接力棒，交给了自己选定的接班

▲ 1975 年 4 月 18 日，毛泽东会见来访的朝鲜民主主义人民共和国主席金日成，邓小平陪同会见

人。1976 年 6 月，毛泽东在病情加重的时刻，召见了华国锋、王洪文、张春桥等人，对他们做了重要讲话。

他说："我一生干了两件事：一是与蒋介石斗了那么几十年，把他赶到那么几个海岛上去了；抗战八年，把日本人请回老家去了；对这些事持异议的人不多，只有那么几个人，在我耳边叽叽喳喳，无非是让我及早收回那几个海岛罢了。另一件事你们都知道，就是发动文化大革命。这事拥护的人不多，反对的人不少。这两件事没有完，这笔'遗产'得交给下一代。怎么交？和平交不成就动荡中交，搞不好就得'血雨腥风'了。你们怎么办？只有天知道。"

他诉说衷肠，但已没有多少把握了，"只有天知道"。

他说他一生做了两件大事，自然也是极而言之。因为他一生当然不只是干了这两件大事。他这样概括，恰好反映出他晚年太重、太大、太难的心事——对他发动和领导的"无产阶级文化大革命"特别地看重，也特别地忧虑，特别地不放心。

开国，是众所周知的事实，也是无所疑义的成功。所以他说得很轻，反而见出他的自信：无非是把蒋介石赶到一群海岛上去了，把日本人赶回老家去了。说到第二件事，心境就明显不一样了。他的潜台词大概是：打江山易，守江山难吧。他搞"文化大革命"，正是为了"守江山"，用正规的表述，是"巩固政权"。

可是，偏偏是他特别看重的这件大事，"拥护的人不多，反对的人不少"，怎能不让他特别揪心呢？

这倒也看出，尽管已经苦于来日不多，行将去"见马克思"，尽管当时公开否定"文化大革命"的人几近罕见，尽管响彻他耳边的声音，显摆他眼前的文字，仍是"伟大的无产阶级文化大革命万岁"和"把无产阶级文化大革命进行到底"，但在他的感觉里，在他的观察中，还是敏锐地发现，有不少人实际上是反对的。这可以有三个解释：（一）把"文化大革命"视为他晚年要做并一定要做成功的第一大事情，所以在对待它的问题上，尤其敏感；（二）对"文化大革命"的命运如何，包括"文化大革命"正确与否，他仿佛少了些过去的信心，也就是说，对"文化大革命"并没有带来期望的效果，甚至有不少负效应这一点，他多多少少有所意识；（三）他所指的反对的人，恐怕不是一般的群众，很可能是指党内的高级干部。如果我们知道，他说这些话的时候，正是全国大张旗鼓地"批邓、反击右倾翻案风"的时候，而且邓小平曾是他请出来苦撑危局的人，是他付以重托的人。结果连邓小平都在实践中逐步地纠正"文化大革命"的错误，乃至慢慢地走向对"文化大革命"的全面否定，毛泽东所指的反对的人，自然就是党内的高级干部了。

但是，无论如何，他还是要把"文化大革命"进行到底的，他坚信尽管它有这样或那样的毛病，为江山命运计，他都无法容忍谁对它否定，因此，他是反对那些"反对文化大革命"的人的。可是，毕竟来日无多了，自己身后，"文化大革命"怎样？谁能把"文化大革命"坚持下去？谁来接班？自己能把握交接班吗？是和平的方式还是腥风血雨？——"只有天知道"！

在后来的实际行动中，华国锋按毛泽东生前愿望，同叶剑英、李先念、汪东兴等一起解决了"四人帮"的问题，避免了"腥风血雨"，从危难中挽救了党，挽救了国家，挽救了中国的社会主义事业。

这是后话。

却说 1976 年，是中国旧历龙年。本应腾飞大顺，可对中华民族来说，却是灾难深重的一年。天灾人祸，频频降临。周恩来、朱德两位毛泽东的亲密战友，相继逝世；唐山大地震……

神州震荡，大地哀鸣。

凑巧的是，这年 3 月 8 日，东北方向吉林地区，降落了一次世界历史上罕见的陨石雨。其中最大的三块陨石向西偏南方向飞落，最大的一块重量为 1770 公斤。

工作人员为毛泽东读完这则新华社电讯，他沉默不语，走到窗前，遥望天空，禁不住对工作人员说："中国有一派学说，叫天人感应……天摇地动，天上掉下大石头，就是要死人哩。《三国演义》里的诸葛亮、赵云死时，都掉过石头，折过旗杆。大人物，名人，真是与众不同，死都死得有声有色，不同凡响噢！"

工作人员说这是迷信。毛泽东沉思道："古人为什么要编造这些呢？"

是啊，谁能说得清毛泽东此时此刻的感触和心境呢？

2000 多年前，另一位对中华民族产生过深远影响的伟人——孔夫子，老病缠身的时候，拄着拐杖，步出蓬门，看见太阳落山，染红西天一片，禁不住漫声叹息——

"哲人其萎乎？！"

附：

"毛泽东之魂"答问录

中共中央文献研究室第一编研部（毛泽东研究组）的边彦军、张素华、吴晓梅三位同行，曾采访编写一本《说不尽的毛泽东——百位名人学者访谈录》。后两位曾就毛泽东的个性灵魂访谈笔者一次。那是 1992 年。所谈内容，同读者手里的这本书很是契合，大体反映我写这本书时的一些考虑。征得他们的同意，将整理稿放在本书末尾，算是一个"余说"吧。

一、打开毛泽东心灵的另一扇窗户，我们看到些什么？

访问人：最近看到了你的两本书，一本是《毛泽东的文化性格》，一本是《毛泽东与文艺传统》，都与"文化"这个概念有关。我们知道，你没到中央文献研究室以前，主要是搞文艺评论的，从文化个性的角度研究毛泽东，在你除了"因地制宜"的原因外，还有对毛泽东研究本身的一些考虑吗？

陈晋：如果说我来这里搞毛泽东研究是意料之外的事，那么，从文化个性的角度写毛泽东，正如你们所说，则在自己意料之内。关于毛泽东，熟悉党史、哲学史或经济学史的人往往都有自己固定的研究角度和模式，这是我们经常可以看到的。就我来说，选择文化个性这样的角度，有扬己之长避己之短的切实考虑，也有创新的愿望。

访问人：从文化个性的角度来剖析毛泽东，是不是也意味着可以避开或功或过的硬性定论？

陈晋：可以这么说。取一个软性的视角，这对读者来说可能也会有新意，哪怕是同样的内容。比如，对于"大跃进"政治、经济诸方面的研究已经取得一些共识，《建国以来党的若干历史问题的决议》也有明确的阐述。而我的研究视角是：毛泽东那个时候处在什么样的心态之下？举个例子，他那时喜欢读什么书呢？他喜欢读《楚辞》，特别是《离骚》，浪漫而又富于想象的作品，读了以后还给江青写封信，说今晚又读了一遍《离骚》，心中喜悦，有所领会之类的话。这就很值得玩味。1958年1月召开的南宁会议批评了反"冒进"，对发动"大跃进"举足轻重，这个时候毛泽东去读《离骚》，读得那么晚还要给江青写信，这么一个大政治家大思想家，他到底领会的是些什么东西呢？他又是怎样进入上天入地、纵横捭阖充满驰骋想象的那种诗境，与几千年前的诗人对话的呢？有人统计过，从1957年到1958年，毛泽东读过好几遍《离骚》。

又如，这时期，他在与身边工作人员和外宾的谈话中也似乎不着边际地问道，我们到底是住在天上还是地上。这个问话，他还拿到中央的会议上说。他读《光明日报》发表的介绍苏联火箭之父成长经历的文章时，在充满幻想的一段文字描写下面画了很多的着重号。这都是很有意思，很耐人寻味的。我力争把这些描述出来，挖掘出来，归纳之后作这样的表述：在推动"大跃进"的实际操作过程中，伴随着毛泽东的始终是他的浪漫性格和丰富的想象力，而这种想象在一个诗人、哲学家身上，很诱人，有魅力。问题在于，毛泽东不单是诗人、哲学家，他还是一个政治家、一个国家管理者。优势扩大了范围，用错了范围，就变成了劣势。我就是这样从文化性格的角度接近毛泽东的主观心态，一方面有利于了解他的主体特征，另一方面尽量对他的社会活动中的一些功过作新的层面的剖析。

访问人：研究毛泽东，研究毛泽东思想，就必然离不开研究毛泽东的社会实践和中共党史，这中间的联系是非常紧密的。就我们现在的研究状况来看，比较习惯的思路是从重大的党史事件中看毛泽东的决策过程，或者从各个社会科学领域去研究毛泽东思想，这方面的成绩不小，研究起来也驾轻就熟，但这是不是也意味着落入了某种研究模式呢？意味着忽略了毛泽东的性格本身的研究？

陈晋：是存在这样一些问题。研究一个伟人，当然要和历史事件及其思想理论联系在一起，但在这之后，我们最终还是要回到毛泽东究竟是怎样的一个人上面；而且，通过事件也可以折射出他的个性，因此，从文化性格的角度去看毛泽东，可能会更直接一些。

打个比喻，如果毛泽东研究是个房间，大家都从这扇门进去从南往北看，那么我就绕到后面打开另一扇窗户从北往南看，这个角度虽然不一定比从南往北多看到多少，但毕竟可以弥补一些遗漏，看到从南往北所看不到的一些东西。

访问人：这个比喻很有些意思。看起来这样的窗户还不少。不打开这一扇窗户，就很难说是走近了真实的毛泽东，真正从行为事实出发而不是从概念出发去认识他、理解他。我们想起为朱德写传的史沫特莱对毛泽东的感受。她是最早进入延安的美国记者，同毛泽东有不少接触，她说：在毛泽东的意识深处，有一扇门，一直没有向其他人打开。

陈晋：我们的研究，似乎就是去打开这些未曾打开的门，或者窗户，尽量去感受这个伟人的内在之魂。事实上，毛泽东有时也主动向人们打开过，作了些自我解剖，揭下过外人罩在他头上的光环。

访问人：毛泽东的自白，是最有说服力的。

陈晋：有些材料，毛泽东虽不是自白性的，但通过他评人论事，也可反映他内心深处的那扇门里的内容。举个例子，我听说过这样一件事：1950年淮北地区发大水，受灾严重，毛泽东看到一份报告里说有些灾民为躲水爬到树上，有的被毒蛇咬死，他伤心地掉了眼泪，很感人。我又听说过这样一件事，1954年长江发大水，武汉地区受灾严重，淹了好些地方，毛泽东听后说：好，旧的不去新的不来。看起来矛盾，我觉得，这并不有损于毛泽东什么。恰恰这两个例子反映的是毛泽东性格的两个侧面，一个是同群众的天然的感情联系，另一个是他那种一张白纸好画最新最美的图画，打碎旧世界建设新世界的渴望。

访问人：也就是"不破不立"。

陈晋：毛泽东叫好，有两层意思：一是不在自然灾害面前吓倒，就毛泽东的个性来说，这是很自然的反映；就像他1959年在一个关于福建沿海发生沉船事故的报告上写的批示那样：沉舟侧畔千帆过，病树前头万木春……在同地球开战中，要有此种气概。二是他想得更远，旧的去了，新的建设有待我们的加倍努力。这两个例子一个感伤，一个叫好，孤立起来看是对立的，但放在一起仔细琢磨，就可以发现，这两个方面互补起来，才是完整的毛泽东。

二、遭遇新旧交替的中国，他是最"时髦"的现代型人物，可又拖着博大深长的五千年传统

访问人：厦门大学的汪澍白教授也是研究毛泽东与中国传统文化的，但似乎角度不一样。他主要从哲学、政治上探源毛泽东与中国传统文化的联系，你是更着重于毛泽东的文化性格。那么，文化性格到底是指什么，你能不能作一个概要解释？

陈晋：这很难说清。我在《毛泽东的文化性格》这本书的后记里，说自己写作的侧重点是：人格道德、社会理想、政治革命与文化变革的关系，传统与现代、中国与西方的关系，毛泽东的主体个性及诗文意气与他的实践活动的关系，等等。所谓"文化性格"大体就包含了这些内容吧。

中国这片文化土地给了毛泽东什么？毛泽东从这片土壤中又吸收了些什么？他又是通过什么样的方式吸收和表现出来的？前一个问题具体地说，就是中国传统思想渗透到毛泽东血液里的是哪些东西，中国社会当时的现实状态——半殖民地半封建的社会背景与社会环境又给了他哪些东西，这是文化；后两个问题，毛泽东怎样吸收以及吸收的方式，他有别于他人的选择和实践，这就是个性。把"文化"和"性格"放在一起形成一个概念用得不多，也不一定规范，但它有两个看来相对立的好处：一是明确性，指明我研究的主题在文化与它的主体这两个范畴之内；二是可塑性，用它来避我所短，扬我之长，使用材料能够说明他的个性特征的就用，反之不能说明的就不用，自由度更大些。

访问人：那么，就你的研究来看，毛泽东的文化性格是怎样的？

陈晋：我谈些随感吧。有些说法我过去没有表述过。单从个性的角度而言，我觉得，毛泽东是天然的现代型。换句通俗点的话说，是最"时髦"的

人。他的眼光，他的追求，他的创造，都是往前看的。纵观他的青年时代到晚年岁月，他一生厌烦的就是陈词滥调、墨守成规，而对新生事物不但乐于叫好而且乐于接受。可以说，毛泽东是现代文明的崇敬者、追求者、构想者乃至于描绘者，但是（这里有个但是）由于客观因素——中国传统思想、中国社会现实状态乃至于中国革命具有的特点的影响，以及他的知识背景的局限，又妨碍毛泽东成为具有彻底的科学理性的现代型人物。人，总是不能超越时代来塑造自己的。

访问人：那么，现代型个性与民族传统的影响这两个截然不同的方面在毛泽东身上是怎样表现出来的呢？

陈晋：它们有的时候是一致的，有的时候是相悖的，有的时候则显现出一个事物的两个方面互相交织在一起，这就需要进行剥离。

访问人：能举个例子吗？

陈晋：比如说民主与革命。毛泽东从小就反抗父亲严厉的管教，求学时期较多地接受了西方现代文明的思想，后来又选择了马克思主义。马克思主义也是西方现代文明的光辉成果，它的精髓之一就是反对阶级压迫，反对不平等的制度，求得全人类的解放。毛泽东自始至终是抱着这个信仰的，包括他晚年，看不得小人物受压制，总替他们说话。这既是他天性的表露，也是他后来接受现代文明发生的效应。追求民主，追求平等，是毛泽东一生中的相当核心的内容。以现代性的民主、平等来反对专制、压迫，这样的事在毛泽东一生奋斗的过程中是很多的。然而他最终所选择的方式却是期望以暂时的不平等不民主来实现那终极目的；以对一部分人的不平等不民主来实现更多人的长远的平等与民主。这在革命战争时期是难以避免的，但在夺取全国政权之后仍然用这个方式，就未必妥当了。这是从实行民主、平等的手段和方式上来说的。

从毛泽东对民主、平等的勾画描绘来看，他是过多地强调结果的平等。这也是中国传统文化的包袱。"平等"两个字在中国不是新鲜词，哪一起农民起义没有提出均贫富思想的口号？这类口号要求的是平等，但它和西方现代文明所讲的站在同一条起跑线上的平等不同，它不讲起点而要求同时到达的结果。如果说这在封建制度下没法让人站在同一条起跑线来追求平等的情况下，是势所必然的话；那么，在已经完成"剥夺剥夺者"的革命进程以后，再这样做，就不利于社会财富的积累，妨碍人的个性特别是创造个性的发挥，无益于历史进步了。毛泽东后来在民主、平等问题上出现失误，大概就在这里。

很明显的例子，人民公社化运动中，搞"一平二调"；搞"抽肥补瘦"；搞"公共食堂"；让每个不识字的农民都要去写惊天动地、气壮山河的"跃进"民歌；把发展科学技术，创造发明的希望，寄托到贫穷落后的地区和没有解决温饱的农民身上；等等。"五七指示"也是一个例子，要求全国各行各业都办成一个大学校，学政治、学军事、学文化，又能从事农副业生产，又能办一些中国工厂，也要批判资产阶级。其实这种思路在延安时期他就有，他对劳动模范们讲话，说你们也应该是军人；他对抗大学生讲话，说你们是军人，在这里读书，又能开荒生产。这种思路给人的感觉就是谁不能比别人强，也不能比别人弱，每一个人都应该担当起社会的全角色，身份、能力都要一样。

这样看来，毛泽东在 1958 年和 1974 年，两次提出破除和批判"资产阶级法权"（权利），并说要让全国人民都懂得这个问题，就不是偶然的了。

访问人：中国传统文化对毛泽东的积极影响在学术界多有讨论，没有对中国这片土地深刻的了解就无法实现对它真正深刻的变革，这是无疑义的。但中国传统文化对毛泽东影响的负效应呢？传统的羁绊，是不是也限制了现代型个性毛泽东的眼光，限制了毛泽东向前迈进的步伐？甚至有的时候在拖后腿？

陈晋：毛泽东是一直向前迈进的，但他有时却用传统的方式迈步，他对前景的勾画也有很深的传统的烙印。

访问人：可以说毛泽东改变了中国政治经济文化的进程。现代型的个性与传统文化思想的影响同时作用在他身上，那么他把革命推向前进的时候，他更多地得益于自己性格的哪一方面呢？

陈晋：把马克思主义运用于中国革命，是需要对中国的实际情况有切实深刻的了解的。我觉得，近代以来对中国影响最大的是4个人：孙中山、蒋介石、毛泽东、周恩来。有意思的是，接受西方现代文明更多的人，某种意义上都不可能真正驾驭这片土壤上长出来的风云人事。孙中山是深受西方文明影响的，但他却无法驾驭辛亥革命，被袁世凯这个独夫民贼篡了权。蒋介石受中国传统思想熏陶很多，在军阀混战中他却稳稳站了21年，建立了自己的统一政权。周恩来很受西方文明熏陶，最终只是毛泽东的得力助手，批"反冒进"以后，很难旗帜鲜明地坚持自己的一些正确的主张。毛泽东成功了，他很明白，革命是在半殖民地半封建的落后的中国搞起来的，要达到胜利的目的，不可能不借用传统的方式、传统的手段，八七会议后他带兵上井冈山，就是传统的绿林好汉给他的一个启示。

或许，在20世纪中国这块新旧交替的舞台上，正需要毛泽东这样能轻车熟路进出"现代"与"传统"的人物，才能把握世流。

访问人：毛泽东在与蒋介石的斗争与周旋中，也非常熟练地运用了中国的谋略。近代以后，有许多仁人志士从西方从苏联留学回来，寻找救国救民的方法，但最后的成功者却是从来没有留过洋的毛泽东，仔细想来，这里边的确有许多值得思考的问题。

三、劈成两半的个性世界，怎样合成完整的人格？

访问人：我们还是回到毛泽东的个性上来吧。现在的读者希望了解，毛泽东究竟是怎样一个人。光是论述他的理论思想，读起来可能是硬邦邦的，读者的兴趣也不大。光是生活琐事的摆列、趣闻逸事的搜罗，也没有多大意思。

陈晋：就像你们开头说到的，我们应该回答毛泽东究竟是怎样一个人。我想，条件是成熟了或逐渐成熟了。

访问人：听说你要写一本叫《毛泽东之魂》的书，能介绍一下吗？

陈晋：当然可以。我的前两本书出版以后，常接到一些读者来信，有的朋友也建议，说：你的书角度不错，素材有凭有据，也不少，可除了个别篇章外，学术性强了些，大大减少了读者范围，你何不写一本更生动的专谈毛泽东个性的书呢？你仍可以夹叙夹议，这样，既有别于时下一些单纯纪实的作品，又与理论书不一样。我觉得这个建议不错，这样写出来风格也比较别致，于是做了些准备。

访问人：这种写法确实很有意思。既不俗，又有可读性，关键是读后能给人一些思考。

陈晋：希望能做到这点。

访问人：你怎样叙述毛泽东的个性呢？

陈晋：其实，前面已经多少说到这个问题。如果归纳成一句话来说，就是把毛泽东的个性放在"毛泽东之魂"的位置上来展开。"毛泽东之魂"是有很大外延的概念，但有一点是明确的，即它指毛泽东一生内在的东西。这样，本书写的就不是这个伟人外在的轰轰烈烈、纵横捭阖，而是海潮下面那涌动回旋的东西，那"看不见的战线"，那不动声色的"惊雷"，那没有浮出海面的冰山底座。

访问人：这些深沉的内容，或许也是读者很关心的，因为它能提供毛泽东在作出一些重要决策时的"为什么"。

陈晋：这样，我叙述的，大多是毛泽东的一些侧面活动。例如：他为什么喜欢游泳？他没有当一把手的时候为什么老挨整？五六十年代他为什么爱谈论"鬼"？他为什么把红卫兵比作孙悟空？他为什么喜欢秦始皇反感孔夫子？几次重大决策他为什么都要向各级干部推荐一些书？他一生各个阶段是怎样看待自己的？他从中国历史里汲取了什么？还有他晚年的苍凉心境……这些，多少看出毛泽东成败得失之内在因素，看出"毛泽东之魂"，说清楚它们，毛泽东的个性也就一目了然了。

访问人：这些确很别致。你能说说毛泽东之魂中的某些个性内容吗？

陈晋：譬如，在毛泽东身上时时刻刻可见的既对立又统一的东西。这里借用毛泽东常说的"对立统一"表达的意思是说，在毛泽东身上时常同时存在融会了两个极端相反的气质，我们刚才所谈到的现代与传统是一个，还有务实与浪漫，"虎气"和"猴气"，政治家与诗人，逞强与悯弱，文人士大夫式的高雅志趣与农家子弟的朴实作风，对书本的"崇拜"与批判，"自信人生二百年，会当水击三千里"的自信与"盛名之下，其实难副"的不自信……如果再举细一点，还有许多，如：他很幽默风趣、含蓄温和，又严肃认真，猛烈逼人；他坦率、外露，提倡活得真实，可也十分精明，有时腼腆；他既谦恭、豁达，又高傲、敏感；他做事细致严谨、明察秋毫，但作风却粗犷洒脱、不拘小节；具有成就大业的忍让耐心，一旦需要则当机立断，决不坐失分秒……

毛泽东写了《矛盾论》，并且在人生实践中是天才的辨析矛盾、化解矛盾的大师，但他并不能使自己超出矛盾的旋涡，他是一个充满矛盾的对立统一体。我想，这或许就是人格个性的辩证法，毛泽东之魂的辩证法。

访问人：这与毛泽东在历史演变中扮演的角色可能有关系。

陈晋：是这样。像他这样通过自己的奋斗，在历史风云里纵横捭阖的大人物，总是要在各种各样的矛盾中选择和生活，任何单色调的人，都很难适应，要么在矛盾中迷失，要么被冲突的双方压掉。毛泽东成功了，他受了这些斗争风云的熏陶，并融进了他的性格，反过来，他又主动去适应，去驾驭，去化解。

访问人：人们对毛泽东自我表白的"虎气"和"猴气"很感兴趣，但没见到对这两种性格作具体解释，它们的实际内涵据你看，是指什么呢？

陈晋：毛泽东自然是个比喻。我想，"猴气"主要是立足于"在野"者身份说的，包括灵活性、策略性，进于不得不进，退于不得不退，可进可退。这里大概有道家的影响。不搬教条，不信权威，好怀疑，好挑战，好反抗，等等。老虎在，猴子的生活自然不甚惬意，更谈不上"称大王"了，但对革命家来说，"在野"的猴子为什么不能称大王呢？传统的既成秩序为什么不能被怀疑和打破呢？

关于"虎气"，可能就更复杂了。似乎是立足于自上而下的角度说的，是立足于建设一种新秩序的角度说的。这里有儒家的成分，也有法家的成分。如讲求稳定、庄肃、威武、严峻，以追求一种统一的秩序。赫赫辉煌的功业，以及"我即宇宙"、雄视万物的自我中心感觉。

总之，毛泽东一身兼具这两种气质。其实，不论是道家，还是儒家，对毛泽东的影响都存在。大家都知道毛泽东提出过反儒反孔，但我认为，实际上他是在最深刻地接触儒学之后才反儒的。对儒家的那一套，他吃得最透，而且已经自觉不自觉地融化到血液中去了。人常有这样的情形，最熟悉的东西往往是自己所瞧不起的，而对不熟悉的东西反而恭敬有加，如毛泽东对自然科学一直是很恭敬的态度。他反儒，但他的言谈之中、书信之中，却随处可见孔子孟子的原话，他熟悉诸子百家的著作，运用时随手拈来，炉火纯青。青年时代，他曾立志要做圣贤之人，探究人生的大本大源，崇尚运筹帷幄，而对纵横疆场、野战千里的人不以为然，认为只是豪杰而已。这都反映了他与儒家之间的联系。晚年的毛泽东为什么如此讨厌孔子，是很耐人寻味的。

访问人：五四时期，青年毛泽东发表过不少反对尊孔的文章。

陈晋：是的。但那只是追随着时代的潮流，反对当时尊孔的思想气氛，他不是说过吗：我们反孔不为别的，单为他独霸中国的思想。至于反孔到底反些什么，他没能说出个所以然来，细读他当时的文章就可以看出这一点。我讲过他是一个现代型的人物，这样的人物处在"五四"这样的时代，他肯定会呐喊反孔而不是去做别的。他大喊反孔，却没有触及儒学的实质性东西，他写反孔的文章，而不久前他还在谈圣贤之人与圣贤之事。他反对孔子，目的只在于促进思想自由，而不是反孔子本身。他所具有的强烈的历史责任感，他强调主观意志的作用，这本身就带着儒家的色彩。不光儒家，法家、道家、墨家的东西在毛泽东身上都有反映，拿来为我所用，并且融为一体。墨家是与儒家反其道而行之的，强调务实、勤苦、节约、禁欲、集体主义与献身精神，这是从下往上走的小生产者的人生哲学。中国革命的力量是由以农民为主体的小生产者组成的，因此，对于墨家学说的影响非常易于接受。毛泽东对墨子还说过这样的话：墨子是比孔子更高明的圣人。看上去相反的东西在毛泽东身上却融为一体，是相辅相成的。

还有做政治家又做诗人。做政治家与做诗人是两个完全不同的范畴，诗人当政治家往往是失败者，政治家写诗往往很干瘪乏味，但毛泽东既能当政治家还能是一个诗人，他把这两个范畴的东西统一起来，都达到了很高的境界。他对既成就建国大业又写诗的曹操评价很高，也很爱读他的诗，相反，他批评坐享其成做了皇帝后来又丢了江山的李煜，说他只会写诗不懂政治。毛泽东是有资格说这话的，因为他自己作诗挥洒自如，政治上也驾轻就熟。这是他独具魅力的个性，也是天才的显露。

还有逞强与悯弱在毛泽东身上的统一。所谓逞强就是不但不信神，不怕鬼，而且要打鬼捉鬼。看毛泽东的人生历程，往往是越处于逆境当中他的才华就发挥得越充分，他喜欢在压力下生活，日子过顺了，好像反而没意思，有时免不了人为地制造点压力。

访问人：说到这里，使人想起 1965 年 1 月 9 日毛泽东同美国记者斯诺有过的一次谈话。那次，毛泽东讲到自己时说：与其说我是写文章的，不如说我能同反对我的人打仗更合适些。不打仗了，有时候病也来了，出门也不骑马，坐汽车、火车、飞机……每天走 10 里路，骑 20 里马，非常舒服。他还说：简单的生活，对人反而好一些。这是毛泽东的生活态度，表现在宇宙观上，他就强调世界的不平衡的一面、动的一面，强调斗争的一面。

陈晋：是这样。这是逞强的一面，他的另一个极端就是悯弱，非常同情、照顾、扶持、抬高那些他心目中的受压者和小人物，有时甚至不太讲原则。这样的事例举不胜举，随处可见。

访问人：这大概多少与他个人的经历有关，上学时，富家子弟看不起他这个农家子弟；革命初期，党内留过洋的、学过军事的一些人，又看不起他这个土生土长的土包子。在江西的时候，就曾有人针对他说山沟沟里出不来马列主义。

陈晋：他给小人物们做思想工作也是很有特点的。1959 年，他告诉农村的那些穷队，穷要有志气，王国藩不是靠"三条驴腿"办起了合作社吗？搞出点样子来给富队看看。他这么做工作。有意思的是，毛泽东的性格是"对立的统一"，毛泽东的思维方法也是什么事情都习惯于一分为二。他的成名作，《毛泽东选集》的开卷篇《中国社会各阶级的分析》，一上来就说：谁是我们的敌人？谁是我们的朋友？这个问题是革命的首要问题。这篇文章是毛泽东富有个性的政治生活的开端，也是反映他政治思维方式的开篇。凡是敌人反对的我们就要拥护，凡是敌人拥护的我们就要反对，他就是这么把世界劈成两半的，不属于这一半，就属于那一半，并且一旦作出选择，就一生以这一半去反对另一半。于是，他的个性世界也不知不觉地被劈成了两半。

访问人：这种思维方法是中国式的？

陈晋：不是。传统中国人喜欢调和，搞中庸，不善于搞非此即彼。打倒一方树立自己是西方传统中较习惯的。就拿文学来说，最早是古典主义，浪漫主义把古典主义打倒了才起来，后来是现实主义打倒浪漫主义以站稳脚跟，再后来又是现代主义对现实主义的批判。中国人的思想具有包容性，就像滚雪球，越滚越大。"四书五经"，就那么一点点，几千年来注家纷呈，把它们的内容越说越多，有意思的是，即使反儒的人，也要借助重解经书来表达自己的观点。从思维方法上应该说，西方和中国是不一样的，毛泽东习惯于把世界劈成两半更多的是从西方的文化思想中来的，但同时毛泽东本人又深受中国传统文化的熏陶，所以我说他的思维方法是中西合璧。这样，他又有本事把自己的"两半"性格用得恰到好处，不使明显分裂。

这涉及另一个问题，就是毛泽东是在什么起点上用什么方法来接受马克思主义的。他并没有读多少马恩著作的原文。他读的只是当时仅有的几本别人的翻译，他抓到了其中的一条核心，这就是，"阶级斗争"4个字，他最早理解的唯物史观就是阶级斗争。毛泽东抓住了它后把世界劈成了两半，"一分为二"。毛泽东找到了这个方法之后，延伸到他的事业中来，他奋斗的目标是无穷尽的。他不是说过这样的话吗？不到黄河心不死，到了黄河也不死心。不断革命，追求的目标是什么呢？是共产主义，传统的表述是平等、大同、仁义。这是人类从来没有实现过的一个理想，但这种几乎永恒性的目标一旦被当作阶段性的目标来实现，最后就会出现像"大跃进"这样的失误。毛泽东给人的感觉是他的奋斗目标的无穷尽。把世界劈成两半又没有穷尽的目标，这使得毛泽东习惯于斗争，习惯于压力，一旦没有压力，他就会不自觉地人为造成一种压力，形成动力，去进入下一个阶段，去接近他的终极目标。可以说这是造成"大跃进"、"无产阶级文化大革命"这样错误的毛泽东性格方面的原因，这就又回到他的个性分析上来了。

访问人：看来，对毛泽东真是有说不完的话题。时间不早了，今天就到这里？

陈晋：好的。

责任编辑：王世勇

图书在版编目（CIP）数据

毛泽东之魂 / 陈晋著 . —北京：人民出版社，2024.9
ISBN 978–7–01–026553–7

Ⅰ.①毛⋯　Ⅱ.①陈⋯　Ⅲ.①毛泽东（1893–1976）－人物研究　Ⅳ.① A755

中国国家版本馆 CIP 数据核字（2024）第 094478 号

毛泽东之魂
MAO ZEDONG ZHI HUN
陈晋　著

人民出版社　出版发行

（100706　北京市东城区隆福寺街 99 号）

环球东方（北京）印务有限公司印刷　新华书店经销

2024 年 9 月第 1 版　2024 年 9 月北京第 1 次印刷
开本：710 毫米 × 1000 毫米 1/16　印张：26
字数：385 千字

ISBN 978–7–01–026553–7　定价：78.00 元

邮购地址　100706　北京市东城区隆福寺街 99 号
人民东方图书销售中心　电话（010）65250042　65289539